*Studien
zur Kritischen
Psychologie*

Band 31

Studien zur Kritischen Psychologie
Herausgegeben von Karl-Heinz Braun und Klaus Holzkamp
Band 31

In der gleichen Reihe

Band 1–2
Klaus Holzkamp/Karl-Heinz Braun (Hrsg.)
Kritische Psychologie
Bericht über den I. Kongreß Kritische Psychologie
in Marburg vom 13. bis 15. Mai 1977

Band 4
Karl-Heinz Braun
Einführung in die Politische Psychologie

Band 12
Karl-Heinz Braun
Kritik des Freudo-Marxismus

Band 22
Karl-Heinz Braun u. a. (Hrsg.)
Kapitalistische Krise, Arbeiterbewußtsein, Persönlichkeitsentwicklung

Vom gleichen Autor

Karl-Heinz Braun (Hrsg.)
Materialistische Pädagogik
Beiträge zu ihren Grundlagen und Gegenstandsbereichen

Karl-Heinz Braun

Genese der Subjektivität

Zur Bedeutung der Kritischen Psychologie für die materialistische Pädagogik

Studien zur Kritischen Psychologie

Pahl-Rugenstein

*In Freundschaft gewidmet
Violetta und Walter Hollitscher*

© 1982 by Pahl-Rugenstein Verlag, Köln
Alle Rechte vorbehalten
Herstellung: Plambeck & Co Druck und Verlag GmbH, 4040 Neuss

CIP-Kurztitelaufnahme der Deutschen Bibliothek
Braun, Karl-Heinz:
Genese der Subjektivität: zur Bedeutung d. Krit. Psychologie für d. materialist. Pädagogik / Karl-Heinz Braun. – Köln: Pahl-Rugenstein, 1982
  (Studien zur Kritischen Psychologie; Bd. 31)
  ISBN 3-7609-0698-2
NE: GT

Zur Reihe »Studien zur Kritischen Psychologie«

Die Kritische Psychologie, entstanden als spezifische Konzeption materialistischer psychologischer Forschung und Praxis am Psychologischen Institut der Freien Universität in West-Berlin, findet immer weitere Verbreitung im In- und Ausland. Dabei kommt es naturgemäß zu Differenzierungen hinsichtlich bestimmter Auffassungen über die theoretischen Konzepte, methodischen Vorgehensweisen und die praktische Umsetzung der Kritischen Psychologie – innerhalb eines Gesamtrahmens des theoretischen Konsenses. Ein Beleg dafür, wie weit der Differenzierungsprozeß bereits vorangeschritten ist und wie fruchtbar die dabei entstandenen Diskussionen sein können, ist die Mannigfaltigkeit der Positionen auf dem Ersten Kongreß Kritische Psychologie in Marburg (mit dessen Dokumentation diese Reihe begann).

Die Reihe »Studien zur Kritischen Psychologie" trägt dieser neuen Situation Rechnung. Sie ergänzt die Reihe »Texte zur Kritischen Psychologie« im Campus Verlag, in welcher durch Arbeiten aus dem Psychologischen Institut der FU die systematische Entwicklung der Kritischen Psychologie i. e. S. samt ihren wissenschaftstheoretischen Fundamenten und praktischen Anwendungen in regelmäßigen Veröffentlichungen zugänglich gemacht wird.

In den »Studien« sollen Resultate und Diskussionsbeiträge aus verschiedenen Arbeitszusammenhängen und Orten (auch aus dem Psychologischen Institut der FU) veröffentlicht werden, und zwar nicht nur grundsätzliche Beiträge, sondern auch solche, die zu wichtigen Einzelfragen und aktuellen Problemen Stellung nehmen, politische Konsequenzen aufzeigen, in laufende Kontroversen eingreifen, Erfahrungen aus verschiedenen Praxisfeldern einbringen etc. Neben Monographien werden auch Sammelpublikationen verschiedener Autoren zu bestimmten Themen, Aufsatzsammlungen und Arbeitsberichte von Projektgruppen erscheinen.

Die »Studien« bieten den Wissenschaftlern und Praktikern, die im engeren oder weiteren Problembereich der Kritischen Psychologie tätig sind, eine Möglichkeit, ihre Arbeiten nicht mehr verstreut und in sachfremden Zusammenhängen zu veröffentlichen, sondern in einer trotz der angestrebten Mannigfaltigkeit in der Grundtendenz – der Förderung fortschrittlicher Psychologie im Rahmen der demokratischen Bewegung – einheitlichen Reihe von ausgewiesener wissenschaftlicher Qualität, die bekannt werden und sich durchsetzen wird.

Den interessierten Lesern bieten die »Studien« auf diese Weise eine zusätzliche Orientierung darüber, wo relevante Beiträge zur wissenschaftlich, berufspraktisch und politisch immer wichtiger werdenden Arbeitsrichtung der Kritischen Psychologie zu finden sind.

Karl-Heinz Braun *Klaus Holzkamp*

Inhalt

Einleitung: Die „materialistische Dialektik" als Prozeß ... 9

Kapitel 1: Bürgerliche Quellen und marxistisch fundierte Vorläufer der Kritischen Psychologie ... 19

1.1. Zur Herausbildung der Psychologie als Einzelwissenschaft in Deutschland (Herbart, Wundt) ... 20

1.2. Die Psychoanalyse und das Problem unterdrückter individueller Subjektivität ... 33

1.3. Das naturalisierte und isolierte Individuum als impliziter Gegenstand der positivistischen Psychologie und die logischen Stufen ihrer Kritik ... 44

1.4. Wissenschaftlicher Humanismus und Konkrete Psychologie: Der Ansatz von Politzer und Sève ... 58

1.5. Tätigkeit, Sprache und Bewußtsein in der kulturhistorischen Schule der sowjetischen Psychologie (Wygotski, Leontjew, Galperin) ... 69

Kapitel 2: Die Herausarbeitung der konkret-allgemeinen Grundlagen der Kritischen Psychologie ... 84

2.1. Die Naturgeschichte des Psychischen ... 85

2.1.1. *Der Übergang von der funktionellen zur psychischen Widerspiegelung im psycho-physischen Übergangsfeld* ... 86

2.1.2. *Innere Ausdifferenzierung des Psychischen und Entstehung tierischer Sozial- und Kommunikationsstrukturen* ... 91

2.1.3. *Individuelle Entwicklungs- und Lernfähigkeit bei Tieren* ... 100

2.1.4. *Die Entstehung des Bewußtseins im Tier-Mensch-Übergangsfeld* ... 106

2.2. Der gesellschaftliche Mensch in der menschlichen Gesellschaft ... 118

2.2.1. *Menschliche Natur und menschliches Wesen als Grundlagen der Ontogenese* ... 119

2.2.2. *Dimensionen der Ontogenese* ... 133

2.3. Rahmenbedingungen der Individualitätsformen in vorkapitalistischen Gesellschaftsformationen ... 165

2.4. Persönlichkeitsentwicklung in der bürgerlichen Klassengesellschaft ... 177

2.4.1. *Psychische Entwicklung unter den Bedingungen kapitalistischer Entfremdung*   179
2.4.2. *Arbeiterbewegung und Persönlichkeitsentfaltung*   190

2.5. Exkurs: Zu den methodischen Grundlagen der Kritischen Psychologie   202
2.5.1. *Die logischen Elemente der historischen Methode*   203
2.5.2. *Die allgemeine Funktion von Daten und ihre Bedeutung für die Kategorialanalyse*   207
2.5.3. *Biologische Evolutionsstufen und Verallgemeinerungen*   210
2.5.4. *Von der Kategorialanalyse zur theoretisch-aktualempirischen Analyse der Ontogenese in der bürgerlichen Klassengesellschaft*   212

Kapitel 3: Zum Verhältnis von materialistischer Pädagogik und Kritischer Psychologie   223

3.1. Bildung und Persönlichkeit   223
3.1.1. *Humanität, Arbeit und Bildung*   224
3.1.2. *Bildung und die logischen Stufen der Ontogenese*   231

3.2. Aneignung und Lernen   252
3.2.1. *Galperins Theorie der etappenweisen Bildung geistiger Operationen*   253
3.2.2. *Auf dem Weg zu einer kritisch-psychologischen Theorie des Lernens*   260

3.3. Subjektentwicklung und -einschränkung in der Klassenerziehung   270
3.3.1. *Die objektive Trennung von kapitalistischer Produktion und Erziehung und deren allgemeine subjektive Folgen*   271
3.3.2. *Individuelle Anthropogenese und einige Aspekte der Kindererziehung heute*   276
3.3.3. *Zwischen Protest und Resignation. Zur gegenwärtigen psychischen Lage der Jugend in der BRD*   284

3.4. Menschliche Subjektivität und Behinderung/psychische Krankheit   297
3.4.1. *Logische Stufen der Ontogenese und kategoriale Bestimmung von Behinderung/psychischer Krankheit*   298
3.4.2. *Prinzipien des pädagogisch-therapeutischen Verfahrens*   309

Literaturverzeichnis   325

> *"Die mir gestellte Frage,
> weshalb ein Intellektuel-
> ler ein Marxist sein solle,
> kommt eigentlich der Frage
> gleich, weshalb ein Intel-
> lektueller intelligent sein
> soll. Ist doch 'Intelligenz'
> - kurz gesagt - die Fähig-
> keit, sich in gegebenen und
> daraus ergebenden neuen Si-
> tuationen zurechtzufinden!
> Anders gewendet heißt das:
> die Fähigkeit, richtig zu
> diagnostizieren, zu progno-
> stizieren, zu handeln. Dazu
> eben befähigt der Marxismus."*
>
> *WALTER HOLLITSCHER*

EINLEITUNG: DIE "MATERIALISTISCHE DIALEKTIK" ALS PROZESS

Die Kritische Psychologie als eine spezifische Ausprägungsform marxistischen Denkens ist wissenschaftsgeschichtlich betrachtet eine außerordentlich junge Disziplin: Die ersten
vorbereitenden Arbeiten entstanden zwischen 1968 und 1971 und
das erste kritisch-psychologische Buch, die "Sinnliche Erkenntnis" von Klaus Holzkamp erschien 1973. Zugleich aber hat
die Kritische Psychologie ab diesem Zeitpunkt eine außerordentlich rasche Entwicklung vorzuweisen: In der Buchreihe
"Texte zur Kritischen Psychologie" erschienen bis zum Frühjahr 1982 11 Arbeiten (z.T. als Doppelbände), in den "Studien
zur Kritischen Psychologie" zwischen 1977 und Frühjahr 1982
30 Bände und vom "Forum Kritische Psychologie" liegen z.Z.
neun Bände vor (darüber hinaus erschienen zahlreiche Arbeiten auch außerhalb dieser beiden Buchreihen bzw. in anderen
Zeitschriften). Ferner fanden im Mai 1977 und Mai 1979 zwei
internationale Kongresse Kritische Psychologie in Marburg
statt. - Alle diese Fakten dürfen zumindest als Indiz dafür
gewertet werden, daß die Kritische Psychologie hier einen
Ansatz subjektwissenschaftlicher Forschung erarbeitet hat,
der der psychologischen Wissenschaft <u>neue</u> Wege zu weisen
in der Lage ist. Diese positive Einschätzung ist nicht nur

ein Element des Selbstverständnisses der Kritischen Psychologie, sondern findet sich auch bei Wissenschaftlern, die selbst nicht Vertreter der Kritischen Psychologie sind. So sagte z.B. der einem positivistischen Ansatz verpflichtete Theo Herrmann 1980 in einem Interview mit der Zeitschrift "psychologie heute" u./a.:

"Ich habe den Eindruck, daß die deutsche (gemeint ist die bundesrepublikanische;K.-H.B.) Psychologie in bestimmten Bereichen nicht nur internationales Niveau erreicht hat, sondern daß sie teilweise auch führend sein könnte, wenn sie mehr als bisher den Mut aufbrächte, Probleme selbst zu formulieren und diese Probleme auf der Basis der eigenen Traditionen aufzuarbeiten, statt allzu oft angelsächsischen Interessen, Problemformulierungen und Problemlösungsmoden hinterherzujagen. Ironischerweise erwarten zum Beispiel viele Amerikaner von uns gar keine nachgemachte, kleinere amerikanische Psychologie. Sie sind vielmehr interessiert, dort nicht vertretene Positionen, wie etwa die von Klaus Holzkamp und seiner Schule, kennenzulernen." (Herrmann, 1980, S.67f)

Eine derart rapide Wissenschaftsentwicklung und eine solche Fülle von Publikationen bringt nun aber auch eine Reihe von Problemen hervor, besonders drei Schwierigkeiten: a) Nur wenigen gelingt es zur Zeit den jeweils aktuellen Stand kritisch-psychologischer Theoriebildung zu verarbeiten und in ein adäquates Verhältnis zu früheren Auffassungen zu stellen. - b) Wissenschaftsfortschritte sind immer auch mit (u.U. nur temporären) inneren Ausdifferenzierungen verbunden, die aber - bei Anerkenntnis der gemeinsamen Grundlagen - als solche auch zur Kenntnis genommen werden müssen, um jede Form des Eklektizismus zu vermeiden und den Erkenntnisfortschritt optimal zu gestalten. Diese Ausdifferenzierungen werden aber häufig nicht angemessen berücksichtigt. - c) Beide Probleme verschärfen sich nochmals für jene, die selbst nicht im Rahmen der psychologischen Wissenschaften arbeiten, sondern die für ihre eigene Disziplin die Forschungsverfahren und -resultate der Kritischen Psychologie fruchtbar machen wollen. Dies gilt besonders für die Vertreter der pädagogischen Wissenschaften, die von der Sache her in besonderer Weise auf die Erforschung psychischer Entwicklungen in pädagogischen Prozessen verwiesen sind.

Der vorliegende Band will einen Beitrag leisten zur Lösung besonders dieser drei Problemkreise, indem er den gegenwärtigen Erkenntnisstand der Kritischen Psychologie geschlossen darstellt, indem er die Differenzen zu anderen marxistisch fundierten bzw. nicht-marxistischen Ansätzen analysiert und indem er einige Bezugsebenen zwischen der Kritischen Psychologie und der materialistischen Pädagogik herausarbeitet. Um aber die Gesamtanlage dieses Buches richtig zu verstehen, ist es notwendig, sich grundsätzlich den Prozeßcharakter marxistischen Denkens zu vergegenwärtigen.

In seinem kurzen, berühmt gewordenen Aufsatz über die "Drei Quellen und drei Bestandteile des Marxismus" aus dem Jahre 1913 legte Lenin u.a. seine Auffassung über den Prozeßcharakter marxistischen Denkens dar. Er stellte zunächst klar: "Die Geschichte der Philosophie und die Geschichte der Sozialwissenschaft zeigen mit aller Deutlichkeit, daß der Marxismus nichts enthält, was seinem 'Sektierertum' im Sinne irgendeiner abgekapselten, verknöcherten Lehre ähnlich wäre, die abseits von der Heerstraße der Entwicklung der Weltzivilisation entstanden ist. Im Gegenteil: Die ganze Genialität Marx' besteht gerade darin, daß er auf die Fragen Antwort gegeben hat, die das fortgeschrittene Denken der Menschheit bereits gestellt hatte. Seine Lehre entstand als direkte und unmittelbare Fortsetzung der Lehren der größten Vertreter der Philosophie, der politischen Ökonomie und des Sozialismus." (Lenin, LW 19, S.3)

Dabei ist das Kernstück dieser "Wissenschaft neuen Typs" die "materialistische Dialektik".

"Die wichtigste dieser Errungenschaften ist die Dialektik, d.h. die Lehre von der Entwicklung in ihrer vollständigsten, tiefstgehenden und von Einseitigkeit freiesten Gestalt, die Lehre von der Relativität des menschlichen Wissens, das uns eine Widerspiegelung der sich ewig entwickelnden Materie gibt...Marx, der den philosophischen Materialismus vertiefte und entwickelte, führte ihn zu Ende und dehnte dessen Erkenntnis der Natur auf die Erkenntnis der menschlichen Gesellschaft aus. Der historische Materialismus von Marx war eine gewaltige Errungenschaft des wissenschaftlichen Denkens. Das Chaos und die Willkür, die bis dahin in den Anschauungen über Geschichte und Politik geherrscht hatten, wurden von einer erstaunlich einheitlichen und harmonischen wissenschaftlichen Theorie abgelöst, die zeigt, wie sich aus einer Form des gesellschaftlichen Lebens, als Folge des Wachsens der Produktivkräfte, eine andere, höhere Form entwickelt - wie zum Beispiel aus dem Feudalismus der Kapitalismus hervorgeht." (ebd., S.4f)

Die hier vorgenommene Charakterisierung des Marxismus durch Lenin versteht man nur dann richtig, wenn man zweierlei bedenkt: a) In den Marxismus gehen selbstverständlich noch mehr Quellen ein als nur die klassische deutsche Philosophie, die englische politische Ökonomie und der französische wissenschaftliche Sozialismus; sie allerdings bilden die entscheidenden Quellen der neuen wissenschaftlichen Lehre. -

b) Zwar ist der Marxismus eine <u>umfassende</u> Theorie der Totalität der Wirklichkeit in ihren Dimensionen "Natur", "Gesellschaft" und "Denken", aber er ist <u>nicht</u> die <u>allseitige</u> ("vollständige") Widerspiegelung dieser Realität, sondern er beansprucht seinem Selbstverständnis nach "nur" die Erfassung der <u>entscheidenden</u> Momente dieser Realität; <u>diese</u> ist gewährleistet durch die Philosophie, die politische Ökonomie und die politische Theorie, und aus diesem Grunde ist der Marxismus seinem Wesen nach durch eine <u>Polidisziplinarität</u> gekennzeichnet (vgl. Oisermann, 1978, S.91). Bezogen auf den <u>Prozeßcharakter</u> der "materialistischen Dialektik" bedeutet dies zunächst, daß der Marxismus sich in seinen drei Bestandteilen selbst weiterentwickeln muß, um zu einer stets angemessenen (oder vorsichtiger: immer angemesseneren) Lösung der philosophischen, ökonomischen und politischen Probleme beizutragen. Dies erfordert auch eine sich stets wiederholende Aufarbeitung und Wiederdurcharbeitung seiner Quellen. - Ferner bedeutet dies, daß es für eine tendenziell allseitige Widerspiegelung der Wirklichkeit - neben der politischen Ökonomie und dem wissenschaftlichen Sozialismus, die beide aus der produktiven "Anwendung" der "materialistischen Dialektik" auf die Analyse der Wirtschaft bzw. der Politik resultieren - <u>neuer</u> Einzelwissenschaften bedarf, die zwar nicht Bestandteile des Marxismus sind, die aber dennoch auf verbindliche Weise mit ihm verbunden sind. Dabei kommt der Beziehung dieser neuen <u>materialistischen Einzelwissenschaften</u> zur Philosophie insofern eine besondere Stellung zu, weil sie <u>durch die materialistische Dialektik begründet</u> werden; es handelt sich dabei immer auch um <u>marxistisch fundierte</u> (nicht: marxistische) Einzelwissenschaften, weil der interdisziplinären Beziehung zwischen den neuen Einzelwissenschaften und der politischen Ökonomie bzw. dem wissenschaftlichen Sozialismus ein besonderer und herausgehobener Stellenwert - über die ohnehin generell zu fordernde Interdisziplinarität hinaus - zukommt; wir werden diese These besonders in Kap. 2 nochmals ausführlicher aufnehmen und deutlich machen, wie sich diese spezielle Interdisziplinarität in Bezug auf die Psychologie u.E. zu gestalten hat. Insgesamt findet somit die allseitige Widerspiegelung der Wirklichkeit ihren systematischen Ausdruck im <u>interdisziplinären</u>

System der Wissenschaften der materialistischen Dialektik, dessen "Herzstück" der Marxismus darstellt. Zugleich stehen diese Einzelwissenschaften in eigenständigen Traditionslinien, besitzen also auch eigene Quellen, deren kritische Verarbeitung sowohl für die entsprechende Einzelwissenschaft wie auch für die anderen Einzelwissenschaften, speziell aber für die Philosophie von Bedeutung sind. - Nicht zuletzt verweist der Prozeßcharakter des Denkens, die "materialistische Dialektik" als kategoriales und theoretisches System auf den Prozeßcharakter der Wirklichkeit, also auf die materialistische Dialektik als Realprozeß.[1] Sie verweist darauf, daß die Entstehung dieses neuen Typs von Wissenschaft innerhalb der bürgerlichen Gesellschaft nur - wie vermittelt auch immer - als Ausdruck des gesellschaftlichen Antagonismus von Lohnarbeit und Kapital begriffen werden kann. Die Arbeiterklasse und besonders die Arbeiterbewegung ist somit nach marxistischer Einsicht nicht mehr nur Objekt der Wissenschaft, sie ist auch und primär (im Bündnis mit der sich ihr anschließenden Intelligenz) auch Träger und Subjekt dieser materialistischen Wissenschaft, besonders natürlich des Marxismus und seiner drei Bestandteile. Insofern bilden Realprozeß und Theorieprozeß selbst nochmals eine prozessierende Einheit, also eine Einheit mit Widersprüchen, besonders denen zwischen Vergangenheit, Gegenwart und Zukunft; in diesem Sinne schreibt Sandkühler (1980, S.214f):

---

1 In diesem Sinne schreibt Sandkühler über das Wesen der materialistischen Dialektik: "Die materialistische Dialektik ist gegenüber Idealismus und Metaphysik unverwechselbar und wahr durch die Erkenntnis und Anerkennung
  - des Primats der Materie und der Materialität als Signum der Einheit der Welt
  - der Dialektik nicht nur als kategorialen Systems, sondern als Prinzip des Werdens und der Veränderung der gesamten materiellen und ideellen Wirklichkeit, des Seins in Natur und Gesellschaft wie des Bewußtseins
  - der Natur als geschichtlich veränderter materieller Basis der Produktion und Reproduktion des Lebens
  - der geschichtlichen Selbsterzeugung des Menschen durch die individuell-gesellschaftliche Arbeit an und in der Natur."
  (Sandkühler, 1973, S.84; vgl. hierzu auch ausführlich v. Haaren, 1982, Kap. II)

"Der Marxismus (und die durch ihn begründeten Einzelwissenschaften;K.-H.B.) hat diese Widersprüchlichkeit nicht aufgehoben. Aber weil er sie erkannt hat, muß er das akkumulierte Wissen, welches er in allgemeinen Gesetzesaussagen überliefert, mit dem Entwicklungsstand der Praxis und mit der möglichen Zukunft konfrontieren, um nicht aufzuhören, Marxismus zu sein. In dieser Konfrontation entwickelt er sich weiter. Die Probleme der Selbstkritik, der Orthodoxie, des Dogmatismus wie der Sicherung des theoretischen Bestandes sind Merkmale seiner Existenz. Einerseits läßt der Dogmatismus die Prozessualität des Marxismus gerinnen und zum Stillstand kommen; Kanonisierung tritt an die Stelle der inneren theoretischen Dynamik, und die Enthistorisierung der 'Wissenschaft der Geschichte' löscht die Dialektik aus. Auf der anderen Seite erfüllt der Marxismus seine soziale und politische Funktion nicht in aktualistischer Abhängigkeit vom einzelnen Teilschritt in der Bewegung. Er formuliert sein Wissen nicht in einer unendlichen Summe immer neuartiger Situationen, - die keine Entwicklungstendenz oder Entwicklungsgesetzmäßigkeit aufweisen ohne Kontinuität und Evolution. Die materialistische Dialektik ist Theorie der Evolution, aber in der qualitativ neuen Form als Theorie des Zusammenhangs evolutionärer und revolutionärer Bewegungstypen. Anti-Dogmatismus besteht deshalb nicht in der historizistischen Verflüchtigung des Gesetzeswissens in die bloße Wahrnehmung der konkreten Anforderungen des Augenblicks. Zeitlichkeit der Theorie heißt Geschichtlichkeit der Erkenntnis."

Die prozessierende Einheit von Real- und Theorieprozeß findet - das klang schon an - in der politisch-ideologischen Funktion materialistischer Wissenschaft ihren spezifischen und komprimiertesten Ausdruck. Wenn wir hier Ideologie im weiten Sinne des Wortes als ideellen Ausdruck der Gesamtheit der gesellschaftlichen Anschauungen einer Klasse unter den Bedingungen gesellschaftlicher Antagonismen verstehen, dann übt diese ideologische Funktion jede Wissenschaftsrichtung objektiv aus, gleichgültig ob sie der einzelne Wissenschaftler nun reflektiert oder nicht; zugleich bildet diese ideologische Funktion nicht per se einen Gegensatz zur Erkenntnisfunktion der Wissenschaft, denn die umfassende Wirklichkeitserkenntnis hat ihr Fundament in der tiefgreifenden Gesellschaftsveränderung. So sehr man nun mit Recht davon ausgehen kann und muß, daß es sich beim Marxismus bzw. den durch ihn begründeten Einzelwissenschaften sowohl um Wissenschaft wie auch um Ideologie handelt, sie also eine wissenschaftliche Ideologie darstellen, so sehr muß man aber beachten, daß sich diese Einheit nicht problemlos herstellt. Dies wird schlaglichtartig deutlich beim Problem der Fehlideologisierungen. Hierzu schreibt Hollitscher (1971, S.379):

"Allerdings ist es im Zuge der ideologischen Klassenkämpfe

auch zu ernsten und verurteilenswerten Fehlgriffen in der
Einschätzung bestimmter Ideen gekommen: Sie wurden der
'gegnerischen Ideologie' zugerechnet, obgleich sie weder
klassenbedingt waren noch ohne Entstellung dem Gegner dienlich sein konnten. Solche fälschlichen 'Ideologisierungen'
('Fehlideologisierungen' also) liegen weder im Sinne des
Marxismus noch im Interesse der Marxisten...So sind gewisse naturwissenschaftliche Theorien von weltanschaulicher
Bedeutung wegen dieser Bedeutung als klassenbedingt hinge-
stellt worden. Angesichts des weltanschaulichen Mißbrauchs,
der von gegnerischer Seite mit ihnen getrieben worden war,
wurden sie als 'Teil der gegnerischen Ideologie' diffamiert
und mit Mitteln des ideologischen Klassenkampfes angefoch-
ten."

Und Hollitscher fährt fort:

"Erst die konkrete Analyse jedes einzelnen Falles erweist
die Zusammenhänge zwischen den gesellschaftlichen Entstehungsbedingungen und der 'Gegenständlichkeit', d.h. der
sachlichen Gegenstandsangemessenheit der betreffenden Ideen,
Methoden und Einrichtungen." (ebd., S.381)

Während mit dem Namen von Lenin gerade die Weiterentwicklung
der Bestandteile des Marxismus selber verbunden ist - und
zwar einerseits aufgrund neuer Erkenntnisse (z.B. in den damaligen Naturwissenschaften, speziell der Physik) und andererseits aufgrund gesellschaftlicher Entwicklungen (z.B. des
Übergangs vom Konkurrenzkapitalismus zum Imperialismus oder
der Oktoberrevolution), hat im wesentlichen erst <u>nach Lenin</u>
(wenn man z.B. von den kunsttheoretischen Arbeiten Plecha-
nows einmal absieht; vgl. Plechanow, 1975) der Versuch eingesetzt, Einzelwissenschaften <u>innerhalb</u> des Systems der materialistischen Dialektik und <u>außerhalb</u> des Marxismus zu schaffen; diesen Prozeß kann man z.B. sehr gut an Eislers Aufsatzsammlung "Materialien zu einer Dialektik der Musik" ablesen,
der Arbeiten aus den Jahren 1926 - 1962 enthält. Ein Moment
dieses Prozesses ist auch die <u>Begründung einer Psychologie
durch die materialistische Dialektik</u>, wie sie Thema von Kap.
1. u. 2. dieses Buches ist. Um diesen Prozeß, bezogen auf die
<u>Kritische Psychologie</u> angemessen zu rekonstruieren, behandeln
wir zunächst die (allgemeinen) bürgerlichen Quellen (vgl. Kap.
1.1./1.2.)[2] und gehen dann in Kap. 1.3. der so zentralen Frage

---

2 Sofern man den Begriff der "bürgerlichen Wissenschaft"
bzw. der "bürgerlichen Ideologie" als wissenschaftlich-
analytischen verwendet (und so wird er in diesem Buch
verwendet), dann besagt er allgemein, daß es sich hier
um eine objektive Gedankenform handelt, die nach Genese,
Struktur und Funktion der bürgerlichen Gesellschaft ad-
äquat ist; d.h. mit dieser Gesamtbezeichnung ist zunächst

nach, wie denn die bürgerlichen Quellen in einem materialistischen Konzept aufgehoben werden können; denn man muß einerseits vermeiden, daß Nicht-Aufgehobenes - quasi bürgerliche "Restbestände" - in das neue Konzept eingehen, und man muß andererseits vermeiden, daß Aufhebenswertes "über Bord geworfen" wird. In den Kap. 1.4./1.5. erschließen sich dann neue Dimensionen des Prozeßcharakters "materialistischer Dialektik": daß nämlich die Frage, wie eine psychologische Wissenschaft durch die "materialistische Dialektik" zu begründen ist, selbst nochmals umstritten sein kann und somit innere Kontroversen auszulösen vermag (innermarxistisch wird hier in jenem weiten Sinne verstanden als Kontroversen innerhalb des Marxismus selber, aber auch innerhalb der marxistisch fundierten Einzelwissenschaften). Während in Kap. 1.4./1.5. nur die verschiedenen Positionen dargestellt werden, wird in Kap. 2. die Kontroverse ausgetragen: Nach der stufenweisen Rekonstruktion der Herausarbeitung des kritisch-psychologischen Konzeptes menschlicher Subjektivität werden dann einerseits die kontroversen Momente im Hinblick auf die anderen materialistischen Psychologiekonzeptionen benannt und andererseits deutlich gemacht, daß es auch unter denen, die im Rahmen der Kritischen Psychologie arbeiten, zahlreiche wissenschaftliche "Meinungsverschiedenheiten" gibt. Um aber durch die Darstellung der verschiedenen Positionen nicht ins Unverbindliche abzugleiten, wird in jedem Unterabschnitt zunächst dargestellt, wie sich dem Verfasser gegenwärtig aufgrund der vorliegenden Literatur bzw. zahlreicher interner Diskussionen die Sachlage inhaltlich darstellt[3]

---

noch nichts über den konkreten Wahrheitsgehalt einzelner Positionen ausgesagt, der sich erst über eine gegenstandsangemessene Analyse und spezifische logische Stufen der Kritik (wie wir sie in Kap. 1.3. darstellen) erschließt (vgl. dazu auch Braun, 1979, S.203, Anm.2).

3 Bei der positiven Darstellung der Kritischen Psychologie beziehen wir uns neben der jeweils genannten Literatur auch auf umfangreiche Vorarbeiten von Klaus Holzkamp zu seinem neuen Buch "Geschichtlichkeit des Psychischen. Kategoriale Grundlegung der Psychologie", denen in den internen Diskussionen eine zentrale Stellung zukommt.

und wie von dort aus die anderen Auffassungen und Ansätze zu bewerten sind. Anders gesagt: In Kap. 2. geht es um eine angemessene Darstellung des Verhältnisses von Erkenntnis<u>sicherung</u> und Erkenntnis<u>fortschritt</u>, und dies bedeutet, daß man weder im Namen der Erkenntnissicherung den Erkenntnisfortschritt der Kritischen Psychologie liquidieren darf (das Resultat wäre Dogmatismus), noch unter der Fahne des Erkenntnisfortschritts die Erkenntnissicherung "überrennen" und damit dem Relativismus und der Unverbindlichkeit Tür und Tor öffnen darf . Zwar muß die Kritische Psychologie wie jede Wissenschaft <u>offen</u> sein - aber doch immer nur nach <u>vorne</u>!
Im dritten Kapitel äußert sich der Prozeßcharakter darin, daß hier die spezifische interdisziplinäre Beziehung zwischen materialistischer Pädagogik und Psychologie thematisiert wird. Unter inhaltlichem Aspekt betrachtet stellt sich das Verhältnis des zweiten zum dritten Kapitel so dar: In Kap. 2. werden jene Grundlagen der Kritischen Psychologie herausgearbeitet, die die Voraussetzung dafür sind, daß die Subjektivität im pädagogischen Prozeß überhaupt erforscht werden kann. In Kap. 3. wird dann dieser Prozeß selbst behandelt und so deutlich gemacht, wie die Kritische Psychologie zur Erklärung der Persönlichkeitsentwicklungen im Kontext pädagogischer Verhältnisse beitragen kann.[4]

---

[4] Auch Christian Niemeyer hat in seiner Dissertation "Zur Theorie und Praxis der Kritischen Psychologie" (vgl. Niemeyer, 1979; eine sehr komprimierte Zusammenfassung seiner Auffassungen findet sich auch in Niemeyer, 1980a) die Frage nach der Bedeutung der Kritischen Psychologie für die erziehungswissenschaftliche Theoriebildung und Praxis ins Zentrum des Erkenntnisinteresses gestellt; so wenn er fragt: "Was veranlaßte HOLZKAMP Anfang der 70er Jahre dazu, sich von seinen bürgerlichen (traditionellen) Forschungstraditionen loszusagen, um eine kritisch-emanzipatorische, materialistische Psychologie zu begründen?... Welche Handlungsanweisungen resultieren aus einem Ansatz, dem immer wieder vorgehalten wurde, daß er sich zu lange und zu gründlich im Tier-Mensch-Übergangsfeld orientiere? Gerade die letzte Frage ist für den Verfasser, der von Haus aus Pädagoge bzw. Sozialpädagoge ist, sehr wichtig gewesen, und sie erfährt in Teil III und IV dieser Arbeit einen umfassenden Beantwortungsversuch." (Niemeyer, 1979, S.II) Zwar müssen wir im Rahmen dieses Buches auf eine ausführliche Diskussion der Auffassungen Niemeyers verzichten, wir werden allerdings an einigen zentralen Stellen deutlich machen, daß sich seine Analyse und die unsrige in allen relevanten Problemkomplexen qualitativ unterscheiden.

- Im Gang der Darstellungen dieses Kapitels wird aber auch deutlich werden, wo gegenwärtig die <u>Grenzen</u> der Kritischen Psychologie liegen: Daß es nämlich noch nicht möglich ist, inhaltlich und methodisch hinreichend abgesicherte Aussagen über die ontogenetischen Entwicklungen im Kontext pädagogischer Prozesse zu machen. Aus diesem Grunde hat dieses Kapitel den speziellen Anspruch, auf der Basis des in Kap. 2. entfalteten Konzepts menschlicher Subjektivität einerseits eine <u>Strategie zur Erforschung psychischer Entwicklungen in pädagogischen Prozessen zu begründen</u> und zum anderen eine Reihe von diesbezüglichen, <u>fundierten Hypothesen</u> vorzulegen, die im Gang der weiteren wissenschaftlichen Arbeit zu prüfen sind. Damit soll auch deutlich werden, worin der <u>gegenwärtige</u> und worin der <u>mögliche</u> und <u>zukünftige</u> Beitrag der Kritischen Psychologie zur materialistischen Pädagogik besteht.

Ich danke Klaus Holzkamp, Wolfgang Klafki und Konstanze Wetzel für vielfältige Hilfe und Unterstützung.

Marburg, im April 1982   *KARL-HEINZ BRAUN*

Kapitel 1

Bürgerliche Quellen und marxistisch fundierte Vorläufer der Kritischen Psychologie

Den Marxismus als Prozeß zu begreifen, bedeutet im Zusammenhang dieses Buches zunächst einmal dreierlei: a) Die <u>Entstehung</u> der Psychologie als Einzelwissenschaft zu reflektieren, d.h. der Frage nach den Gründen ihrer historischen Herausbildung wie der Berechtigung ihres Gegenstandes nachzugehen. Dabei muß auch das Problem eine Rolle spielen, ob ihrem Gegenstand eine sozialhistorische universelle Berechtigung zukommt oder ob sie nur für eine bestimmte historische Spanne einen eigenen Gegenstand besitzt. - b) Die Psychologie entsteht historisch als <u>bürgerliche</u> Psychologie und hat als solche eine Vielzahl von theoretischen Konzeptionen hervorgebracht und eine fast unübersehbare Fülle empirischen Materials erarbeitet. Daran kann auch eine marxistisch fundierte Psychologie nicht vorbeigehen. Das Ziel muß somit sein, die bürgerliche Psychologie (im Sinne einer "Quelle") in der marxistisch fundierten Psychologie <u>aufzuheben</u>, sich mit ihr also nach dem Grundsatz der <u>prinzipiellen Kritik</u> und der <u>relativen Würdigung</u> auseinanderzusetzen. Da dies in seiner ganzen Breite an dieser Stelle unmöglich ist, beschränken wir uns hier auf jene bürgerlichen Ansätze, die im Zusammenhang mit der Herausbildung und Entwicklung der Kritischen Psychologie tatsächlich die Funktion einer Quelle hatten. - c) Die <u>Kritische Psychologie</u> ist (wie schon angemerkt) keineswegs das einzige Konzept einer marxistisch fundierten Psychologie, vielmehr ist sie - auch international gesehen - das neueste. Damit gilt es auch zu klären, in <u>welchem</u> Verhältnis <u>jene</u> marxistisch fundierten Ansätze, die Vorläufer der Kritischen Psychologie sind, zu dieser selbst stehen. Diese Frage hat jetzt insofern eine Zuspitzung erfahren, als Steigerwald die Frage gestellt hat, ob die Kritische Psychologie denn überhaupt Psychologie sei oder

ob sie nicht besser als Persönlichkeitstheorie zu begreifen sei
(vgl. Steigerwald,1981a, S.152).

Aus diesen Überlegungen folgt zwingend, daß es in diesem Kapitel nicht darum gehen kann, die verschiedenen theoretischen Ansätze auch nur annähernd aus ihren gesellschaftlichen Entwicklungsbedingungen zu erklären; selbst eine annähernd theorieimmanente Darstellung ist hier nicht möglich. Beides ist aber auch nicht nötig, da es hier lediglich darum geht, die verschiedenen Ansätze unter dem Aspekt zu analysieren, was sie über den <u>Gegenstand</u> der Psychologie und seine <u>Erforschung</u> aussagen und wie sie dies begründen.(Zur Geschichte der Psychologie generell wie zu speziellen Ausprägungen liegen aus marxistischer Sicht eine Reihe von Arbeiten vor, die in den jeweiligen Abschnitten genannt werden.)

1.1. *ZUR HERAUSBILDUNG DER PSYCHOLOGIE ALS EINZELWISSENSCHAFT IN DEUTSCHLAND (HERBART, WUNDT)*

Jede Form von menschlichem Orientierungswissen, von Weltbild und Weltanschauung, vor allem, wenn sie in systematischer Gestalt als Sozialphilosophie oder Sozialwissenschaft auftritt, macht in dieser oder jener Weise, implizit oder explizit, Aussagen über das Wesen des Menschen, sein Verhältnis zur Natur, zu den Mitmenschen, zu den gesellschaftlichen Gesetzmäßigkeiten. Von solcherart Reflexionen des Verhältnisses von Individuum und Gesellschaft sind aber deutlich jene wissenschaftlichen Prozesse zu unterscheiden, die eine <u>eigenständige</u> theoretische und empirische Analyse dieses Verhältnisses zum Gegenstand haben[1]; insofern hat die Psychologie eine "lange Vergangenheit", aber bisher eine "kurze Geschichte" (vgl. Eckardt, 1979,S.16). Diese einzelwissenschaftliche Verselbständigung beginnt - gesellschaftsgeschichtlich gesehen - erst mit dem Übergang vom Feudalismus zum Kapitalismus und zeigt sich zunächst in vermittelter Form als <u>praktisches</u> Problem bei der

---

1 Wir orientieren uns in diesem Abschnitt besonders an Jaeger/Staeubele (1977;1978) und Jaeger (1977).

Realisierung jener Anforderungen, die die kapitalistische
Gesellschaft an die neue auszubeutende Klasse, das Proletariat, d.h. an die einzelne proletarische Persönlichkeit,
stellt. Diese Realisierungsprobleme haben zunächst zu zahlreichen staatlichen und privaten Lösungsversuchen in Gestalt
(um einige relevante Beispiele zu nennen) von Waisen- und
Zuchthäusern, Arbeitshäusern, Heimerziehungsschulen und speziellen Schulen für geistig Behinderte usw. geführt (vgl.
Nowicki, 1973, S.62ff; Jantzen, 1974, S.45ff; ders., 1982b,
S.51ff). Sie finden aber auch ihren Niederschlag in jenen
Organen der literarischen bürgerlichen Öffentlichkeit, die
sich speziell mit diesem Fragenkomplex beschäftigten. Genannt seien hier aus dem Bereich der allgemeinen Anthropologie und Psychologie die "Allgemeine Revision des gesamten
Schul- und Erziehungswesens von einer Gesellschaft praktischer Erzieher" (1785-1791), das "Magazin zur Erfahrungsseelenkunde" (1783-1793), das "Archiv für die Physiologie" (ab
1795), die "Zeitschrift für Anthropologie" (1823-1826) und
das "Magazin für Seelenkunde" (ab 1830); aus dem mehr pädagogisch-therapeutischen Bereich sind zu nennen das "Magazin
für die psychische Heilkunde" (1805-1806), die "Beiträge zur
Beförderung einer Kurmethode auf psychischem Wege" (1808-1810)
und die "Zeitschrift für psychische Ärzte" (1818-1823) (vgl.
Jaeger/Staeuble, 1978, S.69ff).

Die erste Verallgemeinerung und Systematisierung der in diesen Organen diskutierten Grund- und Spezialfragen gelingt
Johann Friedrich Herbart (1776-1841), der - im Anschluß an
Arbeiten Pestalozzis (vgl. Jaeger/Staeuble, 1977, S.63ff;
dies., 1978, S.134ff; Klafki, 1964, S.15ff, 131f) - besonders
in seinem "Lehrbuch der Psychologie" (1.Aufl. 1816; 2.Aufl.
1834 - nach dieser wird in folgendem zitiert) und in "Psychologie als Wissenschaft" eine umfassende Theorie der psychischen Entwicklung des Menschen vorgelegt hatte. Sein Ausgangspunkt lautete:

"Innere Wahrnehmung, Umgang mit Menschen auf verschiedenen
Bildungsstufen, die Beobachtungen des Erziehers und Staatsmannes, die Darstellungen der Reisenden, Geschichtsschreiber,
Dichter und Moralisten, endlich Erfahrungen an Irren, Kranken
und Thieren, geben den Stoff der Psychologie. Sie soll diesen
Stoff nicht bloss sammeln, sondern das Ganze der innern Erfahrung begreiflich machen; während dasselbe in Ansehung der äussern,

mit Raumbestimmungen behafteten Erfahrung zu leisten der Naturphilosophie obliegt. Wie die beiden Erfahrungskreise verschieden und doch verbunden sind, so auch die beiden Wissenschaften. Sie hängen in Ansehung der Grundbegriffe gemeinschaftlich von der allgemeinen Metaphysik ab; jedoch hat zur letztern die Psychologie das eigenthümliche Verhältniss, dass in ihr manche Fragen, die bei Gelegenheit der Metaphysik sich erheben, und dort zurückgelegt werden müssen, zur Beantwortung gelangen."(Herbart, 1850a, S.6)

Den verschiedenen inneren Strebungen der menschlichen Persönlichkeit liegen letztlich das Vorstellen, das Fühlen und das Begehren als psychische Hauptkräfte zugrunde, wobei dem Vorstellen der Vorrang gegenüber den anderen Kräften eingeräumt wird. Da Herbart Vorstellungen als "Elemente" bzw. Kombination von Elementen und die "Prozesse" der Vorstellungsbildung nach Analogie von Naturvorgängen begreift, bedarf es zur Analyse der genetischen Entwicklung, der Bewegung vom Niederen zum Höheren (vgl. ebd, S.8) methodisch insbesondere der Mathematik.

"Die Psychologie darf mit den Menschen nicht experimentiren und künstliche Werkzeuge giebt es für sie nicht. Desto sorgfältiger wird die Hülfe der Rechnung zu benutzen sein. Ist erst hiedurch für die Grundbegriffe die wissenschaftliche Bestimmtheit gewonnen: dann beginnt das Geschäft des Zurückführens."(ebd., S.9) -

Als inhaltlicher Ausgangspunkt ist bei Herbart zentral, daß er einerseits deutlich anerkennt, daß der Mensch auch ein Teil der Natur ist und daß daher der Physiologie in der Erforschung des Leib-Seele-Verhältnisses eine wichtige Rolle zukommt; dabei lehnt Herbart zugleich deren Anspruch auf universelle Analyse der individuellen Lebenstätigkeit kategorisch ab (vgl. Herbart, 1850c, S.62ff,408ff). Andererseits - und zum Teil daraus folgend - wendet er sich gegen die vermögenspsychologische Auffassung, daß der Mensch sich nach der Geburt quasi nicht mehr verändere und betont die Herausbildung der individuellen "Subjektivität" in der Auseinandersetzung mit der Gesellschaft.

"Der Mensch des Seelenlehrers ist der gesellschaftliche, der gebildete Mensch, der auf der Höhe der ganzen, bisher abgelaufenen, Geschichte seines Geschlechts steht. In diesem findet sich das Mannigfaltige sichtbar beisammen, welches unter dem Namen der Geistesvermögen als ein allgemeines Erbtheil der Menschheit angesehen wird."(Herbart, 1850a, S.39)

Damit stellt sich letztlich die Frage, wie der Aufbau dieses Geistesvermögens erfolgt, von welchen Gesetzmäßigkeiten seine Herausbildung bestimmt wird. Wie seine Vorstellungen von der

Mathematisierung der Psychologie schon andeuteten, begreift
er diese Gesetzmäßigkeiten in deutlicher Analogie zur Physik
und Technik; er spricht von der <u>Statik</u> und der <u>Dynamik</u> des
Geistes (vgl. ebd.,S.17ff) ähnlich wie er von der Statik und
Dynamik des Staates spricht (vgl. Herbart, 1850c,S.31ff,
40ff).Die einzelnen Bewußtseinsakte bilden dabei eine Einheit,
bleiben also nicht voneinander isoliert.

"Alle Vorstellungen würden nur Einen Act der Einen Seele ausmachen, wenn sie sich nicht ihrer Gegensätze wegen hemmten,
und <u>sie machen wirklich nur Einen Act aus, in wiefern sie nicht
durch irgend welche Hemmungen in ein Vieles gespalten sind</u>.
Vorstellungen auf der Schwelle des Bewusstseins können mit anderen nicht in Verbindung treten, denn sie sind ganz und gar
in ein Streben wider bestimmte andere verwandelt und dadurch
gleichsam isolirt. Aber im Bewusstsein verknüpfen sich die Vorstellungen auf zweierlei Weise: erstlich <u>compliciren</u> sich die
nicht entgegengesetzten (wie Ton und Farbe), so weit sie unge-
hemmt zusammentreffen; zweitens <u>verschmelzen</u> die entgegengesetzten, so weit sie im Zusammentreffen weder von zufälliger
fremder, noch von der unvermeidlichen gegenseitigen Hemmung
leiden. Die Complicationen <u>können vollkommen</u> sein, die Ver-
schmelzungen sind ihrer Natur nach allemal <u>unvollkommen</u>."
(Herbart,1850a,S.21f)

Hiermit ist zugleich darauf hingewiesen, daß Vorstellungen nur
dann die Schwelle ins Bewußtsein zu überschreiten vermögen,
wenn sie stark genug sind - wobei deren Stärke mathematisch
erfaßt werden kann (vgl. ebd.,S.18f.; ders.,1850b, Erster und
Zweiter Abschnitt).

Auf die bisher dargestellte Weise könnten die gesellschaftlichen Bedingtheiten der psychischen Prozesse jedoch noch gar
nicht erfaßt werden, denn bisher handelt es sich um rein in-
nerpsychische Prozesse. Die <u>gesellschaftliche</u> Dimension der
Individualentwicklung wird erst in dem Moment thematisch, wie
diese inneren Prozesse mit den äußeren Prozessen in einen Zusammenhang gestellt werden. Dazu sagt Herbart (1850a,S.88f):

"Das äussere Handeln, welches dem Menschen seine Gedanken verkörpert, aber zugleich vielfach entstellt gegenüber treten
lässt, spannt unaufhörlich Begierde, Beobachtung und Beurthei-
lung; es verwandelt, indem es gelingt oder misslingt, das Begehren in entschlossenes Wollen oder in blossen Wunsch, begleitet von Lust oder Unlust, wodurch zur habituellen Stimmung des
Menschen der Grund gelegt wird. Führen neue Lebenslagen neue
Anlässe zum Handeln herbei: so erscheint der Mensch oft auf
einmal verwandelt ... Das bestimmteste Gepräge giebt dem Menschen sein äusseres Handeln alsdann, wenn es Arbeit, besonders
wenn es Berufsarbeit oder doch tägliche Beschäftigung wird.
Hier aber zeigt sich auch aufs deutlichste der Unterschied
und die Zusammenwirkung zwischen der herrschenden Vorstellungs-
masse, die während der Arbeit im Bewusstsein gleichmässig ve-
steht, der ablaufenden Reihe, von welcher jede einzelne Thätig-

keit im einzelnen Augenblicke abhängt, und der empirischen
Auffassung dessen, was gethan worden, wodurch der Punct, bis
zu welchem das Werk vorrückte, bestimmt ist."

Wir sehen, daß mit der Einführung der Kategorie "äußeres Handeln" nicht nur allgemein die Gesellschaftlichkeit der - von
Herbart weitgehend als geistiger Prozeß verstandenen - individuellen Entwicklung ins Blickfeld kommt, sondern daß so zum
einen eine konkrete Analyse der verschiedenen Berufstätigkeiten und ihrer psychischen Anforderungen möglich wird, und daß
zum anderen - und dies ist noch wichtiger - der (gesellschaftlichem Wandel unterliegende) Inhalt der - im Prinzip formal
verstandenen - psychischen Mechanismen deutlich hervortritt.
Damit wird aber auch die Frage der gesellschaftlichen "Unterschiede" der Menschen zu einem Thema der Psychologie.

"Nun findet sich jeder Mensch an irgend einem Platze in der Gesellschaft. Er gehört entweder zu den Dienenden, oder zu den gemeinen Freien, oder zu den Angesehenen, oder er steht an der
Spitze; ... welche Bestimmungen mancher Modifikationen fähig
sind, die jeder für sich selbst aufsuchen kann. Hievon hängt
der äussere Umriss seines Gefühlszustandes ab. Er ist nämlich
bis auf einen gewissen Grad eingetaucht in die allgemeine gesellschaftliche Hemmung. Gewisse Hoffnungen sind ihm abgeschnitten, und Aussichten versperrt; hiedurch ist die Möglichkeit solcher Gefühle, wie sie aus den ganz gehemmten, demnach für ihn
so gut als nicht vorhandenen Vorstellungen, hätten entstehen
können, aufgehoben. Der ganz Arme kennt nicht die Gefühle des
Reichen als solchen; er ist frei von den Sorgen der Güterverwaltung; der Unwissende weiss nichts vom literarischen Ehrgeize; dem Bauern kann nicht die Empfindlichkeit des Angesehenen
für die Kränkungen der Ehre beiwohnen." (Herbart,1850c,S.81)

Zwar sieht Herbart eine gewisse gesellschaftliche und damit
auch individuelle Dynamik, aber letztlich scheint ihm eine
solche oder doch zumindest eine ganz ähnliche hierarchische
Strukturierung der Gesellschaft unüberwindbar - und im Prinzip auch wünschenswert (vgl.ebd.,S.40ff,bes.42f).

Die gesellschaftliche Entwicklung nach der Erarbeitung dieses
Entwurfes einer wissenschaftlichen Psychologie durch Herbart
ist zunächst geprägt durch die reale Herausbildung der Arbeiterklasse als Teil der in Deutschland zähen, widersprüchlichen
und schleppenden Durchsetzung der kapitalistischen Produktionsweise. Damit verbunden ist eine immer deutlichere Herausbildung
politischer Konstellationen zwischen dem Feudaladel, der Bourgeoisie und der Arbeiterklasse (als den Hauptklassen). Die politischen Klassenbewegungen fanden in der Revolution von 1848/
49 einen ersten Höhepunkt - und die Fortschrittskräfte darin
ihre temporäre, aber lange nachwirkende Niederlage. Durch diese-

hier nur in Erinnerung gerufene - gesellschaftliche Entwicklung differenzierten sich auch für die Psychologie spezifische Fragestellungen heraus: Im Sinne einer Akzentsetzung lassen sich ökonomische und politische Dimensionen unterscheiden: Relativ gleichrangig standen solche Fragen hinter der Diskussion um die Reform des Ausbildungswesens: hier ging es nicht nur um die Klärung dessen, was und wieviel die Kinder und Jugendlichen lernen sollten, damit sie den Anforderungen des Arbeitsprozesses gerecht wurden, sondern es ging auch um die "pädagogische Verhinderung" des Entstehens "revolutionärer Umtriebe" bzw. darum, diese rückgängig zu machen (vgl. Titze,1973, Kap.V u. VI; die wichtigsten Dokumente finden sich bei Michael/ Schepp,1973/74,Bd.1,Teil III). - In den Auseinandersetzungen um die Medizin- und Psychiatriereform einerseits und um die Strafjustiz und die forensische Psychologie andererseits spielten ökonomische Fragen insofern eine Rolle, als es um die Herstellung bzw. und besonders um den Erhalt der Arbeitsfähigkeit und -bereitschaft der Lohnabhängigen ging. Die politische Dimension bestand besonders in der allgemein-humanitär begründeten, demokratischen Forderung nach Verhinderung körperlicher und psychischer Fehlentwicklungen bzw. der Kriminalität durch entsprechende tiefgreifende gesellschaftliche Reformen (vgl. Jaeger/Staeuble,1978,S.203ff,243ff,257ff). - Eine besondere Bedeutung für die Psychologie hatten die verschiedenen physiologischen Forschungen, die zwar zu einem beträchtlichen Teil durch die Anforderungen des industriellen Produktionsprozesses (der unter kapitalistischen Bedingungen immer zugleich Ausbeutungsprozeß ist) bedingt waren, denen aber zugleich eine große Bedeutung für die innertheoretische Entwicklung zukam.

"Während HERBART und BENEKE das Programm einer naturwissenschaftlich betriebenen Psychologie aufgestellt und LANGE und LOTZE eine engere Verbindung von Psychologie und Physiologie gefordert hatten, begann mit diesen Physiologen die experimentelle Untersuchung von Sinnesleistungen. Diese naturwissenschaftlich-physiologische Untersuchung der Funktionen informationsverarbeitender Systeme war recht eigentlich die Wegbereitung der modernen Psychologie...".(Hiebsch,1979,S.24; vgl. Jaeger/Staeuble,1978,S.293ff)

Diese hier notwendigerweise nur sehr summarisch genannten Entwicklungen hatten einerseits die positive Konsequenz, daß - in toto betrachtet - immer mehr Aspekte der individuellen Lebenstätigkeit in ihrer natürlichen und gesellschaftlichen Bedingtheit tendenziell thematisiert und zum Teil erkannt wurden; sie

hatte aber andererseits die <u>negative</u> Konsequenz, daß das hohe
theoretische Integrationsniveau, welches Herbarts psychologischen Entwurf ausgezeichnet hatte, immer mehr zerstört wurde
und es zu einer folgendschweren Zersplitterung der Einzelaspekte kam. Der Prozeß der Spezialisierung der psychologischen
Forschung wurde mit ihrer zunehmenden Desintegration "erkauft"
(vgl. Jaeger/Staeuble,1978,S.280,311).

In diesem Zusammenhang wäre in Zukunft folgende Überlegung zu
<u>überprüfen</u>: Der genannte Desintegrationsprozeß wird noch von
einem anderen Prozeß begleitet, der zwar erst nach ca. 1870/
71 zum Durchbruch kommt, aber sich schon vorher andeutet: der
schrittweise Zerfall eines auf die Totalität der Wirklichkeit
gerichteten einheitlichen bürgerlichen Weltbildes und Wissenschaftssystems, wie es besonders Hegel als Höhepunkt bürgerlichen Denkens vertreten hatte. Die nachhegelianische <u>bürgerliche</u> Entwicklung nicht nur der Philosophie, sondern auch der Soziologie, der Ökonomie, der Kulturwissenschaften ist in ihrem
<u>entscheidenden</u>, hier allein zur Debatte stehenden Aspekt eine
Destruktion des Anspruchs bürgerlicher <u>Vernunft</u> (vgl. Buhr/
Steigerwald,1981,S.9ff); Lukacs,1962,S.91ff,363ff,508ff,512ff).
Dies bedeutet für die Psychologie: Noch bevor sie sich als Einzelwissenschaft voll herausbilden konnte - und das konnte aufgrund der konkret-historischen Bedingungen nur heißen: bevor
sich die bürgerliche Psychologie voll herausbilden konnte, war
das bürgerliche Wissenschaftssystem und die bürgerliche Weltanschauung bereits von deutlicher innerer Korrosion geprägt. Genau dadurch konnte die erste "optische Täuschung" entstehen,
als wenn es Psychologie per se nur als von den anderen Sozialwissenschaften abgekoppelte und allenfalls mit ihr nachträglich
verklammerte Einzelwissenschaft geben könnte (es sei allerdings
darauf hingewiesen, daß es immer wieder Tendenzen gab, die "Entkoppelung"von Psychologie und Philosophie zu verhindern bzw.
rückgängig zu machen, wobei sich diese Tendenzen aber <u>letztlich</u>
nicht durchsetzen konnten). Dabei verschärft sich der genannte
Widerspruch nochmals aufgrund der Tatsache, daß noch bevor die
Psychologie als Einzelwissenschaft sich konsolidieren konnte,
auf der allgemein wissenschaftlichen Ebene bereits der Marxismus entstanden war, also damit auf theoretischer Ebene sich der
gesellschaftliche Antagonismus von Lohnarbeit und Kapital auch
als Antagonismus von alternativen Wissenschaftskonzeptionen wi-

derspiegelte. Da - wie in der Einleitung erläutert - die Psychologie kein Bestandteil des Marxismus selbst ist, konnte so auch die zweite "optische Täuschung" entstehen, daß nämlich Psychologie immer nur <u>bürgerliche</u> Psychologie sein kann. (Wie gesagt: diese Überlegungen wären in den weiteren theoriegeschichtlichen Arbeiten im Detail zu überprüfen.)

In dieser durch den Entwicklungsstand der Psychologie, des bürgerlichen Denkens und der Herausbildung des Marxismus bestimmten Theoriesituation entwickelte <u>Wilhelm Wundt</u> (1832-1920) sein Konzept, welches den Konstituierungsprozeß der Psychologie als Einzelwissenschaft abschloß. Er schätzte 1918 die Wirkungen seiner 1863 erstmalig erschienenen "Vorlesungen über die Menschen- und Tierseele" so ein:

"Mochte sich auch dieses Buch in den zwei Bänden seiner ersten Auflage, die die experimentelle, tierische und Völkerpsychologie mit einem Male umfassen wollten, einzelne Freunde erworben haben, die wissenschaftliche Welt im ganzen stand diesem Versuch kühl und ablehnend gegenüber. Unter den Philosophen glaubten namentlich die Herbartianer, mit der vermeintlich exakten Psychologie ihres Meisters sei auf diesem Gebiet die Wissenschaft abgeschlossen. Die Nichtherbartianer aber und mit ihnen die große Schar der Vertreter der Geistes- und Naturwissenschaften, allen voran die Physiologen, hielten die Psychologie überhaupt für ein fragwürdiges Ding, da, soweit man Psychologie für den Hausgebrauch nötig habe, jedem seine eigene Lebenserfahrung das Erforderliche zur Verfügung stelle." (Wundt,1919, S.IIIf)

Diese polemische Kritik an den Herbartianern ist nicht zu verwechseln mit Wundts Meinung über Herbart selbst. Wir wollen an dieser Stelle eine längere Passage zitieren, weil sie einerseits eine präzise Kennzeichnung von Herbarts Psychologie darstellt, und weil sie zum anderen Wundts eigenen Beitrag zur Konstituierung der Psychologie andeutet; Wundt schreibt:

"Bei Herbart tritt uns ... noch einmal der Begriff der einfachen Seelensubstanz, den Descartes in die neuere Philosophie eingeführt, und diesmal in seiner folgerichtigsten Ausbildung, entgegen, zugleich beeinflußt durch die Grundanschauungen der Leibnizschen Monadenlehre. Um so deutlicher gewinnt man bei diesem letzten spekulativen Psychologen den Eindruck, daß alle jene Versuche, aus dem Begriff einer einfachen Seele und ihrer Beziehungen zu anderen, sei es von ihr verschiedenen, sei es ihr ähnlichen Wesen die Tatsachen des seelischen Lebens abzuleiten, ein fruchtloses Bemühen sind. Was hätte ein Mann wie Herbart, ausgerüstet wie wenig andere mit der Gabe der Zergliederung innerer Wahrnehmungen, der Psychologie für bleibende Dienste leisten können, wenn er nicht den besten Teil seines Scharfsinns auf die Erfindung einer völlig imaginären Mechanik der Vorstellungen verschwendet hätte, zu der ihn sein metaphysischer Seelenbegriff verführte! Was bleibend in Herbarts psychologischen

Arbeiten ist, verdankt er seiner scharfen Beobachtungsgabe des wirklichen Geschehens; was unhaltbar und verfehlt ist, stammt von seinem metaphysischen Seelenbegriff und den Hilfsannahmen her, zu denen er durch diesen veranlaßt wurde." (ebd.,S.4; vgl.ebd.,S.546)

Nun geht auch Wundt davon aus, daß die Seele der Gegenstand der Psychologie sei, also die innere Erfahrung, das eigene Empfinden, Fühlen, Denken und Wollen. Aber dies kann nur dann streng wissenschaftlich erforscht werden, wenn die Psychologie eine <u>Erfahrungswissenschaft</u> wird, sich also in ihren theoretischen Überlegungen auf die empirische Wirklichkeit der seelischen Vorgänge selbst bezieht (vgl. ebd., S.8f). Dies bedeutet:

"Auf dem heutigen Standpunkt der Wissenschaft gibt es daher in Wahrheit nur noch <u>zwei</u> Arten wissenschaftlicher Psychologie: die <u>experimentelle Psychologie</u> und die <u>Völkerpsychologie</u>." (ebd., S.11)

Diese Unterscheidung ist nicht willkürlich gesetzt, sondern sie beruht auf einem spezifischen Verständnis der gesellschaftlichen Determiniertheit psychischer Prozesse, d.h. sie resultiert aus einer Einschätzung einer isoliert auf das Individuum bezogenen Psychologie.

"Darum reicht die Möglichkeit der Anwendung der experimentellen Methode in der Psychologie (womit hier die kontrollierte Selbstbeobachtung zumeist geschulter Versuchspersonen gemeint ist; K.-H.B.) genau so weit, wie das individuelle Bewußtsein überhaupt reicht. Grenzen sind ihr erst da gesetzt, wo durch das Zusammenleben der Menschen geistige Vorgänge und Erzeugnisse eigener Art entstehen, die, wie die Sprache, die mythologischen Vorstellungen, die Sitten, der experimentellen Einwirkung unzugänglich sind."(ebd., S.11); vgl. ders.,1911, S.4 u. 10)

Und in einem anderen Kontext schreibt Wundt - dies präzisierend:

Die experimentelle Methode ist "durch die Notwendigkeit, die typischen Verlaufsformen des psychischen Geschehens unter verhältnismäßig einfachen Bedingungen zu beobachten, im wesentlichen auf die Analyse relativ <u>einfacher Bewußtseinsvorgänge</u> angewiesen ... Die zusammengesetzten psychischen Bildungen, die nicht oder nur in gewissen äußeren und nebensächlichen Eigenschaften dem Experiment zugänglich sind, fordern analytische Hilfsmittel von ähnlicher objektiver Sicherheit; und das unter den verwickeltsten Kulturbedingungen stehende individuelle Bewußtsein verlangt nach Objekten, die als die einfacheren Vorstufen jenes letzten Entwicklungszustandes betrachtet werden können. Beidemal bestehen die uns verfügbaren Hilfsmittel in den <u>Geisteserzeugnissen von allgemeingültigem Werte</u>, die durch die naturgesetzliche Art ihrer Entstehung dem wechselvollen, unberechenbaren Spiel individueller persönlicher Eingriffe entzogen sind." (Wundt,1911, S.35)

Betrachten wir nun zunächst Wundts Auffassungen zur <u>Individualpsychologie</u>. Im Zentrum steht der <u>synthetische</u>, also vermittels Analysen ausdifferenzierte <u>Begriff des Bewußtseins</u>.

"Der Begriff des Bewußtseins hat ... keine andere Bedeutung als die, daß er auf diesen Zusammenhang der gleichzeitigen und aufeinanderfolgenden seelischen Vorgänge hinweist; und das Problem des Bewußtseins besteht darin, nachzuweisen, in welche Beziehungen die einzelnen Erscheinungen zueinander treten, um in diesen Verbindungen und Beziehungen das Ganze unseres seelischen Lebens zu bilden." (Wundt,1911,S.267)

Als solches umfaßt es besonders die Vorstellungen und Empfindungen, die Reize und deren psychologische Deutung, das Gefühlsleben und dabei besonders das Verhältnis von Wunsch, Wille und Motiv, sowie die verschiedenen Dimensionen der individuellen Denktätigkeit.

Ein wichtiges Problem der wissenschaftlichen Psychologie generell findet sich auch bei Wundt, das <u>Leib-Seele-Problem</u>, die Frage nach dem <u>Verhältnis</u> von psychischen und physischen Prozessen. Ausgeschlossen ist für ihn sowohl eine mechanistische Reduktion der Psyche auf die Physis, als auch eine spiritualistische Ablösung des Psychischen vom Physischen.

"Eine solche Beziehung kann nicht anders denn als ein <u>Parallelgehen</u> zweier miteinander verbundener, aber vermöge der Unvergleichbarkeit ihrer Glieder niemals direkt ineinander eingreifender Kausalreihen angesehen werden. Ich habe dieses Prinzip ... als das des <u>psycho-physischen Parallelismus</u> bezeichnet." (Wundt,1919,S.550)

Und wenig später verdeutlicht er das Gemeinte nochmals:

"Der Gedanke der Einheit des Physischen und Psychischen in der Anwendung auf unser Seelenleben ist ... nur dann berechtigt, wenn man diese Einheit im umgekehrten Sinne der metaphysischen Deutung des Prinzips versteht, nämlich jeden dieser Begriffe als <u>eine Seite des Ganzen</u> betrachtet, bei der von der anderen als einer in entgegengesetztem Sinne ausgeführten Begriffsbildung abstrahiert wird. Physisches und Psychisches ergänzen sich, gerade weil sie im wirklichen Leben zusammengehören, aber keines von ihnen in unserer empirischen Betrachtung der Dinge auf das andere zurückgeführt werden kann."(ebd., S.556; vgl. ders.,1911, S.7f u. 9)

Wenden wir uns nun dem zweiten Element des Wundtschen Systems zu, der <u>Völkerpsychologie</u>. Wie bereits erläutert, resultiert ihre Notwendigkeit einerseits aus der Komplexität der individuellen Denktätigkeit und andererseits aus der Tatsache der gesellschaftlichen Determiniertheit der individuellen Kognition durch die verobjektivierten Formen der menschlichen Erkenntnis. Ihr Hauptgegenstand ist die innere Beziehung zwischen Sprache, Mythos und Sitte.

"Wie sehr auch der Sprache als dem notwendigen Hilfsmittel des gemeinsamen Denkens der Vorrang gebührt, so trägt sie doch von Anfang an die Spuren des Mythus an sich; und die Sitte als Norm des Handelns ist so sehr Ausdrucksform der die Gemeinschaft be-

seelenden Vorstellungen und Gefühle, daß sie im Verhältnis
zu den anderen Gebieten die Bedeutung eines Symptoms gewinnt,
ohne das jene so wenig sich denken lassen, wie etwa im individuellen Seelenleben Gefühle und Triebe ohne äußere Willens-
handlungen." (Wundt, 1911, S.37)

Die Analyse dieses Zusammenhangs hat Wundt selbst in einer
sehr umfassenden, vierbändigen Studie (Engelmann-Ausgabe) geleistet. Hier ist nicht nur der umfassende Charakter der Fragestellung von Bedeutung, sondern auch das bereits recht weitgehende historische, auf Entwicklungsgesetze zielende Erkenntnisinteresse. Die einzelnen Persönlichkeiten leben

"nur in allem dem wirklich fort, was von der Gemeinschaft aufgenommen und weiterentwickelt wird, so daß jener Unterschied
zwischen vorgeschichtlichen ("primitiven";K.-H.B.) und geschichtlichen Völkern schließlich mehr als ein durch die Entwicklung
der geschichtlichen Erinnerung und ihrer Hilfsmittel bedingter
Grad - als ein Wesensunterschied ist". Die Geschichte vermehrt
die menschlichen "Kräfte in steigendem Maße, indem sie neben
der unmittelbaren Ausbreitung durch die im Kontakt der Generationen eintretende Kumulation der Wirkungen fernewirkende Kräfte schafft, die jeden Zeitpunkt der späteren Geschichte zu einem Brennpunkt machen können, in dem sich die Strahlen sammeln,
die zeitlich wie räumlich ins Unabsehbare reichen."(ebd., S.15)

Mit Wundt endet die Etappe der Herausbildung der Psychologie als
Einzelwissenschaft in Deutschland, eine Entwicklung, die ihren
ersten Höhepunkt in dem systematischen, wenn auch noch weitgehend
spekulativen Konzept von Herbart hatte und die in Wundt jenen
Autor fand, der den starken inneren Differenzierungsprozeß der
Psychologie wiederum zu vereinheitlichen in der Lage war. Das
Resultat dieser Entwicklung charakterisiert Hiebsch in dreifa-
cher Weise:

"Was nun den Gegenstand der neuen Wissenschaft betrifft, muß
unter dem hier zuerst zu benennenden Aspekt die Loslösung vom
metaphysischen und theologischen Seelenbegriff genannt werden.
In der Tat wird - und dies vor allem bei WUNDT - die Konzeption
der immateriellen Seelensubstanz, wie sie die idealistische Philosophie tradiert hatte, verlassen... Auch der zweite Aspekt des
Gegenstandsproblems, die Antwort auf die Frage nach der Herkunft
der psychischen Phänomene, kann gegenüber den vorangegangenen
philosophischen Spekulationen als eine progressive Möglichkeit
mit idealistischen bzw. agnostizistischen Fallstricken angesehen
werden. Das Paradigma dafür scheint mir der prinzipielle Ansatz
der Psychophysik zu sein, bei dem die Empfindung ausdrücklich
als ein Resultat der Einwirkung physikalischer Energie auf ein
Sinnesorgan angenommen wird. Das ist ohne Zweifel ein im erkennt-
nistheoretischen Sinne materialistischer Ansatz, ohne daß sich
daraus eine Wurzel der Widerspiegelungstheorie ablesen ließe ...
Auch was den dritten Aspekt des Gegenstandsproblems - die Frage
nach dem Träger der psychischen Erscheinungen - angeht, so verweist schon der Begriff der physiologischen Psychologie und ihre
Herkunft aus der Physiologie deutlich auf die Überwindung der

metaphysischen Denkweise."(Hiebsch, 1979, S.26f) [2]

Wenn wir dem nun als vierten Aspekt den der Einsicht in die
- allerdings noch weitgehend ideell bzw. (im philosophischen
Sinne) idealistisch verstandene - Gesellschaftlichkeit der
psychischen Prozesse hinzufügen, wie sie in der tatsächlich
nicht unproblematischen Trennung von experimenteller Psychologie und Völkerpsychologie bei Wundt zum Ausdruck kommt,
dann ist damit zugleich schon ein Teil der innermarxistischen
Kontroverse gekennzeichnet: Während Holzkamp diesen m.E. richtigen, vorwärtsweisenden Gedanken bei Wundt deutlich heraushebt (vgl. Holzkamp, 1980a, S.158f, 159ff), halten ihn Hiebsch,
Sprung und Eckardt für einen Rückschritt (vgl. Eckardt, 1979,
S.19; Hiebsch, 1979, S.22; Sprung, 1979, S.79ff); eine "Mittelposition" nehmen ein Meischner/Eschler, 1979, S.90ff, bes. S.97;
eine vierte Position vertritt Politzer: er reduziert Wundts
Werk auf die experimentelle Psychologie und polemisiert wegen
dieses Reduktionismus gegen ihn (vgl. Politzer, 1974, S.39f;
ders., 1978, S.33,192).

---

2 Die von Jaeger/Staeuble aufgrund ihrer historischen Analyse gewonnene Gegenstandsbestimmung ist insofern vorsichtiger, weil sie genauer als Hiebsch die Tatsache reflektiert,
daß die Psychologie sich als bürgerliche Psychologie konstituierte; sie ist in gewisser Weise auch vager, als eine genaue inhaltliche Charakterisierung des Gegenstandes der Psychologie - aufgrund wohl auch einer unzureichenden Analyse
der kategorialen Entwicklung der Psychologie - nicht so
recht gelingen will. Jaeger/Staeuble (1978, S.322) schreiben:
"Da die Individualitätsformen nichts anderes sind als die
Wirkungsweisen der gesellschaftlichen Verhältnisse, wie sie
als objektive Handlungsanforderungen den Individuen entgegentreten, wären begriffliche Bestimmungen der gesellschaftlichen Verhältnisse notwendig zum Ausgangspunkt jeder Analyse zu machen, von dem her erst die theoretische Präzisierung
der Individualitätsformen möglich ist. Für die Untersuchung
ihrer Realisierungsweisen reichen aber die bereits entwickelten Formbestimmungen der kapitalistischen Produktionsweise
nicht aus. Die Realisierungsweise oder Aneignungsweise der
gesellschaftlichen Individualitätsformen ist vermittelt durch
institutionelle Formen gesellschaftlichen Lebens, die sich in
der Kritik der politischen Ökonomie nicht schon ausgearbeitet
vorfinden... Die angedeutete Möglichkeit einer Gegenstandsbestimmung der Psychologie würde also ein Aufbrechen der Grenzen herkömmlichen psychologischen Denkens nicht nur im Sinn
einer Erweiterung, sondern im Sinn einer grundlegenden Umstrukturierung erfordern und notwendig die Bereichsbestimmungen von 'Nachbardisziplinen' in diesen Umstrukturierungsprozeß einbeziehen. Empirische Subjektivität wäre nicht mehr der
Ausgangspunkt, sondern der Endpunkt einer wissenschaftlichen
Konkretisierung der Erkenntnis des Reproduktionszusammenhangs
der bürgerlichen Gesellschaft."

Bei dieser Kontroverse geht es letztlich darum, inwieweit
durch Experimente gewonnene aktualempirische Daten zur Stützung bzw. Widerlegung theoretischer Auffassungen dienen können. Die Skepsis der Kritischen Psychologie gegenüber dem Erkenntniswert von Experimenten in der Psychologie schlägt sich
in der theoriegeschichtlichen Bewertung darin nieder, daß sie
Wundts "Völkerpsychologie" und seine Kritik an der experimentellen Erforschung des menschlichen Denkens höher bewertet als
dies Eckardt, Hiebsch und Sprung tun (wir gehen auf dieses
Methodenproblem in Kap. 2.5 näher ein).

Wir hatten uns mangels entsprechender Analysen auf die Herausbildung der Psychologie in Deutschland beschränkt. Zweierlei
muß hinsichtlich einer möglichen Verallgemeinerung gesagt werden: a) Auch das lückenhaft vorhandene Material legt die Vermutung nahe, daß ganz ähnliche Prozesse - wenn auch z.T. in anderen historischen Zeiträumen - in allen kapitalistischen Ländern stattgefunden haben und daß heute evidente Resultat zeitigten, daß fast jede Universität über Psychologische Institute
oder Lehrstühle verfügt. - b) Die Entwicklung in Deutschland
hatte auch starke Außenwirkungen, ist also Bestandteil einer
<u>internationalen</u> Herausbildung der Psychologie als Einzelwissenschaft. Insofern dürfte die Entwicklung in Deutschland und
unsere Überlegungen paradigmatischen Charakter haben (vgl.
Galperin, 1980, S.27ff; Jaeger/Staeuble, 1978, S.54ff,93ff,204ff).

1.2. DIE PSYCHOANALYSE UND DAS PROBLEM UNTERDRÜCKTER INDIVIDUELLER SUBJEKTIVITÄT

Wenn man die Auseinandersetzungen um die traditionelle Psychologie in der zweiten Hälfte der sechziger Jahre in der BRD und Westberlin betrachtet, so fällt sehr schnell auf, daß von denjenigen, die sich um eine konstruktive Kritik bemühten, die Psychoanalyse in hohem Maße als Alternative zur positivistischen favorisiert wurde. Als Beleg sei aus einem Beitrag von Irmingard Staeuble zitiert:

"Als avanciertester Ansatz ist hier die Diskussion anzuführen, die in den 20er Jahren zwischen Marxisten und Psychoanalytikern geführt wurde...Die behandelte akademische Frage: Wie Psychoanalyse als Wissenschaft mit wissenschaftlichem Marxismus vereinbar sei, kann uns dennoch als mehr denn nur akademisches Problem interessieren." (Staeuble, 1970, S.135)

Notwendig wären allerdings Veränderungen der Psychoanalyse selbst, denn:

Eine "Psychoanalyse, die wirklich aufklärerisch wirken wollte, hätte...ihr limitiertes gesellschaftliches Verständnis auszuweiten. Sie dürfte beim Erklären psychischer Phänomene sich nicht mit dem Rekurs auf Milieueinflüsse beschneiden, sondern hätte diese Oberflächenstruktur der Gesellschaft wiederum auf ihre materiellen...Grundlagen zu beziehen. Dann könnte sie deutlich machen, welche psychischen Schäden so lange irreparabel bleiben, wie die gesellschaftliche Basis nicht geändert wird und mit solchem Ausweis selbst als Agens von Veränderung wirken." (ebd.,S.136)

Nun klingt hier zwar an, daß die Psychoanalyse in ihrer vorhandenen, d.h. "orthodoxen" Form nicht allen Ansprüchen einer kritischen Gesellschaftstheorie gerecht werden kann, aber dennoch soll sie die Basis der Kritischen Psychologie bilden. Diese Hinwendung zur Psychoanalyse hatte ihre oberflächlichen Gründe zum einen darin, daß die Psychoanalyse einen zentralen Bestandteil der Kritischen Theorie der Frankfurter Schule ausmachte und daß diese beim Annäherungsprozeß bestimmter Gruppen der Intelligenz an den Marxismus in der damaligen Zeit eine wichtige Rolle spielte. D.h. über die Kritische Theorie lernten größere Teile der engagierten Intelligenz die sozialkritischen Ansätze der Psychoanalyse erstmals kennen (etwa Bernfeld, Reich, Fromm), dessen Hauptvertreter während des deutschen Faschismus im Exil lebten. Zu diesen Gründen für das verstärkte Interesse an der Psychoanalyse gehörte aber andererseits auch die unleugbare Tatsache, daß - besonders unter den Studenten - wenig Kenntnisse der Gesamtentwicklung der bürgerlichen Psychologie vorhanden waren (polemisch: wieso immer nur "Marx und Freud",warum nicht z.B. auch die Frage "Marx und Wundt", zumal es bereits eine Diskussion über "Marx und Kierkegaard" gab?) und daß insbesondere die vorhandenen marxistisch fundierten Ansätze praktisch unbekannt waren. Doch dem <u>Kern</u> des Problems kommt man nur dann näher, wenn man sich - als Zwischenschritt - vergegenwärtigt, daß die Psychoanalyse, besonders in ihrer Entwicklung <u>nach</u> Freud, von konservativen Momenten dominiert war, ja daß sie in Gestalt von C.G.Jung sogar Vertreter fand, die offen den deutschen Faschismus unterstützten. Auch Fürstenau z.B. hat deutlich gesehen, daß die Psychoanalyse keineswegs per se fortschrittlich ist, so wenn er feststellt,

"daß die <u>politischen</u> Zielsetzungen und Wertvorstellungen der Psychoanalyse innerhalb der psychoanalytischen wissenschaftlichen Diskussion selber kontrovers sind, und zwar ebenso kontrovers wie im gesellschaftlichen Leben und in der Kultur. Das ist zwar gegenwärtig durch das Übergewicht sogenannter neomarxistischer und linksliberaler Beiträge für den oberflächlichen Betrachter ziemlich verdeckt, aber nichtsdestoweniger bei gründlicher Nachforschung offensichtlich." (Fürstenau, 1977, S. 165);

erinnert sei hier auch an die frühe Problematisierung gewisser Tendenzen der Psychoanalyse durch Gottschalch (vgl. Gottschalch, 1963). So wichtig nun diese Vergegenwärtigung der gesellschaftlichen <u>Eingebundenheit</u> einer Theorie, hier der Psychoanalyse, als Zwischenschritt ist, so wenig sagt sie etwas über die <u>theoretische Substanz</u> der Theorie, hier den Beitrag der Psychoanalyse zur Gegenstandsbestimmung der Psychologie, aus, und so wenig erklärt sie allein bereits die Attraktivität dieser psychologischen Richtung. Von den Marxisten und den marxistisch orientierten Psychologen ist im letzten Jahrzehnt - besonders in Bezug auf die Psychoanalyse - dieses Problem stärker betont worden. In diesem Sinne schreibt etwa Sève (1977b,S.16):

"Daß die Verbindung zwischen FREUDS Kerngedanken und dem konservativen Gebrauch, der davon in größtem Maße gemacht wird, nicht zufällig und rein äußerlich, sondern im Gegenteil sehr eng ist, zeigt sich in allem ... Aber hat ein sehr enger Zusammenhang zwischen einem wissenschaftlichen Kern und einer ideologischen Schale jemals untersagt, an deren <u>Trennung</u> zu arbeiten? Wenn ja, wäre die ganze MARXSCHE Arbeit an der Dialektik HEGELS vergebens gewesen. Die Geschichte des Denkens, die Geschichte der Wissenschaften ist sehr reich an Beispielen für fruchtbare Entdeckungen, die selbst innerhalb von irreführenden, ja reaktionären Ideologien zustande kamen - mehr noch: für Entdeckungen, die derartige Ideologien mitunter nötig hatten, gleichsam als Katalysator."

In diesem Sinne wollen wir an dieser Stelle der Frage nachgehen, welches Verständnis die Psychoanalyse von ihrem eigenen Gegenstand hat; damit wäre dann auch ein Teil der obigen Frage zu beantworten, was die Attraktivität der Psychoanalyse für so viele kritische Sozialwissenschaftlicher ausmacht.[3]

Sieben Aspekte können herausgehoben werden:

1.) Durch die Triebtheorie reflektiert die Psychoanalyse die biologischen Grundlagen der Individualentwicklung, ohne daß sie damit die psychischen Prozesse auf die somatischen reduziert. In diesem Sinne schrieb Freud:

"Die Macht des Es drückt die eigentliche Lebensabsicht des Einzelwesens aus. Sie besteht darin, seine mitgebrachten Bedürfnisse zu befriedigen...Die Kräfte, die wir hinter den Bedürfnisspannungen des Es annehmen, heissen wir Triebe. Sie repräsentieren die körperlichen Anforderungen an das Seelenleben. Obwohl letzte Ursache jeder Aktivität, sind sie konservativer Natur; aus jedem Zustand, den ein Wesen erreicht hat, geht ein Bestreben hervor, diesen Zustand wiederherzustellen, sobald er verlassen worden ist." (Freud, GW XVII, S.70)

---

3 Es ist selbstverständlich, daß die Psychoanalyse durch ihre sehr weitverzweigte Entwicklung schon bei Freud selber, wie auch und besonders nach Freud, zu einer Vielzahl divergierender Auffassungen geführt hat. Insofern ist der Begriff "die" Psychoanalyse eine Abstraktion von diesen Differenzen, allerdings insofern eine berechtigte Abstraktion, weil es - auch im Selbstverständnis der Psychoanalytiker - einen bestimmten gemeinsamen Bezugsrahmen gibt. Und nur dieser soll in den folgenden Punkten erfaßt werden, wobei nicht alle Punkte auf alle Konzeptionen zutreffen bzw. nicht alle Punkte in allen Konzeptionen das gleiche Gewicht haben. - Einen guten Einblick in die internationale Entwicklung der Psychoanalyse bis Ende der fünfziger Jahre vermittelt Wyss (vgl. Wyss, 1961); die Studie von Fages berücksichtigt darüber hinaus auch die neuen Ansätze (besonders in Frankreich), ignoriert allerdings weitgehend die bundesrepublikanischen Entwicklungen (vgl. Fages, 1981); marxistische Analysen zur Entwicklung der Psychoanalyse finden sich bei Braun und Friedrich (vgl. Braun, 1982c; Friedrich, 1977). - Zur Verdeutlichung sei hervorgehoben, daß es uns an dieser Stelle nicht um eine Aufhebung der relevanten psychologischen Einzelerkenntnisse geht, wie dies in anderen Studien der Kritischen Psychologie geschehen ist (vgl. Braun,1979a; Braun/Schindler/Wetzel,1979; H.Osterkamp,1976,Kap. 5); vielmehr sollen diese Überlegungen hier in spezifischer Weise fortgesetzt werden, indem geklärt wird, welchen Beitrag die Psychoanalyse zum Gegenstandsverständnis der Psychologie geleistet hat und leistet.

In dieser Auffassung liegt insofern ein <u>materialistischer</u> <u>Aspekt</u>, als die Existenz von bewußtseinsunabhängigen Prozessen anerkannt wird, ohne daß damit natürlich schon die Frage hinreichend geklärt wäre, w<u>i</u>e Psychisches und Somatisches zusammenwirken. Diese Problematik hat die Psychoanalyse (wie - was wir schon sahen - die Psychologie überhaupt) von den Anfängen bis in die Gegenwart beschäftigt, und bei Freud heißt es dazu:

"Von dem, was wir unsere Psyche (Seelenleben) nennen, ist uns zweierlei bekannt, erstens das körperliche Organ und Schauplatz desselben, das Gehirn (Nervensystem), andererseits unsere Bewußtseinsakte, die unmittelbar gegeben sind und uns durch keinerlei Beschreibung näher gebracht werden können. Alles dazwischen ist uns unbekannt, eine direkte Beziehung zwischen beiden Endpunkten unseres Wissens ist nicht gegeben. Wenn sie bestünde, würde sie höchstens eine genaue Lokalisation der Bewusstseinsvorgänge liefern und für deren Verständnis nichts leisten."(ebd., S. 67)

2.) Schon im Triebbegriff selbst ist ein <u>dynamisches</u> Moment angelegt, also die Einsicht in die Veränderbarkeit des individuellen Lebens, der Lebenstätigkeiten, Lebensinhalte und Lebensziele. Diese Dynamik hat zwei entscheidende Dimensionen: a) Sie besteht zunächst in einem spezifischen Innen-Außen-Verhältnis:

"Die Erfahrung zeigt..., daß...Befriedigungssituationen nur mit Hilfe der Außenwelt hergestellt werden können. Damit tritt der der Außenwelt zugewendete Anteil des Es, das Ich, in Funktion...Es entfaltet seine Tätigkeit nun nach zwei Richtungen. Einerseits beobachtet es mit Hilfe seines Sinnesorgans, des Bewußtseinssystems, die Außenwelt, um den günstigen Moment für schadlose Befriedigung zu erhaschen, andererseits beeinflußt es das Es, zügelt dessen 'Leidenschaften', veranlaßt die Triebe, ihre Befriedigung aufzuschieben, ja, wenn es als notwendig erkannt wird, ihre Ziele zu modifizieren, oder sie gegen Entschädigung aufzugeben." (Freud, GWXIV, S.227f)

Hieraus ergeben sich zahlreiche innere Konflikte und Widersprüche, die in dieser oder jener Weise zu Lösungen drängen und somit Veränderungen in der psychischen Struktur hervorrufen. - b) Da aber - wie aus der zitierten Stelle hervorgeht - ein <u>grundsätzlicher</u> Widerspruch zwischen dem bedürftigten Individuum und der versagenden Gesellschaft besteht, muß das Individuum diesen Konflikt verarbeiten. Dadurch entstehen verschiedenartige psychische Qualitäten.

"Wir haben...den psychischen Vorgängen drei Qualitäten zugeschrieben, sie sind entweder bewusst, vorbewusst oder unbewusst. Die Scheidung zwischen den drei Klassen von Inhalten, welche diese Qualitäten tragen, ist weder eine absolu-

te noch eine permanente. Das was vorbewusst ist, wird...ohne
unser Zutun bewusst, das Unbewusste kann durch unsere Bemühungen bewusst gemacht werden, wobei wir die Empfindung haben dürfen, dass wir oft sehr starke Widerstände überwinden."
(Freud, GWXVII, S.82)

Daraus resultieren wiederum eine Vielzahl abgeleiteter Widersprüche und Konfliktkonstellationen, die das einzelne Individuum prägen, die sein Selbstverständnis bestimmen und die ihm permanent die Aufgabe einer "Durcharbeitung" und "Aufarbeitung" stellen.

3.) Die Psychoanalyse ist insofern eine <u>historische</u> Wissenschaft, als sie sowohl in Bezug auf die Gesellschaft als auch auf die Individuen dem <u>Entwicklungsgedanken</u> einen relevanten Platz einräumt (auch wenn sie ihn nicht konsequent als Prozeß vom Niederen zum Höheren faßt). Dies kommt bezogen auf die soziale Entwicklung in der kulturhistorischen Analyse zum Ausdruck, die Freud selbst noch begründet hatte und die besonders in der Richtung der <u>Ethnopsychoanalyse</u> ihre komprimierteste Ausdrucksform fanden (vgl. Görlich, 1980, S.26ff). Deren Gegenstand bestimmt Parin so:

"Psychoanalytiker sehen Gefügigkeit und andauernde Apathie
mit Recht als tiefverwurzelte Charakterzüge an. Die Geschichte jedoch lehrt uns, daß sie bei allen, wenn nicht allen Angehörigen eines Volkes plötzlich verschwinden und anderen Lebenseinstellungen weichen können. Genau auf dieses Kräftespiel
hat die Ethnopsychoanalyse ihr gleichsam mikroskopisches Untersuchungsinstrument zu richten. Unter unerträglichen, unhaltbar
gewordenen gesellschaftlichen Verhältnissen tritt die Frage,
wie das menschliche Verhalten eigentlich bestimmt wird, unabweisbar und deutlich hervor. Sie ist immer vorhanden. Sie ist
es, die der vergleichenden Psychoanalyse ein legitimes Interesse sichert."(Parin, 1977, S.94)

Zwar sind individuelle Entwicklungen in gesellschaftliche Wandlungen eingelagert, sie sind aber nicht auf diese zu beschränken, sondern die Ontogese besitzt - wie schon in Pkt. 2. angeklungen - selbst Prozeßcharakter, wobei der allgemeine Stellenwert bestimmter Phasen, besonders der Sexualentwicklung, in den verschiedenen Ansätzen differierend eingeschätzt wird. Zugleich haben herausragende persönliche Erfahrungen, besonders solche traumatischer Art, eine je individuumsspezifische Bedeutung.

4.) Die unbestreitbare Tatsache, daß psychoanalytisches Denken seit ca. 15 Jahren auch in der BRD, in den USA z.B. schon viel länger in einem hohen Grade Massenverbreitung gefunden hat (wenn auch häufig in trivialisierter und entstellter Form, man denke hier etwa an bestimmte Kriminalromane und -filme) verweist auf ihre Alltagsorientiertheit. Es gelingt ihr - ganz im Gegensatz zur später darzustellenden positivistischen Psychologie - in einem hohen Maße bestimmte reale Lebensprobleme der Menschen (in kapitalistischen Ländern) zu thematisieren und in eine realtiv systematische Interpretation einzufügen. Es ist dies wesentlich die Erfahrung der Beschädigung individueller Subjektivität.

"Das am weitesten reichende Ziel des psychoanalytischen Verfahrens ist Sinnfindung oder Wahrheitsfindung...Der Zustand der Unwahrheit oder, schlicht, der Lüge erscheint zuweilen gegenüber der bitteren Wahrheit als geringeres Übel. Doch das mit der Unwahrheit verbundene Leiden und die dahinter verborgene Unerfülltheit des Lebens und seiner Möglichkeiten rechtfertigen, daß mit Hilfe der Psychoanalyse der 'Wahrheitsgehalt' eines innerseelischen Konfliktes ebenso rückhaltlos erforscht wird wie der einer zwischenmenschlichen Beziehung."(Kutter, 1977a, S.16)

So gesehen ist diese Alltagsorientiertheit Leidensorientiertheit, und sie kann dazu führen, daß die scheinbar privaten, aber doch nur privatisierten Ängste, Hoffnungen und Wünsche zu einer öffentlichen Angelegenheit werden, daß die Vereinzelung des Leidenden aufgehoben wird, indem das massenhafte Leiden zu einem Element des Massenbewußtseins wird.

5.) Damit ist schon eine weitere Dimension der Psychoanalyse angedeutet, nämlich ihr Beitrag zu einem psychologischen und in gewisser Weise auch sozialen Verständnis der Therapie psychischen Leidens. Während dies zur Zeit von Freud wesentlich Kritik an der medizinisch orientierten Psychiatrie bedeutete, die psychische Krankheiten wesentlich aus somatischen Ursachen zu erklären beabsichtigte, bedeutet dies heute besonders Ablehnung von rein oberflächlich-technokratischen Verfahren. Dieser aktuell relevante Aspekt ist gerade in der Kontroverse mit der Verhaltenstherapie herausgestellt worden (vgl. Eberenz, 1974; Fürstenau, 1972, S.34ff). Dabei kann das explizit psychologische Ziel der psychoanalytischen Therapie in verschiedener Weise beschrieben werden, etwa als:

"Wiederherstellung der Genuß- und Leistungsfähigkeit; oder: wo Es war, soll Ich werden, d.h. der Herrschaftsbereich des Ichs, damit des Bewußtseins, soll erweitert werden, und die blinde Unterworfenheit unter Es (die Triebwelt), Über-Ich (verinnerlichte verbietende und gebietende Repräsentanzen) und Realität soll sich zugunsten eines größeren Verfügungspotentials der bewußten Vermittlungsfunktionen des Ich vermindern. Oder noch anders formuliert: Regressiv unbewußte (und das heißt immer: auf infantile Positionen fixiert geblieben) Potentiale sollen zu einer reiferen, erwachseneren Gestalt progredieren, so daß reife zwischenmenschliche Beziehungsformen gelebt werden können." (Klüwer, 1974, S.72)

Dabei bietet ein solches psychologisches Verständnis der Psychopathologie immer auch die prinzipielle Möglichkeit, prophylaktische Konzeptionen zu erarbeiten.

6.) Die Einsicht, daß Theorien und Weltanschauungen nicht "vom Himmel fallen", daß sie von Menschen unter bestimmten und bestimmbaren gesellschaftlichen Verhältnissen hervorgebracht und rezipiert werden, schlägt sich in der Psychoanalyse nieder als <u>Anerkennung des individuellen Subjekts im Prozeß der Theorieproduktion und -rezeption</u>, wobei dies allerdings spezifiziert wird hinsichtlich der Frage, wie man die Psychoanalyse überhaupt erlernen und verstehen kann. Diese Frage bestimmt ein breites Feld der psychoanalytischen Diskussion in Vergangenheit und Gegenwart. Ein relativer Konsens scheint darin zu bestehen, daß zur Aufnahme psychoanalytischer Einsichten eine bestimmte psychische Bereitschaft notwendig ist.

"Seit langem ist psychoanalytisch geklärt, daß die Wirkung der Lektüre theoretischer psychoanalytischer Werke davon abhängig ist, wie stark jeweils durch den intellektuell-kognitiven Gehalt des Textes die Affekt- und Triebabwehrstruktur des Lesers betroffen wird...Für die Wirkungschance theoretischer psychoanalytischer Literatur bedeutet das: Sie hängt...im wesentlichen vom Grad der unbewußten Konflikthaftigkeit (Gestörtheit) des Lesers ab. Nach klinischer psychoanalytischer Erfahrung sind nur wenige Menschen unserer Gesellschaft so glücklich sozialisationsmäßig konstelliert, daß sie weitgehend frei von unbewußten Konflikten leben. Deshalb ist in den meisten Fällen eine Analyse der eigenen Person erforderlich, um den Betreffenden instand zu setzen, psychoanalytische theoretische Literatur angemessen aufzunehmen und zu verarbeiten." (Fürstenau, 1977, S.150). -

Dies impliziert auch, daß die Psychoanalyse jede Art von Laienanalyse ablehnt (schon Freud hat diese massiv kritisiert) und damit eindeutig die Auffassung vertritt, daß nur durch Lehranalyse und entsprechendes theoretisches Studium ausgebildete Menschen sinnvoll Psychotherapie machen können.

7.) Der nun zu behandelnde Punkt ist der schwierigste: es geht nämlich um die <u>kritische</u> Funktion der Psychoanalyse. Auf diese wird in der Literatur vielfältig hingewiesen und auch in unserer "Kurzdarstellung" der Psychoanalyse sind eine ganze Reihe von Aspekten der <u>Unterdrückung</u> menschlicher

Subjektivität benannt worden, woraus man in gewisser Weise
schlußfolgern kann, daß es eigentlich darum gehen müßte,
diese unterdrückenden Bedingungen zu verändern (wenn nicht
gar abzuschaffen). Da diese Frage des "kritischen Potentials" der Psychoanalyse gerade in Bezug auf die Vermittlungsversuche von Marxismus und Psychoanalyse andererseits
von Bedeutung ist, wollen wir an dieser Stelle auf vier innerpsychoanalytische Differenzierungen eingehen:

a) Bei Freud selbst ist der Ausgangspunkt für die Kritik
die Unterdrückung der Bedürfnisse durch die Kultur.

"Während die Menschheit in der Beherrschung der Natur ständige Fortschritte gemacht hat und noch größere erwarten darf,
ist ein ähnlicher Fortschritt in der Regelung der menschlichen Angelegenheiten nicht sicher festzustellen...Es scheint
vielmehr, daß sich jede Kultur auf Zwang und Triebverzicht
aufbauen muß; es scheint nicht einmal gesichert, daß beim
Aufhören des Zwanges die Mehrzahl der menschlichen Individuen bereit sein wird, die Arbeitsleistung auf sich zu nehmen, deren es zur Gewinnung neuer Lebensgüter bedarf...Es
wird entscheidend, ob und wieweit es gelingt, die Last der
den Menschen auferlegten Triebopfer zu verringern, sie mit
den notwendig verbleibenden zu versöhnen und dafür zu entschädigen." (Freud, GWXIV, S.327f)

Freud hält zwar einen gewissen Triebverzicht für immer notwendig, aber die von ihm analysierten Formen und Qualitäten
der Triebunterdrückung hält er für unberechtigt und will sie
daher überwinden. - b) In deutlicher Kritik an Freuds "Naturalismus" und an seinem "scientistischen Selbstmißverständnis" (vgl. Binswanger, 1957, S.216,218) hat Binswanger die
Psychoanalyse - im Anschluß an Heidegger (vgl. ebd., S.216)
- in einem daseinsanalytischen Kontext interpretiert und integriert.

"Das Wesen der Psychoanalyse, nicht nur ihre Richtigkeit,
sondern ihre Wahrheit, ist aber gerade zu suchen im Wesen
dessen, was diesem Wissen- und Beherrschenwollen als Bedingung seiner Möglichkeit zugrunde liegt, ein ehrfürchtiger
Respekt nämlich vor der Unergründlichkeit des _Seins_ als Natur und eine unbeugsame Größe und ungetrübte Reinheit des
'Herzens'...Freud hat mit seiner Lehre vom Unbewußten, von
der 'unbewußten Intentionalität', den Menschen _der Welt_ und
die Welt _dem Menschen nähergebracht_. Er hat gezeigt, daß
wir nicht nur mit unserem Bewußtsein, sondern auch 'unbewußt' _in der Welt sind, Welt haben und über Welt verfügen_.
Vor Freud lebten wir in einer sicher umgrenzten Welt des
Bewußtseins. Er aber hat den Frieden dieser Welt gestört,
indem er uns zeigte, wie beschränkt diese Welt ist und wie
wenig Macht wir über sie haben." (ebd., S.224f)

Hier setzt die Kritik an der (angeblichen) Selbsttäuschung
des Menschen an, seine individuellen und gesellschaftlichen

Lebensbedingungen selbst bestimmen zu können; durch die Psychoanalyse soll deutlich gemacht werden, wie beschränkt dieses Leben ist und wie ohnmächtig die Menschen sind. -
c) Auch Lacan wählt Heidegger als Ausgangspunkt seiner Überlegungen (vgl. Lacan, 1975, S.9), aber er wendet die Problematik deutlicher ins Sprachtheoretische. Für ihn liegt die kritische Substanz der Psychoanalyse in der Ermöglichung der Subjektwerdung des Individuums, die für ihn gleichbedeutend ist mit dem Übergang vom leeren zum erfüllten Sprechen. Dazu bedarf es aber des Zugangs zum Unbewußten, welches selbst wie die Sprache strukturiert ist.

"Das Unbewußte _ist_ ein Begriff, entstanden auf der Spur jenes Tuns, das das Subjekt konstituiert...Das Unbewußte _ist nicht_ so geartet, daß es in der psychischen Realität alles das umfassen würde, was nicht mit dem Attribut (oder der Eigenschaft) des Bewußtseins ausgestattet ist...Das Gewicht, das wir der Sprache als Ursache des Subjekts beimessen, zwingt uns zu präzisieren: Der Irrtum blüht, wo versucht wird, den erstgenannten Begriff auf Erscheinungen einzuschränken, die sich der Homonymie verdanken und daher _ad libitum_ aneinandergereiht werden können. Es ist undenkbar, wie der Begriff von diesen Erscheinungen aus wiederhergestellt werden könnte...Das Unbewußte _ist_ das, was wir sagen, wenn wir hören wollen, was Freud in seinen Thesen vorträgt." (Lacan, 1975, S.207f)

Lacan geht also davon aus,

"daß die Psychoanalytiker am Begriff des Unbewußten teilhaben, da sie seine Adressaten sind. Wir können daher von nun an nicht länger unsern Diskurs übers Unbewußte von der These ausschließen, die er aussagt: daß die Gegenwart des Unbewußten, die im Ort des Andern ihre situative Bestimmung findet, in jedem Diskurs, in seinen Aussagen, zu suchen ist." (ebd., S.212)

Psychoanalyse besteht hier also in der Anerkennung des Abgetrenntseins des Individuums vom Unbewußten und zugleich in der Möglichkeit, durch die Psychoanalyse diese Trennung wieder zu überwinden. - d) Insbesondere Habermas hat auch am hermeneutischen Moment der Psychoanalyse angesetzt, wobei er - stärker als Binswanger und Lacan - die gesellschaftliche Eingebundenheit der Kommunikation betont. Für ihn ist die Psychoanalyse das Paradigma einer herrschaftsfreien selbstreflexiven Kommunikation. Denn nach ihrem Verständnis

"sind die Symptome Anzeichen einer spezifischen Selbstentfremdung des betroffenen Subjekts. An den Bruchstellen des Textes hat sich die Gewalt einer vom Selbst hervorgebrachten, gleichwohl ichfremden Interpretation durchgesetzt. Weil die Symbole, welche die unterdrückten Bedürfnisse interpretieren, aus der öffentlichen Kommunikation ausgeschlossen sind, _ist die Kommunikation des sprechenden und_ handelnden Subjekts mit sich selber unterbrochen." (Habermas, 1968, S.278)

Diese Störung der Kommunikation hat gesellschaftliche Ursachen und Folgen.

"Die Herrschaft der gesellschaftlichen Normen beruht auf einer Abwehr, die, solange sie sich unbewußten Mechanismen und nicht einer bewußten Kontrolle verdankt, ihrerseits Ersatzbefriedigungen erzwingt und Symptome hervorbringt. Den institutionell verfestigten und undurchsichtigen Charakter gewinnen sie gerade durch den kollektiv neurotischen, den verdeckten Zwang, der den manifesten Zwang der offenen Sanktionen ersetzt." (ebd., S.338)

Indem diese Zusammenhänge aufgedeckt werden, indem diese Zwänge schrittweise rückgängig gemacht werden und Selbstreflexion ermöglicht wird, wird theoretische und praktische Kritik an der bürgerlichen Herrschaft geübt.

Wir haben dieser Frage nach dem Kritikpotential der Psychoanalyse solch einen großen Raum gegeben, weil deutlich werden muß, daß die Psychoanalyse nicht per se "Kritik von links" übt: Wie die zitierten Stellen bei Binswanger und Lacan paradigmatisch deutlich machen sollten, kann (nicht muß) die konstatierte (und wie immer konkret inhaltlich gefaßte) Differenz zwischen Menschenmöglichem und Menschenwirklichem auch konservativ und reaktionär gewendet werden, nämlich immer dann, wenn die gesellschaftlichen Ursachen dieser Differenz aus dem Blick geraten und damit das Menschenmögliche im Sinne des Anstrebenswerten nicht Gegenstand wirklich wissenschaftlicher Reflexion ist.

Fassen wir unsere Überlegungen zur Psychoanalyse zusammen: Nach ihrer Auffassung muß die Psychologie die biologischen Grundlagen der individuellen Entwicklung anerkennen und muß zugleich über ein dynamisches und gesellschaftlich-historisches Persönlichkeitsverständnis verfügen, sie soll alltagsorientiert (leidensorientiert) sein und hat das individuelle Subjekt im Erkenntnisprozeß anzuerkennen: damit ist insgesamt ein psychologisches Verständnis von Pathologie und Therapie verbunden; nicht zuletzt hat sich Psychologie gegenüber den bestehenden, unterdrückenden Verhältnissen kritisch zu verhalten.

Wir wollen an dieser Stelle auf ein Problem hinweisen (wir können es aus Platzmangel an dieser Stelle nicht entfalten), welches in der zukünftigen marxistischen Forschung zur Psychoanalyse stärker berücksichtigt werden sollte: Wie immer die aktuelle innermarxistische Kontroverse über die theoretischen und ideologischen Quellen der Freudschen Psychoanalyse im engeren Sinne entschieden werden mag (vgl. Gedö, 1978, S.78ff; Hollitscher, 1980, S.132ff; Kätzel, 1977, S.67ff; Steigerwald, 1980, S.127ff), so ist bereits jetzt eindeutig geklärt, daß die Psychoanalyse in ihrer <u>Gesamtentwicklung</u> ein Bestandteil der Lebensphilosophie ist, die selbst wiederum neben dem <u>Positivismus</u> (in allen seinen Varianten) der wesentlichste Bestandteil des geistigen Lebens unter den Bedingungen der allgemeinen Krise des Kapitalismus ist.

"Die Lebensphilosophie und der Positivismus durchdringen die politischen, historischen, ökonomischen usw. Formen der bürgerlichen Apologie, und sie werden in diesen auch reproduziert; jene Formen sind aber keineswegs nur Schlußfolgerungen aus den philosophischen Lehren der positivistischen und lebensphilosophischen Schulen. Es gibt meistens <u>auch</u> eine gewisse Diskrepanz zwischen den politischen, historischen, ökonomischen usw. Ideologien der allgemeinen Krise und den Lehren dieser <u>Schulen</u> (was unter anderem bei den Krisensituationen der spätbürgerlichen Philosophie mitwirkt). Dennoch sind die politischen, historischen, ökonomischen usw. Ideologien an den <u>fundamentalen Inhalt der Richtungen</u> der Lebensphilosophie und des Positivismus gebunden, den sie auf ihre Weise ausweiten oder begrenzen, modifizieren und umgestalten, dessen spezifische Formen, die gelegentlich von jenen der philosophischen Schulen abweichen, sie entwickeln." (Gedö, 1978, S.55f)

Zugleich stehen aber Lebensphilosophie und Positivismus in keinem nur gegensätzlichen Verhältnis zueinander, sondern auch in dem der wechselseitigen Ergänzung.

"Diese Zusammengehörigkeit der <u>lebensphilosophischen Tendenz</u> und der positivistischen Einstellung ist letztlich dem bürgerlich-apologetischen Bewußtsein immanent. Die Feststellung der oberflächlichen Erscheinungen, die Beschreibung des isolierten, verdinglichten Scheins und seine unvermittelte Unterordnung unter ein übergeschichtliches Abstrakt-Allgemeines - das heißt der latente Positivismus - werden im philosophischen Bewußtsein notwendigerweise durch das Erlebnis des Mysteriums der verdinglichten Verhältnisse und der sozial belebten und beseelten Dinge ergänzt und mit diesem verknüpft." (ebd., S. 61f; vgl. dazu auch Sève, 1962, S.167f, 234ff, 255f)

Vor dem Hintergrund dieser allgemeinen Tendenzen betrachtet, scheint es nun für die Psychoanalyse charakteristisch zu sein, daß sie gegenüber dem Positivismus relativ resistent geblieben ist. Zwar gibt es in der Soziologie (z.B. bei Parsons) Kombinationsversuche zwischen positivistischer (hier strukturell-funktionalistischer) Soziologie und Psychoanalyse, aber sie trans-

formieren die Psychoanalyse nicht in ihrem Wesen. Was die
Psychoanalyse als Einzelwissenschaft betrifft, so liegt nur
der Versuch von Rapaport vor (vgl. Rapaport, 1970, bes. Kap.
II u. IX; zur psychoanalyse-internen Einschätzung dieses Ansatzes vgl. auch Heinz/Dahmer, 1978, S.127f,136ff), die Psychoanalyse einem positivistischen Wissenschaftskonzept zu
unterwerfen. Insofern kann man wahrscheinlich mit Recht sagen, daß vermittels der Auseinandersetzungen mit der Psychoanalyse (vgl. H.-Osterkamp, 1976, Kap. 5; Braun, 1979a)der einzelwissenschaftlich-psychologische Gehalt der Lebensphilosophie für die Kritische Psychologie aufhebbar wird. In diesem
Sinne gehört die Psychoanalyse als Teil des lebensphilosophischen Denkens zu den bürgerlichen Quellen der Kritischen Psychologie (wie gesagt: diese Überlegung wäre im Gang der weiteren theoriegeschichtlichen Arbeiten genauer zu prüfen).

*1.3. DAS NATURALISIERTE UND ISOLIERTE INDIVIDUUM ALS
IMPLIZITER GEGENSTAND DER POSITIVISTISCHEN PSYCHOLOGIE UND DIE LOGISCHEN STUFEN IHRER KRITIK*

Die Analyse der frühen Kritiken der entstehenden Kritischen
Psychologie an der positivistischen Psychologie sind im Gang
unserer Argumentation von doppeltem Interesse: a) Die Kritische Psychologie ist nicht durch eine marxistisch fundierte
Auseinandersetzung mit der Psychoanalyse entstanden, sondern
im Rahmen der Auseinandersetzung mit der positivistischen Psychologie. Holzkamp (wie auch Keiler) waren Vertreter dieser
Wissenschaftsrichtung (vgl. Holzkamp, 1968; Keiler, 1970), bevor er durch eine schrittweise Entfaltung seiner Kritik zum
Marxisten bzw. Kritischen Psychologen wurde. Seine biographisch-wissenschaftliche Entwicklung steht daher im engsten
Zusammenhang mit dem Konstitutionsprozeß der Kritischen Psychologie selber. Die Durcharbeitung der damaligen Arbeiten
(gesammelt in Holzkanp, 1972; vgl. ergänzend ders., 1981) verfolgt nicht das Ziel einer historischen Rekonstruktion bzw.
einer Detailkritik der einzelnen Texte (vgl. dazu Holzkamp,

1972f; ferner ergänzend Wilhelmer, 1973), sondern die Herausdestillierung der _logischen_ Stufen der marxistisch fundierten Kritik der positivistischen Psychologie.[4]

b) Wir haben im Gang der bisherigen Darstellung gesehen, daß die positivistische Psychologie keineswegs die einzige Richtung der _bürgerlichen_ Psychologie ist. Daraus folgt, daß man auch von bürgerlichen Positionen aus Kritik an der positivistischen Psychologie üben kann; sie wird denn auch beträchtlich geübt (man denke nur psychoanalytisch begründete Kritiken). Die logische Herausarbeitung der Kritikstufen verfolgt auch das Ziel, die originär marxistisch fundierte Kritik von anderen Formen der Kritik unterscheidbar zu machen. Insofern ist sie zugleich ein Paradigma der marxistische fundierten Kritik der bürgerlichen Psychologie generell.[5]

---

4 Die Aufgabenstellung, _logische_ Stufen der Psychologiekritik herauszuarbeiten, wurde erstmals von Holzkamp im Rahmen seiner Vorstudien zu "Geschichtlichkeit des Psychischen" begründet (vgl. Anm. 3 der Einleitung) und sie findet sich in modifizierter und zum Teil angewendeter Form bei Maiers (1979, S. 49ff,70ff,74ff,9,3ff). An diese Arbeiten schließen die folgenden Überlegungen an und führen sie - entsprechend unseres Erkenntnisinteresses - in _spezifischer_ Weise fort.

5 In zahlreichen Veröffentlichungen Ende der sechziger/Anfang der siebziger Jahre werden unter dem _Sammelbegriff_ "Kritische Psychologie" ganz unterschiedliche und in wesentlichen Dimensionen unvereinbare Ansätze präsentiert (vgl. z.B. Adorno u.a., 1970; Bruder, 1973; Reinke, 1973; Organ der Basisgruppen Psychologie, Nr. 1, 1970). So wichtig dieses Zusammenfinden demokratisch orientierter Kritiker in einer bestimmten Phase auf der Basis eines gewissen Konsens war, so erkenntnisbehindernd mußte es langfristig werden, den realen Ausdifferenzierungsprozeß zu ignorieren. Heute muß es vielmehr darum gehen, diese - zum Teil auch qualitativen - _Differenzen_ anzuerkennen als einen Aspekt in der _Einheit_ demokratisch gesinnter Wissenschaft (seinen _wissenschafts-politischen_ Ausdruck findet diese differenzierte Einheit bei uns im "Bund demokratischer Wissenschaftler").

1. STUFE: BESCHREIBUNG DER LAGE DER POSITIVISTISCHEN PSYCHOLOGIE UND IHRE IMMANENTE SELBSTKRITIK

Daß die positivistische Psychologie nicht den Ansprüchen ihrer eigenen Vertreter entspricht, haben diese selbst häufig gesagt (insofern besteht darin ein relativer Konsens mit den Marxisten). So schreibt z.B. Theo Herrmann im Vorwort zu seinem Buch "Die Psychologie und ihre Forschungsprogramme" 1976 u.a.:

"Die Erfahrungen mit der gegenwärtigen psychologischen Forschungspraxis und mit dem, wie Psychologen über ihre Wissenschaft reflektieren, führten uns zu dem Standpunkt, daß (1) die zur Zeit greifbaren, einzelnen deskriptiven und präskriptiven Modelle und Programme aus der Wissenschaftstheorie, der Wissenschafts-, Forschungs- und Planungswissenschaft jeweils für die adäquate deskriptive Erfassung der Psychologie, so wie wir diese kognizieren, nicht ausreichen. Daraus folgte für uns ein Vorgehen, das man aus der Sicht der etablierten Modelle und Programme als tatsächlich eklektisch beurteilen mag. (2) Die derzeit innerpsychologisch benutzten - übrigens fast allesamt aus außerpsychologischen Traditionen importierten - Deskriptionen und Normierungen der Psychologie erscheinen uns zumindest stark ergänzungsbedürftig. Daraus folgte für uns der Entschluß zu einem Versuch, psychologische Wissenschaft in einer Weise zu analysieren, die etablierter psychologietheoretischer Denkgewohnheit widerspricht." (Herrmann, 1976, S.10)

Und in einem Beitrag aus dem Jahre 1980 heißt es:

"Es hat sich heute eine ganze Reihe von Problemen und Schwierigkeiten angehäuft, interne Probleme für die Psychologie als Wissenschaft und Probleme, die durch das soziale Umfeld der Psychologie als Institution entstehen. Ich glaube aber nicht, daß wir uns in einer ganz besonderen, einmaligen Krise befinden. Wir befinden uns mal wieder in einer unserer vielen Krisen. Über Krisen ist immer schon geredet worden: In den Zwanziger Jahren hatten wir laut Karl Bühler eine, etwa vor 20 Jahren schrieb Albert Wellek über eine Krise, und auch heute gibt es 'Krisen' und 'Wenden'." (Herrmann, 1980, S.64) -

Solche und ähnliche Zitate ließen sich in großer Anzahl finden, sie belegen eine gewisse kritische Selbstreflexion der positivistischen Psychologie und an diesen Selbstkritiken haben die frühen Arbeiten der Kritischen Psychologie auch angesetzt (vgl. z.B. Holzkamp, 1972a, S.15ff; ders., 1972c, S. 75ff). Während nun aber die positivistische Psychologie versucht, dies durch immanente Verbesserungen der theoretischen Verallgemeinerungsregeln, der experimentellen Methoden bzw. der gesellschaftlichen (meist berufspraktischen)

Relevanz zu lösen (dies zeigen auch die beiden zitierten Arbeiten von Herrmann), hat die Kritische Psychologie schon früh auf die Ursachen dieser Probleme hingewiesen.

"Entscheidend und unbezweifelbar ist meiner Auffassung nach der Umstand, daß der Nachweis der inhaltlichen Relevanz psychologischer Fragestellungen heute kaum zu den Normen gehört, die die Einschätzung des Wertes psychologischer Experimente (und damit etwa auch der Berechtigung ihrer Publikation) in wesentlichem Maße bestimmen. Dementsprechend sind in der modernen Psychologie bisher kaum Denkmittel erarbeitet worden, mit denen man auf begründete und sinnvolle Weise das Problem der inhaltlichen Relevanz psychologischer Forschung behandeln könnte." (Holzkamp, 1972c, S.76)

In dem Maße, wie dies unternommen wird, wird aber der Rahmen einer rein immanenten Selbstkritik bereits überschritten (wie man etwa den Ausführungen auch von Herrmann, 1976, S.9,11, 86ff,132ff entnehmen kann).

2. STUFE: ERFASSUNG DES VERWENDUNGSZUSAMMENHANGS DER PSYCHOLOGIE ALS THEORIEEXTERNE KRITIK

Die Erfassung des Verwendungszusammenhangs, der sozialen Funktion der Psychologie ist ein notwendiges Element jeder Psychologiekritik. Sie zielt dabei weniger auf den einzelnen Forscher (auf ihn erst in zweiter Linie), sondern auf den Gesamtprozeß einer wissenschaftlichen Richtung und deren reale Eingebundenheit in soziale Prozesse. Insofern ist diese Ebene der Psychologiekritik Teil der umfassenden Analyse des Verhältnisses von Gesellschaft und Wissenschaft. Dabei liegt der Akzent der Kritik auf der theoretischen und empirischen Rekonstruktion des Zusammenhanges von positivistischer Psychologie und kapitalistischer Herrschaft. In diesem Sinne schrieb auch Holzkamp 1972:

"Man wird sich zu fragen haben, ob die moderne psychologische Forschung unbeeindruckt einen Weg weitergehen sollte, der sie u.U. zu einem immer wirksameren Instrument für die manipulativen Kontrollinteressen der Herrschenden machen könnte. Man wird auch fragen müssen, ob die psychologische Praxis sich in ihren Bemühungen weiterhin unreflektiert einer Gesellschaft anpassen sollte, die die Arbeit des Psychologen weitgehend in den Dienst technischer Kontrollinteressen stellt." (Holzkamp, 1972a, S.30; vgl. ebd., S. 28ff)

Und ganz ähnlich heißt es bei Staeuble (1970, S. 130):

"Überblickt man die Bereiche, in denen Psychologen vorwiegend tätig sind, muß man feststellen: a) Sie arbeiten unmittelbar im Dienst des Imperialismus (Kriegsforschung; "Psychologische Verteidigung"). b) Sie arbeiten im Dienst der kapitalistischen Wirtschaft (Markforschung; Werbung). c) Sie wirken indirekt an der Stabilisierung der bürgerlichen Ideologie (Meinungs- und Kommunikationsforschung). d) Sie betreiben die effektive Leistungseinordnung des Einzelnen ins System dieser Gesellschaft (alle Arten Auslese; Betriebspsychologie; Berufsberatung). e) Sie wirken in Richtung soziale Anpassung (Erziehungsberatung; sonstige Beratung)."

Auf der Grundlage dieser gesellschaftskritischen Fragestellungen wurden damals eine Reihe von psychologiegeschichtlichen Analysen erarbeitet, wobei die von Staeuble über "Politischen Ursprung und politische Funktionen der pragmatischen Sozialpsychologie" in den USA bis heute zu den wichtigsten zählte (vgl. Staeuble, 1972; diese Arbeit erschien auch in italienischer Sprache). Zwar klingen in diesen Arbeiten auch gewisse _inhaltliche_ Aspekte der Kritik an, aber es wird nicht wirklich versucht, die _innere_ Struktur der psychologischen Auffassungen in einen _zwingenden_ (allerdings nicht mechanistischen!) Zusammenhang mit ihrer _gesellschaftlichen_ und _berufspraktischen_ Anwendung zu bringen. Daraus folgt umgekehrt, daß aus einer Kritik des Verwendungszusammenhangs allein _keine_ Bestimmungen über eine alternative Psychologie zu gewinnen sind. Dies wird indirekt auch daran deutlich, daß auf dieser Stufe der Psychologiekritik auch noch gar nicht darüber entschieden ist, ob es eine linke, kapitalismus-kritische Psychologie überhaupt geben kann bzw. geben sollte. Gerade darüber hatte es auf dem Kongreß "Kritischer und oppositioneller Psychologen" vom 15.-19. Mai 1969 in Hannover grundsätzlichen Dissens gegeben. In der mehrheitlich verabschiedeten Hauptresolution heißt es gegen Schluß:

"Alle _psychologischen_ Ansätze erweisen sich als unpolitisches Gewurstel...Denn die Psychologie ist traditionell und perspektivisch eine Wissenschaft, die systembedingte Konflikte zu eliminieren oder zu integrieren versucht...Die Psychologie war und ist immer ein Instrument der Herrschenden. Sie ist folglich nur als Wissen über das Herrschaftssystem brauchbar. Die konkrete Alternative zum Traum von der Umfunktionierung der Psychologie zum Instrument des Klassenkampfes ist ihre Zerschlagung." (zitiert nach dem Abdruck in Adorno u.a., 1970, S.174; auch abgedruckt in Holzkamp, 1972f, S.220-222, hier S. 222)

Dem ist in einer Gegenresolution und in deutlicher Anlehnung an freudo-marxistische Auffassungen widersprochen worden:, denn "daß eine kritische Psychologie in Zukunft möglich und notwendig ist, gerade für die revolutionäre Umwandlung der Gesellschaft, die neben dem ökonomisch-objektiven Gesichtspunkt den psychologisch-subjektiven nicht außer acht lassen darf",

das war für die andere Fraktion sehr klar. Und die Autoren schlußfolgern:

"Wir sind der Ansicht, daß der kritischen Psychologie (=Psychologie im Bereich der kritischen Theorie) im Rahmen einer revolutionären Strategie nicht allein Instrumental-, sondern auch Erkenntnischarakter zukommt; und zwar in der Vorstellung einer konkreten Utopie von befreitem Dasein und in der Aufhellung des psychologischen Vermittlungsprozesses zum Beispiel von Herrschaft." (zitiert nach dem Abdruck in Adorno u.a., 1970, S.177; auch abgedruckt in Holzkamp, 1972f, S.222-224, hier S. 223).

Damit ist ganz deutlich ein inhaltlicher Anspruch verbunden: im negativen Sinne als Kritik der bestehenden Verhältnisse (einschließlich deren Psychologie) und im positiven Sinne als Bestimmung konkreter Handlungsstrategien. Die Realisierung dieses Anspruchs kann aber auf der zweiten Stufe der Psychologiekritik nicht gelingen, sondern dieses Niveau muß produktiv überwunden werden.

3. STUFE: *SOZIALHISTORISCH-RELATIVIERENDE KRITIK AN DEN INHALTLICHEN GRUNDPOSITIONEN*

Zwar wird in der positivistischen Psychologie nicht per se und in toto von der Gesellschaft, von den gesellschaftlichen Bedingungen der individuellen Lebenspraxis abgesehen, aber sie erhalten doch den Status von Zusatzbedingungen, die "dem Menschen" als Gegenstand letztlich äußerlich bleiben und ihn in seinem "Wesen" allenfalls modifizieren, nie aber konstituieren. Dieser inhaltliche Aspekt und seine Kritik zieht sich durch viele frühe Arbeiten der Kritischen Psychologie hindurch. Dabei gelangen zwei zentrale Verallgemeinerungen:
a) Da die positivistische Psychologie empirische Bewährung weitgehend mit experimenteller Bewährung identifiziert, stellte sich die Frage, was eigentlich in den Experimenten bestätigt wird, welche inhaltlichen Implikate (und zum Teil auch Vor-Entscheidungen) experimentellen Anordnungen zugrundeliegen. Das Resultat entsprechender Analysen ergab die Diskrepanz zwischen dem Menschen, der unter konkret-gesellschaft-

lichen Bedingungen lebt und der Weise, wie er sich als Versuchsperson (Vp) im Experiment verhalten muß.

"Wenn man nun Lebewesen, die eine Geschichte haben, die - der Möglichkeit nach - auf reflektierte Weise Subjekte dieser Geschichte sein können, die - ebenfalls der Möglichkeit nach - sich bewußt eine ihren Bedürfnissen gemäße, nicht entfremdete Welt schaffen können und die schließlich in freiem symmetrischen Dialog vernünftig ihre Interessen vertreten können, als "Menschen" bezeichnet, wenn man andererseits Lebewesen, die in einer fremden, naturhaften Umgebung stehen, die keine 'Geschichte' haben, die auf bestimmte Stimuli lediglich mit festgelegten begrenzten Verhaltensweisen reagieren können, 'Organismen' nennen will, so kann man feststellen, daß im Konzept der Norm-Vp. restriktive Bestimmungen enthalten sind, durch welche Individuen, die in der außerexperimentellen Realität sich - der Möglichkeit nach - wie 'Menschen' verhalten können, im Experiment dazu gebracht werden sollen, sich wie 'Organismen' zu verhalten." (Holzkamp, 1972b, S.54f)

Eine zirkuläre Bestätigung der theoretischen Auffassung vom quasiorganismischen Charakter des Menschen durch das Experiment ist dadurch möglich, weil

"die historisch-gesellschaftliche Bedingtheit des Menschen in je konkreter Lage...gemäß dem nomothetischen Konzept der Norm-Vp. ja gerade als 'Fehlervarianz' ausgeschaltet bzw. neutralisiert" wird. (ebd., S. 54)

Dies geschieht etwa durch die Experimentanordnung selbst bzw. durch die "Verabredung" zwischen Versuchsleiter und Versuchsperson oder durch entsprechendes Ausschalten von "unerwünschten" Daten aus der Auswertung (vgl. zur Stellung des Experiments in der Geschichte der Psychologie auch ebd., S. 42ff). -

b) Der zweite inhaltliche Kritikpunkt ergibt sich insofern zum Teil schon aus dem ersten, als die "organismische Anthropologie" einen Teilaspekt der grundlegenden Naturalisierung der gesellschaftlichen Verhältnisse und der Persönlichkeitseigenschaften in der positivistischen Psychologie darstellt. Die biographisch-personalistische Naturalisierung als Spezialfall einer Verkehrung von Gesellschaftlichem in Vorfindbares wurde damals als Introjektion bezeichnet (vgl. Holzkamp, 1972c, S.102).

"So werden denn auch in der bürgerlichen Psychologie Merkmale menschlicher Tätigkeit und Mittel menschlicher Kommunikation, die das Resultat der 'Selbsterzeugung' des Menschen durch gesellschaftliche Arbeit auf einer bestimmten Stufe der Gesellschaftsentwicklung sind, durch Introjektion den individuellen Menschen als konkrete empirische Letztheiten zugeschrieben, wobei dieses vermeintliche Konkretum der individuellen Beschaffenheit menschlicher Verhaltens- und Erlebnisweisen tatsächlich ein Abstraktum ist, in dem Dimensionen, die durch die gesellschaftliche Arbeit in einer bestimmten historischen Entfaltungsstufe des Gattungswesens 'Mensch' bedingt sind, dem einzelnen, isoliert gesehenen Menschen zugeordnet und so jedem konkreten gesellschaftlichen Bezug enthoben sind." (Holzkamp, 1972c, S.104)

Mit dieser Kritik an der naturalistischen und isolierenden Betrachtungsweise des konkreten Individuums durch die positivistische Psychologie ist ein wichtiger Schritt geleistet auch in der Entfaltung einer eigenen, alternativen Position. Dies wurde im wesentlichen möglich durch eine Rezeption bestimmter Arbeiten aus der ersten marxistischen Entwicklungsphase von Marx und Engels, besonders durch die "Thesen über Feuerbach" und die "Deutsche Ideologie" (vgl. die entsprechenden Hinweise z.B. bei Holzkamp, 1972a, S.27; ders., 1972b, S. 58,59 ; ders., 1972c, S.77f,101). Sie erbrachte im quasi negativen Teil der Entwicklung eine Zurückweisung des Naturalismus und im positiven Teil eine Betonung der Gesellschaftlichkeit des Individuums. In diesem Sinne schrieb damals Holzkamp programmatisch (1972a, S. 33):

"Wir sehen in Umrissen eine kritische Psychologie als Lehre von den sekundären Abhängigkeiten des Menschen. Während unter 'primären Abhängigkeiten' solche zu verstehen wären, denen der Mensch objektiv unterliegt, etwa Abhängigkeiten von faktischen historisch-ökonomischen Bedingungen, verstehen wir unter 'sekundären Abhängigkeiten' solche, die der Mensch zur Vereinfachung seines kognitiven Feldes im Interesse der Angstvermeidung, der Reduzierung von Spannungen zwischen der objektiven Lage und der subjektiven Befindlichkeit selbst geschaffen hat. Diese sekundären Abhängigkeiten können dadurch entstehen und persistieren, daß der Mensch das Bewußtsein dieser Abhängigkeiten verliert, daß ihm die Abhängigkeiten nicht mehr als von ihm selbst geschaffen erscheinen, sondern durch Attribuierungs- bzw. Objektionsprozesse als naturgegeben, schicksals- oder gottgewollt und deswegen unveränderlich quasi 'von außen' entgegentreten."

Nun könnte es so scheinen, daß damit eigentlich die Begründung einer marxistisch fundierten Psychologie bereits gelungen sei, daß hiermit das Rahmenkonzept und die weitere Forschungsstrategie hinreichend bestimmt sei, daß es also nur noch der inneren "Verdichtung" dieses Konzepts durch empirische Forschungen und theoretische Differenzierungen bedürfe. Dem aber ist nicht so: Zwar ist der Hinweis auf die ökonomisch begründeten gesellschaftlichen Veränderungen der Lebensbedingungen und damit der Lebensinhalte ein wichtiger Schritt, aber es ist nur ein Zwischenschritt, weil damit über die Spezifik der Lage im Kapitalismus nur sehr wenig gesagt ist. Zugleich wird auf dieser Stufe der Problementfaltung noch überhaupt nicht gesehen, daß die Natur keineswegs starr ist (wie unterstellt wird), sondern daß sie sehr wohl eine Entwicklungsgeschichte hat, die als ihr qualitativ höchstes Produkt den gesellschaftlichen Menschen in der menschlichen Gesellschaft hervorgebracht hat. Damit werden einerseits allgemein Gesellschaft und Natur voneinander getrennt und bleiben allenfalls äußerlich aufeinander bezogen, andererseits werden - daraus folgend - Natürlichkeit und Gesellschaftlichkeit des Individuums als koexistierende Gegensätze aufgefaßt, es wird also noch nicht gesehen, daß die Natur des Menschen seine gesellschaftliche Natur ist. - Die dritte Stufe der Psychologiekritik bereitet also den Übergang zum Marxismus zwar entscheidend vor, sie ist selbst aber noch keine marxistische Entwicklungsetappe.

4. STUFE: *PSYCHOLOGIEKRITIK ALS TEIL DER KRITIK DES BÜRGERLICHEN PRIVATINDIVIDUUMS*

Der qualitative Übergang von der Kritik der positivistischen Psychologie zur unverwechselbaren marxistischen Kritik der positivistischen Psychologie und damit der Übergang zur marxistischen Kritik der bürgerlichen Psychologie generell findet historisch mit der Rezeption des Marxschen "Kapitals" statt und besteht logisch in der Einsicht, daß die objektiven Gedankenformen der bürgerlichen Gesellschaft aus der Spezifik der kapitalistischen Warenproduktion resultieren. Die Naturalisierung und Isolierung beruht demnach darauf, daß im Kapitalismus auch die Arbeitskraft zur Ware wird, die sich auf dem Markt, dem Arbeitsmarkt, verkaufen muß, damit der Träger dieser Ware, der Mensch, die Bedingungen seines Lebens erhalten kann. Während die Zirkulation den Schein der Gleichheit bürgerlicher Privatindividuen hervorbringt, liegt dem Wesen des Prozesses die durch die Ausbeutung bedingte Ungleichheit in der Produktion zugrunde (wir kommen darauf ausführlich in Kap. 2.4.1. zurück). Die oben bewußt ausführlich zitierten Darlegungen zur positivistischen Psychologie erfassen damit nicht nur - wie damals angenommen wurde - ideologische Momente, sondern ihnen liegt letztlich die soziale Tatsache des Scheins des bürgerlichen Privatindividuums zugrunde. Bürgerliche Psychologie generell darf somit nicht nur als Produkt

rein _theoretischer_ Verkehrungen begriffen werden, sondern
sie besteht zugleich und primär darin, daß sie bestimmte,
reale, oberflächliche Aspekte des Lebens in der bürgerlichen Klassengesellschaft erfaßt und zum Teil systematisiert.
Sie findet ihre Grenze darin, daß sie diesen Schein nicht als
Schein erkennt (bzw. - wenn man Übergangsformen vor Auge hat
- nicht voll zu erfassen vermag) und insofern nicht zu den
wesentlichen, den ökonomisch begründeten Klassenverhältnissen vorstößt. Indem man aber dieses Doppelmoment der bürgerlichen Formbestimmtheit angemessen erfaßt, gelingt es auch
die 3. Stufe der Psychologiekritik (die wissenschaftsbezogene Ebene) in der 4. Stufe (der wissenschafts- _und_ gegenstandsbezogenen Ebene) _aufzuheben_.
Wenn schon in früheren Arbeiten erkannt wurde, daß eine emanzipatorische Psychologie auf die Unterscheidung von "Wesen"
und "Erscheinung" nicht verzichten kann (vgl. z.B. Holzkamp,
1972c, S. 114f), so muß dem zugleich hinzugefügt werden, daß
sie andererseits beides auch nicht gegenseitig veräußerlichen
darf, sondern daß es zugleich gilt, die innere Bewegung von
"Wesen" und "Erscheinung", damit deren Genese und Formwandel
zu erfassen. Hiermit sind dann aber schon ganz offensichtlich
Fragen aufgeworfen, die über ein enges Verständnis der _politischen Ökonomie_ hinausweisen, die Grundfragen der marxistischen
Philosophie betreffen. Zugleich ist mit der Einsicht in die
Klassenverhältnisse die Frage nach der Möglichkeit ihrer Überwindung gestellt, nach den Triebkräften der Sozialgeschichte
und insofern werden Probleme des _politischen_ Klassenkampfes
aufgeworfen. Wenn also von den Vertretern der Kritischen Psychologie die Bedeutung des "Kapitals" hervorgehoben wurde, so
darf dies nie in einem reduktionistisch-ökonomistischen Sinne
verstanden werden, sondern es bleiben - wie schon in der Einleitung des Buches erläutert - die drei Bestandteile des Marxismus in ihrer inneren Einheit stets im Blick (wir kommen auf
dieses Problem noch mehrfach zurück; vgl. aber auch Holzkamp,
1978d).
Jetzt ist es auch möglich, auf einen später wenig beachteten
Gedankengang von Holzkamp in einer frühen Schrift zurückzukommen, der das Verhältnis von Anthropologie und Psychologie
betrifft:

"Wenn hier von 'anthropologisch' oder 'Anthropologie' gesprochen wird, so ist dabei nicht an medizinische Anthropologie, ethnographische Anthropologie oder ähnliches gedacht; gemeint ist vielmehr eine generalisierende, die Einzelwissenschaften transzendierende Frageweise, in der man zu Aussagen über die Eigenart, die Natur, das Wesen etc. des Menschen als Menschen gelangt." (Holzkamp, 1972b, S.36)

Während das, was hier unter Anthropologie gefaßt wird, eigentlich und von heutigem Standpunkt den Marxismus in seiner Gesamtheit bzw. und u.U. die philosophische Persönlichkeitstheorie meint, liegt dem zugleich - wenn auch sehr implizit - die jetzt aufhebbare Einsicht zugrunde, daß es zwar gilt, gewisse theoretische Voraussetzungen für die Psychologie zu klären, daß damit die Psychologie als _Psychologie_ aber noch nicht per se verändert ist. Deutlicher gesagt: So bedeutsam die jetzt erreichte Stufe der Kritik ist, so wenig ist damit schon die letzte Stufe erreicht. _Negativ_ betrachtet bedeutet diese Stufe, daß hier für die betreffenden Autoren der Übergang zum Marxismus unwiderruflich vollzogen wurde, daß es dahinter kein Zurück mehr geben kann (das ist logisch gemeint, nicht historisch oder gar biographisch). Während sozialhistorische Relativierungen (3. Stufe) im Prinzip auch im Kontext bürgerlicher Sozialwissenschaften vorgenommen werden (wir verwiesen in Kap.1.2. z.B. auf die psychoanalytische Ethnologie), wird die Gesellschaftlichkeit und Natürlichkeit des Individuums jetzt in _marxistischer_ Weise bestimmt. Der damit verbundene qualitative Erkenntnissprung wird indirekt auch daran deutlich, daß die positivistischen Kritiker der Kritischen Psychologie gerade und immer wieder die "Kooperation" von Marxismus und Psychologie als "Weltanschaulich-dogmatisches Vorurteil" der Kritischen Psychologie herauszustellen versuchten (vgl. z.B. Gadenne, 1978, S.67,71,77; Herrmann, 1976, S.132ff.; Herrmann, 1977).

Positiv gesehen bedeutet diese Stufe, daß jetzt eine marxistisch fundierte, also eine Kritische Psychologie _möglich_ wurde, daß sie in gewisser Weise auch _nötig_ wurde, daß sie aber noch keineswegs vorhanden war. Obwohl durch den Marxismus bereits _positive_ Analysen der objektiven Wirklichkeit möglich sind (und auch geleistet werden), so bleibt dennoch die Psychologie als Psychologie davon noch insofern rein _negativ_ betroffen, als sie zwar diese marxistische Analysen aufnehmen kann, aber als Psychologie noch keine eigenständige Forschungen zur Erklärung der

Wirklichkeit beizutragen vermag. Dazu bedarf es des Übergangs zu einer weiteren, höheren, nun allerdings auch letzten Stufe der Psychologiekritik.

5. STUFE: *MARXISTISCH FUNDIERTE THEORETISCHE UND EMPIRISCHE ANALYSE DER INDIVIDUELLEN LEBENSTÄTIGKEIT ALS VORAUSSETZUNG ZUR AUFHEBUNG DER POSITIVISTISCHEN (UND BÜRGERLICHEN) PSYCHOLOGIE*

Die fünfte Stufe ist zugleich die letzte Stufe der "Nur-Kritik" und sie macht ganz deutlich, daß die Kritik der bürgerlichen Psychologie nur ein unselbständiges Teilmoment der inhaltlichen und methodischen Entfaltung der Kritischen Psychologie darstellt. Da dies aber das Hauptthema von Kap. 2 dieses Buches ist, können wir uns hier auf knappe Bemerkungen beschränken: Weil in der gesamtgesellschaftlichen Analyse des Marxismus (4. Stufe) die individuelle Lebenstätigkeit ein verschwindendes Moment darstellt und nur am Rande thematisiert wird, können erst auf der 5. Stufe wirklich entfaltete Begrifflichkeiten zur Erfassung der menschlichen Subjektivität herausgearbeitet werden. Dabei kommt der <u>materialistischen Dialektik</u> der Status einer epistemologischen Richtschnur zu. In dem Maße, wie sich diese marxistisch fundierte Psychologie entfaltet, wird es einerseits unmöglich, sie aus der Tradition der Psychologie auszugliedern, denn es wird dann immer deutlicher, daß die Kritische Psychologie nur solche Zusammenhänge erforscht, die objektiv auch für die bürgerliche Psychologie gegeben sind, daß also die Kritische Psychologie keineswegs ein "zwar reizvolles, aber eben doch fachfremdes Unternehmen" ist. Zum anderen wird es erst jetzt möglich, die verschiedenen Ansätze der bürgerlichen Psychologie, von denen hier nur die Arbeiten Herbarts, Wundts, der Psychoanalyse und der positivistischen Psychologie in groben Zügen dargestellt wurden, <u>differenziert</u> zu beurteilen, sie also nicht - wie es auf der 4. Stufe noch zwingend wäre - global als bürgerlich oder als "völlig falsch" zu qualifizieren bzw. besser: abzuqualifizieren (vgl. Holzkamp, 1977a, Pkt. 7.).

Daß die Kritische Psychologie einerseits in der Theorietradition des marxistischen Denkens stehen muß und andererseits bei aller Diskontinuität auch die Kontinuität zur Tradition der Psychologie zu bewahren hat, ist von Anfang an Anspruch der Kritischen Psychologie gewesen. So schrieb Holzkamp schon 1972: "Es wäre ein unhistorisches und damit unvernünftiges Vorgehen, wenn man angesichts der aufgewiesenen und anderer Mängel der modernen psychologischen Forschung die nomothetisch-funktionalistische Psychologie einfach wegwerfen und etwas 'ganz Neues' machen wollte. Man hat vielmehr bei allen Änderungsbemühungen den 'gegenwärtigen Stand' der Psychologie in theoretischer und methodologischer Hinsicht voll zu berücksichtigen, um zu verhindern, daß das, was an der bisherigen Psychologie wertvoll und vernünftig ist, in der neuen Psychologie verlorengeht. Änderung der Psychologie, das kann nur heißen: Konfrontation der bisherigen psychologischen Forschung mit ihren Alternativen, Veränderung und Ausweitung der psychologischen Denkweisen sowie Forschungsverfahren und -inhalte im Blick auf die Totalität menschlicher Lebensverhältnisse unter Bewahrung des rationalen Kerns der bestehenden Psychologie." (Holzkamp, 1972b, S.65f)

Sofern man nun nochmals auf die positivistische Psychologie zurückkommt und sie innerhalb der Tradition der Psychologie generell betrachtet, so kann man feststellen, daß sie zu einem vertieften Verständnis des Gegenstandes der Psychologie eigentlich nichts Neues beigetragen hat. Wenn man sie mit dem Psychologieverständnis von Wundt bzw. der Psychoanalyse vergleicht, so fällt sie dahinter deutlich zurück. Denn indem sie die Gesellschaft redikal vom Individuum trennt, kann es nicht mehr gelingen, relevante, weil lebensrelevante Dimensionen der Lebenspraxis von irrelevanten zu unterscheiden, womit theoretische Entwürfe den Status der Beliebigkeit erhalten. In diesem Sinne schreibt Holzkamp - unter Einbeziehung auch neuester Veröffentlichungen der positivistischen Psychologie:
"Die traditionelle Psychologie verfügt nur über wissenschaftliche Mittel zur Prüfung von Hypothesen; die Theorien, in deren Zusammenhang die Hypothesen formuliert sind, verbleiben hier aber, auch wenn die jeweils zugeordneten Hypothesen empirisch bestätigt sind, dennoch weitgehend im Status der wissenschaftlichen Beliebigkeit, damit Vorwissenschaftlichkeit; weiterhin (dies hängt mit dem ersten Moment zusammen) bestehen in der traditionellen Psychologie zwar bestenfalls Kriterien dafür, wie Hypothesen aus Theorien abzuleiten sind, aber keinerlei Kriterien für die wissenschaftlich ausgewiesene Ableitung der Theorien selbst, deren Aufstellung mithin ebenfalls wissenschaftlich beliebig ist." (Holzkamp, 1977a, S.3)

Wir sind damit im Rahmen dieses Kapitels am Ende der Darstellung der <u>bürgerlichen Quellen</u> der Kritischen Psychologie. Wir haben durch eine schrittweise Rekonstruktion von der Entstehung der Psychologie als Einzelwissenschaft bis hin zur Bestimmung des eigenen Stellenwerts marxistisch fundierter Forschungen zur Individualentwicklung die Analyse so weit zugespitzt, daß die Darstellung jetzt zu den <u>positiven</u> Analysen fortschreiten muß.[6] Dies bedeutet noch nicht unmittelbar Darstellung der Kritischen Psychologie <u>selbst</u>, sondern jener Ansätze, die bereits vor und zum Teil neben der Kritischen Psychologie entwickelt wurden bzw. werden. Die Rezeption der <u>kulturhistorischen Schule der sowjetischen Psychologie</u> (besonders von Leontjew) war dabei von herausragender Bedeutung. Sie begann am

---

6 Auch Christian Niemeyer hat sich im Rahmen seiner bereits genannten Arbeit "Zur Theorie und Praxis der Kritischen Psychologie" zunächst ausführlich mit den frühen Kritiken von Holzkamp an der positivistischen Psychologie beschäftigt (vgl. Niemeyer, 1979, Teil I), bevor er sich (in: ebd., Teil II) mit den gegenstandsbezogenen und wissenschaftstheoretischen Auffassungen der Kritischen Psychologie auseinandersetzt. Obwohl er diese frühen Kritiken sehr ausführlich darstellt, gelingt es ihm nicht, in vergleichbarer Weise <u>logische</u> Ebenen und Qualitäten der Psychologiekritik herauszuarbeiten. Deshalb bleibt auch das Verhältnis von <u>prinzipieller Kritik</u> und <u>relativer Würdigung</u> (Übergang von der 4. zur 5. Stufe der Kritik) bei ihm sehr unklar. Dies wird besonders daran deutlich, daß er die marxistisch fundierte <u>Kritik</u> und <u>Aufhebung</u> der Psychoanalyse (Freuds) durch H.-Osterkamp (1976, 5. Kap.) als eine "Psychoanalysierung" der Aneignungstheorie bzw. der Kognitionstheorie mißdeutet (vgl. ebd., S 192ff,219ff). An diesem zentralen Punkt wird schon deutlich, daß Niemeyers Perspektive der Aufarbeitung der kritisch-psychologischen Entwicklungslinien in pädagogischer Absicht eine relevant andere ist als die unsere: Er will - von der <u>Psychoanalyse</u> ausgehend - für ihn als relevant angesehene Einzelerkenntnisse bzw. methodische Überlegungen in ein psychoanalytisches Konzept menschlicher Subjektivität integrieren (wobei er sich stark am freudo-marxistischen Konzept von Alfred Lorenzer orientiert; vgl. ebd., z.B. S.102ff,106ff). - Demgegenüber wollen wir die eigenständige Qualität der Kritischen Psychologie auch gegenüber sozialkritischen Ansätzen in der Psychoanalyse deutlich machen, indem wir gerade in Kap. 2 schrittweise verdeutlichen, wie auch der psychoanalytische Beitrag zur Gegenstandsbestimmung der Psychologie im Konzept der Kritischen Psychologie aufgehoben ist und wie zugleich qualitativ über die Erkenntnisqualitäten der Psychoanalyse hinausgegangen wird (vgl. dazu in Bezug auf Lorenzer auch Braun, 1979a, S 48ff).

Psychologischen Institut der FU Berlin "unterschwellig" im
SS 1971, nahm ab WS 71/72 immer systematischere Gestalt an
und fand in einer damaligen Ringvorlesung ihren entsprechenden ersten Niederschlag (vgl. Ressort Dokumentation..., 1972).

Demgegenüber setzte die Sève-Rezeption (dessen Buch "Marxismus und Theorie der Persönlichkeit" erschien 1972 in deutscher Sprache) eigentlich erst 1973/74 ein; die Position von
Politzer wurde - von wenigen Ausnahmen abgesehen - bisher von
der Kritischen Psychologie fast gar nicht zur Kenntnis genommen. - Da sich nun aber die Beiträge von Politzer und Sève auf
die 4. Stufe beziehen, während in der kulturhistorischen Schule die Psychologie selbst im Vordergrund steht (5. Stufe), werden wir hier aus systematisch-logischen Gründen erst Politzer
und Sève behandeln. Wir beschränken uns in den beiden folgenden Unterabschnitten auf die Darstellung der zentralen Gedankengänge und begründen die entsprechenden Differenzen zwischen
diesen marxistisch fundierten Ansätzen und der Kritischen Psychologie ausführlich und schrittweise in Kap. 2..

1.4. *WISSENSCHAFTLICHER HUMANISMUS UND KONKRETE PSYCHOLOGIE: DER ANSATZ VON POLITZER UND SÈVE*

Georges Politzer hatte seine Auffassungen zur materialistischen Psychologie wesentlich in der zweiten Hälfte der zwanziger Jahre in Frankreich entwickelt. Die damalige Situation
für einen marxistisch orientierten Psychologen war durch zwei
Momente geprägt: Das eine Moment war die Lage der kritischen
Philosophie (besonders des Aufklärungsmaterialismus und der
marxistischen Philosophie), die in Frankreich bis in die zwanziger und dreißiger Jahre rigide unterdrückt wurde. Politzers
Arbeiten sind unter diesem Aspekt Teil jener Bestrebungen, die
materialistische Philosophie bekannt zu machen und zugleich deren Bedeutung für die Einzelwissenschaften zu belegen (vgl.
Thoma-Herterich/Thoma, 1979, S.39; ausführlich dazu Sève, 1962,
Kap. III u. IV). Erschwerend kam hinzu, daß zentrale Arbeiten
von Marx und Engels wie die "Thesen über Feuerbach", die "Deutsche Ideologie" und die "Grundrisse" nicht zugänglich und damit

faktisch unbekannt waren. Ferner dadurch, daß es lediglich in der Sowjetunion einige zaghafte Versuche einer marxistischen Fundierung der Psychologie gab (besonders von Wygotski), die aber international noch fast völlig unbekannt waren (vgl. Kap. 1.5.). - Zum anderen war - worauf Theo Herrman im obigen Zitat (1. Stufe der Psychologiekritik) hinwies - die bürgerliche Psychologie von einem tiefen Krisenbewußtsein hinsichtlich ihrer eigenen Disziplin geprägt. Mit diesen "Selbstdiagnosen" der verschiedenen psychologischen Schulen setzt sich Politzer (schon damals!) ausführlich auseinander in seiner "Kritik der Grundlagen der Psychologie" (erschienen erstmals 1928) und besonders in der von ihm selbst herausgegebenen Zeitschrift "Revue de psychologie concrète" (die 1929 mit insgesamt nur zwei Heften erschien). Er kommt dabei zu dem Resultat:

"Seit etwa fünfzig Jahren spürt jeder, daß der Augenblick gekommen ist, wo sich die Psychologie von der vorwissenschaftlichen auf die wissenschaftliche Stufe begeben soll, und daß es in der Psychologie ein 'Etwas' gibt, das diesen Übergang verhindert und das zu eliminieren ist. Niemand aber kann die genaue Beschaffenheit dessen angeben, was zu eliminieren ist, und niemand kann genau sagen, wie man in der Psychologie erkennen kann, ob eine Konzeption oder ein Ergebnis wissenschaftlich oder vorwissenschaftlich sind. Mehr noch: Jedesmal, wenn man versucht hat, Grunddefinitionen zu formulieren, erwiesen sie sich nach kurzer Zeit als radikal ungenügend: man mußte immer feststellen, daß die Grundlage, die zu liquidieren war, die Liquidation überlebt hat und daß man wiederum den 'großen Übergang' verfehlt hat. Und genau deshalb leidet die Psychologie an einem Übermaß an Kritik: ist die kritische Periode einmal eröffnet, kann sie sich nicht vollenden, weil die Kritik unwirksam ist." (Politzer, 1974, S.25f; vgl. ders., 1978, S.32ff).

Aus dieser unzureichenden Kritik des Unzureichenden ist nur dann ein perspektivenreicher Ausweg zu finden, wenn die Psychologie als Wissenschaft ihren eigenen Gegenstand als einen begreift, der aus dem gesellschaftlichen Leben der Menschen erwächst und der in spezifischer Form bereits in anderen Produkten des geistigen Lebens (z.B. in der Kunst) thematisiert wurde; genau dies leistet nur konkrete Psychologie.

"Die konkrete Psychologie ist also nicht eine Psychologie, sondern die Psychologie, mit der ganzen Unversöhnlichkeit und Intoleranz, die eine solche Behauptung impliziert. Wir sagen also:
1. Die Psychologie ist die Wissenschaft, die jene Gruppierung von ursprünglichen Sachverhalten zum Gegenstand hat, die wir das Drama nennen. Die psychologischen Sachverhalte sind die Segmente des Dramas; der elementarste psychologische Sachverhalt muß noch ein Segment des Dramas sein.

2. <u>Mythologisch</u> nennen wir die Form der Psychologie, die das Drama mit Hilfe des <u>Realismus</u>, der <u>Abstraktion</u> und des <u>Formalismus</u> in mentale Prozesse transponiert, und - allgemein - jede Psychologie, in der diese Vorgehensweisen in irgendeiner Art vorhanden sind.
3. Vorwissenschaftlich nennen wir jede Form der Psychologie, die ihre Untersuchungsebene und Problemfelder nicht von der wirklichen Analyse des Dramas bezieht und deren Aussagen die dramatischen Sachverhalte nicht in der ihnen eigenen Präzision erreichen.
4. <u>Metapsychologie</u> nennen wir den Komplex von Forschungen und Theorien, die durch die Definitionen 2 und 3 umrissen sind." (Politzer, 1974, S. 58)

So sehr es Politzer darum ging, etwas <u>qualitativ</u> Neues zu schaffen, so wenig war er ein Anhänger der These von einer "ganz neuen", "total anderen" Psychologie. Er hat dies gerade in Bezug auf die damals sich stärker international ausbreitenden Reformbewegungen, die Psychoanalyse, den Behaviorismus und die Gestalttheorie betont, in denen er Hinwendungen zum konkreten Leben sah und von deren differenzierter Kritik er sich wichtige Impulse für die Entwicklung der konkreten Psychologie versprach (vgl. Politzer, 1974, S. 64ff; ders., 1978, S. 43ff). - Da es uns an dieser Stelle besonders um Politzers Beitrag zur Gegenstandsbestimmung der Psychologie geht, müssen wir näher betrachten, was er unter <u>Drama</u> versteht (wobei hier betont sei, daß er zu dieser Gegenstandsbestimmung aufgrund seiner psychologiegeschichtlichen bzw. seiner psychologiekritischen Studien gelangte und nicht z.B. aufgrund philosophischer Überlegungen). Politzer führt den Begriff des "Dramas" wie folgt ein:

Es gibt "'neben' dem <u>biologischen Leben</u> ein <u>spezifisch menschliches Leben</u>. Dieses hat man im Auge, wenn man sagt, daß das <u>Leben für einen hart und für die anderen leicht sei</u>. 'Neben' ist hier wieder ungenau, denn unsere unmittelbare und alltägliche Erfahrung zeigt uns das Leben unter seinem menschlichen Aspekt. Wir fühlen uns von <u>Personen</u> und nicht von physikalisch-chemischen Strukturen umgeben, und nur dank einer Abstraktionsleistung kann ich z.B. in meinen Freunden Sammlungen anatomischer Tafeln sehen. Dieses menschliche Leben bildet - um es mit einem bequemen Terminus, bei dem es uns nur um die szenische Bedeutung geht zu bezeichnen - ein <u>Drama</u>." (Politzer, 1974, S. 28)

Die Schritte der kategorialen Ableitung des Begriffs "Drama" wollen wir durch eine Zitatenfolge (aus Politzer, 1974) rekonstruieren:

"Um die gegenwärtige Situation zu klären, muß man auf den letzten Ursprung der Psychologie zurückgehen und sich die Frage vorlegen, ob es tatsächlich eine Gruppierung von wirklichen Sachverhalten gibt, welche die Einführung einer neuen Wissenschaft in den Kreis der Humanwissenschaften rechtfertigt (S. 27) ...

Unbestreitbar ist im Drama Stoff für eine eigene Wissenschaft
...Aber die Verknüpfung aller eigentlich menschlichen Ereignisse, die Etappen unseres Lebens, die Gegenstände unserer Intentionen, die Gesamtheit der ganz besonderen Dinge, die sich
<u>für uns</u> zwischen Leben und Tod abspielen, bilden ein klar abgegrenztes, leicht erkennbares Gebiet, das nicht mit der Funktionsweise der Organe zusammenfällt; dieses Gebiet muß man untersuchen, denn es gibt keinen Grund für die Annahme, daß diese Realität jeder Determination wie durch ein Wunder entrinnt
...Es ist auch offensichtlich, daß die sog. Gesellschaftswissenschaften (sciences dites 'morales') wie die Geschichte,
die Soziologie oder die Volkswirtschaft unfähig sind, auf diese Fragen zu antworten. Denn wenn die Geschichte und die Soziologie dramatische Wissenschaften sind, untersuchen sie nur
den großen Rahmen, in dem die Dramen einer jeden Generation
sich abspielen, sowie die großen Themen, deren Variationen sie
darstellen. Aber die dramatischen Ereignisse haben immer ein
<u>hic et nunc</u>, das weder die Geschichte noch die Soziologie erklären könnten (alles S.30) ...Es ist leicht zu sehen, daß das
Drama zwei Grundcharakteristika besitzt: seine Ereignisse sind
einmalig in 'Raum und Zeit'; erfaßbar sind sie nur in bezug
auf Individuen, wenn sie in ihrer einzigartigen Einheit genommen werden...Allgemein gesehen ist der <u>psychologische Sachverhalt immer ein Segment des Lebens eines besonderen Individuums</u>.
Jede andere Sehweise zerstört seine Realität." (S.45)

Zwar ist nicht zu leugnen, daß die Individualentwicklung auch
ihre <u>biologischen</u> (hier: physiologischen) Grundlagen hat, sie
machen jedoch nicht die Spezifik des menschlichen Lebens aus.
Zugleich sind die Individuen zwar Teil der Gesellschaft, aber
die <u>soziologischen</u> und <u>sozialhistorischen</u> Analysen erfassen
den individuellen Determinismus nicht in seiner Eigenart. Dies
macht für Politzer die besondere Stellung der Psychologie im
System der Humanwissenschaften aus. Dabei kann sich nur die
<u>konkrete Psychologie</u> wirklich auf den <u>Standpunkt des Lebens</u>
(des dramatischen Lebens) stellen und <u>nur</u> sie kann bestimmte
vorwissenschaftliche Formen der Reflexion, wie sie sich z.B.
in der <u>Menschenkenntnis</u> und der <u>Lebenserfahrung</u> verdichten,
in systematischer Weise aufnehmen (vgl. Politzer, 1978, S.40,
193ff).

Nachdem Politzer - ausgenommen eine Reihe von entsprechenden
Andeutungen in der "Kritik der Grundlagen der Psychologie"(1928)
- diese Gegenstandsbestimmung erstmals in Heft 1 seiner Zeitschrift unter dem Titel "Mythologische Psychologie und wissenschaftliche Psychologie" dargelegt hatte, sah er sich gezwungen, in Heft 2 seine Auffassungen zu präzisieren.[7] Erst dieser
Aufsatz "Wohin treibt die konkrete Psychologie?" macht die Spezifik von Politzers Auffassung deutlich, weil erst hier der innere Zusammenhang von <u>Marxismus und Psychologie</u> - wie fragmentarisch auch immer - thematisiert wird. Der erste Schritt der

Verdeutlichung besteht darin, klarzustellen, daß die Begriffe "konkrete", "materialistische" und "positive" Psychologie hier synonym sind.

"Die konkrete Psychologie ist gerade die Psychologie, die jede Spur von Idealismus in der Psychologie beseitigt. Sie ist die materialistische Psychologie, die sich so der einzigen Einstellung anschließt, die in der Lage ist, der Psychologie eine wissenschaftliche Zukunft zu sichern. Aber sie verbindet sich dem zeitgenössischen Materialismus, dem Materialismus, der von Marx und Engels ausgegangen ist, und den man mit dem Namen 'dialektischer Materialismus' bezeichnet. Die Psychologie bedarf eines vollständigen Materialismus, und der dialektische Materialismus ist der einzig vollständige. Nur wenn die Psychologie von ihm ausgeht, wird sie in der Lage sein, eine Wissenschaft zu werden." (Politzer, 1974, S.70; vgl. ebd., S.78)

Damit ist unzweideutig das erste entscheidende Element im Verhältnis von Marxismus und Psychologie bestimmt: daß die Psychologie nur dann eine Wissenschaft auf der Höhe ihrer Zeit ist, wenn sie sich philosophisch dem dialektischen Materialismus verpflichtet weiß, wenn sie - um es in unserer Sprache (vgl. die Einleitung zu diesem Buch) zu sagen, eine durch die materialistische Dialektik begründete Einzelwissenschaft ist. Das impliziert noch eine zweite Problemstellung: das Verhältnis von Ökonomie und Psychologie. Der ganze Scharfsinn Politzers zeigt sich gerade hier, weil er bezogen auf dieses Problem zu Einsichten gelangte, die ähnlich von Marx und Engels in den "Feuerbachthesen" (besonders der 6. These) bzw. in der "Deutschen Ideologie" geäußert worden waren (und die Politzer nicht kannte). Politzer schreibt:

"Wie die Notwendigkeit für die Psychologie, sich auf die marxistische Ökonomie zu stützen, aus der Notwendigkeit kommt, Struktur und Funktionsweise der menschlichen Ereignisse, mit denen sich die Psychologie beschäftigt, genau kennenzulernen,

---

7 Es galt nämlich, "falsche" Freunde der Konkreten Psychologie abzuwehren; wir zitieren diese Stelle hier auch wegen der darin enthaltenen Brillianz der Polemik, die für Politzer so typisch ist. Er schreibt: "Wir könnten also unsere Zeit mit den üblichen Glückwunschformeln verbringen; wir beglückwünschen jene zu ihrem Verstehen unserer Intention, die uns nur das Verdienst zuerteilen, sie verstanden zu haben. Wir könnten so die konkrete Psychologie zur Sahnetorte werden lassen und uns sehr glücklich schätzen, an der philosophischen Straßenecke eine neue Konditorei eröffnet zu haben...Wir haben das Gefühl, daß es dann, wenn diese Präzisierungen einmal vorgenommen wurden, sehr viel weniger Kämpfe um den Titel geben wird; daß der Wettlauf auf die konkrete Psychologie ein Einhalten zeitigen wird, und daß die Sahnetorte zum Arsen im Munde derer werden wird, die zu voreilig davon kosten wollten." (Politzer, 1974, S.73f)

so kommt auch ihr materialistischer Charakter daher, daß die
Determination der psychologischen Sachverhalte selbst eine
ökonomische Determination ist...Die Psychologie hält also
keineswegs das 'Geheimnis' der menschlichen Dinge in der Hand,
einfach deshalb, weil dieses 'Geheimnis' nicht psychologischer
Natur ist. Die menschlichen Dinge sind einer Determination unterworfen, die materiell ist, obwohl sie nicht einfach dieje-
nige der Materie ist. Aus diesem Grund sagen wir, daß die positive Psychologie nur auf dem Boden des modernen Materialismus, so wie er sich aus den marxistischen Forschungen entwik-
kelt hat, möglich ist." (Politzer, 1974, S.97f)

Bezogen auf unsere in Kap. 1.3. entwickelte Systematik hat Politzer hier die vierte Stufe erreicht, also ein Niveau der Psychologiekritik, welches unverwechselbar marxistisch ist, also
nicht mehr in dieser oder jener Weise in bürgerliche Konzeptionen integriert werden kann (oder in Politzers Sprache: ein
wirklich revolutionäres Kritikniveau, fern jedes Reformismuses;
vgl. Politzer, 1974, S.18 u. 23; ders., 1978, S.37ff). Zugleich
war sich Politzer aber des Problems bewußt, daß diese anvisier-
te konkrete Psychologie erst noch geschaffen werden mußte, daß
sie also weder in der materialistischen Philosophie noch in der
politischen Ökonomie als solche enthalten ist (vgl. Politzer,
1974, S.111f; ders., 1978, S.201). Er selbst hat dies nicht mehr
geleistet: Er wandte sich ab Beginn der dreißiger Jahre philosophischen, ideologiekritischen und ökonomischen Studien zu
(vgl. die in Bd. 1 seiner "Schriften" gesammelten Beiträge;
ferner sei verwiesen auf seine bis 1978 in 240 000 Exemplaren
verkaufte Einführung in den dialektischen Materialismus; vgl.
Politzer, 1969a; ders., 1970). - Wegen seiner aktiven Teilnahme
am antifaschistischen Widerstandskampf in Frankreich wurde
Georges Politzer 1942 von den deutschen Faschisten in Paris
standrechtlich ermordet.

Der Beitrag Politzers zur Kritik der bürgerlichen Psychologie
und zur Begründung einer materialistischen Psychologie ist von
den anderen marxistisch fundierten Ansätzen bisher fast völlig
unbeachtet geblieben. So finden sich in den Arbeiten Leontjews
m.W. nur zwei sehr vage Hinweise (vgl. Leontjew, 1973, S.267;
ders., 1979, S.25) und im Kontext der Kritischen Psychologie
wurde er zwar in die allgemeine Theorietradition eingeordnet,
ohne daß sein Ansatz aber bereits wirklich fruchtbar gemacht
wurde (vgl. Braun,1976d,S.39ff; ders., 1977a, S.129ff; vgl. ferner Staeuble, 1976, S.143ff). Lediglich der vom Verfasser gemach-
te Vorschlag, zwischen einer Psychologie und Sozialpsychologie

bzw. zwischen allgemeiner und konkreter Sozialpsychologie zu unterscheiden (vgl. Braun,1976,S.55ff,57ff), den man aber heute wieder problematisieren müßte, ist von Jantzen aufgenommen worden (vgl. Jantzen,1979,S.86). - Eine, wenn auch sehr bedeutsame Ausnahme bildet nun allerdings Lucien Sève, der in allen seinen Arbeiten auf die allgemeine Bedeutung Politzers hingewiesen hat (vgl. etwa programmatisch Sève, 1972) wie aber auch auf die Relevanz von dessen Werk für die materialistische Psychologie. Zugleich hat Sève diesen Ansatz in wichtigen Aspekten weiterentwickelt (darauf verweisen mit Recht auch Thoma-Herterich/Thoma,1979,S.39ff).

Eines hatte sich Politzer nicht denken können: daß Sèves Ausgangspunkt der gleiche sein würde wie sein eigener. Politzer schrieb 1928:

"Die Geschichte der Psychologie der letzten fünfzig Jahre ist also nicht...die Geschichte eines <u>Aufbaus</u>, sondern die einer <u>Auflösung</u>. Und in fünfzig Jahren wird die ganze offizielle Psychologie von heute denselben Eindruck machen wie auf uns heute die Alchemie und die verbalen Hirngespinste der peripatetischen Physik." (Politzer,1978,S.36)

Sève schrieb 1968:

"Wer als Marxist die Entwicklung der Psychologie verfolgt, der kommt mit den Jahren unweigerlich zu einer sehr kritischen Ansicht über ihre Lage. Die Situation wird meines Erachtens, trotz rascher Fortschritte der Psychologie auf dem Wege zur Wissenschaft, beherrscht von einem krassen Widerspruch zwischen der weitreichenden Bedeutung und der immer noch vorhandenen Unreife jenes Bereichs, der doch wohl als ihre Krönung gelten müßte, die Theorie der Persönlichkeit." (Sève,1977a,S.9)

Nun hat aber gerade Sève selbst einiges dazu beigetragen, um diese Diskrepanz schrittweise zu überwinden. Nachdem er Mitte der fünfziger Jahre sich kritisch mit der Psychologie Pawlows auseinandergesetzt (vgl. Sève,1977a,S.5f) und in seiner philosophiegeschichtlichen Studie darauf hingewiesen hatte, daß die Koppelung von Marxismus und Psychologie noch nicht einmal ansatzweise vorhanden sei (vgl. Sève,1962,S.333f), hat er mit "Marxismus und Theorie der Persönlichkeit" (geschrieben zwischen April und Dezember 1968) einen international vielbeachteten Beitrag vorgelegt (das Buch war schon 1974 in 16 Sprachen übersetzt). Neben kleineren Arbeiten zur Persönlichkeitstheorie selbst (vgl. Sève,1976a,b) und zu pädagogisch-psychologischen Problemen (vgl. Sève,1974;1975) hat er besonders im Nachwort zur 3. französischen Auflage (geschrieben Dezember 1973 bis März 1974) nochmals und abschließend

seine Auffassungen dargelegt (vgl. Sève, 1977a, S.445ff).
In seinem neuesten Buch, einer Einführung in die marxistische Philosophie, hat er persönlichkeitstheoretische Probleme nur noch am Rande behandelt (vgl. z.B. Sève, 1980, S. 133ff, 222ff, 598ff).

Sève schließt direkt an die Einsichten Politzers an, daß eine konkrete Psychologie durch die materialistische Dialektik begründet werden muß, daß die ökonomischen Prozesse wesentlich die Persönlichkeitsentwicklung bestimmen und daß das Drama der eigentliche Gegenstand der Psychologie ist. Wir wollen seine Auffassungen in dieser Dreiteilung behandeln. - Ausgangspunkt ist für Sève die Frage nach dem Wesen des Menschen. So wenig dies - wie schon Politzer deutlich machte - in den Individuen liegt, so wenig kann es völlig getrennt von ihnen existieren.

"In der entwickelten Humanität ist das, was den Menschen wesentlich zum Menschen macht, keine in jedem einzelnen Individuum vorliegende Naturgegebenheit, sondern ein im Verlauf der Geschichte in der gesellschaftlichen Welt akkumuliertes Produkt der menschlichen Tätigkeit Produktionskräfte, gesellschaftliche Verhältnisse aller Art, kulturelles Erbe. Das ist das kapitale Ergebnis der Hominisierung, d.h. des Übergangs von der Animalität zur Humanität: Bei der Produktion ihrer Lebensmittel bringen die Menschen mehr zum Tragen als bloße psychische Handlungen, die mit ihrer Vollendung erlöschen; sie verwenden materielle Produktionsmittel..., die die Produktionshandlung und den Produzenten selbst als äußere Aktivitätsmatrizen überdauern...und somit tauglich sind zur Kumulation nicht mehr innerhalb des Individuums, in Gestalt eines biologischen Erbes von Anlagen zu bestimmtem Verhalten, sondern außerhalb, in Gestalt eines gesellschaftlichen Erbes von durch frühere Tätigkeit produzierten Gegenständen und Verhältnissen." (Sève, 1977a, S.448)

Sève schlußfolgert:

"Somit ist das Wesen des Psychischen der Menschen gesellschaftlich vergegenständlicht, während seine psychische Gestalt nicht von der Individualität mit ihren biologischen Charakteristiken zu trennen ist und originär nur im Individuum existiert." (ebd., S.449)

Das menschliche Wesen wird zwar einerseits von den Individuen - die zu ihrer Existenz eines biologischen Trägers bedürfen - hervorgebracht, aber andererseits überdauert es die je individuelle Existenz und erhält so eine Eigengesetzlichkeit, daß es anderen und nachfolgenden Individuen zur Voraussetzung ihres Handelns macht, also zu einer Handlungsnotwendigkeit und Handlungsaufforderung. Um dieses sehr allgemein gefaßte Verhältnis von Individuum und Gesellschaft näher zu bestimmen, hat Sève den sehr wichtigen Begriff der Individualitätsform eingeführt.

"Die gesellschaftlichen Verhältnisse zwischen den Aktivitäten des Individuums sind offensichtlich insofern psychologische Verhältnisse, als sie die Basis der tiefsten Dynamik seiner Persönlichkeit darstellen, aber diese Dynamik ist bei weitem nicht etwas, das dem 'menschlichen Seelenleben' von Natur aus innewohnt; sie reflektiert vielmehr in letzter Instanz die charakteristischen Verhältnisse einer gegebenen Gesellschaft. Und folglich: Wenn sich die Verhaltenspsychologie letztlich auf die Angaben der Neurophysiologie stützt, so findet die Persönlichkeitspsychologie ihrerseits ihre letzten Grundlagen in der Wissenschaft von den gesellschaftlichen Verhältnissen, insbesondere in dem - zu entwickelnden - Studium der historisch-gesellschaftlichen Individualitätsformen als objektiver Aktivitätsmatrizen für die Individuen - vom Geldverhältnis bis zu den Klassenverhältnissen -, von denen ausgehend sie dann die Darstellung der Aktivitätsprozesse, die das persönliche Leben ausmachen, aufzubauen hat." (ebd., S.457; vgl. ebd., S.261ff)

Sève geht sogar noch einen Schritt weiter: Da die Individuen zwar - vergleichbar dem Überbau - von den gesellschaftlichen Basisbeziehungen bestimmt werden, sich aber eben nicht auf Grundlage der ökonomischen Basis, sondern auf der eines biologischen Träger entwickeln, liegt hier ein sehr spezieller Determinationszusammenhang vor, nämlich eine gerichtete Kreisbeziehung, die dadurch entsteht, daß das Individuum quasi "von der Seite her" in die Gesellschaft hineinversetzt wird. Diesen Sachverhalt faßt Sève mit dem Begriff Juxtastruktur (vgl. ebd.,S161f,459) und aus ihm folgt für die Koppelung von Marxismus und Psychologie, daß die Psychologie der Persönlichkeit in Juxtastrukturposition zum historischen Materialismus steht (vgl. ebd.,S163). - Sèves Bestimmung des Verhältnisses von Individuum und Gesellschaft hat noch einen zweiten Aspekt, der aus der Frage nach der Eigengesetzlichkeit der Persönlichkeitsentwicklung resultiert. Er geht nämlich davon aus, daß jedes Individuum einmalig ist und insofern die Einmaligkeit ein allgemeiner Tatbestand ist. Dies nennt er das Paradoxon der Individualität und es bildet die Grundlage für die wissenschaftliche Erforschung der Individuen.

"Jedes Individuum ist einmalig, folglich ist die individuelle Einmaligkeit ein allgemeiner, ein gesellschaftlicher Sachverhalt. Aber dieser gesellschaftliche Sachverhalt besteht in der von Grund auf gegebenen Unterschiedlichkeit der Individuen. Zudem ist, da jedes Individuum nur insofern Individuum ist, als es einmalig ist, die Einmaligkeit wesentlich für die Individualität; da aber die Individualität ein gesellschaftlicher

und allgemeiner Sachverhalt ist, erscheint die Einmaligkeit
des Individuums darin als unwesentlich." (ebd., S260)

Um diese Einmaligkeit zu erklären (und sie nicht nur zu behaupten) bedarf es eines Rückgriffs auf die Kategorie der
"Arbeit". Wenn davon die Rede ist, daß die Menschen ihre Lebensbedingungen selber schaffen, so bedeutet dies, daß sie -
eben im Gegensatz zu den Tieren - arbeiten. Der philosophische Materialismus zeigt seine Fruchtbarkeit auch darin, daß
er über den Arbeitsbegriff die Bedeutung der ökonomischen
Prozesse für die Persönlichkeitsentwicklung erfaßbar macht.
Dabei kommt dem Arbeitsbegriff hier eine Doppelbedeutung zu:

Gemeint ist "einmal die Arbeit als Berufstätigkeit eines Individuums, die einen Teil seines Tages, seines Jahres, seines Lebens einnimmt und darin eine bestimmte Funktion erfüllt; und andererseits die Arbeit als gesellschaftlicher Produktionsprozeß, die ihren Platz und eine bestimmte Funktion in der Reproduktion und Entwicklung einer sozial-ökonomischen Formation hat." (Sève, 1976a, S.82)

Der innere Zusammenhang dieser beiden Aspekte der Arbeit wird
besonders daran deutlich, daß die Einmaligkeit des Individuums
deshalb ein wesentlicher Sachverhalt ist, weil sie Resultat
und Voraussetzung der gesellschaftlich-technischen Arbeitsteilung ist (vgl. Sève, 1977a, S.285). - Aber man muß beide
Dimensionen der Arbeit auch genau unterscheiden, den gerade
im Übergang von der Eigenständigkeit zur Verselbständigung
der Arbeit als gesellschaftlichem Produktionsprozeß gegenüber
den Individuen und ihrer Berufstätigkeit liegt der tiefe Grund
der Entfremdung unter den Bedingungen der Klassengesellschaften. Die Produkte und Verhältnisse, die die Menschen schaffen,
die insbesondere die werktätigen Massen schaffen, verselbständigen sich in einem Maße, daß sie den Individuen als völlig
äußerliche, eben entfremdete gegenübertreten. Die Entfremdung
und ihre persönlichkeitsdegradierenden Folgen haben ihren
Grund nach Sève nicht in der Entfaltung der "Technik an sich"
oder dem "Komplexitätszuwachs" der gesellschaftlichen Verhältnisse, sondern in den antagonistischen Produktionsverhältnissen. Gerade in der gegenwärtigen kapitalistischen Krise, die
auch eine Krise der Arbeit ist, wird dieser Widerspruch zwischen enormem Kapitalüberschuß einerseits und Nichtbefriedigung gesellschaftlicher und individueller Bedürfnisse andererseits immer krasser; er bedeutet auch

"die extreme Zuspitzung der beiden komplementären Formen der biographischen Entfremdung: der Form der gesellschaftlichen Arbeit, die, da sie oft in Berührung mit den großen modernen

Produktivkräften und im Bereich der grundlegenden gesellschaftlichen Verhältnisse durchgeführt wird, die Zeit der reichsten
Entfaltung der Persönlichkeit sein könnte, die aber im Widerspruch dazu der Ort der radikalsten Frustration ist...; sowie
der Form der Kompensation, die zur Kleinlichkeit durch die engen Grenzen der gesellschaftlichen Investitionen, des Lebensniveaus und des Zugangs zur Kultur verurteilt ist, die in den
kleinlichen Vergnügungen, in den Freizeitbeschäftigungen, in
der Suche nach dem, was die nicht entfremdeten gesellschaftlichen Verhältnisse bringen könnten, in den zwischenmenschlichen Beziehungen oder in dem Rückzug in das berechtigt so genannte Privatleben erfolgt. Aber der Fäulnisprozeß ist das La-
boratorium des Lebens. Aus diesem phantastischen Wirrwarr der
menschlichen Fähigkeiten erhebt sich auch...das einzige biographische Vorwärtsschreiten, das alle diese Widersprüche innerhalb der Grenzen des aktuellen geschichtlichen Stadiums
überwinden kann: das kämpferische Leben für die Umgestaltung
der gesellschaftlichen Verhältnisse selbst, in dem man bereits
im Ansatz das grandiose Gesicht der nicht entfremdeten Arbeit
von morgen erkennen kann." (Sève, 1976a, S.89f; vgl. ders.,
1977a, S.343ff,463f)

Genau genommen enden an dieser Stelle die philosophischen Auffassungen von Sève, deren wesentlicher Inhalt einmal die Notwendigkeit der Psychologie als Einzelwissenschaft und zum anderen die Art der jeweiligen Beziehung zwischen den Bestandteilen des Marxismus zur Psychologie darstellt. Im relativen Gegensatz zu Politzer, der die aktuellsten Werke der Psychologie
seiner Zeit kannte und sich mit ihnen auseinandersetzte und
von daher seine systematischen Bestimmungen entwickelte, gewinnt Sève seine Überlegungen primär aus der Rezeption der systematischen Arbeiten von Marx und Engels und einer mehr zufälligen Auseinandersetzung mit einzelnen psychologischen Wer-
ken; indem er aber an Politzer anschließt, gehen vermittelt
auch direkt psychologische Momente in seine Argumentationen
ein. - Sèves Bestimmung des Gegenstandes der Psychologie ist
bereits direkt mit seinen Hypothesen zum inneren Ausbau der
Persönlichkeitspsychologie verbunden, die er auf dem Wege
theoretischer Mutmaßung und halbempirischer Praxis aufgestellt
hat (vgl. Sève, 1977a, S.307). Dabei schließt er an Politzers
Auffassung vom Drama an (vgl. ebd., S309f) und entwirf ein umfassendes Forschungsprogramm: Wissenschaftliche Analyse der
Persönlichkeit

"bedeutet vor allem das Erfassen der Dialektik des persönlichen Lebens, worin sich die entwickelte Persönlichkeit formt
und verändert: Entwicklung des Grundfonds der Fähigkeiten,
Strukturen des Zeitplans, Suprastrukturen und Bewußtseinsformen, innere Entwicklungsnotwendigkeiten und Widersprüche zu
den objektiven Grundlagen des persönlichen Lebens, Resultanten

dieser Widersprüche in jeder Etappe, Krisen des Zeitplans und eventuelle Veränderungen der allgemeinen Entwicklungslogik - dies alles unter Berücksichtigung der Koppelung zwischen Eigendialektik der entwickelten Aktivität und Formen, die von ihrem organischen Träger sowie aus ihrer biographischen Vergangenheit herkommen, der Episoden des schrittweisen Umschlagens der anfänglichen Aktivität in die entwickelte Aktivität und der mehr oder minder vollständigen Vollendung dieses Umschlagens." (ebd.,S.464)

Indem Sève hier die Biographie zum Gegenstand der Psychologie macht, geht er zwar nicht qualitativ über Politzer hinaus, wohl aber kann er erstens die Stellung der Psychologie im Verhältnis zu den psychobiologischen und psychosozialen Wissenschaften im Sinne einer Dreiteilung des Wissenschaftsraumes genauer bestimmen (vgl. ebd.,S.298f) und er kann zweitens die innere Struktur und Entwicklung der Individuen zumindest hypothetisch genauer fassen.

1.5. TÄTIGKEIT, SPRACHE UND BEWUSSTSEIN IN DER KULTURHISTORISCHEN SCHULE DER SOWJETISCHEN PSYCHOLOGIE (WYGOTSKI, LEONTJEW, GALPERIN)

Während die Arbeiten von Politzer und Sève wesentlich die marxistischen Voraussetzungen der Psychologie behandeln, besteht die Spezifik der kulturhistorischen Schule der sowjetischen Psychologie und ihre internationale Bedeutung wesentlich darin, den Konstitutionsprozeß der marxistisch fundierten Psychologie als einer Einzelwissenschaft im System der materialistischen Dialektik entscheidend vorangetrieben zu haben. Insofern konnte - wie in Kap. 1.3. schon angedeutet - gerade sie den Übergang zur 5. Stufe der Psychologiekritik und zugleich die Überwindung der reinen Kritik selbst entscheidend ermöglichen und prägen.

Die sowjetische Psychologie ist weder aktuell noch historisch mit der kulturhistorischen Schule identifizierbar. Während die schon vor der Oktoberrevolution existierenden idealistischen und spekulativen Ansätze (z.B. des frühen Tschelpanow, von Losseki und Frank) langsam in den Hintergrund traten, wurden spontan-materialistische, also undialektisch-materialistische Auffassungen noch lange Zeit nach 1917 vertreten.

Neben der "reaktiologischen" Richtung Kornilows und der "Reflexiologie" von Bechterew ist von besonderer Bedeutung die Theorie des bedingten Reflexes und der höheren Nerventätigkeit, wie sie von <u>Iwan Petrowitsch Pawlow</u> (1849-1936) entwickelt wurde (der dafür bereits 1904 mit dem Nobelpreis ausgezeichnet wurde). Ausgangspunkt seiner Auffassungen ist die Einsicht in die Evolutionsstufen der objektiven Wirklichkeit.

"Vor uns haben wir die großartige Tatsache der Entwicklung der Natur vom Urzustand in Form eines Nebelflecks im unendlichen Raum bis zum menschlichen Wesen auf unserem Planeten, grob ausgedrückt, in Gestalt von Phasen: die Sonnensysteme, das Planetensystem, der tote und der lebende Teil der irdischen Natur." (Pawlow, 1955b, S.331)

Damit ist das eigentliche Thema von Pawlows Arbeiten eingeordnet und angedeutet: Die Wechselbeziehung der Formen lebender Materie (einschließlich des Menschen) mit der Außenwelt, also die Frage, wie <u>innere</u> Prozesse und <u>äußere</u> Bedingungen sich zueinander verhalten. Zu ihrer Beantwortung stützt er sich auf die in der Physiologie entwickelte Reflextheorie:

In ihr "wird die ständige Verbindung eines äußeren Agens mit der es beantwortenden Tätigkeit des Organismus...als unbedingter Reflex, die zeitweilige Verbindung aber als bedingter Reflex bezeichnet. Der Tierorganismus existiert als System inmitten der ihn umgebenden Natur nur dadurch, daß er sich ständig durch dieses System mit dem äußeren Milieu ins Gleichgewicht bringt, und zwar durch bestimmte Reaktionen des lebenden Systems auf die von außen einfallenden Reize, was bei den höheren Tieren vorzugsweise durch das Nervensystem in Gestalt der Reflexe geschieht." (Pawlow, 1973, S.69; alle Sperrungen entfernt;K.-H.B.)

Das Nervensystem ist kein statisches Element der organismischen Ausstattung der Tiere, sondern unterliegt selbst wieder naturgeschichtlichen Entwicklungen im Sinne der Höherentwicklung, die in einer immer optimaleren Anpassung an die sich ebenfalls verändernde natürliche Umwelt bestehen. Kennzeichnet die Entstehung der bedingten Reflexe eine solche qualitativ neue Entwicklung innerhalb der tierischen Evolutionsstufe, so ist die Entstehung des <u>zweiten Signalsystems</u> - nach Pawlow - identisch mit der Entstehung <u>menschlicher</u> Lebensbedingungen.

"Für ein Tier wird die Wirklichkeit in den Großhirnhemisphären fast ausnahmslos nur durch Reize und deren Spuren, die unmittelbar auf die speziellen Zellen der optischen und akustischen Rezeptoren und anderer Rezeptoren des Organismus

einwirken, signalisiert...Es ist dies das erste Signalsystem
der Wirklichkeit, das wir mit den Tieren gemeinsam haben.
Aber das Wort bildet ein zweites, speziell uns eigenes Signalsystem der Wirklichkeit; es ist das Signal der ersten Signale. Zahlreiche Wortreize entfernten uns einerseits von der
Wirklichkeit, und deshalb müssen wir uns dessen ständig erinnern, um unser Verhältnis zur Wirklichkeit nicht zu entstellen. Andererseits hat uns gerade das Wort zu Menschen gemacht
...". (ebd., S.81)

Zwar wird hier der evolutionäre Unterschied Tier-Mensch
hervorgehoben, aber dies bedeutet nicht, daß beide Signalsysteme <u>wesentliche</u> Unterschiede aufwiesen; Pawlow fährt
fort:

"Es unterliegt jedoch keinem Zweifel, daß die Grundgesetze,
die für die Arbeit des ersten Signalsystems aufgestellt worden sind, auch für das zweite Signalsystem gelten müssen,
denn es handelt sich bei dieser Arbeit immer um das gleiche
Nervengewebe." (ebd., S81)

Wir sehen also, daß die Unterscheidung der beiden Signalsysteme sich auf die <u>äußeren</u> Bedingungen bezieht und nicht auf
die physiologische Organisation der Organismen.

Nun gibt es schon bei den Tieren, erst recht bei den Menschen,
eine scheinbar unübersehbare Vielfalt von Verhaltensformen,
die alle durch entsprechende Nerventätigkeiten gesteuert werden müssen. Doch diesem scheinbaren "Chaos" liegen <u>drei</u> Grundeigenschaften des Nervensystems zugrunde:

"...erstens die <u>Stärke</u> der grundlegenden Nervenprozesse, des
Erregungs- und des Hemmungsprozesses, die ständig eine einheitliche Nerventätigkeit darstellen; zweitens das <u>Gleichgewicht</u> dieser Prozesse und schließlich drittens ihre <u>Beweglichkeit</u>." (Pawlow, 1955a, S.237)

Alle drei Elemente sind zwar unterscheidbar, aber nicht trennbar. Die Spezifik ihres Zusammenwirkens bestimmt die allgemeine Leistungsfähigkeit des Systems. Es sind sie alle drei, die

"durch ihr gleichzeitiges Vorhandensein die höhere Anpassung
des lebenden Organismus an die ihn umgebenden Verhältnisse
oder, anders gesagt, die vollkommene Gleichgewichtseinstellung des Organismus als System mit dem äußeren Milieu bedingen, d.h. die Existenz des Organismus sicherstellen. Die Bedeutung der Stärke der Nervenprozesse wird daraus klar, daß
in der Umwelt (mehr oder minder häufig) ungewöhnliche, außerordentliche Ereignisse, Reizungen von großer Stärke stattfinden, wobei naturgemäß nicht selten die Notwendigkeit entsteht,
die Effekte dieser Reizungen auf Anforderung anderer, ebenso
starker oder noch mächtigerer äußerer Bedingungen zu unterdrücken und aufzuhalten...Hieraus folgt auch die Wichtigkeit
des Gleichgewichtes, der Gleichheit der Stärke beider Nervenprozesse. Da aber die den Organismus umgebende Umwelt ständigen, und zwar oft starken und unerwarteten Schwankungen unterliegt, müssen beide Prozesse sozusagen mit diesen Schwankungen
Schritt halten, d.h., sie müssen über eine hohe Beweglichkeit,
über die Fähigkeit verfügen, schnell je nach dem Erfordernis
der äußeren Bedingungen ihren Platz zu räumen. So muß die

Vorherrschaft der einen Erregung durch eine andere abgelöst werden, eine Erregung muß einer Hemmung weichen und umgekehrt." (ebd.,S.237f)

Dabei lassen sich bei Menschen und Tieren hinsichtlich der Wirkungsweise dieser allgemeinen Mechanismen spezifische Ausformungen des Nervensystems unterscheiden. Pawlow differenziert zwischen den starken und den schwachen Typen einerseits und zwischen den starken, aber unausgeglichenen und den starken, aber ausgeglichenen Typen (vgl. ebd.,S.254).

Aus allen diesen Überlegungen Pawlows geht schon deutlich hervor, daß er keinen qualitativen Unterschied zwischen Tier und Mensch sieht, und daß er Psychologie als Physiologie betreibt. Programmatisch formuliert er 1933:

"Es wird die Zeit kommen, wo sich die natürliche und unvermeidliche Annäherung und schließlich die Verschmelzung der Psychologie mit der Physiologie, des Subjektiven mit dem Objektiven verwirklicht." (Pawlow, 1955c, S.337; vgl. ders., 1955a,S.255f; ders., 1955b, S.306,329,331f; ders., 1973, S.67, 71)

Daran wird sehr deutlich, daß bei Pawlow der Übergang zur marxistisch fundierten Psychologie weder objektiv vorhanden ist[8], noch subjektiv gewollt wurde[9].

---

8 Allerdings heißt dies nicht, daß man Pawlow deshalb zum Mitbegründer des Behaviorismus machen dürfte, wie der Behaviorismus selbst das gerne tut (vgl. z.B. Cohen, 1972, S.93f; Correll, 1971, S.12,16). Demgegenüber stellt Lurija (1982, S.20) völlig zu Recht fest:
"Die Behavioristen lehnten von Anfang an eine Erforschung des abstrakten Denkens ab, das angeblich nicht Gegenstand der Psychologie sein solle. Gegenstand der Psychologie war für sie das Verhalten, und das Verhalten selbst wurde als Reaktion auf Stimuli , als Resultat von Wiederholungen und Verstärkungen verstanden, mit anderen Worten, als ein Prozeß, der sich nach dem elementaren Schema des Pawlow'schen bedingten Reflexes aufbaut. Die Behavioristen haben niemals eine Analyse der physiologischen Verhaltensmechanismen versucht (und darin besteht ihr grundlegender Unterschied zur Lehre von der höheren Nerventätigkeit), sie beschränkten sich auf die Analyse der äußeren Phänomenologie des Verhaltens...". (in diesem Sinne argumentiert auch Leontjew, 1974, S.15f; vgl. auch die umfassende Studie von Friedrich u.a., 1979, bes. Kap. 1.3 u. 2.)

9 Über das Verhältnis der jungen Sowjetmacht zu Pawlow schrieb 1927 der "rasende Reporter" Egon Erwin Kisch:
"Als Professor Iwan Petrowitsch Pawlow, der größte Gelehrte Rußlands und der größte Biologe überhaupt, in einem öffentlichen Vortrag die Sowjets wieder einmal in maßloser Weise angegriffen hatte, antwortete ein Volkskommissar in der

Dieser Konstitutionsprozeß der materialistischen Psychologie beginnt erst mit dem wissenschaftsöffentlichen Auftreten von Lew Semjonowitsch Wygotski (1896-1934). Dieser hatte sich bis Mitte der zwanziger Jahre hauptsächlich mit Fragen der Kunstpsychologie (vgl. Wygotski, 1976) bzw. psychologischen Problemen von Defektivität und Behinderung beschäftigt (vgl. Wygotski, 1975, 1978). Zu dieser Zeit bemühte er sich noch intensiv darum, seinen kulturhistorischen Ansatz mit dem physiologischen Ansatz von Pawlow zu verknüpfen.
In seinem Aufsatz "Das Bewußtsein als Problem der Psychologie des Verhaltens" in dem programmatischen Sammelband "Die Psychologie und der Marxismus" schrieb er 1925:
"Das elementarste und allgemeine Grundgesetz für die Verbindung der Reflexe kann folgendermaßen formuliert werden: Die Reflexe verbinden sich untereinander nach den Gesetzen der bedingten Reflexe, wobei der antwortende (motorische, sekretorische) Teil des einen Reflexes bei entsprechenden Bedingungen zum Reizerreger (oder Hemmreiz) eines anderen Reflexes werden kann, während er über den sensorischen Weg der mit ihm verbundenen peripheren Reizerreger einen Reflexbogen mit neuen Reflexen bildet...Das Akademiemitglied PAWLOW nennt diesen Mechanismus einen Kettenreflex und benutzt ihn bei der Erklärung des Instinkts. Selbst wenn man nicht nur ein und dasselbe Reflexsystem, sondern auch andere in Betracht zieht und die Möglichkeit einer Transmission von einem System in ein anderes berücksichtigt, so wird auch das im Grunde genommen eben jener Mechanismus des Bewußtseins in seiner objektiven Bedeutung sein." (Wygotski; zitiert nach Leontjew/Luria, 1964, S.26f; vgl. Wygotski, 1975, S.68; ders., 1976, S.13f,311) -

---

Presse: 'Es ist wahr, wir können gegen Iwan Petrowitsch nichts unternehmen, denn wir sind der einzige Staat der Welt, der sich nach einer wissenschaftlichen Theorie konstituiert hat, und wir müssen jeden ernsten Vertreter der Wissenschaft respektieren, auch wenn er uns feindlich gesinnt ist...Wer sich aber je mit der Reflexologie befaßt hat, muß trotzdem sagen, daß es niemals eine eindeutigere, experimentell exaktere Beweisführung für die Richtigkeit der materialistischen Geschichtsauffassung, für den Marxismus gegeben hat als die Lebensarbeit Iwan Petrowitsch Pawlows. Dieser große Gelehrte ist ein politisches Kind und sieht nicht, daß alles, was er schafft, Wasser auf unsere Mühlen ist'." (Kisch, 1977, S.212)

Während die Arbeiten dieser Zeit die Entwicklung der sowjetischen Psychologie nur in sehr geringem Maße beeinflußten, haben die seit Ende der zwanziger/Anfang der dreißiger Jahre von Wygotski betriebenen kongitionspsychologischen und unterrichtstheoretischen Arbeiten, wie sie in dem Sammelband "Denken und Sprechen" (1934) zusammengefaßt wurden, den Konstitutionsprozeß einer dialektisch-materialistischen Psychologie in der Sowjetunion in entscheidender Weise geprägt.

In "Denken und Sprechen" aber verzichtet Wygotski fast vollständig auf die Thematisierung psychologischer Probleme und erwähnt Pawlow nur an einer marginalen Stelle (vgl. Wygotski, 1974, S.69); daß er selbst nicht mehr auf die Physiologie zurückgekommen ist, liegt dabei nicht - wie Leontjew/Luria (1964, S.27) betonen - an einer Abkehr von Pawlow, sondern daß sein früher Tod ihn seine umfassenden Forschungspläne nicht mehr verwirklichen ließ. - Über den Charakter einer sich dem Marxismus (er verweist besonders auf Marx, Engels und Plechanow; vgl. Wygotski, 1974, S.97f) verpflichtete wissenden Psychologie heißt es dort:

"Die Hauptsache...besteht darin, daß wir mit der Anerkennung des historischen Charakters des sprachlichen Denkens alle diejenigen methodologischen Prinzipien darauf ausdehnen müssen, die der historische Materialismus für alle geschichtlichen Erscheinungen in der menschlichen Gesellschaft aufgestellt hat. Wir können erwarten, daß der Typus der historischen Entwicklung des Verhaltens direkt von den allgemeinen Gesetzen der historischen Entwicklung der menschlichen Gesellschaft abhängig ist...Damit sprengt das Problem von Denken und Sprechen die methodologischen Grenzen der Naturwissenschaft und wird zu einem Problem der historischen Psychologie des Menschen, d.h. einer gesellschaftlichen Psychologie..." (ebd., S. 102f)

Denken und Sprechen in ihrer kulturhistorischen Geprägtheit und der verschiedenen biographischen Entwicklungsetappen: das ist das Thema von "Denken und Sprechen".

Das historische Herangehen an den Untersuchungsgegenstand bezieht sich hier sowohl auf die Phylogenese wie auch auf die Ontogenese. Seine phylogenetische Auffassungen faßt er so zusammen:

"1. Denken und Sprechen haben verschiedene entwicklungsgeschichtliche Wurzeln...2. Die Entwicklung des Denkens und der Sprache verläuft unabhängig voneinander auf verschiedenen Wegen...3. Das Verhältnis zwischen Denken und Sprechen ist im Verlauf der phylogenetischen Entwicklung keine konstante Größe...4. Die Anthropoiden lassen eine menschenähnliche Intelligenz in einigen Beziehungen erkennen

(Rudimente des Gebrauchs von Werkzeugen) und eine menschenähnliche Sprache in <u>völlig anderen</u> (Phonetik und Sprache, emotionale Funktion und Rudimente der sozialen Funktion der Sprache)...5. Die Anthropoiden lassen den für den Menschen charakteristischen engen Zusammenhang zwischen Denken und Sprechen nicht erkennen...6. In der Phylogenese des Denkens und Sprechens können wir eine vorsprachliche Phase in der Entwicklung der Intelligenz und eine vorintellektuelle Phase in der Entwicklung der Sprache feststellen." (Wygotski, 1974, S.87)

Hier klingt bereits eine sehr bedeutsame Fragestellung an: das Verhältnis von Kontinuität und Diskontinuität beim Übergang vom Tier zum Menschen. Gegen Pawlow macht Wygotski deutlich, daß es einen qualitativen Unterschied zwischen tierischer und menschlicher Lebensweise gibt und daß somit die <u>psychischen</u> Prozesse aufgrund der spezifischen Qualität der menschlichen <u>Sprache</u> eine <u>qualitative</u> Eigenart aufweisen. Zugleich sieht Wygotski, daß es kein absolutes Diskontinuum ist, sondern daß im Tierreich bestimmte Vorstufen zu finden sind. Daraus folgt zugleich, daß die <u>Spezifik</u> der menschlichen Psyche nur durch <u>naturhistorische</u> Forschungen erfaßt werden kann.

Die <u>ontogenetischen</u> Forschungen zum Verhältnis von Denken und Sprechen ergeben allgemein:

"1. In der ontogenetischen Entwicklung des Denkens und des Sprechens finden wir ebenfalls verschiedene Wurzeln...
2. In der Entwicklung des kindlichen Sprechens können wir zweifellos ebenso ein 'vorintellektuelles Stadium' konstatieren wie ein 'vorsprachliches Stadium' in der Denkentwicklung...3. Bis zu einem bestimmten Zeitpunkt verlaufen beide Entwicklungen unabhängig voneinander auf verschiedenen Wegen...4. In einem gewissen Punkt schneiden sich beide Linien, das Denken <u>wird</u> dann sprachlich und die Sprache intellektuell." (ebd., S.90)

Hier wird offensichtlich, daß es eine individual<u>historische</u> Betrachtungsweise erlaubt, scheinbare Dichotomien, wie etwa zwischen "Innen" und "Außen" oder zwischen verschiedenen innerpsychischen Prozessen (z.B. "Denken" und "Sprechen") aufzulösen, indem man nach ihrem - hier ontogenetischen - Ursprung fragt und zugleich deren Ausdifferenzierungen (somit der Wechselwirkung der verschiedenen Einzelprozesse) nachgeht. Damit ist auch eine integrative (oder "synthetische") Betrachtungsweise des Individuums selbst möglich und somit eine angemessene theoretische Rekonstruktion des individuellen Hineinwachsens in die - hier besonders sprachlich-kommunikativ geprägten - gesellschaftlich-historischen Bedingungen.

Die besonderen Leistungen dieses Ansatzes verdeutlichen sich bei Wygotski selbst in der Ableitung der Kategorie "innere Sprache". Dichotomisch und mechanistisch wäre es, sich diese innere Sprache als "Sprache minus Laut" vorzustellen (vgl. ebd.,S.91ff); man muß vielmehr den genetischen Transformationsprozeß der Sprache selbst genau erfassen. Er macht deutlich,

"daß die innere Sprache eine besondere, autonome und eigenständige Funktion der Sprache darstellt. Wir haben es tatsächlich mit einer Sprache zu tun, die sich unter allen Gesichtspunkten von der äußeren Sprache unterscheidet. So sind wir berechtigt, sie als besondere innere Ebene des sprachlichen Denkens aufzufassen, die die dynamische Beziehung zwischen dem Gedanken und dem Wort herstellt." (ebd.,S.349)

Dies heißt auch:

"Das Bewußtsein spiegelt sich im Wort wie die Sonne in einem Wassertropfen. Das Wort verhält sich zum Bewußtsein wie die kleine Welt zur großen, wie die lebendige Zelle zum Organismus, wie das Atom zum Kosmos. Das sinnvolle Wort ist der Mikrokosmos des Bewußtseins." (ebd.,S.359)

Doch damit sind die ontogenetischen Überlegungen noch nicht erschöpft. Gerade pädagogisch ist es wichtig, das Verhältnis von Lernen und Entwicklung als biographischen Prozeß zu begreifen, der Stufen der aktuellen Leistung und der möglichen Entwicklung kennt.

"Das Lernen ist nur dann gut, wenn es Schrittmacher der Entwicklung ist. Dann werden dadurch eine ganze Reihe von Funktionen, die sich im Stadium der Reifung befinden und in der Zone der nächsten Entwicklung liegen, geweckt und ins Leben gerufen. Und eben darin besteht die wichtigste Bedeutung des Lernens für die Entwicklung. Darin unterscheidet sich auch das Lernen des Kindes von der Dressur eines Tieres." (ebd., S.242; alle Sperrungen entfernt,K.-H.B.)

Mit Wygotski werden Sprache und Bewußtsein zu dem Thema der kulturhistorischen Schule[10], und zugleich eröffnet er die Etappe der Begründung einer marxistisch fundierten Psychologie;

---

10 Fast zur gleichen Zeit wie Wygotskis Arbeiten entstand die Studie "Marxismus und Sprachphilosophie" von V.N. Volosinov (1.Aufl.1929, 2.Aufl.1930), die bedauerlicherweise u.W. weder von der Kulturhistorischen Schule noch von anderen marxistisch fundierten oder orientierten Ansätzen bisher rezipiert wurde, obwohl es interessante Berührungspunkte mit den dargestellten sprachtheoretischen und sprachpsychologischen Auffassungen gibt (vgl. Volosinov, 1975, bes. 1. Teil).

aber er schließt die Begründungsetappe noch nicht ab. Denn
betrachtet man das Gesamtkonzept genauer, so wird doch deutlich, daß hier die sprachlichen Prozesse zum eigentlichen
Motor der Individualentwicklung werden; d.h. Ontogenese meint
hier primär Entfaltung der sprachlichen und kognitiven Fähigkeiten des Individuums. Dem Konzept fehlt noch die konsequent
dialektisch-materialistische Fundierung. In diesem Sinne
schrieb seinerzeit Galperin rückblickend:

"Gegen diese Gefahr des Abgleitens in den Idealismus traten
viele Psychologen auf, unter ihnen A. N. LEONTJEW mit seinen
Mitarbeitern. Die Grundthese LEONTJEWS bestand darin, daß
nicht das Bewußtsein und die Wechselwirkung des Bewußtseins
verschiedener Individuen, sondern nur die reale Tätigkeit
des Kindes, die immer sinnvolle Tätigkeit ist, sowohl seine
psychische Gesamtentwicklung als auch den Verlauf der einzelnen psychischen Prozesse bestimmt. Nicht die Vorstellung, sondern die sinnvolle Tätigkeit ist der Schlüssel zum Verständnis der Psyche." (Galperin, 1969, S.369; vgl. auch ausführlicher Leontjew/Luria, 1964, S.5, 8f, 20)

Daß hier die zentrale Bedeutung der Tätigkeit, genauer: der
bewußten gegenständlichen Tätigkeit, herausgestellt wird,
ist keine dogmatische Behauptung, sondern Galperin resümiert
hier eine Erkenntnisentwicklung, die bereits zu Beginn der
dreißiger Jahre einsetzte, und die zum einen bestimmt war
durch die Veröffentlichung und Rezeption der "Philosophischen
Hefte" von Lenin und der "Manuskripte" aus dem "Marx-Engels-
Archiv" (vgl. Galperin, 1980, S.177) und zum anderen durch umfassende, gerade auch empirisch ausgerichtete natur-, sozial-
und individual-geschichtliche Forschungen. Dadurch wurden -
besonders von der Leontjew-Gruppe - fünf neue Akzente gesetzt:

a) Die naturgeschichtlichen Forschungen wurden bis zur Entstehung der Reizbarkeit und der Sensibilität als Voraussetzung der Entstehung des Psychischen vorangetrieben;

b) der Prozeß von der Entstehung des Psychischen bis zum Tier-
Mensch-Übergangsfeld wurde rekonstruiert und man kam so zu einer empirisch fundierten und theoretisch bedeutsamen Bestimmung der Spezifik der menschlichen Lebenstätigkeit;

c) die unterdrückende Funktion antagonistischer Klassenverhältnisse für die psychische Entwicklung wurde herausgestellt
und zugleich der Sozialismus als Voraussetzung (nicht Garantie) der freien vielseitigen/allseitigen Entfaltung der Persönlichkeit bestimmt; d) die Entwicklung der gegenständlichen
Tätigkeit wird als funktionale, die psychische Tätigkeit als

gnostische Widerspiegelung der je konkreten Lebensnotwendigkeiten herausgestellt; e) insbesondere die durch die Sprache ermöglichte kognitive Entwicklung wird als Interiorisation auf der Grundlage funktioneller Organe begriffen.

Die Entfaltung aller dieser (sehr schematisch dargestellten) Auffassungen kann man mit Hilfe des 1962 mit dem Lenin-Preis ausgezeichneten Sammelbandes "Probleme der Entwicklung des Psychischen" von A. N. Leontjew mit großer Präzision rekonstruieren, denn er enthält Arbeiten aus der Zeitspanne von 1933 bis 1959. In dem letzten, programmatischen Beitrag "Über das historische Herangehen an die Untersuchung der menschlichen Psyche" faßt Leontjew seine Auffassungen zusammen und spitzt sie zur Begründung des qualitativen Unterschieds von Anpassung und Aneignung zu. Die beiden folgenden, vielzitierten Stellen können also nur vor dem hier komprimiert dargestellten theoriegeschichtlichen Hintergrund angemessen verstanden werden: auf der Basis des Konzepts der gegenständlichen Tätigkeit wurden die physiologischen Arbeiten Pawlows und die denk- und sprachpsychologischen Auffassungen Wygotskis im marxistisch fundierten Verständnis der Persönlichkeitsentwicklung aufgehoben. Bei Leontjew heißt es:

"Zwischen den Anpassungsprozessen im eigentlichen Sinne des Wortes und den Aneignungsprozessen gibt es folgenden prinzipiellen Unterschied: Bei der biologischen Anpassung verändern sich die Arteigenschaften und das Artverhalten des Individuums. Beim Aneignungsprozeß reproduziert dagegen das Individuum die historisch gebildeten Fähigkeiten und Funktionen. Durch diesen Prozeß wird in der Ontogenese des Menschen das erzielt, was beim Tier durch die Vererbung erreicht wird: Die Entwicklungsergebnisse der Art werden in den Eigenschaften des Individuums verkörpert." (Leontjew, 1973, S.283)

Anders ausgedrückt:

"Auch das Tier paßt sich mit seiner Tätigkeit der Umwelt an, es eignet sich dabei jedoch niemals die Errungenschaften der phylogenetischen Entwicklung an. Während ihm diese in den natürlichen, angeborenen Besonderheiten gegeben sind, sind sie dem Menschen dagegen in den objektiven Erscheinungen seiner Umwelt aufgegeben. Um diese Errungenschaften in seiner ontogenetischen Entwicklung zu realisieren, muß er sie sich aneignen; nur durch diesen, stets aktiven Prozeß ist das Individuum in der Lage, deren wahre menschliche Natur, deren Eigenschaften und Fähigkeiten zutage treten zu lassen, die aus der gesellschaftlich-historischen Entwicklung der Menschheit resultieren und objektiv gegenständliche Form erlangt haben." (ebd., S.281)

Diese hier in aller Kürze dargestellte Grundposition hat über längere Zeit den Entwicklungsstand und das Selbstverständnis

der kulturhistorischen Schule der sowjetischen Psychologie
geprägt. Dies kommt in entsprechenden Selbstdarstellungen
dieser Schule (vgl. z.B. Leontjew, 1968, S.673ff; Petrowski,
1968, S.692ff) bzw. in ausländischen Darstellungen (vgl. z.B.
Kossakowski, 1968, S.374ff) zum Ausdruck. Es prägte auch weitgehend die Interpretation dieser Schule durch die Kritische
Psychologie in deren Konstituierungsphase (vgl. Braun, 1976 d,
S.19ff; Holzkamp/Schurig, 1973, S.XXVff,XLVff; Schurig, 1972,
bes. S.47ff,49ff). Dieser Interpretation entsprach auch die
Einschätzung, daß die besonders im angelsächsischen Raum bekanntgewordenen Arbeiten Lurijas durch ihre stark neurophysiologische Orientierung eine gewisse Randstellung in der kulturhistorischen Schule einnehmen (vgl. Schurig, 1982, S.1f,9f).
Dies bestätigt auch das letzte Werk Lurijas, das mit "Sprache und Bewußtsein" bereits als Titel ein klassisches Thema
dieser Schule zum Ausdruck bringt und wo der Autor sich auch
positiv auf Wygotski bezieht (vgl. Lurija, 1982, z.B. S.3,23f),
das sich aber eigentlich als _spezifischer_, nämlich _neurophysiologischer_ Beitrag zur umfassenden Analyse der psychischen
Entwicklung versteht (vgl. ebd., S.4, ausführlich Kap.VII,XV,
XVI).

Erst Galperin hat in "Zu Grundfragen der Psychologie" (russ.
1976) darauf hingewiesen, daß die kulturhistorische Schule
sich bis zur dargestellten Entwicklungsperiode keine _systematischen_ Gedanken über ihren Gegenstand gemacht hat. Er
stellt fest:

"...die Lehre von der Interiorisierung, der Werkzeugvermittlung, der bestimmenden Rolle der äußeren, der 'gegenständlichen', bewußten Tätigkeit-dies alles war nur unter der Voraussetzung von prinzipieller Bedeutung, daß sich daran eine
grundlegende Umgestaltung der Vorstellung vom Psychischen
anschloß...Aber gerade danach, direkt nach dem Gegenstand
der Psychologie wurde nicht gefragt! Es gab natürlich auch
ohne diese Frage genügend brennend aktuelle und komplizierte Probleme. Aber ohne das Psychische zu erklären, war
es nicht möglich, das Hindernis zu beseitigen, das es nicht
gestattete, den gegenständlichen Inhalt, den operativen Inhalt der äußeren Tätigkeit in den Kreis der eigentlich psychologischen Erscheinungen einzubeziehen." (Galperin, 1980,
S.186; vgl. ebd., S.38ff,187ff)

Das bedeutet nun nicht, daß die kulturhistorische Schule
nicht umfangreiches und bedeutsames Material erarbeitet
hätte, welches eine solche Gegenstandsbestimmung ermöglichte oder gar, daß sie gar keine psychologische Forschungen
im eigentlichen Sinne betrieben habe; wohl aber bedeutet es,

daß eine solche theoretische Durcharbeitung notwendig ist, um zu einer Systematik, auf die Gegenstandbestimmung der Psychologie zielenden Verallgemeinerung zu gelangen. Es ist u.E. die besondere Bedeutung des genannten Buches von Galperin, dies erstmals konsequent versucht zu haben (das Problem klingt in den Arbeiten Leontjews und Lurijas aus den siebziger Jahren nur an; vgl. Leontjew, 1979, S.12,17; Lurija, 1982, S.5f,23ff). Galperin schreibt:

"Die Hauptaufgabe der Psychologie besteht darin, die Struktur, die Gesetze und die Bedingungen der Orientierungstätigkeit, ihre Herausbildung, ihre Besonderheiten auf den verschiedenen Entwicklungsetappen der Persönlichkeit zu erforschen. Allgemein...kann man sagen, daß es jedesmal um die folgenden grundlegenden Komponenten der Orientierungstätigkeit geht: um ihre Motivation, ihre Abbilder (einschließlich der Begriffe), um Handlungen auf der Ebene der Abbilder (d.h. um ideelle Abbilder) und verschiedene Werkzeuge, von denen die verschiedenen Möglichkeiten dieser ideellen Handlungen abhängen. Natürlich hängen alle diese Komponenten miteinander zusammen und setzen eine bestimmte Organisation, eine Struktur voraus. Sie ist es auch, die die Möglichkeiten der Orientierung und letztlich die Effektivität des Verhaltens bestimmt...Die Struktur der Orientierungstätigkeit - ihre Herausbildung, Entwicklung und ihre charakteristischen Besonderheiten auf jeder Etappe der Entwicklung einer Funktion in einer jeden Lebensperiode des Subjekts -, das ist der wirkliche Gegenstand der Psychologie." (Galperin, 1980, S.196; vgl. ebd., S.111ff)

Mit dieser Gegenstandbestimmung der Psychologie als Einzelwissenschaft durch Galperin als Vertreter der kulturhistorischen Schule der sowjetischen Psychologie beenden wir unsere Analysen zu den bürgerlichen Quellen und marxistisch fundierten Vorläufern der Kritischen Psychologie.[11]

---

[11] An dieser Stelle wird ein weiterer wichtiger Unterschied zwischen dieser Arbeit und der von Niemeyer (1979) deutlich: da er auf eine Analyse der marxistisch fundierten Vorläufer der Kritischen Psychologie verzichtet (lediglich Leontjews Aneignungskonzept wird erwähnt; vgl. Niemeyer, 1979, S.178ff), kann es ihm auch nicht gelingen, die Spezifik der Kritischen Psychologie innerhalb anderer marxistisch fundierter Ansätze herauszuarbeiten. Damit kann er aber Kontroversen, wie z.B. die der Kritischen Psychologie mit Wolfgang Jantzen, zwar benennen und darstellen (vgl. ebd., S.380ff), nicht aber in ihrem theoriegeschichtlichen Stellenwert und ihrem - zumeist ja nicht offen explizierten - "background" analysieren und bewerten. Umgekehrt bleibt so unklar, was alle diese Ansätze als marxistisch fundierte Konzeptionen gemeinsam und was sie eigentlich qualitativ von anderen, nicht-marxistisch fundierten Auffassungen unterscheidet.

Indem wir - in der gebotenen Kürze - die Grundauffassungen
der einzelnen Ansätze und Schulen dargestellt haben, sollten sowohl deren <u>inhaltliche</u> Auffassungen von der Psychologie deutlich werden, wie auch - und daraus folgend bzw. darin vorausgesetzt - deren eigene - explizite oder implizite -
<u>Gegenstandsbestimmung</u>. Das folgende Kapitel befaßt sich nun
mit der Kritischen Psychologie selber, mit der Herausarbeitung ihrer konkret-allgemeinen Grundlagen. (Im Schaubild 1
sind die wesentlichen Resultate dieses Kapitels nochmals systematisch zusammengefaßt)

SCHAUBILD 1: *BÜRGERLICHE QUELLEN UND MARXISTISCH FUN-
DIERTE VORLÄUFER DER KRITISCHEN PSYCHOLOGIE*

A. BÜRGERLICHE QUELLEN

1. Gegenstandsbestimmung der Psychologie im Prozeß ihrer Herausbildung

a) Die "Seele" als Gegenstand der Psychologie muß auf der Grundlage der Erfahrung erforscht werden.
b) Die immateriellen psychischen Prozesse werden von äußerlichen materiellen Prozessen (mechanistisch) bestimmt.
c) Träger der psychischen Prozesse sind die physiologischen Prozesse (psychophysischer Parallelismus).
d) Die "Seele" (Psyche) ist eine (ideell) gesellschaftlich geformte.

2. Beitrag der Psychoanalyse zur Gegenstandsbestimmung der Psychologie

Die Psychologie muß a) die biologischen Grundlagen der psychischen Entwicklung anerkennen, b) dynamisch, c) gesellschaftlich-historisch orientiert, d) alltagsorientiert (leidensorientiert) sein, e) die individuelle Subjektivität in der Theorieproduktion/-rezeption anerkennen, f) seelische Krankheiten psychologisch verstehen und heilen, und g) gegenüber entfremdeten und unterdrückenden Verhältnissen kritisch sein.

3. Logische Stufen der Kritik der positivistischen (bzw. bürgerlichen) Psychologie

Stufe 1: Beschreibung der Lage der positivistischen Psychologie und ihre immanente Selbstkritik
Stufe 2: Erfassung des Verwendungszusammenhanges der positivistischen Psychologie als theorieexterne Kritik
Stufe 3: Sozialhistorisch-relativierende Kritik an den inhaltlichen Grundpositionen
Stufe 4: Psychologiekritik als Teil der Kritik des bürgerlichen Privatindividuums
Stufe 5: Marxistisch fundierte theoretische und empirische Analyse der individuellen Lebenstätigkeit als Voraussetzung zur Aufhebung der positivistischen (bzw. bürgerlichen) Psychologie

B. MARXISTISCH FUNDIERTE VORLÄUFER

4. Wissenschaftlicher Humanismus und konkrete Psychologie

a) Wissenschaftliche, konkrete Psychologie kann nur auf der Basis der materialistischen Dialektik entwickelt werden.

b) Das menschliche Wesen liegt nicht in den Individuen, sondern außerhalb ihrer selbst, in der Gesamtheit der gesellschaftlichen Verhältnisse; es ist also "außermittig".
c) Die Individuen entwickeln sich auf der Basis eines biologischen Trägers und stehen deshalb zur Gesellschaft in Juxtastrukturposition.
d) Die Individuen eignen sich das menschliche Wesen an, indem sie ihre gesellschaftlichen Aktivitäten im Rahmen historisch veränderlicher Individualitätsformen entfalten. Die bedeutsamsten Aktivitäten sind die Berufsaktivitäten als individuelle Seite des gesellschaftlichen Arbeitsprozesses.
e) Aufgrund der gesellschaftlich-technischen Arbeitsteilung sind die Individuen insoweit Individuen, wie sie einmalig sind.
f) Unter den Bedingungen der (bürgerlichen) Klassengesellschaft sind die ausgebeuteten Individuen und die herrschenden gesellschaftlichen Verhältnisse voneinander entfremdet, nur ein kämpferisches Leben kann die individuelle Entzweiung und Verkümmerung verhindern.

5. Psychologieauffassung der kulturhistorischen Schule

a) Koppelung von Marxismus und Psychologie heißt zuerst umfassende historische Analyse und damit Herausarbeitung der qualitativen gesellschaftlichen Eigenart des Menschen, ohne die Tatsache zu ignorieren, daß der Mensch immer auch ein Naturwesen ist. Insofern zeichnen sich das Psychische und das Bewußtsein durch ihren Widerspiegelungscharakter aus.
b) Bei den naturgeschichtlichen Analysen stehen das Psychische und seine Transformation ins Bewußtsein (als Differenzierungsprodukt des Psychischen) während des Tier-Mensch-Übergangsfeldes im Vordergrund der Analyse.
c) Die sozialgeschichtlichen Analysen befassen sich besonders mit dem Zusammenhang von Entwicklungsstand der gesellschaftlichen Arbeit und dem Charakter der Produktions- und Machtverhältnisse, wobei die Unterdrückungsfunktion der antagonistischen Klassengesellschaften herausgestellt wird.
d) Die Biographie wird begriffen als ein spezifisches Wechselverhältnis von gegenständlicher Tätigkeit und Interorisation (oder anders: von Vergegenständlichung und Aneignung) und entfaltet sich als stufenweiser Prozeß mit je dominierender Tätigkeit, Zone der aktuellen Leistung und Zone der nächsten Entwicklung.
e) Gegenstand der Psychologie sind die Struktur, die Gesetze und die Bedingungen der Orientierungstätigkeit.

Kapitel 2

Die Herausarbeitung der konkret-allgemeinen Grundlagen der Kritischen Psychologie

Wir haben bereits im vorangegangenen Kapitel erwähnt, daß die Kritische Psychologie ein *spezifischer* individualwissenschaftlicher Ansatz im Rahmen der Wissenschaften des Systems der materialistischen Dialektik darstellt (vgl. auch die Einleitung) und genau diese Spezifik gilt es in diesem Kapitel herauszuarbeiten. Dies soll hier dadurch geschehen, daß ich im *ersten* Argumentationsschritt mit eigenen Worten die *gegenwärtigen* Auffassungen der Kritischen Psychologie darstelle[1], daß im *zweiten* Schritt die *Entwicklung* dieser Auffassungen rekonstruiert wird und dabei zugleich deutlich gemacht wird, worin einerseits die Spezifik der Kritischen Psychologie gegenüber ihren materialistischen Vorläufern besteht und wie sich diese Darstellung der Kritischen Psychologie von früheren Darstellungen unterscheidet. Im *dritten* Schritt werden aktuelle *Kontroversen* innerhalb der Kritischen Psychologie bzw. mit anderen marxistisch fundierten Ansätzen dargestellt und bewertet.

Es ist an dieser Stelle natürlich nicht möglich, aber auch im Rahmen einer solchen problemgeschichtlichen Studie auch nicht nötig, das gesamte theoretische und empirische Material, welches in die Argumentation eingeht, selbst nochmals zu entfalten (dies geschieht in den vielen Spezialstudien, die jeweils genannt werden). Vielmehr geht es an dieser Stelle um eine verallgemeinerte, wenn man so will, um eine "metatheoretische" Darstellung.

---

1 Neben den im zweiten Argumentationsschritt jeweils genannten Arbeiten beziehen wir uns dabei auch (wie schon erwähnt) auf unveröffentlichte Vorarbeiten von Klaus Holzkamp zu seinem neuem Buch "Geschichtlichkeit des Psychischen".

2.1. DIE NATURGESCHICHTE DES PSYCHISCHEN

Es gehört zu den fundamentalen Einsichten aller konsequent marxistisch fundierter Ansätze, daß nur durch die historische Rekonstruktion der Entwicklungs- und Differenzierungsprozesse sich das Wesen einer Sache erschließt, daß also die Psychologie, die das menschliche Individuum zu ihrem Gegenstand hat, sich jene Bedingungen vergegenwärtigen muß, die die Sozialgeschichte überhaupt erst möglich gemacht haben, nämlich der Naturgeschichte. Wenngleich dabei - wie wir sehen werden - der Biologie die zentrale Rolle zufällt, so muß doch zumindest daran "erinnert" werden, daß das Leben (die lebenden Formen der Materie) keineswegs historisch voraussetzungslos ist, sondern daß ihm bereits die lange Naturgeschichte des Kosmos zugrundeliegt. Nur in bestimmten Teilen des Kosmos ist es - nach unserem bisherigen Kenntnisstand - überhaupt möglich gewesen, daß Leben entstand.

"Astronomisch konnte das so strahlungsempfindliche Leben nur auf einem Himmelskörper, ferne von einer Nova oder Supernova, aber auch nicht inmitten eines Kugelsternhaufens entstehen. Für konstante und hinreichende Strahlung entsprechender Art mußte ein Zentralgestirn sorgen, das nur den Fixsternklassen F_5 bis K_5 angehören konnte...Bewegte sich solch ein Planet auf annähernd kreisförmiger Bahn - andernfalls schwankt der vom Zentralgestirn zugestrahlte Wärme- und Lichtfluß zu sehr -, war die Entfernung von seiner 'Sonne' entsprechend, die Masse hinreichend, ohne zu groß zu sein, und herrschten auf ihm geologische Bedingungen, welche die Bildung eines 'Wassermantels' einer Hydrosphäre, begünstigten " (Hollitscher,1971,S.241; vgl. ders., 1951,S.27ff,33ff), dann konnten jene Entwicklungsprozesse einsetzen, die schließlich stoffwechselnde Eiweiß- und Nukleinsäuresysteme entstehen ließen. Die aus der Erdatmosphäre (Methan, Amoniak, Wasserdampf, Wasserstoff) unter Einwirkung elektrischer Entladungen und ultravioletter Sonnenstrahlung entstandenen Aminosäuren wurden in die Meere geschwemmt, so daß sich massenhaft organische Substanzen entwickeln konnten (vgl. Hollitscher,1965,S.273ff). Kosmogenetisch betrachtet ist die Entstehung des Lebens gebunden daran, daß a) die Schwerebeschleunigung an der Oberfläche sich in Grenzen hält, daß b) die Temperatur zwischen -60° und +70° C liegt, daß c) die Atmosphäre nicht giftig ist und über genügend Sauerstoff verfügt und daß d) sowohl Wasser wie auch ein hinreichend konstantes Milieu vorhanden sind. - Von den 58 bekannten Ster-

nen scheinen nur drei (nämlich Ceti, Eridani und Indi) diese
Bedingungen - außer der Erde - zu erfüllen (vgl. Hollitscher,
1965, S. 287f).

2.1.1. DER ÜBERGANG VON DER FUNKTIONELLEN ZUR PSYCHISCHEN WIDERSPIEGELUNG IM PSYCHO-PHYSISCHEN ÜBERGANGSFELD

Die _lebenden_ Formen der Materie (deren erste die Viren waren)
zeichnen sich von Anfang an durch ein _aktives_ Verhältnis des
Organismus gegenüber der Umwelt aus. In ihrer elementarsten
Form besteht die Aktivität in der Erhaltung des Fließgleich-
gewichts zwischen _Assimilation_ und _Dissimilation_: Stoffe werden von _außen_, aus der Umwelt, aufgenommen und _innen_ in Energie umgesetzt, wobei sich die Umwelt _passiv_ und der Organismus _aktiv_ verhält. Damit der Organismus das Fließgleichgewicht
seines offenen Systems erhalten kann, muß er zwischen assimilierbaren und nicht assimilierbaren Stoffen unterscheiden und
bei Veränderungen der Umwelt sich selbst darauf optimierend
einstellen können. Insofern stehen "innere" Struktur des Organismus und umgebende Wirklichkeit in keinem zufälligen Verhältnis, sondern in einem funktional notwendigen Verhältnis.
Dies wird in der Kritischen Psychologie als _funktionale Wider-
spiegelung_ bezeichnet. Das ist nicht mechanistisch zu verstehen,
denn es kann sehr wohl dazu kommen, daß diese optimierende Anpassung nicht gelingt und dadurch _regressive_ Entwicklungen einsetzen, d.h. aus dem offenen wieder ein geschlossenes System
wird, also das Evolutionsniveau "Leben" wieder unterschritten
wird. Funktionale Widerspiegelung ist somit die Kennzeichnung
eines ganz bestimmten Entwicklungsniveaus, nämlich der des Lebens; und funktionale Notwendigkeiten sind somit Lebensnotwendigkeiten, oder genauer: Überlebensnotwendigkeiten. Sie bringen
den in der _Selektion_ liegenden Widerspruch von _Lebensgewinnung_
und dazu _antagonistischen Außenweltbedingungen_ zum Ausdruck.
Dabei finden Selektionsprozesse nicht primär auf der Ebene von
Einzelorganismen statt, sondern auf der Ebene von _Organismus-
Populationen_ und damit zugleich über längere naturhistorische
Etappen hinweg. Hieraus folgt auch, daß die Stoffwechselprozesse nicht die zentrale Entwicklungsebene sein können, sondern

dies vielmehr die Arterhaltung durch genetisch gesteuerte
Verdoppelung der Organismen und die Mutation sind, also
die Möglichkeit im Prozeß der Selbstreproduktion zu nicht-
identischen Organismen zu gelangen. Genetische Veränderungen sind dabei auf dieser Evolutionsstufe die Hauptwirkungs-
ebene des Selektionsprozesses, wobei Mutationen überlebens-
fördernd oder überlebensmindernd sein können. Anders gesagt:
Die funktionale Widerspiegelung der Überlebensnotwendigkeiten
vermitteln sich entscheidend über die Genstruktur und die Anpassung bei Umweltveränderungen findet über die Genmutation
statt.

Auf einer bestimmten Evolutionsstufe differenziert sich aus
der funktionalen Widerspiegelung eine spezifische Form heraus, die psychische Widerspiegelung; deren elementarste Form
ist die Reizbarkeit. Während die Reizbarkeit noch eine rein
innere Aktivität des Organismus darstellt, weil sie auf die
Wirkung äußerer Stoffe auf den Organismus beschränkt bleibt,
ist die darauf aufbauende Sensibilität dadurch gekennzeichnet, daß sie zielgerichtete ortverändernde Aktivitäten aus-
löst. D.h. der Organismus nimmt aus seiner Umwelt unmittelbar solche Signale auf, die für den Erhalt seines Stoffwechsel-
prozesses von Bedeutung sind - und bewegt sich dementsprechend.
Damit entsteht ein bedeutsamer Zusammenhang: nämlich der von
psychischer Widerspiegelung und Tätigkeit. Die Tätigkeit ist
hier insofern naturgeschichtlich-gegenständlich geprägt, als
das Signal einen wie immer ausgeprägten gegenständlichen Inhalt haben muß und damit zugleich die Aktivitäten des Organismus nicht mehr richtungslos, "blind", sondern gerichtet,
psychisch gesteuert verlaufen. Die Steuerung erfolgt dabei
über jene Art von Reizen, die früher unbedeutend, weil stoff-
wechselneutral waren, die aber jetzt Orientierungsfunktion
erhalten. Das Wesen der Sensibilität liegt in diesem Funk-
tionswechsel der neutralen Reize. Der Selektionsvorteil ist
offensichtlich: er ermöglicht Ortsveränderungen zu bestimmten festen bzw. beweglichen Nahrungsquellen, ohne daß ein direkter Kontakt mit ihnen bestehen muß. Damit ist zugleich deutlich, daß psychische Widerspiegelung eben auch Widerspiegelung
(im allgemeinsten Sinne des Begriffs) ist, weil sie nämlich ein
Element der verbesserten, aktiven Lebensgewinnung und Lebensoptimierung darstellt.

Die Entstehung der psychischen Widerspiegelung wird auch als
psycho-physisches Übergangsfeld bezeichnet und vollzog sich
auf der Erde vor ca. 1 Milliarden Jahre, während die ersten
biologischen Systeme vor ca. 4 Milliarden Jahre auftraten
(vgl. Schurig, 1975a, S.60f). Dem Schaubild 2a) kann man die
gesamte Evolutionsspanne vom psycho-physischen Übergangsfeld
bis zum Tier-Mensch-Übergangsfeld entnehmen, während Schaubild 2b) das geologische und biologische Koordinationssystem
der Psychophylogenese darstellt.

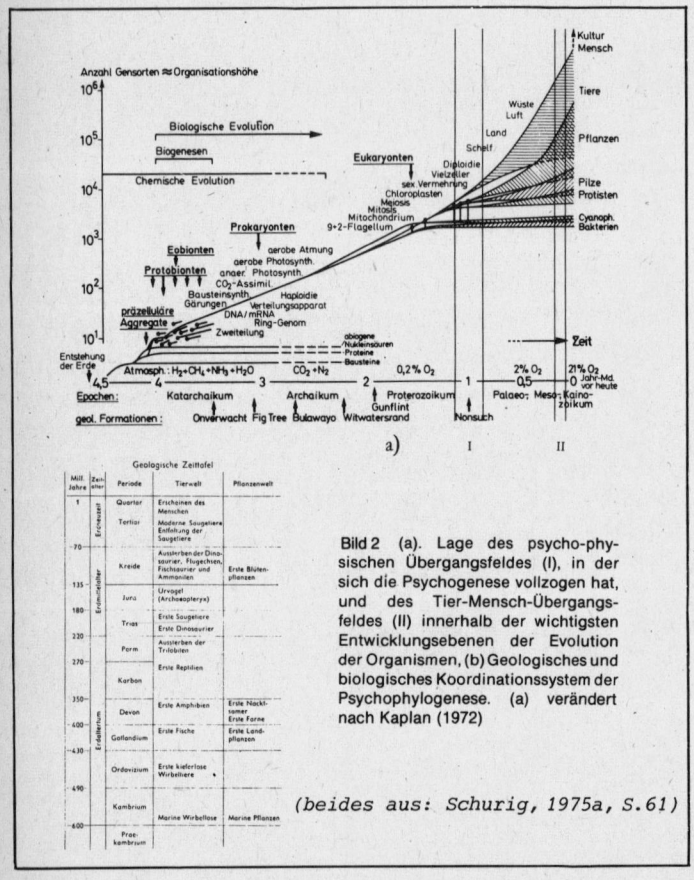

Bild 2 (a). Lage des psycho-physischen Übergangsfeldes (I), in der sich die Psychogenese vollzogen hat, und des Tier-Mensch-Übergangsfeldes (II) innerhalb der wichtigsten Entwicklungsebenen der Evolution der Organismen, (b) Geologisches und biologisches Koordinationssystem der Psychophylogenese. (a) verändert nach Kaplan (1972)

(beides aus: Schurig, 1975a, S.61)

b) Geologisches und biologisches Koordinatensystem der
Psychophylogenese

Für die Herausarbeitung dieser Auffassungen waren die Auffassungen Leontjews von ganz zentraler Bedeutung: diese Feststellung bezieht sich zunächst einmal darauf, daß man sich überhaupt naturhistorischen Fragen zuwendete und damit die Auffassung überwand, daß Natur geschichtslos (im Sinne von entwicklungslos) sei (wie sie etwa Holzkamp z.B. 1972b, S.54f; ders., 1972c, S.125ff noch vertreten hatte). Diese Auffassung wird erstmals in der "Sinnlichen Erkenntnis" überwunden, deren entsprechende Abschnitte sich auch direkt auf Leontjew beziehen (vgl. Holzkamp, 1973, Kap. 4.1., z.B. S.70ff). Im Anschluß daran hat besonders Schurig - unter Verwendung einer sehr viel breiteren Materialbasis - diese Überlegungen fortgeführt (vgl. Schurig, 1975a, Kap. 3), während sich Seidel mit dieser Problematik unter dem Aspekt der naturgeschichtlichen Herausbildung von Aufgaben und dem Verhältnis von Reizbarkeit/Sensibilität und Zielorientierung befaßte (Vgl. Seidel, 1976, S.46ff). - Ein solches umfassendes Verständnis von "Geschichte" schließt die Anerkennung des qualitativen Unterschieds zwischen Natur- und Gesellschaftsgeschichte nicht nur nicht aus, sondern macht die Begründung dieser Differenz überhaupt erst möglich (vgl. dazu auch Kap. 2.1.4., 2.2., 2.5.3.).

Einen bedeutsamen methodischen Beitrag zu diesem Problemkomplex veröffentlichten 1978 Messmann und Rückriem. Sie schreiben zunächst problematisierend:

"Wir vermuten, daß die Rezeption Leontjews in der Bundesrepublik und in Westberlin vor allem durch die Tatsache beeinträchtigt wurde, daß man nicht sah, daß es Leontjew in fast allen seinen Beiträgen...darum geht, die historisch-logische Struktur der Entwicklung des Psychischen, die in der Dialektik von Notwendigkeit und Zufall sich realisierende Gesetzmäßigkeit der Abfolge der Entwicklungsetappen sowie ihre Triebkraft hypothetisch zu entwerfen, um so begründetermaßen und auf dem Boden einzelwissenschaftlicher empirischer Aussagen entwickeln zu können, daß und inwiefern das Bewußtsein als spezifische Form der menschlichen Psyche alle Gesetzmäßigkeiten organismischer Psyche so in sich aufhebt, daß sie auf höherer Ebene ihre Gültigkeit in neuer Qualität behalten." (Messmann/Rückriem, 1978, S.84f)

Hier wird das grundsätzliche Problem einer dialektischen Betrachtung der Naturgeschichte angesprochen, also das der Erfassung von wesentlichen, gesetzmäßigen Beziehungen. Die Autoren können anhand einer differenzierten Analyse (die hier nicht im einzelnen dargestellt werden kann, zum Teil aber in die obigen Überlegungen einging) deutlich machen, daß Leontjew

- selbst wenn er selbst das nicht immer expliziert hat -
sowohl reduktiv wie auch induktiv verfährt. Daß er

a) "ausgehend vom Verhalten höherer Säuger als einem Abstrakten...menschliche Widerspiegelung durch Reduktion auf die allgemeinste Form der Widerspiegelung als Prinzip der Materie zurückführt"

und daß er

b) "von dort zurückkehrend zum konkret Allgemeinen...durch Deduktion die historisch-logische Struktur der Entwicklung des Psychischen als Besonderung des allgemeinen Prinzips der Widerspiegelung bis zum Menschen entwickelt." (ebd., S.86)

Kontroverse Momente ergeben sich von Anfang an mit den Vertretern der Handlungstheorie (bzw. der Handlungsstrukturtheorie oder Handlungsregulationstheorie): Volpert, dem das Verdienst zukommt, die Arbeiten von Hacker in der BRD und Westberlin bekanntgemacht zu haben (vgl. Volpert, 1974; ders., 1975, S.112ff), und der in einem neueren Beitrag treffend wie beschränkend feststellt, daß Hacker

"kaum Explizites zur allgemeinen Frage nach der menschlichen Natur gesagt hat (sicher nicht deshalb, weil er nichts dazu zu sagen hätte, sondern deshalb, weil er solche Äußerungen nicht für seine Aufgabe hält)..." (Volpert, 1978, S.266).

Man muß aber hier die Frage selbst schon anders stellen: sind sinnvolle, d.h. begründete psychologische Auffassungen, seien sie nun abstrakter oder konkreter, grundsätzlicher oder spezieller Art, überhaupt möglich, wenn man naturhistorische Fragestellungen ausklammert? Das soll an dieser Stelle nicht nur bezweifelt werden, sondern es soll durch schrittweise Entfaltung der Naturgeschichte deutlich werden, daß erst die Einbeziehung der naturhistorischen Gewordenheit der gesellschaftlichen Natur des Menschen wirklich begründete Aussagen über die Spezifik der menschlichen Lebenspraxis zuläßt. - Damit ist zugleich ein kritischer Einwand auch gegen Sève formuliert, der lediglich - wie wir schon sahen - auf den biologischen Träger der Persönlichkeitsentwicklung verweist, ohne sich mit dessen Herkunft und damit auch seinen Inhalten zu befassen (vgl. Sève, 1977a, S.178ff).

Eine spezifische Stellung nehmen hier auch die Auffassungen von Jantzen ein: Während er sowohl in seinem Grundlagenwerk "Grundriß einer allgemeinen Psychopathologie und Psychotherapie" (Jantzen, 1979, Kap.I) wie auch - und zum Teil deutlicher - in seinem Beitrag zur Handlungsstrukturtheorie-Diskussion und im Anschluß an bestimmte Argumentationsgänge von Messmann/Rückriem (vgl. Jantzen, 1982a, S.30ff,40ff) zwar bestimmte Einzelaspekte

des naturwissenschaftlichen Prozesses benennt, bleibt doch
recht unklar, wie diese Einzelaspekte in ein naturgeschicht-
liches Gesamtkonzept zu integrieren wären (wir kommen gerade
darauf noch in verschiedenen Unterabschnitten zurück).
Zu einer ganz erstaunlichen Paradoxie kommt es im Werk von
Hollitscher: einerseits verfügt er wie kaum ein anderer Autor
über differenzierte einzelwissenschaftliche und philosophische
Einsichten in den Naturprozeß (vgl. bes. Hollitscher, 1965),
andererseits verzichtet er in seinem persönlichkeitstheoretischen Hauptwerk "Der Mensch im Weltbild der Wissenschaften"
(Hollitscher, 1969) völlig auf die Darstellung naturgeschicht-
licher Probleme. Der bedeutsame Beitrag Hollitschers zur marxistisch fundierten Psychologie erschließt sich also nur, wenn
man die von ihm selbst vorgenommene Trennung von Natur- und Sozialgeschichte der Individuen überwindet, also seine Arbeiten
in ihrer argumentativen Einheit betrachtet (vgl. Braun, 1982a,
Pkt.2).

2.1.2. INNERE AUSDIFFERENZIERUNG DES PSYCHISCHEN UND ENT-STEHUNG TIERISCHER SOZIAL- UND KOMMUNIKATIONSSTRUKTUREN

Eine neue Evolutionsstufe entsteht naturhistorisch durch die innere Ausdifferenzierung des Psychischen einerseits und die Herausbildung tierischer "Sozial"- und "Kommunikations"strukturen
als Differenzierungsmomente der Umwelteigenschaften andererseits.
Die oben dargestellten gerichteten Ortsveränderungen der Organismen beruhen auf der Verarbeitung bestimmter, lebensrelevanter Informationen, z.B. über Dichte- und Energiegefälle, über
Helligkeits- und Dunkelgefälle; d.h. solche Umwelttatbestände
haben aktivitätsrelevante Bedeutung und sind - daraus folgend -
auch orientierungsrelevant. Eine Spezifizierung liegt schon dann
vor, wenn spezielle, gegenständliche Umweltmerkmale aufgenommen
werden und diese aktivitäts- und orientierungsrelevant werden,
wozu der Organismus phylogenetisch die Fähigkeit zum Unterscheiden und zum Identifizieren (als Frühformen der Analyse und Synthese) herausbilden muß. Dabei sind bestimmte äußerliche Merk-
malskombinationen (z.B. Beute) und Aktivitätsaufforderungen
(hier: Fressen) für das Tier noch identisch, d.h. es kann sich

nicht alternativ verhalten, sondern es wird "automatisch" bestimmte Aktivitätsfolgen "in Gang setzen". Daraus folgt auch, daß die Bedeutungen und Orientierungen noch nicht individuell spezifiziert sind, sondern für die Gesamtpopulation der Organismen gleiche Relevanz haben.

Die Bedeutungsstrukturen selbst sind nun aber nicht homogen, sondern sie weisen eine innere Differenzierung auf hinsichtlich des Funktionsbereichs Stoffwechsel bzw. der Selbstreproduktion/Mutagenität. Diese Bereiche werden nochmals differenziert: Der Stoffwechselprozeß wird immer mehr mit dem Prozeß der Nahrungssuche verbunden, wobei für die Fleischfresser und die Allesfresser andere Tierarten eine spezifische Bedeutung als Freßobjekte erhalten bzw. umgekehrt die eigene Existenz durch die Fleisch- und Allesfresser selbst bedroht ist und diese Tiere damit als Feinde erkannt werden müssen. Diesem Funktionskreis der <u>individuellen Lebenssicherung</u> steht der der <u>Fortpflanzung</u> gegenüber, bei dem sich die <u>Geschlechtsunterschiede</u> (männlich/weiblich) herausdifferenzieren und wo zugleich Tendenzen zum Brutpflegeverhalten entstehen (also Vorformen der späteren Tierfamilien). - Beide Funktionskreise haben ihren spezifischen Stellenwert im Gesamtprozeß der Lebensgewinnung der Organismen-Population: Während durch die Lebenssicherung der vorhandene Bestand der Population durch optimale Anpassung erhalten wird, dient die Fortpflanzung der Vergrößerung der Population (bei genetischer Weitergabe der Selektionsvorteile), sie besteht also relativ unabhängig vom Einzeltier. Anders gesagt: ersteres dient der <u>Selbsterhaltung</u>, letzteres der <u>Arterhaltung</u>.

In dem Maße wie die gegenständlichen Umwelttatbestände verschiedenartig aufgenommen werden, "entkoppelt" sich auch das Verhältnis von <u>Aktivität</u> und <u>Orientierung</u> bzw. es wird eine vermittelte Beziehung. Mit der Ausdifferenzierung von <u>Sinneszellen</u> und <u>Sinnesorganen</u> entsteht die Möglichkeit einer <u>Abbildung</u> der relevanten Umweltbereiche, ohne daß das Tier mit ihnen direkt in Kontakt treten muß. Daher übernimmt das sich ebenfalls herausbildende Nervensystem die Informationsverarbeitung. D.h. aber auch, daß Unterschiede bei den Aktivitäten selber entstehen, und zwar je nachdem ob sie der verbesserten Orientierung dienen oder ob durch sie die unmittelbare Realisierung selbsterhaltender Ziele angestrebt wird. Diese Verselbständigung der

Orientierungsaktivitäten und der damit entstehende Funktionskreis der Kontrolle verbessert die Umweltkenntnisse des Organismus und stellt daher einen wichtigen Selektionsvorteil dar.

Nun zeigt aber schon der oberflächliche Blick auf die Verhaltensweise höherer Tiere, daß die objektiv vorhandenen Bedeutungen als Ausdruck lebensrelevanter Beziehungen zwischen dem Organismus und (begrenzten) Aspekten seiner Umwelt nicht sofort Aktivitäten auf Seiten des einzelnen Tieres auslösen, sondern daß hier gewisse "innere" Bedingungen", "Stimmungen" ein relevantes Vermittlungsmoment darstellen. D.h. die Aktivitätsbereitschaft erfordert eine ganz bestimmte "Transformierung" der Bedeutungen "an sich" zu Bedeutungen "für das Tier". Damit liegt - anders gesagt - zwischen der Orientierungsaktivität und der Ausführungsaktivität die Aktivitätsbereitschaft. Diese Aktivitätsbereitschaft selbst ist die Grundform der Emotionalität und ihrem ganzen Wesen nach eine "subjektive" Wertung objektiv vorhandener Bedeutungen am Maßstab der Lebensförderung oder Lebensbehinderung; die Wertungsvarianten sind also positiv und negativ (was schon hier auch Zwischenwertungen einschließt). Voraussetzung für die Entstehung der Emotionalität ist zum einen die Koppelung von Zustandsänderung und Bedeutungsaktualisierung, die dadurch möglich wird, daß die Erregung zur Grundlage der Bedeutungsaktualisierung und damit verbundener Aktivitäten wird. Die andere Voraussetzung liegt in der Möglichkeit der identifizierenden und unterscheidenden Erkenntnis von gegenständlichen Bedeutungen, die es möglich macht, beim Wechsel der "inneren Stimmung" sich auch wertend anderen Bedeutungen zuzuwenden bzw. von ihnen abzuwenden. Anders gesagt: nur wenn das Tier "wählen" kann, kann es auch "werten"; und es kann nur "werten", wenn es auch "erkennt"; insofern hängen Emotionalität und Orientierung von Anfang an sehr eng zusammen. Dabei muß man von Anfang an betonen, daß diese Erkenntnis- und Wertungsprozesse dem Tier als solche nicht bewußt sind, es also sich nicht bewußt zu ihnen verhalten kann, sie sich somit stets "hinter seinen Rücken" durchsetzen.

Im Verlauf der Phylogenese setzt aufgrund der geschilderten Verselbständigung der Orientierungs- gegenüber den Umsetzungsaktivitäten auch eine immer deutlichere Verselbständigung der "emotionalen Wertungen" gegenüber der Aktivität ein und es kommt immer mehr zu "Wertungen" in Form von Ansätzen, Impulsen und Tendenzen, wobei verschiedenartige und zum Teil gegensätzliche "Wertungen" als emotionale Informationen gespeichert und verdichtet werden zu einer "Gesamtwertung". Der Prozeß der Ausdifferenzierung von "Wertungsmöglichkeiten" ist also direkt verbunden mit dem der Vereinheitlichung. Damit gewinnen die Emotionen zugleich (potentiell) eine "erkenntnis"leitende Funktion, d.h. sie lenken das Tier in eine bestimmte Richtung.

Wenn wir davon ausgehen, daß in dieser Evolutionsetappe Aktivitäten nur dann stattfinden, wenn sie über eine entsprechende Bedarfsgrundlage verfügen, wenn wir zum anderen bereits feststellten, daß sich die Aktivitäten nach bestimmten Funktionskreisen ausdifferenzierten, dann muß dies auch heißen, daß die Bedarfsgrundlagen sich zunächst einmal nach den Funktionskreisen Arterhaltung und Selbsterhaltung unterscheiden. Während dies bei der Selbsterhaltung an verschiedene Mängelzustände (z.B. Hunger, Durst) gebunden ist, liegen der Arterhaltung aktionsspezifische Energien zugrunde. Auch dem anderen Funktionskreis, dem der verselbständigten Orientierung und Kontrolle liegen keine Gewebedefizite, sondern auch aktionsspezifische Energien zugrunde, die insofern der Arterhaltung dienen, als sie die individuelle Tierexistenz (z.B. gegenüber Feinden) besser schützen.

Auch dieser Prozeß der Ausdifferenzierung der Emotionalität, der neuen Möglichkeiten "emotionaler Wertungen", ist begleitet vom Prozeß der Vereinheitlichung, also der Entwicklung einer "Gesamtwertung". Diese "Gesamtwertung" kann aber nicht willkürlich erstellt werden, sondern muß die verschiedenen "Teilwertungen" in einer Weise zusammenfassen, daß die "Gesamtwertung" die optimale Umweltanpassung, damit die optimale Lebensgewinnung sichert. Dazu dienen die linearen Stimmungs-Antriebs-Hierarchien. - Um Mißverständnisse zu vermeiden, sei nochmals deutlich gesagt, daß diese Wertungsprozesse den Tieren als Wertungsprozesse nicht bewußt sind, und sich "hinter dem Rücken" der Tiere durchsetzen und daß sie auf dieser Stufe auch noch nicht gelernt werden, sondern genetisch festgelegte, "programmierte" Aktivitäten sind, es sich also - in der Sprache der Ethologie - um "Instinkthandlungen" handelt.

Es wurde schon mehrfach angedeutet, daß die Tiere nicht gänzlich isoliert als Einzelorganismen leben, sondern bestimmte

Formen des "Zusammenlebens" aufweisen. Von der rein zufälligen Ansammlung von Einzelorganismen (wie sie sich bei allen Tierarten finden) sind solche zu unterscheiden, die das Resultat von Aktivitäten zur Summierung und Koordination der Kräfte des Einzeltieres und entsprechender darauf ausgerichteter "Kommunikation" sind. Voraussetzung für deren Entstehen sind nicht nur die Fähigkeit zur Identifizierung und Unterscheidung, sondern auch die Möglichkeit des Organismus Sender und Empfänger zu sein. Damit erlangen die Tiere wechselseitig füreinander eine bestimmte Bedeutung, "soziale" Funktion, die auch zum "kommunikativen" Inhalt wird. Damit differenzieren sich auch die objektiven Bedeutungen aus in sachliche und soziale; dementsprechend auch die Orientierungen, die Aktivitäten und die Bedarfsgrundlagen. Diese sozialen "Signale" selbst entstehen durch eine bedeutungsmäßige Transformation von früher nicht sozialen Ausführungsaktivitäten, die aber jetzt für andere Tiere von Bedeutung sind. (Ritualisierungen und Ausdrucksbewegungen sind z.B. typische Formen solcher verselbständigter Informationsweisen). - Der Selektionsvorteil dieser "Sozial"- und "Kommunikations"strukturen liegt häufig nicht auf der Ebene des Einzelorganismus, sondern auf der der Gesamtpopulation (so lenkt z.B. bei bestimmten Tierarten das Wachtier bei Annäherung eines Feindes die Aufmerksamkeit auf sich, gefährdet sich damit selbst also überdurchschnittlich, und schützt damit gleichzeitig die Gesamtgruppe).

Die Entwicklung der "Sozial"strukturen ist phylogenetisch - soweit man heute weiß - relativ unabhängig von jenen "familialen" Formen der sozialen Gliederung entstanden, die aus dem Funktionsbereich der Fortpflanzung erwachsen sind. Sie sind eine innere Differenzierung (temporärer oder auch dauernder Art) der großen geschlossenen oder offenen Verbände. Diese "Sozialstrukturen" sind - da es noch keine individuelle Entwicklungs- und Lernfähigkeit gibt - nicht individuell, sondern arttypisch gestaltet. Für die Analyse der Phylogenese bedeutet diese Entwicklungsetappe, daß es nun drei große Evolutionsebenen gibt: a) den Einzelorganismus, b) die "Sozial- und Kommunikationsstrukturen" und c) die Gesamtpopulation.

Die Herausarbeitung dieser Auffassungen gehört zu den bedeutsamen Leistungen der Kritischen Psychologie und sie gewinnt ihre besondere Qualität daher, daß hier die umfassenden Resultate

der Verhaltensforschung einbezogen und reinterpretiert wurden.
Dabei ist die Neuinterpretation der Arbeiten von Konrad Lorenz
durch H.-Osterkamp eine wichtige wissenschaftliche Leistung gewesen (vgl. H.-Osterkamp, 1975, Kap.2.2.-2.4.). Gerade an ihr
zeigt sich, daß marxistische bzw. marxistisch fundierte Wissenschaft - wie es oben (Kap.1.2.) Sève in Bezug auf die Psychoanalyse ausgedrückt hat - sehr häufig gezwungen ist, an der
Trennung von Wahrheitsgehalt und zum Teil reaktionärer ideologischer Schale zu arbeiten. Denn Konrad Lorenz ist in seinen
politischen Auffassungen reaktionär und hat teilweise auch den
deutschen Faschismus aktiv unterstützt (vgl. dazu die ausführlichen Belege bei Hollitscher, 1977, S.182ff,184ff). Gewisse
biologistische Tendenzen zeigten sich dann auch besonders ab
ca. Mitte der sechziger Jahre, wo er verstärkt Versuche unternahm, bestimmte Resultate der Tierforschung weitgehend umstandslos auf die Menschen zu übertragen. Alle diese grundsätzlich
falschen, zu kritisierenden Auffassungen ändern aber nichts daran, daß Lorenz ab Anfang der dreißiger Jahre dadurch wesentlich
zum Verständnis der Naturgeschichte des Psychischen beigetragen
hat, daß er in die ab Anfang dieses Jahrhunderts beginnenden
Verhaltensforschung besonders synthetische, generalisierende,
den Gesamtprozeß erfassende Überlegungen eingebracht hat (vgl.
hierzu bes. die in Bd. I seiner "Gesammelten Abhandlungen" zusammengefaßten Arbeiten aus den Jahren 1931-1942; vgl. Lorenz,
1966; zur allgemeinen Einschätzung vgl. auch Schurig, 1974; ergänzend ders., 1979). - Seit die Verhaltensforschung das Niveau
einer eigenständigen Disziplin im Rahmen der biologischen Wissenschaften erreicht hat, ist das Verhältnis von Psychologie
und Biologie nicht mehr auf das von Psychologie und Physiologie - manchmal unter Einbeziehung von Resultaten der Genforschung - reduzierbar, wie es für die Entstehungsphase der Psychologie als Einzelwissenschaft in gewisser Weise noch unumgänglich war (vgl. Schurig, 1975a, Kap.1). Die Verhaltensforschung ist nicht nur in dem Sinne bedeutsam, daß sie eine vollständige Erfassung der Ebenen der Naturgeschichte erlaubt
(physiologische Ebene, genetische Ebene, Verhaltensebene; vgl.
Schurig, 1977, S.93f), sondern sie ist auch Voraussetzung einer
integrativen, synthetischen Betrachtungsweise der Naturgeschichte, und erst sie erlaubt es, die Inhalte der physiologischen
Prozesse und genetischen Kodierungen in ihrer Umweltbestimmt-

heit und Überlebensrelevanz zu erfassen. Umgekehrt ausgedrückt: Verzicht auf ethologische Forschungen bedeutet immer tendenziell Physiologismus und Formalismus der naturgeschichtlichen Argumentationen (im Schaubild 3 sind diese wissenschaftssystematischen Auffassungen anschaulich dargestellt).

SCHAUBILD 3: STRUKTURMODELL DER NATURWISSENSCHAFTLICHEN GRUNDLAGEN DER KRITISCHEN PSYCHOLOGIE

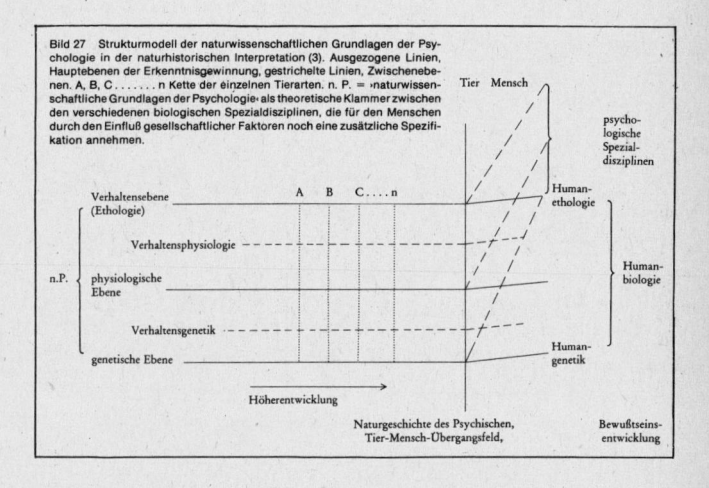

Bild 27 Strukturmodell der naturwissenschaftlichen Grundlagen der Psychologie in der naturhistorischen Interpretation (3). Ausgezogene Linien, Hauptebenen der Erkenntnisgewinnung, gestrichelte Linien, Zwischenebenen. A, B, C ...... n Kette der einzelnen Tierarten. n. P. = ›naturwissenschaftliche Grundlagen der Psychologie‹ als theoretische Klammer zwischen den verschiedenen biologischen Spezialdisziplinen, die für den Menschen durch den Einfluß gesellschaftlicher Faktoren noch eine zusätzliche Spezifikation annehmen.

- Verhaltensebene (Ethologie) — Humanethologie
- Verhaltensphysiologie
- n.P. { physiologische Ebene } — Humanbiologie
- Verhaltensgenetik
- genetische Ebene — Humangenetik

Höherentwicklung →

Naturgeschichte des Psychischen, Tier-Mensch-Übergangsfeld, Bewußtseinsentwicklung

LEGENDE: Ausgezogene Linien, Hauptebenen der Erkenntnisgewinnung, gestrichelte Linien, Zwischenebenen. A, B, C .....n Kette der einzelnen Tierarten. n.P.="naturwissenschaftliche Grundlagen der Psychologie" als theoretische Klammer zwischen den verschiedenen biologischen Spezialdisziplinen, die für den Menschen durch den Einfluß gesellschaftlicher Faktoren noch eine zusätzliche Spefizikation annehmen.

(aus: Schurig, 1975b, S.173)

Die Kontroversen über die naturgeschichtliche Gewordenheit der gesellschaftlichen Natur des Menschen beziehen sich in der Substanz gerade auf den systematischen Stellenwert der Verhaltensforschung. Deshalb hatte H.-Osterkamp auch gegenüber Leontjew 1976 darauf hingewiesen, daß er bei seiner Analyse des biologischen Bedürfnisaspekts "einen gänzlich

'ahistorischen', 'physiologistischen' Standpunkt" einnimmt.
"Somit entgeht ihm, daß er mit den ungerichteten 'Hyperkinesen' lediglich die Aktivitäten elementarster Organismen beschrieben hat, daß bereits in den einfachen Taxien gerichtete tierische Handlungen sich herausbildeten, in denen Bedarfszustände einen, wenn auch noch globalen, gegenständlichen Bezug haben...Leontjew sieht ferner nicht, daß bereits auf dem Stadium der aktionsspezifischen Energien sich die biologischen Charakteristika von Bedarfszuständen nicht mehr in organismischen Mangelzuständen erschöpfen, sondern daß hier aufgrund biologischer Notwendigkeiten der Umweltauseinandersetzung und der daraus sich ergebenden Selektionseffekte die Aktivitäten zur Aufhebung von Mangelzuständen selbst Bedarfscharakter gewinnen." (H.-Osterkamp, 1976, S.137; vgl. ebd., S.138,141,145,149; auf dieses Defizit in der kulturhistorischen Schule wurde auch hingewiesen von Schurig, 1975a, S.17 und sie wird im wesentlichen geteilt von Vorwerg, 1979, S.17; diese Kritik wird indirekt bestätigt auch durch das neue Buch von Galperin, 1980, z.B. S.66ff,78f,88,112f). –

Diese Kritik an der kulturhistorischen Schule wird in den aktuellen Kontroversen allerdings nicht berücksichtigt. So hat Jantzen in seinem schon erwähnten Beitrag zur Handlungsstrukturtheorie-Diskussion sich weitgehend am Psychologieverständnis von Galperin orientiert, ohne auf die Probleme der Verhaltensforschung bzw. die Leontjewkritik von H.-Osterkamp einzugehen (vgl. Jantzen, 1982a, S.26ff,35ff).

Daß die eigentlichen Vertreter der Handlungsstrukturtheorie wie aber auch Sève - nach dem schon im vorigen Unterabschnitt skizzierten Befunden - zu diesem Problem keinen Beitrag leisten, kann nicht überraschen; wir können aber unsere Kritik an ihnen insofern fortsetzen, daß wir jetzt feststellen, daß sie das Verhältnis von Psychologie und Biologie tatsächlich auf das von Psychologie und Physiologie reduzieren, womit sie auf einem Entwicklungsniveau argumentieren, welches die Biologie bis etwa Mitte der zwanziger Jahre auszeichnete; insofern war die Argumentation von Politzer - vgl. Kap. 1.4. - damals "auf der Höhe der Zeit".

Eine relative Ausnahme bildet auch hier Hollitscher, der zu den wenigen gehört, die sich außerhalb des engeren Kontextes der Kritischen Psychologie mit K. Lorenz befaßt haben. Obwohl auch er dazu neigt, die Verhaltensebene in der physiologischen Ebene aufzulösen, so erkennt er doch bestimmte eigenständige Entwicklungsmomente dieser Ebene und deren Bedeutung für die Veränderung der tierischen Bedarfsgrundlage an (vgl. Hollitscher, 1973, S.146ff); insofern steht er in Bezug auf diese Frage "zwischen" der kulturhistorischen Schule und der

Kritischen Psychologie (vgl. auch Braun,1982a,Pkt. 2.5.).

Auf ein anderes Problem macht die Arbeit von Reipert (1978) aufmerksam: Er verweist zwar auf die ethologischen Forschungen in einer Anmerkung (vgl. Reipert, 1978, S.178), er würdigt sie aber nicht in ihrer grundsätzlichen Bedeutung und verkennt daher auch weitgehend die eigenständigen Leistungen der Kritischen Psychologie bei der Erforschung der Naturgeschichte des Psychischen (vgl. ebd., S.149,151f): dabei orientiert er sich in seiner diesbezüglichen Darstellung weitgehend am Erkenntnisniveau der "Sinnlichen Erkenntnis" (Holzkamp, 1973). Es ist nun zwar zum Teil üblich geworden, die Konstitution der Kritischen Psychologie mit dieser Arbeit zu identifizieren, dennoch ist dies unzutreffend, weil nämlich dieses Buch lediglich die Konstituierungsphase eröffnet hat: In diese Phase fallen auch die naturgeschichtlichen Arbeiten von Schurig (1975 a, b; 1976), die motivationstheoretischen von H.-Osterkamp (vgl. 1975,1976) wie auch die kognitionspsychologischen von Seidel (1976). Erst mit dieser letzten Arbeit ist die Konstitutionsphase abgeschlossen und erst hier beginnt die Entfaltungsphase (die mit dem 1. internationalen Kongreß Kritische Psychologie 1977 und der Gründung der zweiten Buchreihe, den "Studien zur Kritischen Psychologie", relativ zusammenfällt). Gerade bezogen auf die naturgeschichtlichen Auffassungen positivistischer Psychologie mußte nämlich sehr schnell die Auffassung korrigiert werden, daß sie in der Lage wäre, angemessene Einsichten in die biologischen Grundlagen der Persönlichkeitsentwicklung zu vermitteln (wie Holzkamp, 1973, S.176ff damals annahm). Demgegenüber ist seit H.-Osterkamps Motivationsstudien klar, daß sie das hier zur Debatte stehende biologische Evolutionsniveau schon grundsätzlich verfehlt.

2.1.3. INDIVIDUELLE ENTWICKLUNGS- UND LERNFÄHIGKEIT BEI TIEREN

Im Rahmen der inneren Ausdifferenzierung des Psychischen wurde der Übergang von der Dominanz der Stoffwechselbestimmtheit tierischer Lebensaktivität zur Dominanz der Signalbestimmtheit vorbereitet, aber er wird erst jetzt, auf diesem höchsten Niveau der Tierevolution, vollendet und abgeschlossen. Nun gibt es die Möglichkeit gewisser individueller Veränderungsmöglichkeiten (die sogenannte "Modifikabilität") schon immer, d.h. in genetisch (eng) bestimmten Grenzen variieren die Exemplare einer Tierart immer (keines gleicht völlig dem anderen). Dabei können Veränderungen u.U. auch genetisch durch Mutationen fixiert werden. Mit der phylogenetischen Entstehung des Lernens als einem Differenzierungsprodukt der Modifikabilität ist daher auch eine neue Bestimmung von festgelegten ("angeborenen") und veränderlichen Momenten erforderlich, die einerseits den biographischen Anpassungswert des Lernens beachtet wie auch andererseits den Dominanzwechsel von festgelegten zu veränderlichen Momenten zum Ausdruck bringt. Dies geschieht dadurch, daß man herausstellt, daß aus der zufälligen Nutzung individueller Variierungsmöglichkeiten des Lebens das Lernen als eine Überlebensnotwendigkeit wird, daß also Tiere, die diese genetisch festgelegte Möglichkeit und Notwendigkeit des Lernens (besonders in der "Jugendphase") nicht nutzen, auch nicht überlebensfähig sind (und sofern dieses Nicht-Lernen bei relevanten Teilen der Art oder bei einer bestimmten Tiergruppe von ihr auftritt, diese mit großer Wahrscheinlichkeit ausstirbt).

Die Lernfähigkeit besteht in ihrem Wesen darin, daß Grundlage der individuellen Tieraktivitäten nicht nur die Erfahrungen der Art (gespeichert im "Gesamtgedächtnis" der Art) sind, sondern daß auch individuelle Erfahrungen (im Gedächtnis des Individuums) gespeichert werden und damit Resultate des eigenen Verhaltens des Tieres bedeutsam werden für seine weiteren Aktivitäten. Damit sind notwendig verbunden neue Möglichkeiten der Informationsaufnahme und -verarbeitung. Es ist offensichtlich, daß im Widerspruchsverhältnis von Lebensgewinnung und dazu antagonistisch stehenden Außenweltbedingungen die Lernfähigkeit einen <u>Selektionsvorteil</u> darstellt, weil sie eine individuelle, gruppenweise Reaktion auf aktuelle, temporäre Veränderungen erlaubt. Man darf sich das nicht so vorstellen, als wenn nun auf einer linearen Skala der Pfeil von "mehr festgelegt" zu "mehr lernfähig" verschoben würde, sondern es handelt sich einerseits darum, daß die Lernfähigkeit ja als Möglichkeit selbst genetisch fixiert ist und daß andererseits auch weiterhin die elementaren Lebensaktivitäten festgelegt sind (auf deren Grundlage entwickeln sich dann erst die gelernten Aktivitäten).

Wie schon angedeutet, finden die ersten Lernprozesse im Rahmen noch festgelegter Strukturen statt, sie sind somit Minimalanpassungen in Gestalt einer begrenzten Umweltöffnung. Ihre elementarste Form ist die <u>Habituation</u> (oder Gewöhnung) an bestimmte, regelmäßig auftretende Reize, die zu einer "Abstumpfung", damit sinkender Aktivitätsbereitschaft, führen. - Bedeutsamer ist die Möglichkeit einer <u>Gliederung des Orientierungs- und Wahrnehmungsfeldes</u>, etwa durch selektive Fixierung, wie man sie in Gestalt von Prägungen findet (z.B. in dem berühmten Graugans-Versuch von K. Lorenz, wo das Küken immer dem Forscher gefolgt ist, weil er das erste Lebewesen war, das das Jungtier nach der Geburt wahrgenommen hat).

Wichtiger ist allerdings die entstehende Möglichkeit, Differenzierungen vorzunehmen, also Umwelttatbestände de facto in eine Beziehung zu den eigenen Bedarfsstrukturen und -zuständen zu setzen. Damit erst kann das Tier in gewisser Weise ein <u>individuelles</u> (oder auch: individualisiertes) Verhältnis zu bestimmten Umweltbedingungen, seien sie nun sachlicher oder auch "personaler" Art (also z.B. zu Nahrungsquellen und zu Artgenossen) entwickeln. Dazu muß das Tier allerdings die aufgenommenen Informationen speichern und die verschiedenen Einzelinformationen in eine Beziehung zueinander bringen, also Vorformen der Synthese vollziehen. Diese Möglichkeit der Ausdifferenzierung und damit auch der <u>Bevorzugung</u> ist sehr bedeutsam für die emotionale Entwicklung. Denn es kann - wie aus unseren bisherigen Überlegungen zum Verhältnis von Umweltkenntnis und Aktivitätsbereitschaft

zwingend folgt - keine Bevorzugung geben, die nicht auch mit
hierarchischen Bewertungsvorgängen verknüpft wäre, wobei diese selbst einen Teil der Informationsverarbeitung und -speicherung darstellen. D.h. die Orientierungsaktivitäten des
Tieres werden mehr und mehr auch durch den Befriedigungswert
gesteuert. Anders ausgedrückt: durch das Differenzierungslernen entstehen die Bevorzugungsaktivitäten. Diese Feststellung
gilt sowohl für den Funktionskreis der Lebenssicherung wie
für den der Fortpflanzung. Gerade für letzteren Funktionskreis hat es die Konsequenz, daß gelernte, damit individualisierte Beziehungen zwischen den "Sexualpartnern" entstehen.

Ein wichtiges Moment dieser noch eingeschränkten Lernfähigkeit ist die Ausdifferenzierung der tierischen Sozialstrukturen selbst (also über die "Sexualbeziehungen" hinaus), die
dadurch entstehen, daß bestimmte, individuell nicht festgelegte Tiere, bestimmte, phylogenetisch festgelegte Funktionen übernehmen (wobei die Auswahlkriterien und -modi sehr
unterschiedlich sind). Daraus entstehen die Dominanzhierarchien innerhalb der tierischen Sozialstrukturen.

Von der Lernfähigkeit in einem entfalteten Sinne kann man
aber erst dann sprechen, wenn die Tiere durch die Lernprozesse ihre Aktivitätsprogramme selbst verändern können, wenn
also die im vorigen Unterabschnitt erläuterten linearen Stimmungs-Antrieb-Hierarchien abgelöst werden von relativen Stimmungs-Antriebs-Hierarchien. Dies geschieht dadurch, daß zwar
das Endziel (z.B. Beute) erhalten bleibt, die Aktivitäten zur
Zielrealisierung (z.B. Anschleichen) variabel werden, sich in
gewisser Weise gegenüber dem Ziel verselbständigen und so eine optimale Anpassung an die aktuelle Umwelt erlauben; d.h.
die Aktivitätsfolgen werden erlernbar. Hierbei differenzieren sich auch die aktionsspezifischen Energien aus, verselbständigen sich relativ gegenüber einzelnen konkreten Zielen
und werden mehr und mehr zu einer allgemeinen Antriebsgrundlage für die vom Tier selbst steuerbaren Aktivitäten. Damit
hängt eng zusammen, daß die Orientierungsbedeutungen (und
die mit ihnen gekoppelten Bedarfszustände) mehr und mehr den
Charakter von Lernaufforderungen zur Erkundung der Umwelt erhalten und diese Umweltmerkmale so verarbeitet werden müssen,
daß sie als Hinweise auf primäre Ausführungsbedeutungen dienen.

Hierin liegt auch eine gewisse Antizipationsfähigkeit und in ihr schlägt sich die Signalbestimmtheit der psychischen Aktivitäten von Tieren in ihrer entfaltetsten Form nieder. Diese Individualisierung der psychischen Aktivitäten zeitigt auch emotionale Konsequenzen: daß nämlich aufgrund dieser Notwendigkeit zur Umwelterkundung und der damit verbundenen Orientierung auf neue Umwelttatbestände und -eigenschaften sich auch ein allgemeiner Bedarf nach spontaner Umweltzuwendung herausbildet. Das Neue löst somit eine positive Erkundungsbereitschaft aus und zugleich auch negative Befindlichkeiten, Ängste (auf tierischem Niveau!) vor dem Unbekannten und Unberechenbaren; und das Tier muß sich im Sinne einer adäquaten Risikogestaltung "entscheiden", ob es sich zurückzieht oder aber, ob es erkundet (das Tier ist sich dessen so natürlich nicht bewußt, aber es handelt de facto so, und damit setzten sich auch diese Bewertungsprozesse "hinter seinem Rücken" durch). Erst auf dieser Basis des Neugier- und Explorationsverhaltens und -bedarfs kann auch Motivation (auf tierischem Spezifitätsniveau) entstehen, die sich dadurch auszeichnet, daß sie gelernte und antizipierte Wertung bestimmter Aktivitäten/Aktivitätsfolgen und Ziele ermöglicht. Damit ist sie ein Differenzierungsprodukt der Emotionalität und durch sie wird das Lernen zur gelernten und motivierten Aktivitätsausrichtung. - Das Entwicklungsniveau des Lernens im eigentlichen Sinne zeichnet sich - soweit unsere bisherigen Überlegungen - also aus durch die Ausrichtung am Neuen und seine Erkundung einerseits und durch die Absicherung der Realisierung der primären Bedarfsgrundlagen andererseits. Dabei ermöglicht es die Umwelterkundung, immer mehr Bereiche der Umwelt der Kontrolle zu unterwerfen.

Wenn man nun die Öffnung des Artverhaltens unter dem Aspekt der Selektion (als dem Ausdruck des Widerspruchs von Lebensgewinnung und dazu antagonistisch stehenden Umweltbedingungen) betrachtet, so wird schon oberflächlich deutlich, daß solche Labilisierungen der Stimmungs-Antriebs-Hierarchien insofern eine Gefährdung darstellen, als einerseits damit nicht mehr völlig sicher ist, daß das Tier auch richtig reagiert, und daß zum anderen die Offenheit durch Lernprozesse tatsächlich auch "gefüllt" wird. Die Lernfähigkeit wird erst dann zu einem bedeutsamen Selektionsvorteil, wenn sie mit der indivi-

duellen Hineinentwicklung in den "Sozialverband" verbunden ist.
Oder anders gesagt: ohne diese Absicherung durch den Sozialverband ist eine Herausbildung der Entwicklungs- und Lernfähigkeit naturhistorisch überhaupt nicht denkbar, denn der Sozialverband übernimmt hier jene Stützungs- und Sicherungsfunktion, die auf früheren Evolutionsstufen die genetische Festlegung ausübte.

Die individuelle "Sozialisierung" von Tieren als Durchsetzung der Selektionsvorteile des Lernens (damit zugleich Zurückdrängung der Selektionsnachteile) führt zum Entstehen gelernter Sozialbeziehungen und eines entsprechenden Sozialverhaltens (als Kennenlernen der Artgenossen und des Zusammenlebens mit ihnen) über jene genannten Beziehungen innerhalb des Funktionskreises Fortpflanzung hinaus. Ausdruck dafür ist die Entstehung einer lernzentrierten Jugendphase, die bei den höchsten Primaten bis zu 12-15 Jahren betragen kann. Zum Teil durch die Tierfamilie, zum - häufig größeren Teil - durch den "Sozialverband" erhält das Jungtier die Möglichkeit, alle jene Fähigkeiten in einen "geschützten Raum" zu erlernen, deren es bedarf, um am erreichten tierischen Lebensniveau teilhaben zu können. Grundlage der entsprechenden Lernaktivitäten ist ein entsprechender Lernbedarf, der sich z.B. im feindlosen Erproben von Kampf- und Jagdaktivitäten, der Perfektionierung von bestimmten Aktivitätsfolgen im "Spielverhalten" u.ä. niederschlägt. Dies führt nicht nur zu einer neuen Differenzierung im Kontrollbedarf, dem Entstehen des Lern- und Übungsbedarfs, sondern auch zur sehr bedeutsamen Koppelung des Neugier- und Explorationsbedarfs mit dem Bedarf nach sozialer Abgesichertheit und Integriertheit, zunächst durch die Tierfamilie, später besonders durch den "Sozialverband".

Auf diesem Niveau des Lernens entsteht auch ein neues Niveau der Informationsverdichtung, die es erlaubt, von einer tierischen Traditionsbildung zu sprechen und diese besteht - ausgehend von der allgemeinen gelernten Mitübernahme von Funktionen - darin, daß Lernerfolge des Einzeltieres der Gesamtpopulation von Nutzen sind (z.B. die Entdeckung bestimmter Nahrungsquellen, bestimmter optimaler Fortbewegungsarten und bebestimmte Vor- und Frühformen der instrumentellen Werkzeugverwendung). Gerade diese tierische Traditionsbildung sichert den oben erläuterten Selektions<u>vorteil</u> des Lernens wesentlich ab.

Für die <u>Herausarbeitung</u> dieser Erkenntnisse war - darauf wurde bereits im vorangegangenen Unterabschnitt ausführlich eingegangen - die Reinterpretation der Resultate der Verhaltensforschung durch H.-Osterkamp und Schurig von großer Bedeutung. Zugleich setzten sich hier - was ebenfalls aus diesen Überlegungen zwingend folgt - die <u>kontroversen</u> Momente zur Handlungsstrukturtheorie, zu Sève und zu Jantzen an dieser Stelle fort (was hier nicht mehr ausgeführt zu werden braucht, weil sich für den gegenwärtigen Argumentationsschritt keine neuen Aspekte ergeben). Wir wollen allerdings an dieser Stelle - mehr zur Illustration denn als zusätzlichen Beweis - eine Passage aus dem schon häufiger genannten neuen Buch von Galperin zitieren, wo sich scharfsinnige Tierbeobachtungen mit verhaltenstheoretischem Unverständnis (sehr unglücklich) verbinden. Er schreibt zunächst:

"Aber bereits im Leben der Tiere erlangt die Orientierungstätigkeit eine derart große Bedeutung, daß sie sich in beträchtlichem Maße zu einer selbständigen und äußerst charakteris schen Tätigkeit herausbildet...In diesen Fällen wird nicht das Streben nach irgendeinem bestimmten Objekt oder seine Stellung zum 'vorweggenommenen Resultat' zum Ziel der orientierend-untersuchenden Tätigkeit,sondern nur das Erkennen des neuen Objekts oder der neuen Lage und das Bekanntmachen mit ihm oder ihr." (Galperin, 1980, S.98f)

Und er nennt dafür die Orientierungsaktivitäten etwa von Mäusen (vgl. ebd., S.99f), aber auch die Perfektionierung von Aktivitätsfolgen durch Spiel bei einem jungen Eisbären, der vergeblich eine Robbe gejagt hatte. Er zitiert aus dem entsprechenden Bericht eines Polarforschers:

"Aber...sichtlich war es ein junges Tier. Er hatte den Sprung nicht berechnet und sprang etwa einen halben Meter über die Robbe hinweg. Er blickte sich um - die Robbe war weg. Und, was glauben Sie, tat der Bär? Er kehrte zurück und sprang zweimal auf das Eisloch, bis er die genügende Sprunggenauigkeit erreicht hatte. Der junge Robbenjäger trainierte offensichtlich...Das Tier wußte genau, wenn es den Sprung nicht genau beherrscht, wird es hungrig bleiben." (Krenkel, zitiert bei Galperin, ebd., S.137)

Solche und ähnliche Stellen und Überlegungen lassen sich in diesem Buch häufig finden (und sie gehen in gewisser Weise auch über den fast rein physiologischen Standpunkt, wie er sich weitgehend bei Leontjew findet, hinaus), aber es gelingt Galperin bedauerlicherweise nicht, die doch zentrale Frage zu beantworten, welche Bedarfsgrundlagen eigentlich vorhanden sein müssen, damit solche Verhaltensweisen erklärt werden können.

2.1.4. DIE ENTSTEHUNG DES BEWUSSTSEINS IM TIER-MENSCH-
ÜBERGANGSFELD

Wenn wir die Entstehung des Bewußtseins, und das heißt die Entstehung des menschlichen Bewußtseins im Rahmen der Naturgeschichte des Psychischen behandeln, dann bedeutet dies einmal, daß das menschliche Bewußtsein ein evolutionäres Differenzierungsprodukt des Psychischen ist. Es bedeutet zum anderen, daß mit dem Tier-Mensch-Übergangsfeld (TMÜ) seit dem psycho-physischen Übergangsfeld der bedeutsamste qualitative Sprung in der Naturevolution stattfindet, der zugleich letzteren noch dadurch übertrifft, daß hier ein völlig neues Verhältnis, der Mensch-Welt-Zusammenhang, geschaffen wird. - Da wir auch hier die metatheoretische Darstellungsebene nicht verlassen können, es aber hier doch zweckmäßig ist, sich die realhistorischen Prozesse und Zeiträume zu vergegenwärtigen, sei ein entsprechendes Schaubild (Nr. 4) eingefügt, welches die entscheidenden Informationen zum TMÜ enthält.

SCHAUBILD 4: ENTWICKLUNGSSTUFE DER PRIMATEN- UND HOMINIDEN-
EVOLUTION WÄHREND DES TERTIÄRS UND QUARTIÄRS

Absolute Zeitangabe	Geologische Gliederung			Evolutionsstufen
	Aera	Periode	Epoche	
	Känozoikum bzw. Neozoikum	Quartär	Holozän	Homo sapiens sapiens einziger Hominide
10 000			Pleistozän	Entstehung und Differenzierung der Gattung Homo (H. erectus und H. sapiens)
3 Mill.		Tertiär	Pliozän	Australopithecus
13 ± 1 Mill.				Ramapithecus, Dryopithecus
			Miozän	Proconsul
25 ± 1 Mill.			Oligozän	erste sichere Hominoidea u. a. Aegyptopithecus) erste sichere Simiae
36 ± 2 Mill.			Eozän	Prosmiae (u. a. Omomyidae)
58 ± 2 Mill.			Paleozän	erste Prosimier-Radiation
63 ± 2 Mill.	Mesozoikum	Kreide		Entstehung der Primaten

(aus: Schurig, 1976, S.87)

Eine wesentliche Voraussetzung für die Entstehung der Werkzeugherstellung waren Veränderungen in der Fortbewegungsart.
Durch die Umstellung von Nacht- auf Tagaktivitäten und damit
der Dominanz der optischen Orientierung (statt der Geruchs-
orientierung) war es möglich, in den Urwäldern zur Fortbewegungsart des Schwing-Hangel-Kletterns überzugehen. Damit entstand eine immer weiter sich differenzierende Feinmotorik
der Vorderextremitäten (also der späteren Arme und Hände),
die mit einer immer verfeinerten optisch-sinnlichen Steuerung der Aktivitäten dieser Glieder verbunden war. Dadurch
wurde es möglich, daß Primaten mit bestimmten, zufällig ge-
fundenen, also in der Natur vorhandenen Objekten agierten
und diese u.U. aktuell benutzten oder auch leicht veränderten (man denke hier etwa an die Verwendung von Ästen durch
Affen). Diese elementarste Form der Mittelverwendung ist in-

sofern neu gegenüber der im vorigen Unterabschnitt dargestellten Entwicklungs- und Lernfähigkeit, als hier einmal
- wie elementar auch immer - ein Eingriff in die Natur stattfindet und daß dieser zum anderen die Fähigkeit zur kombinierenden Antizipation eines Zieles mit den Wirkungen eines Werkzeuges und entsprechender Aktivitäten erfordert. Die Tiere erkunden jetzt nicht mehr nur die Umwelt, sondern beginnen - quasi experimentell - sie zu verändern, probieren die Wirkungen von Gegenständen aus und gewinnen so neue Erfahrungen, die als Informationen verarbeitet und gespeichert werden.

Die Entstehung der Mittelverwendung ermöglicht auch eine weitere Ausdifferenzierung der Sozialbeziehungen. Indem der <u>Kopf</u> zum Zentrum der <u>Signalaufnahme und -abgabe</u> wurde, konnten auch neue Möglichkeiten der kommunikativen Verständigung entwickelt werden, die die Individualisierung und damit Stabilisierung der jeweiligen sozialen Beziehungen vorantrieb. Dies zeigt sich besonders bei den Jagdaktivitäten, etwa der Schimpansen, die elementare Formen der Koordination erforderlich machen.

Zu einer evolutionären Trennung von allgemeiner Hominidenentwicklung und spezifischer Entwicklung zum Menschen kommt es zunächst dadurch, daß ein Wechsel des Biotops stattfindet, von den Wäldern zu den <u>Steppen</u> und <u>Savannen</u>, in denen der <u>aufrechte Gang</u> (damit die Zweibeinigkeit) zur normalen Fortbewegungsart wird, was nicht nur eine (überlebensnotwendige) Verbesserung der optischen Orientierung zur Folge hat, sondern auch eine weitere Ausdifferenzierung der Feinmotorik und der damit verbundenen sensorischen Steuerungen. Durch sie wurde es auch möglich, daß die Fähigkeit zur Veränderung vorgefundener Gegenstände zunahm und diese schrittweise an Bedeutung für die Lebenserhaltung und die Lebensaktivitäten gewann. Allerdings dominiert auf dieser Stufe immer noch die reine Mittelverwendung, wenngleich diese auch immer umfassender wurde. Doch schon diese noch einfachen Formen des Umgangs mit Naturobjekten erfordern und ermöglichen verbesserte Informationsverarbeitung. Die Erfahrungsgewinnung beschränkt sich jetzt nicht mehr auf rein passive Erfassung von Zusammenhängen, sondern geht über zu einer aktiven Herstellung und damit verbundener Beobachtung von Zusammenhängen.

Während die Primaten des Waldgebietes fast keine natürlichen
Feinde hatten, sind sie im Steppen- und Savannenbiotop vielen
Arten von Feinden ausgesetzt. Daß sie dennoch überlebten, ja
daß sie als _einzige_ sogar die neue Evolutionsstufe Mensch erreichten, ist nicht nur darauf zurückzuführen, daß diese Hominiden, als sie das Biotop wechselten, bereits hochentwickelte Tierarten waren, sondern daß sie auch und immer stärker
ausgeprägte _Sozialstrukturen_ entwickelten, die die Nahrungssuche optimierten und den erwachsenen, aber auch und besonders den jungen Tieren optimalen Schutz gaben. Aufgrund des
Selektionsdruckes nimmt das Territorialverhalten zu, entstehen immer komplexere soziale Beziehungen, die nicht mehr dem
Funktionskreis der Fortpflanzung angehören und eine immer differenziertere Funktionsverteilung, die jeweils erlernt werden
muß und die daher auch orientierungsrelevant ist. Die Aufgabe
der Informationsweitergabe (noch tierische Traditionsbildung)
fällt immer mehr der tierischen Großgruppe und immer weniger
der Tierfamilie zu.

Im Zusammenhang mit dieser Verkomplizierung und Verdichtung
der sozialen Beziehungen entstehen - wie schon angeklungen
ist - Formen einer _gelernten Funktionsteilung_. Diese wichtige Tatsache besteht im wesentlichen darin, daß bestimmte _Gesamtaktivitäten_ (z.B. Jagd) in _Einzelaktivitäten_ zergliedert
und aufeinander abgestimmt werden und deren Übernahme durch
das einzelne Tier (anders als z.B. bei den Ameisen) erlernt
werden muß. Damit erhalten die Tiere untereinander eine je
durch die übernommenen Funktionen bestimmte _Bedeutung_ füreinander. Dieser Sachverhalt wird als _sozialer Werkzeuggebrauch_
bezeichnet. Da das Endziel der Aktivitäten _sachlich_ bestimmt
ist und seine Realisierung _sozialer_ Koordination bedarf, besteht auch hier eine orientierungsrelevante Einheit von sachlichen und sozialen Bedeutungen. Zugleich könnte es einen solchen sozialen Werkzeuggebrauch nicht geben, wenn der _Kontrollbedarf_ sich nicht soweit verselbständigt hätte gegenüber den
vitalen Bedarfszuständen, daß es Tieren überhaupt möglich wird,
zwischengeschaltete und damit Teile einer Gesamthandlung zu
realisieren: auf dieser Evolutionsstufe können jedoch nur ganz
wenige Tiere an der endgültigen Realisierung des Gesamtaktivitätszieles teilhaben (z.B. Schlagen der Beute). Die _emotionale
Gesamtwertung_ ist also nicht mehr mit dem Ende der Aktivitäts-

folge (hier der Jagd) verbunden, sondern es ist ausreichend, daß das Tier das Gesamtziel antizipieren kann und diese Antizipation zur Grundlage seiner Bewertung wird (dabei sei auch hier nochmals darauf hingewiesen, daß diese Wertungsprozesse sich auch auf dieser Evolutionsstufe noch "hinter dem Rücken" der Tiere durchsetzen). - Aus dieser <u>sozialen Motivation</u> erwächst zunehmend die Tendenz einer <u>verallgemeinerten Vorsorge</u> (die also nicht nur am individuellen Einzelziel orientiert ist), also die Vorbereitung auf <u>zukünftige</u> Mängelsituationen und Spannungszustände, die aber nur dadurch erreicht werden kann, daß der Zusammenhang zwischen Gesamtziel und den Beiträgen des einzelnen Tieres durch erlernte soziale Koordination erfahrbar und <u>positiv</u> bewertbar wird / bzw. der Verlust dieser verallgemeinerten Vorsorge als Bedrohung erfahrbar und <u>negativ</u> bewertbar wird. Schon auf dieser Evolutionsstufe des TMÜ bedeutet <u>Individualisierung</u> sich differenzierendes, aktives, erlerntes Einfinden in den Prozeß der verallgemeinerten Lebensvorsorge der Art aufgrund entsprechender Orientierungen und Wertungen.

Diese verallgemeinerte Vorsorge als Differenzierungsprodukt des sozialen Werkzeuggebrauchs ist evolutionär rückgekoppelt mit der Mittelveränderung und Mittelbenutzung. Der <u>erste</u> entscheidende Schritt innerhalb des TMÜ besteht darin, daß die Fähigkeiten zur Mittelveränderung und Mittelbenutzung sich verbessern und <u>systematischeren</u> Charakter annehmen; und daß zugleich die individuellen "Sozialisierungs"prozesse so zunehmen, daß diese Mittelveränderung/-benutzung nur noch im Kontext verallgemeinerter, koordinierter Vorsorge stattfindet. Damit ist eine <u>"Verkehrung"</u> der Zweck-Mittel-Beziehung verbunden: Ist bei der individuellen Mittelverwendung/-benutzung der Mitteleinsatz des einzelnen Tieres an dessen aktuelles Ziel als den <u>Zweck</u> beknüpft, so werden nun die Mittel nicht aufgrund aktueller Ziele hergestellt, sondern für den antizipierten zukünftigen Einsatz. Zweck der Mittelherstellung sind die Notwendigkeiten der Vorsorge, und da diese um so optimaler ist, je verallgemeinerter sie ist (also auf <u>wesentliches</u> bezogen, abstrahiert von den universellen Differenzierungen), so werden auch die Charakteristika der Mittel an diesen <u>verallgemeinerten Zwecken</u> ausgerichtet. Die so verstandene <u>verallgemeinerte Werkzeugherstellung</u> ist ein zwingendes

Moment verallgemeinerter Vorsorge und zugleich - das folgt daraus - geben die spezifischen Merkmale der verallgemeinerten Werkzeugherstellung Auskunft über den Charakter der sozialen Koordination (also des sozialen Werkzeuggebrauchs). Dies ist als ein einheitlicher Entwicklungsprozeß zu begreifen.

Auf dem bisher rekonstruierten Evolutionsniveau ist der Übergang zum gesellschaftlichen Menschen in wesentlichen Dimensionen vorbereitet, aber noch nicht vollzogen. Dazu ist innerhalb des TMÜ noch ein zweiter wesentlicher Schritt notwendig, der qualitative Umschlag von der sozialen Werkzeugherstellung zur gesellschaftlichen Arbeit. Dieser Umschlag, der dann den Übergang von der Naturgeschichte zur Sozialgeschichte und damit ein völlig neues Evolutionsniveau hervorbringt, besteht wesentlich darin, daß die mittlere Evolutionsebene, die Ebene der Sozialstrukturen, zur entscheidenden Evolutionsebene wird. Die schon durch die soziale Werkzeugherstellung gegenüber der Stufe "tierischer Entwicklungs- und Lernfähigkeit" wesentlich modifizierten tierischen Sozialstrukturen werden noch weiter und in noch bedeutenderem Maße verändert dadurch, daß a) spezialisierte Werkzeugarten entstehen, die funktional aufeinander bezogen sind, b) Werkzeuge zur Werkzeugherstellung entwickelt werden, c) die Lebensumwelt mehr und mehr von den Werkzeugen verändert wird und d) bestimmte Naturgesetze in ihrer elementarsten Form erkannt und angewendet werden. Alle vier Momente verdichten sich dazu, daß die natürliche Umwelt von den Menschen immer mehr nach ihren Zwecksetzungen verändert wird und daß diese zweckgerichteten Tätigkeiten und ihre Resultate immer mehr das Leben der Gattung bestimmen. Anders gesagt: Es entsteht die Frühform menschlicher Gesellschaft durch gebrauchswertbestimmte, d.h. arbeitende Tätigkeiten. -
Aufgrund der gesamten bisherigen Ausführungen ist klar, daß es sich bei der Arbeit um kollektive Aktivitäten handelt, daß es sich also bei der Arbeit um kollektive und vergegenständlichende Naturveränderung auf der Basis einer (wie immer auch begrenzten) Kenntnis und Anwendung der Naturgesetze (der Naturkräfte) handelt, die so die Möglichkeiten der gemeinsamen und vorsorgenden Lebenssicherung qualitativ verbessert. Die menschliche Qualität des Psychischen in der Form des Bewußtseins besteht zunächst also darin, die eigenständige Qualität

dieses Vorganges zu begreifen und zu bewerten (bzw. etwas
vorsichtiger: die Möglichkeiten zu schaffen, diese Prozesse zu begreifen und zu bewerten).
Die Möglichkeit der Vergegenständlichung von Erfahrungen und
Zielen verändert auch die Art der Traditionsbildung, die entäußerte, verobjektivierte Gestalt annimmt. Während die tierische Traditionsbildung entweder genetisch oder aber von Einzeltier zu Einzeltier gesichert wurde, bekommen die Traditionen
jetzt eine davon unabhängige Form, sie treten "aus dem Menschen
heraus" und stehen ihm dann "gegenüber", überdauern sogar seinen individuellen Tod und ermöglichen so eine völlig neue Stufe der Erfahrungsakkumulation. Die bedeutsamste Form der Erfahrungsakkumulation sind zunächst die Werkzeuge, in der verallgemeinerte Erfahrungen sowohl der gegenständlichen Bearbeitungsweisen wie auch der optimalen) sozialen Koordination eingehen
und die mit der Verdichtung der Arbeits-Erfahrungen immer perfekter werden. Das heißt zugleich, daß die Menschen durch immer
verfeinerte Kooperation und immer bessere Kenntnis der Naturgesetze das Niveau der Naturkontrolle erhöhen und daraus abgeleitet auch ihre soziale Bewußtheit.
Die bei diesem Entwicklungsniveau noch anzunehmende Gleichrangigkeit natürlicher und gesellschaftlicher Bestimmungsfaktoren wird erst dann zu einer Dominanz der Gesellschaft über
die Natur, wenn sich diese neue Form der Lebensgewinnung durch
gesellschaftliche Arbeit als Selektionsvorteil voll durchgesetzt hat. Damit ist - was bedeutsam ist und häufig übersehen
wird - das erstmalige Auftreten der Arbeit noch nicht mit dem
Übergang von der Natur- und zur Sozialgeschichte zu identifizieren; und ferner unterliegt der Durchsetzungsprozeß der gesellschaftlichen Arbeit noch voll den biologischen Evolutionsgesetzen (weshalb wir das TMÜ auch im Abschnitt über die Naturgeschichte des Psychischen behandeln). Das heißt aber nicht,
wie mechanistisches Denken unterstellen würde, daß es auf dieser Stufe nur natürliche Determinanten gäbe (dann wäre der Begriff Tier-Mensch-Übergangsfeld sinnlos). Vielmehr existieren
bereits neben den Selektionsgesetzen soziale Gesetze, die aber
erst durch die Selektionsgesetze sich in ihrer Dominanz durchsetzen. Diese Überlegung ist deshalb wichtig, weil in dieser
Etappe die entstehenden sozialen Gesetze der gesellschaftlichen Arbeit mit ihren psychischen Funktionen (die wir vorher

dargestellt haben) sich _genetisch_ niederschlagen und _so_ die _gesellschaftliche Natur des Menschen_ hervorbringen. In dem Maße, wie einerseits diese genetische Fixierung der gesellschaftlichen Natur immer besser und genauer wird und phylogenetisch nicht mehr unterschritten werden kann und wie andererseits und gleichzeitig der gesellschaftliche Arbeitsprozeß und die dadurch ermöglichte Traditionsbildung immer mehr verbessert und verdichtet wird, in dem Maße vollzieht sich real und "endgültig" der Übergang von der Natur- zur Sozialgeschichte. Dies geschah damals _realhistorisch_ erstmals in Teilen Nordafrikas und Kleinasiens und bestand gesellschaftlich im Übergang von der reinen Ausbeutung _vorhandener_ Nahrungsmittel zur _gezielten Herstellung_ der notwendigen Lebensmittel, also der Ablösung der Okkupationswirtschaft durch die Produktionswirtschaft. An diesem "Punkt" tritt an die Stelle des naturrevolutionären Widerspruchs von aktiver Lebensgewinnung und dazu antagonistisch sich verhaltenden Umweltbedingungen der Widerspruch von _Produktivkräften_ und _Produktionsverhältnissen_, die gemeinsam die _Produktionsweise_ ausmachen und die die Grundlagen für das _geistige_ Leben der Gesellschaft bilden. Die Aufrechterhaltung der neuen Art, des Menschen, bedeutet deshalb inhaltlich Aufrechterhaltung der durch gesellschaftliche Arbeit vermittelten kollektiven Auseinandersetzung mit der Natur.

Bei der _Herausarbeitung_ dieser Auffassungen konnte sich die Kritische Psychologie nicht nur auf marxistisch orientierte bzw. marxistisch fundierte Auffassungen stützen, sondern auch umfangreiches Material aus den bürgerlichen Einzelwissenschaften verarbeiten. Man wird bei aller Vorsicht sagen dürfen, daß sich die meisten Wissenschaftler heute darüber einig sind, daß zwischen der Entstehung der _Arbeit_ und der des _Menschen_ relevante Beziehungen bestehen. So stammt z.B. der Begriff Tier-Mensch-Übergangsfeld auch nicht von einem marxistischen Wissenschaftler, sondern von Gerhard Heberer (vgl. z.B. Heberer, 1973, S.12,39). Zu diesen Forschungen haben aber _auch_ marxistische Wissenschaftler beigetragen, u.a. - was vom Gegenstand her besonders nahe liegt - die Psychologen (vgl. z.B. Hollitscher, 1965, S.387ff; ders., 1980, S.176ff; Leontjew, 1973, S.197ff,208ff,276ff); auf alle diese Arbeiten konnte sich die Kritische Psychologie stützen (vgl. etwa Holzkamp, 1973, Kap.5.1.,

5.2.; H.-Osterkamp, 1975, Kap.3.3.2.-3.3.4.; zusammenfassend wichtig auch Holzkamp,1980c,bes. S.7ff). Eine <u>Spezifik</u> der naturhistorischen Analysen der Kritischen Psychologie und damit auch des TMÜ scheint aber darin zu liegen, daß sie - besonders aufgrund der Integration ethologischer Forschungen - zu einem <u>umfassenden</u> und <u>integrativen</u> Bild dieser Prozesse beigetragen hat. Dies ist die besondere Leistung von Schurig, der gerade in "Die Entstehung des Bewußtseins" seine Auffassungen umfassend dargestellt hat. Um diese deutlich zu machen und um zugleich einen umfassenden Einblick in diese Prozesse zu vermitteln, drucken wir hier seine eigene Systematik ab (vgl. Schaubild 5), zu der er selbst interpretierend schreibt:

"Die Bewußtseinsentwicklung kann umso genauer erfaßt werden, je multifaktorieller die einzelnen Entwicklungsstränge verbunden werden...Umgekehrt wird die Bewußtseinsevolution um so mechanischer gefaßt, je stärker sie einseitig auf Werkzeugherstellung, Sprachverhalten oder die Entwicklung sozialer Systeme reduziert wird. Der Arbeitsbegriff bezeichnet die Gesamtheit der Operationsmöglichkeiten des Menschen als sein besonderes Naturverhältnis in der Koordination zwischen den einzelnen Aktivitätsmomenten. Arbeit bedeutet in dem hier verwendeten Sinn also nicht nur Werkzeugherstellung, sondern gleichzeitig die damit eingetretenen neuen sozialen Verhältnisse, die aus systematischen Gründen allerdings gesondert betrachtet werden müssen. Ebenso wie die Arbeit die Zusammenfassung der verschiedenen materiellen Aspekte der spezifischen Lebenstätigkeit erfaßt, fungiert auf der ideellen Seite das Bewußtsein als eine derartige begriffliche Klammer. Eine besondere Schwierigkeit der Rekonstruktion der Bewußtseinsentwicklung besteht darin, daß die einzelnen Stränge keine parallelverlaufenden kontinuierlichen Entwicklungslinien bilden, sondern wechselseitig als Anstoß für Höherentwicklung dienen und durch Perioden relativer Konstanz und schnellen Wechsels ein insgesamt diskontinuierliches Kausalmuster entsteht." (Schurig, 1976, S.256f)

SCHAUBILD 5:   ZWEIDIMENSIONALES MODELL DER BEWUSSTSEINS-
              ENTWICKLUNG

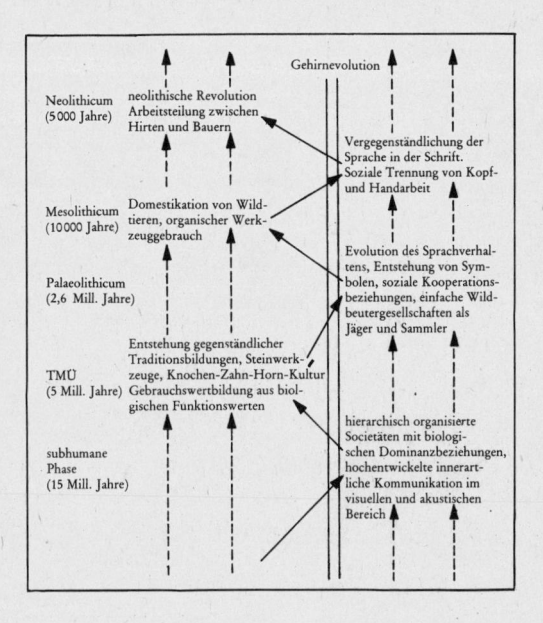

Zeitachse	Entwicklung (links)	Gehirnevolution (rechts)
Neolithicum (5 000 Jahre)	neolithische Revolution, Arbeitsteilung zwischen Hirten und Bauern	Vergegenständlichung der Sprache in der Schrift. Soziale Trennung von Kopf- und Handarbeit
Mesolithicum (10 000 Jahre)	Domestikation von Wildtieren, organischer Werkzeuggebrauch	Evolution des Sprachverhaltens, Entstehung von Symbolen, soziale Kooperationsbeziehungen, einfache Wildbeutergesellschaften als Jäger und Sammler
Palaeolithicum (2,6 Mill. Jahre)		
TMÜ (5 Mill. Jahre)	Entstehung gegenständlicher Traditionsbildungen, Steinwerkzeuge, Knochen-Zahn-Horn-Kultur Gebrauchswertbildung aus biologischen Funktionswerten	hierarchisch organisierte Societäten mit biologischen Dominanzbeziehungen, hochentwickelte innerartliche Kommunikation im visuellen und akustischen Bereich
subhumane Phase (15 Mill. Jahre)		

(aus: Schurig, 1976, S.256)

Dieses einzelwissenschaftliche Problemverständnis hat eine
bedeutsame philosophische Implikation: daß nämlich die Herausbildung der Widerspiegelungsprozesse während der Naturevolution zwingend der Naturdialektik (als der philosophischen Verallgemeinerung aller Naturwissenschaften) bedarf,
um zu einem wirklich umfassenden Problemverständnis zu gelangen. Der Verzicht auf die Naturdialektik käme dabei dem
Versuch gleich, sozialgeschichtliche Widerspiegelungsprozesse erfassen zu wollen, ohne dabei den historischen Materialismus einzubeziehen.
Aber auch noch auf ein zweites, nämlich theoriegeschichtliches Problem hat Schurig im Kontext seiner Arbeiten hingewiesen: Daß nämlich diese umfassende wie differenzierte Naturgeschichte des Psychischen eine ganz wesentliche Voraussetzung dafür ist, die in der Psychologie umstrittenen Begriffe wie "Seele", "Psyche" und "Bewußtsein" in einem mar-

xistisch fundierten Konzept wirklich aufzuheben. Die folgende Überlegung Schurigs ist deshalb auch als eine Wiederaufnahme bestimmter Aspekte aus den Kap. 1.1. und 1.2. dieses Buches zu betrachten; er schreibt in einer ausführlicher zu zitierenden, weil programmatischen Passage:

"Anhand zahlreicher empirischer Beispiele läßt sich zeigen, daß die experimentelle Forschung sowohl im molekularen als auch im psycho-physischen Bereich in ihren Aussagen einen philosophischen Allgemeinheitsgrad erreicht hat, durch den andererseits eine schärfere Trennung zwischen naturphilosophischen (entscheidbaren) und metaphysischen (nichtentscheidbaren,bzw. sinnlosen) Problemformulierungen möglich ist. Ähnliches gilt für die Begriffe 'Psychisches' und 'Bewußtsein', die sowohl eine einzelwissenschaftlich-psychologische als auch eine philosophisch-erkenntnistheoretische Dimension besitzen. Die Rehabilitation des Begriffs des Psychischen, der von der modernen Psychologie bis auf einzelne Ausnahmen systematisch eliminiert wurde, hat primär empirische Gründe: Für die Integration der ungeheuren Datenmenge naturwissenschaftlicher Sachverhalte...und die Betonung des besonderen Entwicklungscharakters des tierischen Verhaltens als System naturhistorischer, sich vom menschlichen Bewußtsein in spezifischer Weise unterscheidender Vorformen scheint er (oder bestimmter: ist er;K.-H.B.) gegenüber anderen möglichen Begriffen trotz seiner belastenden Problemgeschichte durch seinen hohen Allgemeinheitsgrad besonders geeignet...Darüber hinaus dokumentiert sich in der Rehabilitation und Wiedereinführung des Begriffes des Psychischen u.U. (besser: bestimmt;K.-H.B.) eine allgemeinere Tendenz des dialektischen Materialismus: Die grundsätzlichen Probleme, die die bürgerliche Wissenschaft als von ihrem Punkt aus unlösbar ausgeschieden,bzw. als Scheinprobleme abgetan hat, als echte Probleme wiederzuentdecken, aufzugreifen und einer wissenschaftlichen Lösung näherzubringen." (Schurig, 1975a, S.24; vgl. ders., 1976, S.7f)

Die zu diesen Überlegungen kontrovers stehenden Auffassungen von Sève und der Handlungsstrukturtheorie wollen wir erst im nächsten Unterabschnitt behandeln, weil sie streng genommen keine Beiträge zur Naturgeschichte sind. Anders bei den Auffassungen von Jantzen, der sehr wohl auf die Bedeutung des TMÜ hinweist. Wir wollen uns an dieser Stelle etwas länger mit den grundlegenden Ausführungen in Kap.I seines Buches "Grundriß einer allgemeinen Psychopathologie und Psychotherapie" (Jantzen, 1979) beschäftigen, weil hier einige zentrale Probleme biologischer und psychologischer Theoriebildung deutlich gemacht werden können. Zunächst weist er in Übereinstimmung mit unseren Überlegungen auf die naturgeschichtliche Gewordenheit der menschlichen Tätigkeit hin (vgl. ebd.,S.12f); es folgen Überlegungen zur Phylogenese des Informationsaustausches (vgl. ebd.,S.14f), die in Pkt. 3 zum TMÜ überleiten (vgl. ebd.,S.15f) und zusammengefaßt werden in der als Systembegriff verstandenen Kategorie "Arbeit" (vgl. ebd.,S.16; vgl. auch Abb.1,S.13). Wenn wir nun die hier nicht zu erörternden Auffassungen über die Entwicklungsprinzipien der neurophysiologischen Regulationsprozesse des Gehirns in der Ontogenese überschlagen (vgl. ebd.,S.17-21), dann stoßen wir im Zusammenhang mit der Darstellung des Anpassungslernens und des Aneignungslernens (erstes und zweites Signalsystem) auf folgende Überlegung:

"Entsprechend der bereits von Karl Marx in der Entwicklung des Arbeitsbegriffs herausgearbeiteten Spezifika des menschlichen Lernens...kann auf dieser Ebene der Tätigkeit davon ausgegangen werden, daß nunmehr jede menschliche Tätigkeit die Struktur von Arbeit hat, eine Struktur die durch produktive Bedürfnisse, die auf die Erstellung eines antizipierten Produktes gerichtet sind, ebenso gekennzeichnet werden kann, wie durch die Vermittlung zwischen Bedürfnis und antizipiertem Produkt durch die (Arbeits-)Tätigkeit im Rahmen derer ein (Arbeits-)Gegenstand mit (Arbeits-)Mitteln (gesellschaftlich verfügbare und individuell bisher angeeignete Werkzeuge) solange bearbeitet wird, bis das Produkt erstellt ist." (ebd.,S.24)

Abgesehen von dem terminologischen Problem, daß der Begriff der produktiven Bedürfnisse hier in einem relevant anderen Sinne verwendet wird als sonst in der Kritischen Psychologie, wird man hier erhebliche inhaltliche Einwände erheben müssen: Denn schon die Bedarfsgrundlage der höheren und höchsten Tierarten, erst recht die der Menschen, ist eben nicht mehr auf individuelle, isolierte, nur gegenständlich bestimmte Bedürfnisse reduzierbar, sondern sie bestehen in einem verselbständigten kollektiven Kontrollbedarf; sie sind gerichtet auf die gemeinschaftliche Kontrolle und Erweiterung der Lebensbedingungen, schließen also zwingend die soziale bzw. gesellschaftliche Integration des einzelnen als elementares Lebensbedürfnis, damit Lebensnotwendigkeit, ein. Wenn man das übersieht, unterstellt man voneinander isolierte und vereinzelte tierische bzw. menschliche Individuen. Unter solchen Voraussetzungen hätte der Mensch aber überhaupt nicht entstehen können. – Daß Jantzen den selbst wieder isolationistisch verstandenen Neugier- und Explorationsbedarf von dem Bedarf nach sozialer Integriertheit trennt, zeigt sich wenig später, wo es u.a. heißt:

"...ich behandle hier vorwiegend die auf präparatorischen Reflexen aufbauenden Explorations- und Neugierbedürfnisse, die auf menschlichem Niveau sich als produktive Bedürfnisse äußern..." (ebd.,S.28)

Das aber ist - wie aus unseren bisherigen Ableitungen zwingend ersichtlich - allenfalls die halbe Wahrheit über das Wesen der produktiven Bedürfnisse.[2]

2.2. DER GESELLSCHAFTLICHE MENSCH IN DER MENSCHLICHEN GESELLSCHAFT

Nach Abschluß des TMÜ und der darin eingeschlossenen Entstehung des Bewußtseins ist die Naturgeschichte des Menschen, d.h. die Evolutionsetappe der naturhistorischen Herausbildung, abgeschlossen. Es entsteht objektiv-real ein neues Evolutionsniveau, welches subjektiv-theoretisch ein neues Instrumentarium zu seiner Analyse bedarf. Dabei ist diese neue Stufe mit "qualitativem Sprung" nur sehr unzureichend gekennzeichnet; treffend bemerkt Sandkühler (1973,S.132):

"Das Auftreten des Menschen in der Entwicklung der Materie kennzeichnet eine qualitative Veränderung; diese Veränderung läßt sich nur unzureichend als qualitativer 'Sprung' versinnbildlichen, denn nichts und niemand springt in unendlicher Dauer und Weite. Das qualitativ Neue angemessen auszudrücken, bedarf es eines Kategoriensystems, das selbst Ausdruck, die Widerspiegelung, des Neuen ist; das Kategoriensystem selbst widerspiegelt in der Form der Akkumulation von Erfahrungen jenen Prozeß, aufgrund dessen der Mensch Erfahrungen macht."

Die gesamte folgende Argumentationsstrategie ist darauf gerichtet, dieses neue Kategoriensystem zu entfalten, welches es erlaubt, den Mensch-Welt-Zusammenhang und darin eingelagert die Ontogenese zu erfassen.

---

2 Wir schließen an dieser Stelle zunächst die Auseinandersetzung mit den Auffassungen von Jantzen ab und werden sie erst in Kap. 3.1.2. und 3.4.1. wieder aufnehmen. Aufgrund des bisher Gesagten ergeben sich aber schon zwei Schlußfolgerungen: a) Jantzen hat mit Hinblick auf den 2. internationalen Kongreß Kritische Psychologie beklagt, daß die Auseinandersetzung mit der Handlungstheorie eher im Stile eines Schlagabtausches, als in einer konstruktiven Rezeption und Diskussion stattgefunden habe (vgl. Jantzen in der Einleitung zu Jantzen, 1980, S.9). So sehr man nun Jantzens eigenen Beitrag zur Handlungsstrukturdiskussion würdigen muß (vgl. Jantzen, 1980a),so sehr dürfen die bisher beäußerten Überlegungen sowie die späteren zu Jantzens Ansatz selbst auch für sich in Anspruch nehmen, ein differenzierter Beitrag zur innermarxistischen Kontrover-

2.2.1. MENSCHLICHE NATUR UND MENSCHLICHES WESEN ALS GRUNDLAGEN DER ONTOGENESE

Unsere bisherigen Überlegungen enthalten als zentrales Moment die Einsicht, daß die Menschen als Menschen allgemein über die gleiche biologische Ausstattung verfügen, daß sie also aufgrund ihrer "Biologie" gleiche Vergesellschaftungsmöglichkeiten haben. Dies muß deutlich herausgestellt werden, wenn an dieser Stelle über Differenzierungen als Besonderungen der allgemeinen Vergesellschaftungsfähigkeit der menschlichen Natur gesprochen werden soll (womit nicht zufällige Besonderheiten einzelner Menschen gemeint sind, sondern gemeinsame Merkmale größerer Menschengruppen). Auf der Stufe der Tiere und des Menschen, auf der die Arterhaltung nicht mehr durch Zellteilung, sondern durch die Fortpflanzung gesichert wird, entsteht nicht nur der Sachverhalt des individuellen Todes, sondern auch der der geschlechtsspezifischen Ausdifferenzierung. Sie besteht biologisch in einer genetischen Differenzierung, die in einem engen, aber nicht identischen Zusammenhang mit der chromosomalen Differenzierung steht, welche wiederum die Zellkern-Differenzierung zur Folge hat. Ferner sind biologische Ausdifferenzierungen in hormonaler Hinsicht wie auch in der körperlichen Gestalt (inneres und äußeres Geschlecht) notwendig (vgl. dazu Hollitscher, 1975, S.21ff). Alle diese Merkmale sagen nichts über die (verminderte oder verbesserte) Vergesellschaftungsfähigkeit der Frauen oder Männer aus. Oder anders gesagt: aus diesen biologischen Differenzen lassen sich in keiner Weise soziale und psychische Differenzierungen ableiten.

---

se zu sein. - b) Wenn Jantzen in der Replik auf eine frühere Kritik (vgl. Braun,1978b) die Meinung geäußert hatte, daß er mit den Grundauffassungen von Holzkamp und Holzkamp-Osterkamp im wesentlichen übereinstimme (vgl. Jantzen, 1978, S.398), so wird man dies zumindest für die Arbeiten seit 1979 bestreiten dürfen. Diese Feststellung hat nun nichts mit Polemik oder gar Dogmatismus zu tun, sondern sie will Kontroversen auch als solche benennen, denn nur wenn die Differenzen klar ausgesprochen werden, können sie im Gang einer gerade auch von Jantzen geforderten offenen Diskussion schrittweise überwunden werden; nur so kann ein neuer wissenschaftlicher Konsens auf höherem Erkenntnisniveau erreicht werden.

Während die Geschlechtsdifferenzierungen bereits in der
Naturevolution herausgebildet wurden und in die Sozialgeschichte "übernommen" wurden, bildeten sich die Menschenrassen höchstwahrscheinlich erst nach dem TMÜ und damit
nach der Entstehung der gesellschaftlichen Arbeit heraus.
Sie sind generell als spezielle Anpassungen an noch unspezifische Umweltbedingungen zu verstehen, die als solche
eine unwesentliche Nebenbedingung der menschlichen Lebenstätigkeit sind. Bedingung für die Herausbildung von Rassen
ist allgemein ein noch relativ unterentwickeltes Produktivkraftniveau und sie haben - das folgt daraus - während der
Sozialgeschichte immer mehr an Bedeutung verloren. Es lassen sich (darauf wollen wir uns hier beschränken) drei Hauptrassen unterscheiden: a) Die "schwarze" äquatoriale oder negrid-australide Großrasse, b) die "weiße" europide oder europäisch-asiatische Großrasse und c) die "gelbe" mongoloide
oder asiatisch-amerikanische Großrasse (vgl. hierzu ausführlich Hollitscher, 1969, S.85ff).

Die menschliche Natur ist die gesellschaftliche Natur des
Menschen, sie ist somit inhaltlich auf den individuellen
Vergesellschaftungsprozeß hin angelegt, sie ist damit Ausdruck der Tatsache, daß mit der Entstehung der gesellschaftlichen Arbeit der Organismus-Umwelt-Zusammenhang sich zum
Mensch-Welt-Zusammenhang weiterentwickelt hat. In diesem
kann sich der einzelne Mensch nur in dem Maße entwickeln
und entfalten, wie er tatsächlich am gesellschaftlichen Leben teilhat. Die individuellen Entwicklungsmöglichkeiten
werden also - allgemein betrachtet - in dem Maße größer,
wie die gesellschaftlich organisierte Beherrschung der Natur zunimmt, damit auch das gesellschaftliche Zusammenleben
selbst immer organisierter wird. Dabei muß sich der Mensch
jene gesellschaftlichen Aneignungsprozesse auch individuell
aneignen. Der Aneignungsbegriff ist also nicht - wie es
manchmal bei Leontjew anklingt (vgl. Kap. 1.5. dieses Buches)
- alleine oder auch nur primär auf das Individuum bezogen,
sondern er ist Inbegriff der menschlichen Qualität der aktiven Lebensgewinnung und der darin eingeschlossenen gesellschaftlichen Subjekt-Objekt-Beziehung, aus der wiederum sich
der individuelle Aneignungsprozeß mit seiner spezifischen
Subjekt-Objekt-Beziehung ableitet. Damit ist auch gesagt,

daß die Menschen sich als einzige Lebewesen **bewußt** zu den
gesellschaftlich überformten natürlichen Lebensbedingungen
verhalten, somit auch zu ihren Mitmenschen und zu sich selber und ihrer eigenen Subjektivität; daß sich also die Naturgesetze bzw. die sozialen Gesetze (zumindest der Tendenz
nach) nicht "hinter ihrem Rücken" durchsetzen.
Inbegriff der menschlichen Lebensmöglichkeiten ist der von
Sève entwickelte Begriff des **menschlichen Wesens** (vgl. Kap.
1.4. dieses Buches). Er ist die kategorial-**philosophische**
Verallgemeinerung aller jener Bestimmungsmomente, die die
Möglichkeiten der Gattung Mensch auf einem bestimmten Niveau der Sozialgeschichte charakterisieren. Zwei Hauptdimensionen können unterschieden werden: a) Zunächst die **materiellen** Möglichkeiten der gesellschaftlichen Lebensgestaltung, wie sie einerseits durch das **Produktivkraftniveau** und
andererseits durch den Charakter der gesellschaftlichen **Produktionsverhältnisse** gekennzeichnet ist. Als Hauptproduktivkraft bestimmt der Mensch (die Menschheit) aufgrund seiner
Kenntnis und Anwendung der Naturgesetze die Möglichkeiten,
diese für seine Zwecke "nutzbar" zu machen. Dieses **sachliche** Aneignungsverhältnis wird durch das materiell-**gesellschaftliche** Aneignungsverhältnis überformt. Letzteres bestimmt die innere Gliederung der Gesellungseinheit (z.B.
Horde, Stamm, aber auch generell: die Gesellschaft) und
die Verteilung der Produktionsresultate. Insofern ist die
Aneignungsweise und damit die materielle Dimension des
menschlichen Wesens entscheidend von den je dominierenden
Eigentumsverhältnissen geprägt (aus diesem grundlegenden
Sachverhalt resultiert u.a. die Bedeutung der **politischen
Ökonomie** für die **Psychologie**). - b) Die geistigen, **ideellen** Möglichkeiten der Natur-, Gesellschafts- und Selbsterkenntnis der Menschen verdichten sich zu **gesellschaftlichen
Gedankenformen** (objektiven Gedankenformen), die einerseits
Resultat des materiellen Aneignungsniveaus sind, aber andererseits auch ihre Voraussetzung, da gesellschaftliche Lebenspraxis zwingend bewußte Lebenspraxis ist.
Das menschliche Wesen in seinen materiellen und ideellen
Dimensionen ist Ausdruck der menschlichen **Entwicklungsmöglichkeiten**. Als solches ist es zunächst einmal grundlegend
mit der gesellschaftlichen **Natur** des Menschen verbunden.

Gäbe es diese gesellschaftliche Natur des Menschen nicht, würde einerseits (von der Totalität des Prozesses her betrachtet) das menschliche Wesen überhaupt nicht existieren und andererseits (individuell betrachtet) würde jene subjektive "Bewegkraft" fehlen, die das Individuum dazu "veranlaßt", sich überhaupt zu vergesellschaften, sich das menschliche Wesen anzueignen und damit aus dem Stadium <u>potentieller</u> Menschlichkeit ins Stadium <u>manifester</u> Menschlichkeit zu treten.

Das menschliche Wesen mit seinen inneren Differenzierungen tritt nun aber dem einzelnen Individuum nie in seiner Gesamtheit entgegen, sondern in spezifischen Formen und in spezifischen "Ausschnitten". Um dieses zu erfassen, hatte Sève die Kategorie der <u>Individualitätsformen</u> entwickelt (vgl. Kap. 1.4. dieses Buches), die als gesellschaftlich hervorgebrachte und veränderbare Aktivitätsmatrizen die Systeme von Handlungsnotwendigkeiten zum Ausdruck bringen, die aufgrund der technischen wie gesellschaftlichen Arbeitsteilung entstehen und in die hinein sich die Individuen entwickeln müssen, um am gesellschaftlichen Leben teilhaben zu können und ihr individuelles Leben (einfach oder erweitert) zu reproduzieren. Wir wollen diesen Zusammenhang von Individualitätsformen und konkreten Individuen nochmals in zweifacher Weise differenzieren:

a) Wenn wir nun die <u>unmittelbaren</u> Lebensbedingungen als <u>Alltag</u> bezeichnen und die weitere Ausdifferenzierung des menschlichen Wesens über die Individualitätsformen hinaus, aber noch "oberhalb" der konkreten Individuen, als <u>Kultur</u>, dann gelangen wir zu folgender hierarchischer Gliederung: menschliches Wesen - Individualitätsformen - kulturelle Aspekte des Alltags - konkretes Individuum. Um den damit "unter der Hand" eingeführten Begriff "kulturelle Aspekte des Alltags" näher zu erläutern, greifen wir auf entsprechende Überlegungen von Maase zurück. Zwar bezieht er sich auf eine Erörterung spezifischer Dimensionen der Lebensweise, aber dennoch scheint uns sein Gedankengang auch für die Beziehung zwischen Individualentwicklung und Kultur klärend; Maase schreibt:

"In einer ersten Annäherung kann man den kulturellen Aspekt der Lebensweise darin sehen, wie bestimmte Elemente, Funktionen und Formen der Lebensweise der Lohnarbeiter ihre Fähigkeiten und Kenntnisse, Genußfähigkeit und Umweltbeziehungen,

Lebensziele und Werte beeinflussen; man versucht, die Zusammenhänge aufzudecken und diese Kulturprozesse zu bewerten danach, wie sich in ihnen Vielfalt, Bewußtsein, Intensität, individuelle und kollektive Selbstbestimmung...verhalten zu subjektiv erstrebten und empfundenen Befriedigungen," (Maase, 1980, S.138f)

Um diesen Zusammenhang deutlich zu machen, hat Maase ein Schaubild entwickelt (vgl. Schaubild Nr. 6), zu dem er selbst erläuternd schreibt:

"Zwischen dem kulturellen Aktivitätspotential...und dem gesellschaftlich vorhandenen Horizont kultureller Aneignungsmöglichkeiten liegen als 'Filter' die Anforderungen und Wirkungen der Lebensbedingungen sowie der mit ihnen in Wechselwirkung stehende Lebensplan. Geht in den Lebensplan auch die Wahrnehmung kultureller Aktivitätsmöglichkeiten ein, so wird er im Lauf der individuellen Entwicklung doch überwiegend angepaßt an jene Verhaltensmöglichkeiten, die bei den konkreten Anforderungen und Wirkungen der Lebensbedingungen am nächsten liegen, im sozialen Milieu üblich sind und positiv bewertet werden, ein unmittelbar lohnendes Verhältnis von Anstrengung und Genuß versprechen usw...Mögliche Aktivitäten werden in ihrem Erfolg, in Dauer, Intensität und konkreter Ausrichtung durch die Anforderungen und Wirkungen der Lebensbedingungen wie durch die Lebenspläne gefiltert, abgelenkt, zum Teil sogar im Keim erstickt." (ebd.,S.141f) [3]

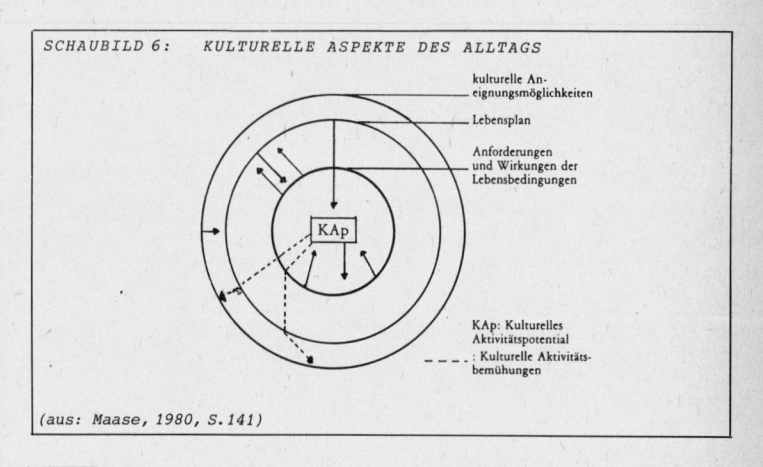

SCHAUBILD 6: KULTURELLE ASPEKTE DES ALLTAGS

kulturelle Aneignungsmöglichkeiten
Lebensplan
Anforderungen und Wirkungen der Lebensbedingungen

KAp

KAp: Kulturelles Aktivitätspotential
_ _ _ _ : Kulturelle Aktivitätsbemühungen

(aus: Maase, 1980, S.141)

---

[3] Zu diesem Verständnis von Alltag (bzw. von Lebensweise) und Kultur seien zwei verdeutlichende Bemerkungen gemacht: a) Die hier von Maase vorgeschlagene Fassung der Kulturproblematik hält mit Recht an dem sehr engen Verhältnis zwischen Kultur und Lebensweise (Alltag) fest. Sie vermeidet einerseits die von Streisand (1981, S.221f) an Mühlberg (1978, S.244) kritisierte weitgehende Identifizierung von Kultur und Lebensweise; andererseits faßt

b) Neben dem kulturellen Aspekt des Alltags gibt es aber auch einen <u>regulatorischen</u> Aspekt; dieser Sachverhalt ist besonders von Ole Dreier herausgearbeitet worden und er hat ihn - in Anlehnung an Sèves Begrifflichkeit - als <u>Regulationsform</u> bezeichnet. Hierzu schreibt Dreier:

"Regulierung ist ein <u>allgemeines</u> Merkmal der <u>Funktion</u> psychischer Prozesse in Bezug auf die menschliche Wirklichkeit. Die psychischen Prozesse regulieren unter gegebenen objektiven Bedingungen die menschliche Lebenstätigkeit. Die verschiedenen psychischen Prozesse und Einzelfunktionen (Wahrnehmung, Denken, Sprache, Motivation usw.) wirken in der Regulierung des menschlichen Lebens zusammen, d.h. in der Regulierung der Beziehungen zwischen dem menschlichen Subjekt und seinen objektiven Lebensbedingungen, eines Verhältnisses, das letzten Endes getragen und <u>vermittelt</u> wird durch die praktische Tätigkeit der Menschen, der gegenüber die innere psychische Tätigkeit somit eine <u>mittelbare</u> Funktion erfüllt...Die Regulierung findet in Bezug auf den gesamten Tätigkeitsverlauf, die einzelnen Handlungen und deren Teiloperationen auf verschiedenen <u>Ebenen</u> der menschlichen Lebenstätigkeit statt. Die Regulierungsformen bestimmen sich also letzten Endes nach ihrer Funktion in der Lebenstätigkeit, wobei ihre Bewußtheit von Bedeutung ist, da sie in Bezug auf die Beherrschung der Lebensbedingungen die Regulierung bewußt zu optimieren ermöglicht. Die einzelnen Individuen entwickeln aufgrund ihrer laufenden Erfahrungen mit einzelnen Regulierungsversuchen schrittweise bestimmte Regulierungs<u>formen</u>." (Dreier, 1980a, S.34f; vgl. auch die Einleitung von Holzkamp in ebd., S.3)

Mit dieser bedeutungshierarchischen Gliederung menschliches Wesen -Individualitätsformen - kultureller und regulatorischer Aspekte des Alltags-konkretes Individuum ist aber nicht nur ein analytisch differenziertes Instrumentarium zur Analyse des allgemeinen Verhältnisses von Individuum und Gesellschaft gewonnen worden, sondern jetzt ist es auch möglich, eine Reihe von "Brüchen" in diesem Vermittlungsprozeß deutlich zu machen. Während einerseits der Zusammenhang von

---

sie gegenüber Streisands Kulturdefinition (vgl. Streisand, 1981, S.223) die innere Differenziertheit der schöpferischen Kräfte des Menschen präziser. - b) Es ist von Maase (1978, S.49, Anm.12) richtig darauf hingewiesen worden, daß unter dem Begriff der "Sozialpsychologie" innerhalb des marxistischen Wissenschaftssystems in der Regel kulturtheoretische Fragen und Probleme diskutiert werden. Insofern wäre es im Gang der weiteren kulturtheoretischen Forschung sinnvoll, die Kritische Psychologie intensiver einzubeziehen - wie es auch umgekehrt sinnvoll wäre, wenn die Kritische Psychologie kulturtheoretische Analysen verstärkt rezipieren würde.

gesellschaftlicher Totalität und Individualitätsformen wie
auch andererseits der von Alltag und konkreten Individuen
zwingend ist, können aber beide Komplexe selbst relativ _aus-_
einandertreten, d.h. es kann - etwas anders ausgedrückt -
sich der _Alltag_ von der _Geschichte_ ablösen. Dies _kann_ deshalb geschehen, weil zwar die relevanten gesellschaftlichen
Anforderungen in ihrer Gesamtheit erfüllt werden müssen,
aber damit noch nicht ausgemacht ist, _wer_ sie _wie_, wenn
überhaupt, erfüllt. D.h. es können bestimmte Gruppen von
Individuen im Rahmen einer Individualitätsform diese Akti-
vitätsanforderungen überhaupt nicht erfüllen oder sie nur
zum Teil erfüllen. Zum Teil kann bedeuten, nur einen begrenzten Ausschnitt von Anforderungen oder aber die Anforderungen
nur auf einem bestimmten Niveau ausführen. Typisch für das
Auseinandertreten von Alltag und Geschichte ist die Orientierung am _unmittelbar_ Vorfindlichen (welches dann als gegeben
und damit unveränderlich angesehen wird) einerseits und das
Verlagern der _mittelbaren_, vermittelten gesellschaftlichen
Entwicklungsgesetzmäßigkeiten in die von Menschen unbeein-
flußbare "Transzendenz" o.ä. Damit treten aber auch _subjek-_
tive Bestimmung und _objektive Bestimmtheit_ auseinander; entweder so, daß jegliche subjektive Bestimmung geleugnet wird
(wie in bestimmten totemistischen Weltbildern) oder aber so,
daß sich die subjektive Bestimmung jenseits objektiver Bestimmtheit realisieren soll. Hier wird also die positive Möglichkeit, daß sich der Mensch bewußt zu seinen Lebensbedingungen verhalten und damit alternativ entscheiden kann, ne-
gativ-regressiv "genutzt".

Sofern die Alltagsanforderungen als oberflächliche Daseins-
weise der gesellschaftlichen Gesetzmäßigkeiten von den konkreten Individuen je spezifisch erfüllt werden, so erlauben
sie _individuell_ gesehen eine gewisse Reproduktion der eigenen Lebensbedingungen und _gesellschaftlich_ die Aufrechterhaltung des status quo. Weil aber diese Alltagsanforderungen immer auch der Ausdruck der gesamtgesellschaftlichen Entwicklungen sind und weil gesellschaftliche Veränderungen sich - über
viele Vermittlungsstufen - auch als Alltagsänderungen durchsetzen, deshalb ist die pragmatische, unhistorische, auf Pseu-
do-Geschlossenheit gerichtete oberflächliche Alltagsorientierung immer von den gesellschaftlichen Gesamtentwicklungen

"bedroht". Oder positiv ausgedrückt: Es gibt immer wieder individuelle Anlässe und Möglichkeiten, die individuelle pragmatische Befangenheit zu überwinden, die eigene gesellschaftliche Bedingtheit der individuellen Lebenspraxis zu erkennen und jene Schritte einzuleiten, die dem einzelnen eine Mitentscheidung über gesellschaftlich bestimmte und damit auch individuell relevante Sachverhalte ermöglicht. In dem Maße, wie Geschichte und Alltag auch individuell zusammentreten, treten auch subjektive Bestimmung und objektive Bestimmtheit zusammen, werden sie von einem rein äußerlichen zu einem inneren Widerspruch, d.h. zu einem individuellen Entwicklungswiderspruch, der die Höherentwicklung des konkreten Individuums entscheidend fördert. Damit überwindet es auch jenen Zustand, in dem es die Bestimmung über die eigenen Lebensbedingungen anderen überläßt; es "kümmert" sich mit anderen zusammen um die gemeinsamen Lebensinteressen, die immer auch seine eigenen sind. Dieser Sachverhalt soll noch einmal anders ausgedrückt werden: In der berühmten Formulierung von Engels in seinem Altersbrief an Bloch, daß nämlich "die Menschen ihre Geschichte selber machen, aber unter ganz bestimmten Bedingungen" (vgl. Engels, MEW 37, S.463f), kennzeichnet das "selber" die subjektive Bestimmtheit und das "aber" die objektive, besonders die materielle, Bestimmtheit. Jede Vereinseitigung dieses Verhältnisses "zugunsten" des "selber" oder des "aber" ist theoretisch falsch und praktisch perspektivlos.

Bei der Herausarbeitung dieser Auffassungen konnte selbstverständlich auf die gesamten Resultate des historischen Materialismus zurückgegriffen werden. Die große Bedeutung, die die "Koppelung" von Marxismus und Psychologie für die Psychologie hat (vgl. auch den erläuterten Übergang von der 4. zur 5. Stufe der Psychologiekritik in Kap. 1.3.) hat sich in der bisherigen Entwicklung der Kritischen Psychologie hauptsächlich auf dieser Ebene der Gesellschaftlichkeit des Individuums entfaltet. Neben der schon erläuterten Rezeption der Arbeiten von Marx und Engels, aber auch - wenngleich erst später - deren von Lenin, hatte hier besonders Sèves Studie "Marxismus und Theorie der Persönlichkeit" eine zentrale Bedeutung. Während in der "Sinnlichen Erkenntnis" auf die Parallelität der Absichten nur hingewiesen werden konnte (vgl.

Holzkamp, 1973, S.46), so wurde diese Arbeit von H.-Osterkamp nicht nur als eines der bedeutsamsten psychologischen Werke dieses Jahrhunderts gelobt (vgl. H.-Osterkamp, 1975, S.327), sondern ab diesem Zeitpunkt kontinuierlich und intensiv in die Grundlagenarbeit einbezogen (vgl. ebd., etwa S.310ff; dies., 1976, Kap.4.3.3.). - Die 1976 wiederveröffentlichte Arbeit von Plechanow "Über die Rolle der Persönlichkeit in der Geschichte" (Plechanow) und die von Cagin über den "subjektiven Faktor" (vgl. Cagin, 1974) wurden nur beschränkt aufgenommen (vgl. bes. Braun, 1978, S.34ff,121ff).

Speziell die Kategorie des Alltags ist früh in die Kritische Psychologie einbezogen worden, wobei sowohl die Arbeit von Kosik (vgl. Kosik, 1973) wie auch die von Lefebvre (vgl. Lefebvre, 1974/75) kritisch verarbeitet wurden (vgl. Braun, 1976d, S.61ff; ders., 1976e, S.18ff; Holzkamp, 1973, S.337ff).

Einen wichtigen philosophischen Beitrag zur Präzisierung der Kategorie "menschliches Wesen" hat Röhr geliefert. Auf der Basis eines umfassenden Verständnisses der gesellschaftlichen und individuellen Aneignungsprozesse - wie auch wir sie oben entwickelt haben - kommt er zu einer Kritik an Sève, die zugleich seine eigene, zutreffende Position deutlich macht. Er kritisiert an Sève:

"Aus der berechtigten Kritik an der anthropologischen Identifizierung des 'menschlichen Wesens' mit dem Individuum entspringt bei Sève...ein anderer Substanzialismus des Wesens, der nur die falsche Alternative zum In-Sich-Tragen dieses Wesens ist. Wenn Sève postuliert, daß das 'menschliche Wesen' prinzipiell das Maß der Individualität überschreite, keine Realität von individueller Ordnung sei, keine menschliche Gestalt besitze und allein, außerhalb der Individuen existent sei...,dann wird mit der so postulierten 'gesellschaftlichen Äußerlichkeit des menschlichen Wesens' dieses fixiert und substanzialisiert... Deshalb ist auch die Auffassung Sèves nicht zutreffend, daß das 'menschliche Wesen' in den Individuen nur seine psychischen Gestalten finde. Sowohl in den objektivierenden Lebensäußerungen als auch in psychischen Dispositionen realisieren die Individuen ihr jeweiliges Wesen." (Röhr, 1979, S.140f)

Trotz dieser sehr deutlichen Kritik verzichtet Röhr nicht auf die Kategorie des "menschlichen Wesens", sondern er schlägt - in Übereinstimmung mit den Arbeiten von Marx und Engels, z.B. der "Deutschen Ideologie", eine modifizierte inhaltliche Fassung vor, die dem Verhältnis von Unmittelbarkeit und Mittelbarkeit, von Alltag und Geschichte besser gerecht wird.

"Mit dem Begriff des 'menschlichen Wesens' wird zunächst einmal das Ensemble der Verhältnisse begrifflich den Individuen, deren Verhältnisse es sind, gegenübergestellt. Das 'menschliche Wesen' als das Wesen der menschlichen Individuen hat jedoch außerhalb der Lebensäußerungen, der lebendigen wie vergegenständlichten Lebenstätigkeit dieser Individuen keine eigene Existenz...Sowenig daher das Individuum die unmittelbare Verkörperung des 'menschlichen Wesens' ist...und stets danach zu fragen ist, in welchem Maße und in welcher Weise das Individuum innerhalb welcher kooperativen Anstrengungen die wesentlichen gesellschaftlichen Verhältnisse mitproduziert, sowenig ist das 'menschliche Wesen' ausschließlich und unmittelbar in den vergegenständlichten Lebensbedingungen der Individuen zu sehen." (ebd., S.143)

Während Röhr dadurch einen Erkenntnisfortschritt erreicht, daß er nicht nur zu einer textgerechteren, sondern auch realitätsgerechteren Klassikerinterpretation beiträgt, sind andere Erkenntnisfortschritte, hier hinsichtlich des Verhältnisses von <u>Arbeit</u> und <u>Persönlichkeitsentwicklung</u>, dadurch erreicht worden, daß die Auffassungen von Marx und Engels <u>weiterentwickelt</u> worden sind. Dies betrifft besonders drei Aspekte: a) Marx und Engels haben die menschlichen Bedürfnisse weitgehend auf die Konsumtion beschränkt und somit das Bedürfnis nach sozialer Integriertheit sowie nach Erkenntnis und Kontrolle des Neuen weitgehend ausgeklammert (vgl. z.B. Marx / Engels, MEW 3, S.28). Dem hält nun H.-Osterkamp (1976, S.32f) entgegen:

"Im dialektischen Verhältnis von Produktion und Konsumtion ist das subjektive Bewegungsmoment...nur auf der Seite der Konsumtion erfaßt; die Produktion ist in ihren subjektiven, individuellen Beweggründen nicht in die Analyse einbezogen, nicht als subjektive Notwendigkeit repräsentiert, sondern erscheint als bloß objektiven Notwendigkeiten unterliegend...Zwar ist die gesellschaftliche Entwickelbarkeit der auf das Individuum rückbezogenen sinnlich-vitalen Bedürfnisse in ihrer Funktionalität für die produktive Tätigkeit erfaßt, die Bedürfnisgrundlage der auf Teilhabe an gesellschaftlicher Realitätskontrolle und kooperativer Integration gerichteten Lebenstätigkeit bleibt aber ausgeklammert, so daß die 'Vergesellschaftung' der Bedürfnisse hier in gewissem Sinne auf ein über die Produktion gesellschaftlich geformtes, aber dennoch individuelles 'Bevorzugungsverhalten' reduziert erscheint." - b) Besonders Engels war der Auffassung, daß die Arbeit selbst die morphologische Struktur der menschlichen Hand bedingt habe (vgl. z.B. Engels, MEW 20, S.445f).

Hiergegen wendet Schurig ein:

"Morphologisch ist die menschliche Hand...gerade dadurch gekennzeichnet, daß sie sich unter dem Einfluß des Arbeitsprozesses praktisch kaum verändert hat. Sowohl die fünfgliedrige...Grundstruktur als auch die Opponierbarkeit des Daumens sind keine spezifischen Errungenschaften der Menschwerdung, sondern biologische Anpassungen, die phylogenetisch bereits wesentlich früher in der Säuger- und Primatenevolution in anderen Funktionszusammenhängen entstanden sind." (Schurig, 1976, S.274f; alle Sperrungen entfernt,K.-H.B.)

Vielmehr hat sich der evolutionäre "Druck" im TMÜ primär und entscheidend in der Gehirnevolution niedergeschlagen (und erst darüber vermittelt in den Aktions- und Manipulierungsmöglichkeiten der Hand). Die Bedeutung der Arbeit für die Gehirnentwicklung hat Engels im übrigen bereits völlig richtig erkannt (vgl. Engels, MEW 20, S.447f). –

c) Engels war der Auffassung, daß die Sprache der Arbeit nachfolge (vgl. Engels, MEW 20, S.447f). Dem hält Hollitscher entgegen,

"daß unsere sprachunfähigen menschenäffischen Schimpansenvettern etwas von dem gelernt werden kann, was in der Stammesgeschichte, die zum Menschen führte, eigenständig-spontan zur Ausbildung kam. Ja es ist zu erwägen, ob nicht vielleicht vorsprachliche Begabung auf direkter Stammeslinie die Menschwerdung selbst begünstigte, indem sie mit der Kooperation die Kommunikation kombinierte, ob nicht so eine gleichzeitige Entwicklung zuerst von Vor-Arbeits- und Sprachformen ermöglicht wurde: anfänglich instinktiv, darauf nur mehr halbinstinktiv, dann keimhaft-bewußt und schließlich ganz bewußt." (Hollitscher, 1980, S.179)

Mit diesen drei Punkten wird nicht das generelle Verhältnis von Arbeit und Persönlichkeitsentwicklung infrage gestellt, sondern der konkrete Charakter dieser Wechselbeziehung. Deshalb ist der von Hollitscher selbst angefügte Satz in diesem Zusammenhang von grundsätzlicher Bedeutung:

"Nichts zeigt doch die wissenschaftliche Fruchtbarkeit des Ansatzes von Friedrich Engels deutlicher, als die Möglichkeit seiner modifizierten Weiterführung!" (ebd., S.179)

Die Herausarbeitung der gesellschaftlichen Spezifik des Menschen verdankt der Auseinandersetzung mit dem Biologismus wichtige Impulse; dies gilt etwa für die Kritik an den organismischen Implikationen der Experimentalpsychologie, der introjektiven Verkehrung von Bedingtem und Unbedingtem (vgl. Stufe 3 der Psychologiekritik, Kap.1.3.), die energische Zurückweisung der Rassenideologien (vgl. Hollitscher, 1969, S. 93ff; ders., 1977, S.184ff) wie auch die Kritik an pädagogischen oder auch allgemein-gesellschaftlichen Begabungsideologien (vgl. Braun, 1978a, S.135ff; Friedrich, 1980, bes. Kap. 2.-5.,8.). Diese Auseinandersetzungen mit dem Biologismus haben nun aber - womit wir zur Darstellung <u>kontroverser</u> Auffassungen übergehen - manche marxistische Autoren dazu verleitet, den Begriff der menschlichen Natur überhaupt abzulehnen. Das gegenwärtig berühmteste Beispiel dafür ist Sève, dem man in seiner Polemik gegen eine Verkehrung des menschlichen Wesens in eine starre, unveränderliche menschliche Natur nur voll zustimmen kann (vgl. z.B. Sève, 1975, S.89ff; ders., 1977a, S.216ff,263f); den man aber kritisieren muß, wenn er die menschliche Natur auf <u>subhumanem</u> Niveau ansiedelt. So heißt es bei ihm:

"Nun aber entwickelt sich die menschliche Persönlichkeit aus einer <u>biologischen Individualität</u>, die in keiner Weise prinzipiell ein historisches Produkt, sondern eine natürliche Gegebenheit ist...Aber die Individuen, sie müssen immer wieder beim ursprünglichen Tierischen <u>anfangen</u>, da die gesellschaftliche Vermenschlichung sich <u>außerhalb</u> der Organismen vollzieht." (Sève, 1976b, S.176; in vielem vorsichtiger, wenn auch weiterhin nicht voll zutreffend, argumentiert Sève, 1975, S.90f)

Daß dies ganz offensichtlich falsch ist, haben wir bereits ausführlich begründet und brauchen es hier nicht mehr zu wiederholen. Wir wollen nur darauf aufmerksam machen, daß - wie von Röhr kritisiert - Sèves der Tendenz nach substantialistische Fassung des externen menschlichen Wesens ihre Ursache auch darin hat, daß er die <u>gesellschaftliche</u> Natur des Menschen verkennt und <u>daher</u> Gesellschaftlichkeit und Natürlichkeit des Menschen falsch, weil rein äußerlich (damit auch zufällig) aufeinander bezieht, statt ihr inneres, notwendiges Verhältnis zu erkennen.

Während man bei Thoma-Herterich/Thoma (1979,S.45ff) kritisieren muß, daß sie Sève weitgehend unkritisch darstellen, so findet man bei Ebert die entgegengesetzte Tendenz, aufgrund dieser nicht zu leugnenden Fehlbestimmung der menschlichen Natur und der daraus folgenden ungenauen bis widerlegbaren Fassung des menschlichen Wesens Sèves Ansatz in seiner grundsätzlichen Bedeutung erheblich herabzusetzen (um nicht zu sagen, ihn zu "Schutt und Asche" werden zu lassen). Der Soziologismusvorwurf gegen Sève (vgl. Ebert, 1978a, S.202) gipfelt zunächst in einer weitreichenden Identifizierung von Sèves Ansatz mit dem von Althusser. Unter Hinweis auf eine Reihe von richtig interpretierten Klassikerzitaten heißt es:

"Diese und ähnliche, bei Marx immer wieder zu findenden Hinweise könnte Sève, seiner Konzeption der Äußerlichkeit des menschlichen Wesens folgend, eigentlich nur - wie Althusser - als 'gelegentlichen Rückfall in den philosophischen Humanismus' verstehen - oder sie verschweigen!" (ebd., S.204)

Es ist nicht nur unredlich, sondern wissenschaftlich außerordentlich fragwürdig, die insgesamt zutreffende und verdienstvolle Kritik von Sève an Althusser inhaltlich zu übergehen (vgl. z.B. Sève, 1977a, S.75ff, Anm. 23, S.465ff) und damit in den <u>entscheidenden</u> Punkten richtige Auffassung nicht von den zwar falschen Auffassungen zu trennen, die aber einen <u>abgeleiteten</u>, wenngleich auch keinen nebensächlichen Stellenwert haben. Wie sehr es bei Ebert zu einer Verkennung von Sève kommt, zeigt sein weitreichendes Unverständnis gegenüber der so wichtigen Kategorie der Individualitätsform. Ebert schreibt:

"Es fällt jedoch schwer, diese 'Theorie der Individualitätsformen' nicht als eine Variante traditioneller Rollentheorie zu verstehen, denn die Individuen sind aus Sèves Sicht erklärtermaßen nur soweit Produzenten der ihnen gegenüber primären sozialen Formen, wie sie deren Produkt sind. Der Ursprung individueller Aktivität verbleibt damit auf der Seite der Gesellschaft und der 'Geschichte'." (ebd., S.206) [4]

Das kann man wirklich nur behaupten, wenn man den Zusammenhang von Sèves Verständnis der Humanität und dem daraus <u>abgeleiteten</u> Konzept der Individualitätsformen weitestgehend verkennt. Damit beraubt man sich aber auch der Möglichkeit, die theoriegeschichtlich enorme Bedeutung von Sèves Werk für die eigene Arbeit zu realisieren. Daß Ebert (1980b, S.213f) der sehr hohen Wertschätzung, die führende DDR-Pädagogen und -Psychologen dem Buch entgegenbringen (vgl. Braun, 1976c, S.73ff) gegenüber hilflos bis irritiert ist, kann dann allerdings nicht mehr überraschen.

---

4 Den <u>qualitativen</u> Unterschied zwischen Sèves Konzept der "Individualitätsformen" und dem herrschenden Rollenverständnis belegen auch die Analysen von F. Haug, 1977, 3. u. 11. Kap.; vgl. hierzu auch Vorwerg, 1980, S.80f.

Während Sève das Problem der menschlichen Natur wenigstens
noch thematisiert, wird es in den verschiedenen Varianten
der Handlungsstrukturtheorie dadurch scheinbar aufgelöst,
daß man an die Stelle von phylogenetischen Ableitungen psychologisch-kybernetische Funktionsmodelle stellt, die in
letzter Konsequenz betrachtet mit jeder Art von Inhalt gefüllt werden können und insofern völlig formalistisch sind.
Dieses Modell findet sich zuerst beim Autorenkollektiv Wissenschaftspsychologie (1975, S.151ff, Schaubild S.152) und
bei Stadler u.a. (1975, S.58ff), Schaubilder S.59,65) und
wird dann zur Analyse isolierender Bedingungen ausführlich
verwendet durch Jantzen (1979, S.44; ders., 1980a, S.130;
ders., 1980b, S.66); zugleich entwickelt Jantzen ein eigens
kybernetisches Modell zur Erfassung gestörter Aneignungsprozesse (vgl. Jantzen, 1979, S.49; ders., 1980a, S.136;
ders., 1980b, S.69). Nun geht es hier nicht darum, die Erkenntnisfunktion kybernetischer Forschungs- und Darstellungsmethoden an sich zu leugnen (vgl. dazu Hollitscher, 1971, S.
256ff); allerdings hätte man - besonders beim Autorenkollektiv Wissenschaftspsychologie bzw. bei Stadler u.a., nicht
zuletzt aber bei der Replik von Offe/Stadler (1982, S.78f)
auf entsprechende kritische Einwände von F. Haug u.a. (1980,
S.37ff) - Reflexionen darüber erwarten können, welche Seite
oder Seiten der Wirklichkeit durch dieses Modell erfaßt werden und welche eben nicht. Ohne derartige Überlegungen müssen solche Darstellungen als Beispiel eines unzulässigen
formallogischen und positivistischen Verständnisses der
menschlichen Lebens- und Erkenntnisprozesse begriffen werden (vgl. zu diesen Mißdeutungen durch die Kybernetik Hollitscher, 1977, S.141ff; ergänzend auch Sandkühler, 1973, S.23f);
diese werden im übrigen noch nicht einmal den höheren tierischen Evolutionsniveaus gerecht. Schurig hat völlig zu recht
darauf hingewiesen, daß solcherart "abstrakte" Entwicklungsmodelle stets eine grundsätzliche Alternative zu phylogenetischen Ableitungen darstellen, denn sie

"versuchen im Gegensatz zu der phylogenetischen Darstellung
das psychophysische Problem in möglichst einfache Funktionsbeziehungen aufzulösen...Die eingeführten Kategorien dienen
dabei als apriorische Begriffsmodelle, außerhalb derer jede
theoretische Entwicklung negiert wird."(Schurig,1975a,S.30)

So bestehen heute drei verschiedene Lösungsvarianten des psychophysischen Problems.

"Auf der einen Seite steht die 'konkrete' Terminologie
der phylogenetischen Betrachtungsweise, der die vermittelnde behavioristische Systembeschreibung folgt, die
dann zu der extrem abstrakten kybernetischen bzw. informationstheoretischen Ebene überleitet, auf der mathematische Modelle eine zunehmende Bedeutung gewinnen."
(Schurig, 1975a, S.30)

Betrachtet man diese grundlegenden Unterschiede in der
Bestimmung der menschlichen Natur und daraus folgend auch
ihr Verhältnis zur Gesellschaftlichkeit des Individuums,
die - wie bei Sève - den Individuen äußerlich bleiben muß,
dann dürfte nach alledem auch klar sein, daß die Grundkategorien der "Handlung" und der "Tätigkeit" ebenfalls als
Alternativen zu betrachten sind, also Vermittlungen und
Kombinationen zwischen Tätigkeitskonzept und Handlungstheorie grundsätzlich nicht möglich sind, wenn man jede
Art von Eklektizismus verhindern will.[5]

2.2.2. *DIMENSIONEN DER ONTOGENESE*

Wir haben bisher uns in einem ersten Argumentationsschritt
mit der Ontogenese im allgemeinen beschäftigt und ihr Wesen
darin gesehen, daß hier eine spezifische Wechselwirkung von
menschlicher Natur und menschlichem Wesen vorliegt. Jetzt
geht es in einem zweiten Argumentationsschritt darum, die
Ontogenese hinsichtlich ihrer Hauptdimensionen zu differenzieren. In einem späteren, dritten Schritt (in Kap. 3.1.2.)
werden wir dann zur Analyse der logischen Stufen der Ontogenese übergehen.

---

[5] Für solcherart "Vermittlungen" plädieren z.B. Stadler,
1980; Suckert-Wegert u.a., 1977, S.18ff,62ff; Volpert,
1978, S.266,269; unter Einbeziehung auch des kritischpsychologischen Motivationskonzepts ebenfalls Oesterreich, 1981, S.232ff.

2.2.2.1. MENSCHLICHE TÄTIGKEIT UND GEGENSTÄNDLICH-SYMBOLISCHE BEDEUTUNGSSTRUKTUREN

Schon für die Tiere ist die Umwelt keine bedeutungslose, sondern <u>bestimmte</u> Umwelttatbestände und Umweltzusammenhänge haben eine <u>spezifische</u> Relevanz für das Überleben des Einzelindividuums und der gesamten Art. Die neue Qualität des Mensch-Welt-Zusammenhangs liegt nicht darin, daß jetzt eine zufälliges, damit letztlich wechselseitig bedeutungsloses Verhältnis zwischen Mensch und Welt entsteht, sondern daß im Kontext der menschlichen Auseinandersetzung mit der Natur mittels <u>gesellschaftlicher Arbeit</u> die (über-)lebensrelevanten <u>Bedeutungen</u> nicht einfach vorhanden sind, sondern <u>geschaffen</u> werden. Dabei sind die gesellschaftlichen Bedeutungen bzw. Bedeutungsstrukturen einerseits gesellschaftlich <u>geschaffene</u>, andererseits gegenüber den Individuen auch <u>vorhandene</u> Bedeutungen. Die Menschen müssen also ihre konkrete Lebenstätigkeit an ihnen orientieren, somit deren <u>Handlungsaufforderungen umsetzen</u>, um am gesellschaftlichen Leben angemessen teilhaben zu können. Insofern sind diese Bedeutungsstrukturen der gesellschaftliche "Ersatz" (wenn man es einmal so ausdrücken will) für die "innere" genetische Festgelegtheit bzw. die äußere, rein natürliche (also auch unveränderbare) Festgelegtheit.

Die entscheidenden Dimensionen sind zunächst die Bedeutungen der <u>Arbeitsmittel</u> als des Mediums, durch welches der Mensch die Natur beherrschen kann. In sie gehen einmal die Erfahrungen vielfältiger <u>Gebrauchshandlungen</u> in <u>verallgemeinerter</u> Form ein; d.h. in ihnen sind generelle Zwecke der verallgemeinerten Vorsorge materialisiert worden. Dies heißt nicht nur, daß das je einzelne Arbeitsmittel selbst auf andere Arbeitsmittel verweist (z.B. die Sense auf die Sichel) und sich so auch die Handlungsnotwendigkeiten zu arbeitsteiligen Strukturen verdichten. Dies bedeutet vielmehr auch, daß in jedes Arbeitsmittel die Tätigkeit seiner Herstellung eingeht, daß es also Auskunft darüber gibt, welche konkreten Notwendigkeiten in einem konkreten Arbeitsprozeß vorfindlich sind, in denen diese Werkzeuge bzw. Werkzeugsysteme hergestellt werden (womit auch arbeitsteilige Momente impliziert sind). Dies ist deshalb so bedeutsam, weil es zur Herstellung von Arbeitsmitteln der <u>antizipierenden</u> Fähigkeit zur Einschätzung <u>zukünftiger</u> Notwendigkeiten und entsprechender Tätigkeiten bedarf. Das heißt die Bedeutungen der Werkzeuge sind zuerst als "geistige" vorhanden, quasi "nur im Kopf existent", und werden erst dann materiell-gegenständlich; bei vorhandenen Arbeitsmitteln wiederum können die in ihnen liegenden Bedeutungen unmittelbar umgesetzt werden. Diese Zusammenhänge werden als <u>sachliche Gegenstandsbedeutungen</u> bzw. als <u>sachliche Gegenstandsbedeutungsstrukturen</u> bezeichnet.

Nun stehen die diese Arbeitsmittel herstellenden bzw. sie umsetzenden Menschen nicht in einem rein zufälligen Verhältnis zueinander, sondern diese Arbeitsmittel bedingen aufgrund der in ihnen liegenden <u>arbeitsteiligen</u> Momente immer auch ein <u>spezifisches Verhältnis der Menschen</u> zu den <u>Arbeitsmitteln</u> und <u>zueinander</u>. Die Tätigkeiten eines einzelnen Individuums <u>resultieren</u> einmal aus den Tätigkeitsnotwendigkeiten der sachlichen Gegenstandsbedeutungen und andererseits <u>gewinnt</u> das Individuum durch seine Tätigkeiten eine spezifische Bedeutung für die anderen Individuen. Sofern das Individuum bestimmte Tätigkeiten im Rahmen der gesamtgesellschaftlichen Lebenserhaltung über längere biographische Zeiträume hinweg verfolgt, gewinnt es dadurch eine gewisse stabile Bedeutung für die anderen Gesellschaftsmitglieder. Dieser Sachverhalt wird als <u>personale Gegenstandsbedeutung</u> bzw. durch den Begriff "<u>personale Gegenstandsbedeutungsstrukturen</u>" gefaßt; sofern diese personalen Bedeutungszusammenhänge eine relative Distanz zu den je konkreten Individuen aufweisen, verdichten sie sich - wie oben schon erläutert - zu gesellschaftlichen <u>Individualitätsformen</u>.

Wenn wir nun unsere Überlegungen zum menschlichen Wesen und zum Verhältnis von gesellschaftlichen und individuellen Subjekten wieder aufnehmen, dann können wir diese personalen Gegenstandsbedeutungen (sofern das einzelne Individuum sie realisiert) auch unter dem Aspekt der <u>interpersonalen Beziehungen</u> diskutieren. Denn sie bedeuten dann nichts anderes, als daß sich Individuen aufgrund <u>gemeinsamer Ziele</u> zusammenschließen, um auf optimale Weise dieses Ziel bzw. diese Ziele zu realisieren. Das gemeinsame Ziel als die verbindende "Dritte Sache" impliziert dann die optimale Entwicklung der je konkreten Individuen, damit ihr individueller Beitrag zur gemeinsamen Zielrealisierung möglichst "gut" und bedeutsam ist. Das Entwicklungsinteresse in solchen, durch die gesellschaftliche Subjektentfaltung bestimmten Beziehungen ist daher wechselseitig. Entscheidende Grundlage der Entwicklung subjekthafter interpersonaler Beziehungen ist die Einheit von Alltag und Geschichte in der individuellen Lebenspraxis. Denn nur durch diese Einheit wird die "Dritte Sache" weder auf die Bewältigung der unmittelbaren Lebensaufgaben (die "Alltagssorgen") reduziert, noch wird sie zu einem abstrakten überhistorischen Prinzip, auf das man bei der gemeinsamen Gestaltung des eigenen Lebens keinen Einfluß hat. Die Einheit von Geschichte und Alltag, wie sie sich über die "Dritte Sache" herstellt und sich in den interpersonalen Subjektbeziehungen realisiert, verknüpft somit das unmittelbar Gegenwärtige mit dem langfristig Perspektivischen. Daraus folgt auch, daß die Trennung von Geschichte und Alltag diese subjekthaften Beziehungen zerstören muß bzw. schon ihren Aufbau verhindert, womit dann auch die Gesellschaftlichkeit der personalen Gegenstandsbedeutungen nur sehr unzureichend entfaltet wird. Zwar gibt es auch hier Formen des gemeinsamen Tätigwerdens, aber sie sind nicht durch gemeinsame Ziele verbunden, sondern durch rein individuelle, isolierte Ziele, zu deren Realisierung aber andere Personen notwendig sind. In diesem Falle werden die Mitmenschen aber zu Instrumenten der je isolierten Interessen, deshalb spricht man hier auch von interpersonalen Instrumentalverhältnissen. Solche Beziehungen sind notwendigerweise instabil, da sie ihren "oberflächlichen" und temporären Inhalt dann verlieren, wenn das entsprechende vereinzelte Ziel realisiert wurde (die kognitiven und emotionalen Folgen diskutieren wir in den späteren Unterabschnitten).

Den Bedeutungen der Arbeitsmittel stehen nun solche gegenüber, die der direkten Existenzsicherung dienen, die also nicht dem Funktionskreis der verallgemeinerten Vorsorge entstammen, sondern dem der unmittelbaren Lebenssicherung bzw. dem der Fortpflanzung. Die Bedeutungen des Funktionskreises Lebenssicherung (z.B. Nahrungsmittel, Schutz vor Hitze und Kälte usw.) sind

zwar allgeein-gesellschaftlich ein aufgehobenes Moment
der generalisierten Lebensvorsorge, sie können aber für
das je konkrete Individuum sich als nicht aufgehoben
darstellen, also getrennt von den Arbeitsmittelbedeutungen auftreten. Es kann unter bestimmten Lebensbedingungen
vom Standpunkt des Individuums zu einer "Entkoppelung" der
Bedeutungen von den Arbeitsmitteln und solchen des Funktionskreises Lebenssicherung kommen. Dabei weisen - und
dies ist die Ursache, daß es zu solchen "Entkoppelungen"
überhaupt kommen kann - letztere eine Spezifik auf: als
funktionale Widerspiegelungen der Körperlichkeit des Menschen sind sie lediglich sekundär vergesellschaftet; d.h.
sie sind bezogen auf die Befriedigung elementarer vitaler
Bedürfnisse, die zwar auf je gesellschaftlichem Entwicklungsniveau befriedigt werden, die aber in ihrem Wesen aus
der Natürlichkeit der physiologischen Existenzbedingungen
des Menschen resultieren. Die gesellschaftliche Höherentwicklung drückt sich hier darin aus, daß die Befriedigung
dieser Bedürfnisse immer mehr optimiert wird. Damit ist
zugleich gesagt, daß ihrer Höherentwicklung (ganz anders
als bei der verallgemeinerten Vorsorge) relativ enge Grenzen gesetzt sind, denn der biologisch festgelegte Bedeutungsrahmen kann nie qualitativ überschritten werden.

Für die Bedeutungen aus dem Funktionskreis Fortpflanzung
bzw. der Sexualität lassen sich gegenwärtig noch keine so
dezidierten Aussagen machen. Man darf aber wohl davon ausgehen, daß für sie zunächst einmal das bisher schon Gesagte gilt, daß auch sie allenfalls sekundär vergesellschaftet werden. Aber ihre relative "Ungesellschaftlichkeit"
ist eine noch schärfere, weil die "Befriedigungsobjekte"
(im Gegensatz zu den anderen Bedeutungen) keine gesellschaftlich hergestellten sind, sondern die anderen Menschen sind als sexuelle biologische Wesen vorhanden und
gewinnen durch ihr biologisches Geschlecht bereits eine
spezifische Bedeutung für die anderen Individuen. Wie erläutert (vgl. Kap. 2.1.3. u. 2.1.4.) trennen sich bereits in
der Naturgeschichte Kinderpflege (Jugendaufzucht) und Sexualität/Fortpflanzung voneinander relativ. Biologisch entsteht noch vor der Herausbildung des Menschen die Bereitschaft, zu jeder Jahreszeit für sexuelle Reize empfänglich

zu sein, und es entstehen Formen der sexuellen Kommunikation, die das individuelle Sexualverhalten mitbestimmen. Gerade auf gesellschaftlichem Entwicklungsniveau werden diese biologischen Momente gesellschaftlich überformt und differenziert (es gibt also keine "rohe", ungesellschaftliche Sexualität), aber auch hier bleibt die Gesellschaftlichkeit eine sekundäre. Anders gesagt: in ihrem Wesen ist Sexualität – so lassen sich die bisherigen und noch recht vorläufigen Überlegungen zuspitzen – biosozial (diese Auffassung wird im Gang der weiteren Forschungen noch genau zu prüfen sein; vgl. zum besseren Verständnis dieses Problems auch die methodischen Überlegungen zur Klassifikation von Merkmalen in Kap. 2.5.1.).

Wir haben bereits in Kap. 2.2.1. darauf hingewiesen, daß das menschliche Wesen sich nicht auf die materiellen Errungenschaften beschränkt, sondern zugleich ideelle Momente umfaßt, deren wichtigstes Produkt die Sprache ist. Ebenfalls festgestellt wurde bereits, daß es tierische Vorformen der Sprache gibt. Auf tierischem Evolutionsniveau dient die Kommunikation a) der verbesserten Orientierung, b) der Koordination tierischer Aktivitäten und c) der Spezifizierung und Individualisierung sozialer Kontakte; während des ersten Schritts im TMÜ kommt hinzu d) die Funktion der überindividuellen kommunikativen Orientierung als Voraussetzung und Resultat funktionsteiliger Aktivitätsfolgen (sozialer Werkzeuggebrauch). Während schon in den Funktionen a – c sowohl die Ebenen des Ausdrucks wie die der Kommunikation enthalten sind, entsteht erst in der Weiterentwicklung der gesellschaftlichen Arbeit die spezifisch menschliche Ebene der Sprache (Fkt. d). Man kann sie jetzt als symbolische Informationsübertragung bezeichnen. Diese letzte Ebene bildete sich aufgrund der Antizipationsnotwendigkeiten beim Herstellen von Arbeitsmitteln heraus, d.h. sie verdichtet nochmals den Verallgemeinerungsprozeß der Erfahrung im Umgang mit den Werkzeugen und ihrer Herstellung, und zwar dadurch, daß solche praxisrelevanten Begriffe ausgebildet werden, die es ermöglichen, noch bessere Werkzeuge herzustellen bzw. den Herstellungsprozeß zu perfektionieren (und darauf aufbauend die Gesamtheit der sachlichen und personalen Gegenstandsbedeutungsstrukturen).

Die praxisrelevanten Begriffe bilden nun den Inhalt der Kommunikation im Arbeitsprozeß, d.h. durch Aufnahme dieser spezifisch gesellschaftlichen Inhalte wird die rein akustische Kommunikation zu menschlicher Sprache. Wenngleich man zu Anfang der Entwicklung davon ausgehen kann, daß noch ein relativ enger Zusammenhang zwischen Arbeits- und sprachlichem Kommunikationsprozeß besteht, so verselbständigt sich letzterer im Gang der Entwicklung immer mehr und übernimmt eine relativ eigenständige Funktion der interpersonalen Informationsvermittlung und Orientierung. Damit lösen sich auch die sprachlich-symbolischen Repräsentationen, die Sprachbedeutungen, immer mehr von dem, worauf sie letztlich bezogen sind, den gesellschaftlichen Arbeitsprozeß, den sachlichen und personalen Gegenstandsbedeutungen. Die Symbolbedeutungen weisen insofern eine objektive Verbindlichkeit auf, als ihr Zusammenhang mit den Gegenstandsbedeutungen kein willkürlicher ist, sondern aus den Notwendigkeiten der sich höherentwickelnden gesellschaftlichen Arbeit resultieren. Da ihr Träger aber notwendigerweise Laute bzw. später Zeichen sind, stellt sich deren Zusammenhang mit den Symbolbedeutungen nicht als ein objektiv zwingender her, sondern ist das Resultat intersubjektiver Übereinkunft. Man "einigt" sich also im Maßstab einer Gesellungseinheit, einer konkreten Gesellschaft darauf, welchen Inhalt man formal wie bezeichnen will; was demgegenüber mit einem Symbol begrifflich erfaßt wird, liegt in dem Sinne objektiv fest, daß der gesellschaftliche wie individuelle Interpretationsspielraum deutlich begrenzt ist.

Als rein gesprochene Sprache wird sie nur sozial, interpersonal tradiert. Ihre eigentliche Kummulationsfähigkeit wird aber erst dann erreicht, wenn die qualitativ neue Möglichkeit der geschriebenen Sprache entsteht, also die sekundäre Materialisierung geistiger Prozesse, welche den nachfolgenden Generationen als Ausgangspunkt ihrer Bewußtseinsentwicklung dienen können. In der Frühform, zum Teil schon während des Abschlusses des TMÜ, existiert diese geschriebene Sprache in der Form der Bildersprache. Sie ist die früheste Form einer solchen sekundären Materialisierung geistiger Prozesse (man denke hier an die Höhlenzeichnungen der Steinzeitmenschen). Aus ihr entsteht dann später einerseits die Kunst, die sich in ihrer Spezifik dadurch auszeichnet, daß sie vermittels ikonischer Sym-

bolik ein hohes Maß an bildhaft-sinnlicher Repräsentanz aufweist, ohne daß damit eine schlichte Verdoppelung Wirklichkeit - Widerspiegelung entstehen würde (d.h. auch dieser Art von Repräsentation liegen Abstraktions-, Vereinseitigungs-, Heraushebungs- und besonders Antizipationsprozesse zugrunde).
- Andererseits entsteht aus der Bildersymbolik die Bilderschrift und daraus die diskursive Symbolik der Schrift (fußend zunächst auf der Silbentrennung, später auf dem Alphabet), in der das anschauliche Moment gegenüber dem analytischen (später wissenschaftlichen) immer mehr zurücktritt und in der zeichenhafte Repräsentationen immer mehr dominant werden. Diese Form der Sprache verbessert nicht nur einfach die Erfahrungsakkumulation, sondern sie ist selbst eine notwendige Bedingung der gesellschaftlichen Höherentwicklung. Denn ein bestimmtes sozialgeschichtliches Entwicklungsniveau kann nur dann erreicht werden, wenn die Informationsverarbeitung und -weitergabe das Niveau der gesellschaftlichen Denkformen erreicht. Spätestens ab diesem Zeitpunkt (der historisch in etwa mit dem der Entstehung der Klassengesellschaften zusammenfällt) ist die Aneignung der Symbolbedeutungen in Form der geschriebenen Sprache Notwendigkeit eines individuellen Vergesellschaftungsprozesses, sofern in ihm die Möglichkeiten der Gesellschaft in optimaler Weise dem Individuum zur Verfügung stehen sollen. Oder anders ausgedrückt: Da die Sprache selbst ein Differenzierungsprodukt der immer optimaleren gesellschaftlichen Vorsorge darstellt, kann der einzelne nur in dem Maße über sein Leben optimal bestimmen, wie er Anteil an den Informationsverdichtungs- und Informationsweitergabeprozessen in Form der Sprache hat.[6]

---

[6] Zu dieser "Zweiteilung" der Symbolik heißt es bei Thomas Metscher (1972, S.929): "Die besonderen Qualitäten der ästhetischen Struktur...unterscheiden ästhetische Erkenntnis qualitativ vom Erkenntnismodus der Wissenschaften. Hat die wissenschaftliche Erkenntnis ihren Ort im Urteil bzw. in einem System von Urteilen, so hat die ästhetische Erkenntnis ihren Ort primär (wenn auch nicht ausschließlich) im Bild. Dies gilt zumindest für die Literatur und die bildenden Künste. Das Bild wird von uns als Grundelement der ästhetischen Struktur aufgefaßt." (vgl. auch Metscher, 1975, S.247ff,254ff) Für Wilhelm Girnus hat auch die Musik einen so verstandenen Bild-Charakter (vgl. Girnus, 1976, z.B. S.28), ebenso wie für Hanns Eisler (vgl. Eisler, 1973, S.178,180,282f). - In den zukünftigen Forschungen zur historischen Sprachgenese wird man der Frage nachgehen müs-

Die Herausarbeitung dieses Konzeptes der Gegenstandsbedeutungen wurde bereits in der "Sinnlichen Erkenntnis" geleistet (vgl. Holzkamp, 1973, Kap. 5.1./5.2.) und sie gehört seitdem zum Fundamentalbestand kritisch-psychologischer Auffassungen. Dieses Konzept aufnehmend ist es dann H.-Osterkamp gelungen, das ableitungslogische und das umfangslogische Verhältnis der beiden zentralen Kategorien Arbeit und Tätigkeit zu bestimmen:

"Die Kategorie der 'Tätigkeit' ist der Kategorie der 'Arbeit' insofern real nachgeordnet, als die 'Arbeit' der materielle Träger des gesellschaftlich-historischen Prozesses ist, der durch vergegenständlichende Veränderung der Natur die Tätigkeit als je individuelle Aktivität erst ermöglicht. Begrifflich gesehen ist 'Tätigkeit' gegenüber der 'Arbeit' das 'weitere' Konzept, da mit 'Tätigkeit' jede gegenständlich geprägte, also spezifisch 'menschliche' Aktivität gemeint ist, mithin neben der 'Arbeit' etwa auch Aktivitäten außerhalb der Produktion, wie 'Spiel' etc., sofern diese gegenständlich geformt sind. 'Tätigkeit' wird stets dann zur 'Arbeit', wenn der individuelle Mensch durch die Tätigkeit einen Beitrag zur Produktion und Reproduktion des gesellschaftlichen Lebens, damit des Fortgangs des gesellschaftlich-historischen Prozesses leistet." (H.-Osterkamp, 1975, S.235; in diesem Sinne argumentiert auch Hund, 1978, S.47ff).

Daß es überhaupt eine Differenz zwischen der ableitungslogischen und der umfangslogischen Bestimmung gibt, liegt daran, daß - wie in Kap. 2.1.4. begründet - die mittlere Dimension der Evolution, die Sozialstrukturen, zum dominanten Moment werden, ohne mit den Gesamtbedingungen der menschlichen Lebensbedingungen identisch zu werden. - Erst relativ spät (nämlich in Holzkamp, 1979b, S.13ff) wurde das Konzept der interpersonalen Subjektbeziehungen bzw. Instrumentalverhältnisse entwickelt, wobei hier auf entsprechende Kritiken von Frigga Haug an den herrschenden Rollentheorien indirekt zurückgegriffen wurde (vgl. F. Haug, 1977a, 4.Kap., 8.-14.Kap.; dies., 1977b).

Das Konzept der Symbolbedeutungen und ihr Verhältnis zu den Gegenstandsbedeutungen ist außerhalb des engeren Kreises der Kritischen Psychologie besonders von der Gruppe Marburger Linguisten um Gisbert Keseling aufgenommen und weiterentwik-

---

sen, welchen Einfluß das Spiel, die Magie und die Religion auf die Herausbildung der Sprache hatten.

kelt worden.[7] Von dieser Gruppe wurden sowohl Arbeiten zur Gegenstandsproblematik überhaupt (vgl. bes. Schmitz, 1975, und zusammenfassend Geier u.a., 1977) und zur Kritik an entsprechenden anderen Konzeptionen (vgl. Ellerbrock u.a., 1976) vorgelegt, wie auch Analysen zum Verhältnis von künstlerischer Symbolik und psychischer Entwicklung (vgl. bes. die Arbeiten von Geier, 1979) bzw. zur Bedeutung der analytisch-wissenschaftlichen Symbolik für die Persönlichkeitsentwicklung (vgl. bes. Keseling, 1979).

Zur <u>Geschichte</u> der Sprache hat in neuerer Zeit gerade <u>Herrmann</u> beigetragen; wir wollen seine Überlegungen an dieser Stelle ausnahmsweise etwas umfangreicher zitieren, weil die bisher notwendigerweise relativ abstrakten Darstellungen etwas mit konkretem historischem Material "gefüllt" werden. Die Spezifik der noch rein bildhaften Symbolik wird von ihm so gekennzeichnet:

"Die Abstraktion im Denkprozeß ging vom konkret-handelnden Denken aus, und ihre prälogisch-abstrakten und vielfach phantastischen Ergebnisse vermochten sich daher nicht anders als in konkreten, sinnesbezogenen Bildern auszudrücken. So entstand die naiv-realistische Eiszeitkunst folgerichtig aus den gesellschaftlich-geistigen Lebensbedingungen der Jäger- und Sammlergesellschaft am Südrand des großen Eisschildes." (Herrmann, 1977, S.41)

Und sie ist inhaltlich gekennzeichnet durch Zentrierung auf Naturaneignung und Naturerklärung, die reale Ohnmacht des Menschen gegenüber den Naturgewalten, die stark am konkreten Handeln ausgerichtete Denkweise sowie die sich etwas später herausbildenden künstlerischen Stilisierungen. -

Die Entstehung der <u>geschriebenen</u> Sprache an der Schwelle des Übergangs zu den Klassengesellschaften im alten Ägypten war besonders auf die Herausbildung von Städten zurückzuführen. Herrmann nennt als kulturelle Leistungen dieser Epoche:

---

7 Dieser Prozeß der Rezeption und Weiterentwicklung läßt sich sehr gut verfolgen an den Beiträgen der 1975/76 mit 8 Ausgaben erschienenen Fachbereichs-Zeitschrift "Null-Acht", die wesentlich unter Mitarbeit von Geier und Keseling von Fachschaftsvertretern herausgegeben wurde. Dies ist ein Beispiel unter vielen, das belegt, in welchem Maße <u>Studenten</u> bei entsprechender demokratischer Organisationsform zum <u>Wissenschaftsfortschritt</u> beizutragen vermögen.

"1. Schrift und Schriftkultur, Rechnungs- und Archivwesen.
2. Städteplanung, Städtebau und Monumentalarchitektur.
3. Die großräumig gestaltete Kulturlandschaft mit Wasseranlagen, Wegen und Straßen, Brücken, planvoll angelegten Feldern, Wiesen und Gärten. 4. Die bildende und darstellende Kunst in funktioneller Verbindung mit Stadtplanung und Städtebau... 5. Die Einrichtung einer kulturvollen Lebensweise der herrschenden Klasse... 6. Die Anfänge der Wissenschaften entstanden in nahezu allen Hochkulturen. Vor allem folgende Wissenschaftszweige bildeten sich heraus: Mathematik, Astronomie, Geographie, Landwirtschaft, Medizin und Arzneikunde, Archivwesen, Philologie und Geschichte/Annalistil." (ebd., S.116f)

Damit wird indirekt auch sehr gut deutlich, auf welchem Entwicklungsniveau der materiellen und geistigen Produktivkräfte die geschriebene Sprache entsteht bzw. sozialhistorisch notwendig wurde.

Wie bereits angedeutet, liegt die Relevanz dieses Konzepts der Symbolbedeutungen auch darin, daß damit das Verhältnis von Kunst und Persönlichkeitsentwicklung genauer bestimmbar ist. Besonders in seinem Essay "Kunst und Arbeit" hat Holzkamp diesen Zusammenhang entwickelt, wobei er zur Frage der Schönheit und der antizipierten Menschlichkeit ausführt: Auch unter den Bedingungen der Klassengesellschaften und des realen Elends gibt es keine totale Unterwerfung der Ausgebeuteten unter die entfremdeten und entfremdenden Verhältnisse, bleibt dennoch eine Ahnung davon,

"daß die Vollkommenheit des Kunstwerks symbolischer Ausdruck verschütteter menschlicher Möglichkeiten ist, so jenes objektive Gefühl der Sehnsucht als Charakteristikum der Erfahrung künstlerischer Schönheit hervorruft. Die Kraft und Wahrhaftigkeit der Schönheit des künstlerischen Werkes über die geschichtlichen Epochen hinweg erklärt sich daraus, daß in ihm, wenn auch in Negation historisch spezifischer Formen menschlicher Unterdrückung und Verkümmerung, die 'allgemeine Gesellschaft' und die volle Entfaltung der menschlichen Gattungskräfte als Gegenbild jeder Art 'bestehender Verhältnisse' sinnlich-symbolisch vergegenständlicht und erfahrbar sind."[8] (Holzkamp, 1978a, S.31)

---

[8] Auch der Literaturwissenschaftler Wilhelm Girnus hat in seinen ästhetischen Überlegungen die Frage der Antizipation und der Schönheit ins Zentrum gestellt. So sehr er dem marxistischen Widerspiegelungsbegriff verpflichtet ist, so sehr polemisiert er in vielen Beiträgen gegen die Idee einer schlichten Nachahmung; so wenn er z.B. schreibt: "...für ein kritisches ästhetisches Denken muß die Vorstellung des Nach-Ahmens ganz und gar unvereinbar erscheinen mit der anderen Vorstellung, Kunst sei Spiel mit dem Möglichen, dem Künftigen also...Wie man nun das nachahmen soll, was im Schoße der Zukunft liegt, das

Wenn wir hier von den schon dargestellten Kontroversen zwischen Tätigkeitskonzept und Handlungsstrukturtheorie absehen, dann darf die Frage nach dem Wesen der Bedeutungen als die relevanteste angesehen werden. A. N. Leontjew hatte, in relativ deutlicher Orientierung an Wygotski, diese Bedeutungen nur auf die sprachliche Ebene bezogen, sie also als reine Wortbedeutungen aufgefaßt (vgl. Leontjew, 1973, S.211ff, 218ff). Dies war von Holzkamp mit dem Hinweis auf die Gegenstandsbedeutungen als unzureichend kritisiert worden (vgl. Holzkamp, 1973, S.169, Anm. 53). In ihrer Replik haben A. A. Leontjew und A. N. Leontjew auf ihrer Position beharrt, wobei sie allerdings streng genommen mit nur ontogenetischen Argumenten gegen Holzkamps gleichermaßen phylogenetische wie ontogenetische Darlegungen polemisieren (vgl. Leontjew & Leontjew, 1976, S.66). An diesem Punkt ist die Kontroverse bis zur Gegenwart zum Stillstand gekommen; anzumerken bleibt aktuell nur, daß sich Keseling Holzkamps Position im Prinzip angeschlossen hat (vgl. Keseling, 1979, S.119ff).

---

soll uns einmal einer nachmachen statt vorzumachen."
(Girnus, 1976, S.360) - Und das, was es vorzumachen gilt,
ist die Entfaltung der schöpferischen Kräfte des Menschen, seiner Subjektivität und genau dies ist schön.
"Wenn Subjekt zu sein sich nur in der universellen Entfaltung aller Gattungsvermögen des Menschen verwirklicht,
wenn dies höchste Steigerung des Lebensprozesses verspricht...und wenn wir nun Kunst erkennen als das geistige Instrument, das sich der Mensch geformt hat,...Kunst
also als das große Spiel mit den Verwirklichungsmöglichkeiten des Menschen als Subjekt um dessen Verwirklichung-,
ist es dann nicht natürlich, daß die ästhetische Wertaxiomatik, die Schönheit als Wertmaß des Subjekts, die dominante Rolle in der Kunst spielt?" (ebd., S.355) Oder wie
es schlicht im Titel des soeben zitierten Aufsatzes heißt:
Subjektsein ist schön.

2.2.2.2. WAHRNEHMUNGSAKTIVITÄTEN UND LOGISCHE STUFEN DES DENKENS

Wie bereits mehrfach festgestellt, ist menschliche Lebenspraxis entscheidend bewußte Lebenstätigkeit und diese setzt eine Erkenntnis der Wirklichkeit voraus. Seit dem Übergang von der funktionalen zur psychischen Widerspiegelung gibt es eine sich evolutionär entfaltende Fähigkeit zur Aufnahme der umgebenden Lebensumstände. Der unmittelbare Kontakt der Tiere wie des Menschen mit der Umwelt wird durch die Möglichkeiten der Reizaufnahme als Ausdruck der Körperlichkeit gesichert. Auch auf menschlichem Entwicklungsniveau ist dies so, wobei hier der Umweltkontakt durch die Wahrnehmung gesichert wird. Da das menschliche Evolutionsniveau auch hier die früheren Stufen in sich aufhebt, können wir logisch drei verschiedene Qualitäten von Wahrnehmung oder besser: von Wahrnehmungstätigkeit unterscheiden:

1.) Die Stufe der Orientierungsaktivität ist die elementarste Form der Umweltwahrnehmung; sie besteht in einem aktiven Selektionsprozeß gegenüber biologisch festgelegten relevanten bzw. irrelevanten Bedeutungsmomenten der Wirklichkeit (hierzu gehören z.B. Orientierungsreflexe, die Steuerung der Aufnahme, das Wiedererkennen von Größe und Form, Helligkeitsniveaus, Farbe). Diese Orientierungstätigkeit bildet die unspezifische Grundlage aller weiteren Wahrnehmungsmöglichkeiten und ist durch diese höheren Qualitäten überform- und spezifizierbar.

2.) Es folgt die Stufe der aktiven Gliederung des Wahrnehmungsfeldes, d.h. durch sie wird die Umwelt nach Bedeutungen hierarchisch gegliedert, also zergliedert und zusammengesetzt. So werden Umweltinformationen orientierend verarbeitet und entsprechende lebenserhaltende Aktivitäten können mit großer Wahrscheinlichkeit richtig ausgeführt werden. Die Fähigkeit zum Gliedern wird individuell erworben und sie führt insbesonders zur Trennung von Bekanntem und Unbekanntem. - Auf menschlichem Entwicklungsniveau bezieht sich die Fähigkeit zur Gliederung des Wahrnehmungsfeldes besonders auf die oben erläuterten primären Bedeutungen, sie ist also nur äußerlich, sekundär vergesellschaftungsfähig. Für den tätigen Umgang mit den Arbeitsmitteln hat diese Wahrnehmungstätigkeit insofern eine elementare

Bedeutung, als auch hier die Unterscheidung zwischen Bekanntem und Unbekanntem wichtig ist, besonders wenn es um die Veränderbarkeit und Formbarkeit bestimmter Materialien durch bestimmte Werkzeuge und Arbeitsvorgänge geht; darin eingeschlossen ist auch immer eine bestimmte Wahrnehmung der mit-arbeitenden Menschen.

3.) Die höchste, und spezifisch menschliche Wahrnehmungsaktivität ist die <u>sinnliche Erkenntnis gesellschaftlicher Bedeutungsstrukturen</u> (auch Wahrnehmungslernen genannt). Ihr liegt die Notwendigkeit zugrunde, gesellschaftliche Bedeutungsstrukturen in ihrem Aufforderungscharakter <u>aufzunehmen</u> und <u>umzusetzen</u>. Dazu ist es notwendig, die Erfahrungen der Kooperation und der Umgestaltung der Naturstoffe so zu verarbeiten, daß die in relevanten Aspekten gleichen Kooperationsformen bzw. Naturstoffe als solche <u>wiedererkannt</u> und somit schrittweise zu einer elementaren Form der Lebenserfahrung <u>generalisiert</u> werden. Nur wenn eine solche Wahrnehmungstätigkeit gegeben ist, kann die spezifisch menschliche Form der generalisierten Vorsorge individuell realisiert werden. Dabei ist evident, daß diese sinnliche Erkenntnis die anderen Formen der Orientierungsaktivität bzw. der Gliederung des Wahrnehmungsfeldes zur Voraussetzung hat. Genauso offensichtlich ist die grundsätzliche <u>Schranke</u> der sinnlichen Erkenntnis: sie ist an die Existenz des Wahrgenommenen und entsprechende Reizaufnahme gebunden und basiert zugleich nur auf rein individuellen Erfahrungen (dem individuellen "Erfahrungshorizont"). Damit ist allenfalls eine <u>pragmatische</u> Lebensorientierung möglich, also eine radikale Vereinseitigung des Verhältnisses von Alltag und Geschichte "zugunsten" des Alltags. Eine Durchdringung dieser rigiden Beschränkung auf die Unmittelbarkeit erfordert eine individuelle Erkenntnistätigkeit, die über die Wahrnehmung selbst qualitativ hinausgeht, sie erfordert das Denken.

<u>Denken</u> zeichnet sich allgemein dadurch aus, daß es als geistiger Prozeß stattfinden kann, <u>ohne</u> daß das Objekt des Denkens aktuell sinnlich vorhanden sein muß; das reine Sich-in-Erinnerung-rufen in Form von Repräsentationen ist ausreichend. Von Vorformen abgesehen, ist es deshalb im wesentlichen an bestimmte (bereits beschriebene) Symbolisierungsprozesse gebunden.

Dadurch entsteht auch eine relative Distanz zwischen dem Erkenntnisobjekt und dem individuellen Erkenntnissubjekt, die ein bewußtes, "reflexives" Verhältnis des Individuums zu seiner Umwelt wie zu seiner eigenen Subjektivität ermöglicht. So sehr das Denken letztlich an die Wahrnehmungstätigkeit als dem "Kontaktmedium" zur Außenwelt gebunden ist, so wenig findet es primär unter unmittelbarem Handlungsdruck statt. Damit kann man das Denken auch als eine präsenzentbundene Orientierungsleistung auffassen. – Vorstellungen sind wiederum als ein unselbständiges Teilmoment von Denkprozessen aufzufassen und sie stellen in der Regel anschauliche Vergegenwärtigungen von Aufgaben, Zielen, Wünschen u.ä. dar.

Auch das Denken hat phylogenetische Vorläufer im erläuterten Erfassen von Zusammenhängen, im antizipierten Erfassen von Ereignissen, im Herstellen von Mitteln nur zur Orientierung, im Erfassen sachlicher und sozialer Koordinierungsformen während des TMÜ (vgl. Kap. 2.1.2. - 2.1.4.). Auf gesellschaftlichem Niveau entsteht so die Fähigkeit, sich individuell die gesellschaftlichen Bedeutungsstrukturen geistig anzueignen, und zwar so, daß sie nicht nur in ihrer "oberflächlichen" Beschaffenheit erfaßt werden (als unmittelbare Handlungsaufforderungen), sondern auch in ihrer Bedeutung für die Zukunft, d.h. für die langfristige, verallgemeinerte Vorsorge. Die Antizipation zukünftiger Ereignisse, nicht als einzelne, sondern als "Ereignissysteme", macht die spezifische Möglichkeit menschlichen Denkens aus und findet in den symbolisierten gesellschaftlichen Gedankenformen ihren verdichteten und verallgemeinerten Ausdruck. Das bedeutet immer auch, daß die Qualität dieser Symbole, d.h. ihre analytische Kraft bzw. ihre Schönheit auch wesentlich die Möglichkeiten des individuellen Denkens bestimmen. Es lassen sich auch hier drei unterschiedliche Niveaus der Kognition unterscheiden:

1.) Die elementarste, einfachste Form ist das anschauliche Denken, welches noch am engsten mit der höchsten Stufe der Wahrnehmung, der sinnlichen Erkenntnis, verbunden ist. Es ist zwar schon präsenzentbunden, beschränkt sich aber auf die Auswertung der gegebenen Umweltinformationen. Das Unbekannte wird dabei nach dem "Muster" des Bekannten struk-

turiert (man denke hier an bestimmte magische Denkformen).
Das anschauliche Denken führt zu einer Art von Selbst- und
Weltsicht, die sich weitgehend auf äußerliche Wenn-Dann-
Beziehungen beschränkt und daher solche Merkmale aufweist
wie Einfachheit und Geschlossenheit, zumeist verbunden mit
Personalisierungen. Es verbleibt also im ungeschichtlich
verstandenen Alltag der Persönlichkeit, es ist konsequente
Form einer individuellen Lebenspraxis, die rein auf ein
Sich-Einrichten in eine gegebene, in jeder Hinsicht unveränderliche Welt abzielt. Die Menschen generell wie auch die
eigene Persönlichkeit wird bar aller Subjektivität gedacht
(man erinnere sich an die obigen Ausführungen Herrmanns zu
den frühesten Denkformen). Dieses Erkenntnisniveau ist nicht
nur historisch das erste, sondern es kann auch logisch als
das elementarste angesehen werden. Dadurch lassen sich auch
bestimmte Ähnlichkeiten zwischen frühgeschichtlichen magi-
schen Denkformen und gewissen Tendenzen im Alltagsbewußtsein
hochentwickelter Länder erklären.

2.) Der Übergang von anschaulichem zu instrumentellem Denken
hat seine Voraussetzung in der verbesserten Naturerkenntnis
und damit Naturbeherrschung, was Folgen hat sowohl für die
Entwicklung der Arbeitsmittel wie auch der Kooperationsformen. So wird aus der Erkenntnis, daß man individuell bestimmte Dinge "machen" kann, schrittweise die Einsicht, daß man
dies in einem bestimmten gesellschaftlichen Zusammenhang tut,
daß also die eigenen Handlungen in ihrer Bedeutung noch ganz
unzureichend erfaßt sind, wenn man sie nur am unmittelbaren
Resultat mißt. Es wird vielmehr erkannt, daß man in den gesellschaftlichen "Kreislauf" eingebunden ist, aus dem sich
die eigentliche Bedeutung der eigenen Handlungen erst ergibt und daß sie insofern auch und gerade über diesen "Kreis-
laufprozeß" vermittelte Bedeutung für das Individuum haben.
Dabei umfaßt diese gesellschaftliche "Kreislaufbeziehung"
immer auch die kollektive Naturbeherrschung, also Anwendung
(wie begrenzt auch immer) erkannter Naturgesetze. Insofern
ist das instrumentelle Denken durch eine beschränkte Einsicht in die Gesetzmäßigkeiten der Natur und der Gesellschaft
geprägt; jedoch werden nicht mehr reine Wenn-Dann-Beziehungen
hergestellt, sondern kausale Beziehungen. Diese kausalen Erkenntnisse werden in den gesellschaftlichen Denkformen (als

einem Teil des menschlichen Wesens) einerseits verdichtet
und verallgemeinert und andererseits tradiert, d.h. die
Individuen selbst entfalten ihre kognitiven Fähigkeiten
in dem Maße, wie sie sich diese objektiven Gedankenformen
aneignen. Da dies stets ein aktiver Prozeß ist, schließt
er stets die Möglichkeit ein, daß das einzelne Individuum
selbst durch eigene Erfahrungen und deren Verallgemeinerungen zur Weiterentwicklung des gesellschaftlichen Erkenntnisfonds beiträgt (und dies u.U. auch bewußt zu seiner Aufgabe, seiner "Verpflichtung" macht). - Die sozialhistorische
Entstehung des instrumentellen Denkens ist Voraussetzung für
die Herausbildung der Wissenschaft als einer spezifischen
Form gesellschaftlicher und individueller Erkenntnistätigkeit.

Das instrumentelle Denken überschreitet dadurch qualitativ
das Niveau der Anschaulichkeit, daß es für bestimmte Realitätsbereiche bewußt eine kausale Beziehung zwischen aktiv
hervorgebrachten Bedingungen und bewirkten Ereignissen herstellt. Dabei wird die Wahrnehmung hier dem Denken untergeordnet, indem erstere gerade auf die Rezeption dieser kausalen Beziehungen gerichtet wird; d.h. dieses spezifische Erkenntnisinteresse steuert die Wahrnehmungsaktivitäten.

Wir haben im vorangegangenen Unterabschnitt darauf hingewiesen, daß in den interpersonalen Instrumentalbeziehungen die
Trennung von Geschichte und Alltag in der individuellen Lebenspraxis zum Ausdruck kommt. Das instrumentelle Denken als
kognitiver Aspekt dieser Instrumentalverhältnisse ist auch
durch diese Trennung als einer geistigen Trennung bestimmt.
D.h. die "Kreislaufbeziehung" individuelle Tätigkeit - gesellschaftlicher Zusammenhang erscheint noch als unhistorische,
damit unveränderliche. Die Individuen, allein und gemeinsam,
bringen nach diesem Welt- und Selbstverständnis nicht die
gesellschaftlichen Verhältnisse hervor und können sie deshalb auch nicht verändern. Vielmehr ist diese geschichtslose Gesellschaft mit ihren Anforderungsstrukturen dem Individuum gegeben, es muß sich an sie anpassen, sich in sie einfügen, und die anderen Menschen können ihm für bestimmte Zeiträume bei der Realisierung bestimmter, privater Ziele dienlich
sein. Das instrumentelle Denken geht also über die Anschaulichkeit hinaus, indem es über die Alltagsorientierung hinausgeht;

es bleibt aber "auf halbem Wege stehen", weil es die gegenständlich-symbolischen Bedeutungsstrukturen nur als <u>Voraussetzung</u>, nicht aber auch als Resultat individuell-kollektiven Handelns der Menschen begreift. Dies schließt auch die primäre <u>Abgetrenntheit</u> der Individuen von der Gesellschaft und ihre nur äußerliche, sekundäre <u>Bezogenheit</u> aufeinander ein. Insofern ist das instrumentelle Denken nur in Bezug auf bestimmte, voneinander isolierte Realitätsbereiche als kausales Denken zu charakterisieren. Denn die Kausalität zwischen objektiven Bedingungen und gesellschaftlich-individuellen Subjekten bleibt diesem Denken "verborgen".

3.) Erst das <u>begreifende Erkennen</u> vermag den Zusammenhang zwischen Alltag und Geschichte kognitiv zu durchdringen, die gesellschaftlichen Anforderungsstrukturen als hergestellte, damit veränderliche Handlungsräume der Individuen zu begreifen, damit individuelle Lebenspraxis als Teilmoment gesellschaftlicher Lebensoptimierung zu erkennen. Die handelnden Individuen sind damit bewußt Moment des gesellschaftlichen Evolutionsprozesses, der ihnen einerseits als ein System von Anforderungen <u>gegeben</u> ist und dessen Veränderung ihnen andererseits <u>aufgegeben</u> ist. Sie überschreiten aufgrund dieser kognitiven Einsicht ihren nur borniert-alltäglichen Lebensraum, um sich mit anderen aufgrund gemeinsamer Ziele zu kollektiven, gesellschaftlichen Subjekten zusammenzuschließen. Als kognitiver Aspekt interpersonaler Subjektbeziehungen ist dieses Denken nicht mehr auf rein gesellschaftliche Orientierung (wie das anschauliche, aber auch noch das instrumentelle Denken) beschränkt, sondern hebt diese Orientierungsleistungen als unselbständige Teilmomente einer umfassenden Welt- und Selbstsicht in sich auf, indem die "Oberfläche" und das "Wesen" der gesellschaftlichen Prozesse in ihrer prozessual-gesetzmäßigen Einheit erfaßt werden. Nur so kann die eigene Existenzsicherung als unselbständiger Aspekt gesellschaftlicher Vorsorge erkennt und damit die individuelle Realitätskontrolle als unselbständiges Moment gesellschaftlicher Realitätskontrolle begriffen werden.

Begreifendes Erkennen meint immer auch, sich selbst in der Entwicklung zu sehen, damit auch sich selbst als veränderbar anzusehen. Aus diesem Grunde kommt diesem Erkenntnisniveau immer dann eine besonders zentrale individuelle Bedeu-

tung zu, wenn der einzelne aufgrund objektiv vorhandener bzw. subjektiv hervorgebrachter Bedingungen vor "Scheidewegen" in seiner Biographie steht. An diesen wird die kognitive Alternative zwischen Sich-Orientieren oder Begreifen zu einer <u>Lebensalternative</u>, die sehr relevant bestimmte biographische Zeiträume der Lebenspraxis eines einzelnen festlegt. Sofern er sich auf reines <u>Orientieren</u> beschränkt, liefert er sich "subjektiv freiwillig" den konkreten gesellschaftlichen Lebensbedingungen aus und schreibt seinen gegenwärtigen Entwicklungsstand fest. Damit wird ihm nicht nur die Gesellschaft, sondern auch sein eigener Lebensweg zum "Schicksal".
- Demgegenüber bricht das <u>Begreifen</u> gesellschaftlich und biographisch verfestigte Strukturen auf, erkennt diese in ihrem Hervorgebrachtsein und damit in ihrer Veränderbarkeit und weist den Individuen damit einen Weg zu "neuen Ufern", zu neuen Lebenserfahrungen und "Horizonten"; es vermittelt ihnen letztlich die Einsicht, daß menschliches Leben prinzipiell lebenslanges Sichentwickeln ist, weil das menschliche Wesen stets die individuellen Aneignungsmöglichkeiten übersteigt und die menschliche Natur dieser umfassenden Aneignung (bis auf sehr seltene, organpathologische Ausnahmen) keinerlei Hindernisse in den Weg stellt.

In diesen Ausführungen zum begreifenden Erkennen liegt ein historisch-logisches Problem: Wie aus vielen Arbeiten der Kritischen Psychologie hinlänglich bekannt, wird dieses begreifende Erkennen ineins gesetzt mit dem <u>dialektischen</u> Denken. Nun wird man einerseits dieses dialektische Denken <u>logisch</u> als eine grundsätzliche Möglichkeit der Menschen ansehen müssen. Andererseits entsteht es <u>historisch</u> aber frühestens mit den Klassengesellschaften, und (nach den bisher erläuterten Überlegungen) in seiner wissenschaftlich voll entwickelten Form, nämlich als materialistische Dialektik, erst mit der Herausbildung der revolutionären Arbeiterbewegung im Kapitalismus (vgl. dazu die Einleitung dieses Buches). Gerade hier wird zweierlei deutlich: a) Man darf objektive Gedankenformen nicht nur in ihrer sozialgeschichtlich entfaltetsten Form begreifen, sondern muß auch ihre verschiedenen Vorstufen mit in die Analyse einbeziehen; d.h. hier die <u>Geschichte</u> der Dialektik im Auge behalten (vgl. hierzu Seidel, 1980, 3. u. 4. Vorlesung; ferner auch Hollitscher,

1965, Teil I, Kap. 4.10.). -

b) Die früheren, zum Teil impliziten Formen der Dialektik sind offensichtlich gebunden an die Herausbildung antanonistischer gesellschaftlicher Widersprüche. In diesem Sinne schreibt etwa Sandkühler (1973, S.96):

"Der Begriff der Dialektik ist...nicht primär wissenschaftslogisch oder semantisch 'einzuführen', sondern er führt sich bereits im umgangssprachlichen Gebrauch von 'Widerspruch/widersprüchlich/Gegensatz/gegensätzlich' selbst ein in den Denkprozeß als Strukturelement eines materiellen Seins, welches unser Denken widerspiegelt. Es bleibt freilich zu unterscheiden, in welcher kategorialen Präzision 'Dialektik' im Alltagsbewußtsein, im individuell-gesellschaftlichen Bewußtsein und im Klassenbewußtsein ihre Form findet. Wichtig ist: Die Kategorie 'Dialektik' ist keine Projektion des Bewußtseins auf das Sein, sondern ist durch Abstraktion und Synthesis aus dem geschichtlichen Entwicklungsgang primär jener Widersprüche gewonnen, die im gesellschaftlichen Sein des Menschen ihre Wirkung entfaltet haben: der Klassenwidersprüche."

- Beide Anmerkungen bedeuten für das kognitions-psychologische Verständnis des begreifenden Erkennens, daß es sein Wesen darin hat, die objektiven Realwidersprüche subjektiv-kognitiv widerspruchsfrei als solche zu rekonstruieren, die eigene Eingebundenheit in diese Realwidersprüche zu erkennen und zugleich jene gesellschaftsverändernden Kräfte, die die objektiv notwendigen Entwicklungsprozesse auch subjektiv-praktisch realisieren (können). D.h. die Widersprüche im Individuum und seiner Lebenspraxis werden so erkannt als gesellschaftlich "induzierte" Widersprüche und sie sind zugleich der subjektive Motor, um im Kontext gesellschaftlicher Subjekte auch individuell für soziale Veränderungen aktiv zu werden. Weil begreifendes Erkennen dialektisches Denken ist, kann es nie auf Wahrnehmung reduziert werden, ja es kann sogar mit seinen Einsichten der anschaulichen Evidenz der Wahrnehmung insofern entgegengestellt sein, als aktuelle Situationen nicht schon das Wesen eines Prozesses und d.h. seine Entwicklungstendenzen als solche offenlegen, sondern daß es dazu der analytischen Verarbeitung der durch Wahrnehmung gewonnenen Lebenserfahrungen des einzelnen wie der Menschen generell bedarf.

Sofern man diesen Prozeßcharakter zum Ausgangspunkt der kognitionspsychologischen Überlegungen wählt, ist auch klar, daß es eine "Dialektik im Alltag" und "aus dem Alltag heraus" gibt, d.h. spontane, noch nicht wissenschaftlich disziplinierte Formen begreifender Welt- und Selbsterkenntnis, in denen bereits die <u>Geschichtlichkeit des Alltags</u> wie die <u>Alltäglichkeit der Geschichte</u> intensiv verknüpft werden.

Die dargestellten Auffassungen wurden in wesentlichen Zügen bereits in der "Sinnlichen Erkenntnis" (vgl. Holzkamp, 1973, Kap. 5. u. 8.2. / 8.3.) <u>herausgearbeitet</u>, wobei hinsichtlich des allgemeinen Verhältnisses von Wahrnehmung und Denken auf Einsichten Leontjews zurückgegriffen werden konnte (vgl. Leontjew, 1973, bes. S.208ff). Während Holzkamp damals noch die logischen Stufen der Denktätigkeit nur auf die bürgerliche Gesellschaft bezogen hatte, wurde schon von H.-Osterkamp deutlich gemacht, daß es sich hier um ein <u>allgemeines</u> Problem menschlicher Lebenspraxis handelt (vgl. H.-Osterkamp, 1975, Kap. 3.3.4. /3.3.5.; ferner Seidel, 1976, Kap. 4.).
- Kognitionspsychologische Forschungen sind darüber hinaus in der Kritischen Psychologie nur noch von <u>Seidel</u> durchgeführt worden. In seiner Studie "Denken" stellt er die Frage des <u>Problemlösens</u> ins Zentrum seiner Überlegungen. Die Spezifik des kritisch-psychologischen Ansatzes wird dabei zunächst durch die <u>Gesellschaftlichkeit des Problemlösungsprozesses</u> charakterisiert.

"Aufgaben kommen...nicht von irgendwoher, sondern die Stellung von Aufgaben ist Bestandteil der aktiven Tätigkeit des Menschen. Diese Subjekthaftigkeit wird in erster Linie in dem Vorgang des Stellens von <u>Zielen</u> sichtbar. Andererseits ist die Stellung einer Aufgabe objektiv daran gebunden, daß die Lösungsmöglichkeiten, die zur Erreichung des Ziels notwendigen Mittel im Prinzip schon zur Verfügung stehen. Im <u>Mittel</u> drückt sich also die Objektivität der Aufgaben aus." (Seidel, 1976, S.70)

Während die Reife bestimmter Problemstellungen und Problemlösungen (die als solche auch den Inhalt von Zielen ausmachen) vom sozialgeschichtlichen Entwicklungsstand abhängig sind (und dieses in wesentlichen Momenten auch die individuelle Denktätigkeit bestimmt), werden <u>individuelle</u> Problemlösungen daraus zwar abgeleitet, primär aber dennoch vom ontogenetischen Entwicklungsstand bestimmt; und dies in einer spezifischen Weise:

"Probleme treten an besonderen Punkten in der Entwicklung der Tätigkeit auf, und zwar dort, wo sich ein gewisser Sprung (wir sprachen oben von "Scheidewegen";K.-H.B.) vollzieht, wo der Übergang zur Befriedigung neuer Bedürfnisse erfolgt, wo qualitativ neue Produkte, neue Mittel und Erkenntnisse gefordert sind. Diese spezifische Stellung des Problems soll darin ausgedrückt werden, daß Probleme als '<u>Entwicklungsmomente</u>' der Tätigkeit bezeichnet werden." (ebd., S.80)

So betrachtet ist _instrumentelles Denken_ dadurch gekennzeichnet, daß die Probleme als _entsubjektiviert_ aufgefaßt werden (die Frage nach den Entstehungsbedingungen also ausgeklammert wird) und die Problemlösungsmöglichkeiten eingeschränkt werden, das Problem also als _abgeschlossenes_ aufgefaßt wird (vgl. ebd., Kap. 5.2., 6.4.). Demgegenüber ist _begreifendes Erkennen_ durch subjekthaftes Problemverständnis und Offenheit der Problemlösungsvarianten (nicht ihre Beliebigkeit) gekennzeichnet (vgl. ebd., Kap. 7.3.).

In einer weiteren Studie, über die "ökonomische Funktion der Logik", geht Seidel der Frage nach, wie im gesellschaftlichen und individuellen Maßstab das Denken effektiviert wird. Am Beispiel des Schachspiels und den analytischen Möglichkeiten der formalen Logik entwickelt er die Auffassung, daß zwar beide Prozesse gemeinsam, in ihrer Abhängigkeit, betrachtet werden müssen (vgl. Seidel, 1979, S.56f), daß aber gerade durch diese einheitliche Betrachtungsweise auch die _Differenzen_ deutlich hervortreten. Dies bedeutet bezogen auf die Logik:

"Der ökonomisierende Effekt der Logik liegt...darin begründet, daß sie sich nicht auf ein _aktuelles_, vorliegendes Problem, sondern auf...beliebige _mögliche_ Probleme bezieht... Die Ökonomie der Logik als geistige Angelegenheit verweist uns somit auf die materielle, gesellschaftliche Ökonomie: Logik als System der Deduktion ist Teil der mit der steigenden Vergesellschaftung einhergehenden vorausplanenden, für mögliche Anwendungsfälle vorsorgenden geistigen Arbeit. Die geistige Arbeit des Individuums wiederum wird in dem Maße effektiver, wie es - implizit oder explizit - an dem gesellschaftlich erarbeiteten, in vergegenständlichter Form zugänglichen Bestand an Mitteln der Deduktionslogik Anteil hat."
(ebd., S.87)

Damit ist nicht zuletzt auf das Verhältnis von Emotion und Kognition verwiesen (vgl. ebd., S.84f), womit wir uns im nächsten Unterabschnitt beschäftigen werden.

Als relevante _Kontroverse_ könnten hier nur die Differenzen mit der Lerntheorie Galperins genannt werden, womit wir uns aber erst in Kap. 3.2.2. befassen wollen.

2.2.2.3. BEDÜRFNISSE, MOTIVATIONEN UND EMOTIONALITÄT

Auch in diesem Unterabschnitt setzen wir bei den Überlegungen aus dem Kap. 2.1.4. an (wobei sich in Kap. 2.2.1. schon einige Bemerkungen zu den menschlichen Bedürfnissen finden) und rufen uns in Erinnerung, daß der Bedarf nach Umweltkontrolle sich mit dem Bedarf nach sozialer Integration verband. Durch die historische Anthropogenese wird dies zunehmend zur Grundlage der Teilnahme an gemeinsamen Aktivitäten der Lebenssicherung, die mit dem Entstehen und Dominantwerden der gesellschaftlichen Arbeit immer mehr zum Bedürfnis nach Teilhabe am gesellschaftlichen Produktionsprozeß als der spezifisch menschlichen Form der Umweltkontrolle wird. Dieses Bedürfnis wird in dem Maße befriedigt, wie der einzelne die in den sachlichen Gegenstandsbedeutungen (später auch in den entsprechenden Symbolbedeutungen) liegenden Handlungsaufforderungen je nach seiner individuellen Stellung im gesellschaftlichen Produktions- und Reproduktionsprozeß umsetzt. Da sich die Dimension Bekannt - Unbekannt nun primär auf die kollektive Auseinandersetzung des Menschen mit der Natur bezieht, wachsen auch der Aspekt der Neugier und Erkundung wie der sozialen Integration zusammen zur individuellen Vergesellschaftung. - Der Befriedigung dieser als produktiv bezeichneten Bedürfnisse steht als "Kontrapunkt" die Angst (als Angstbereitschaft bzw. als manifeste Angst) gegenüber, die der emotionale Ausdruck des Ausschlusses von diesen individuellen Vergesellschaftungsprozessen ist.

Die produktiven Bedürfnisse sind die Grundlage aller spezifisch menschlichen Entwicklungs- und Lernprozesse, sie bilden den subjektiven "Motor" aller auf Vergesellschaftung gerichteten Aktivitäten des Individuums. Dies heißt aber auch, daß ihre Befriedigung nur möglich ist, wenn die konkreten Einzelziele/Zielfolgen tatsächlich das Niveau der individuellen Vergesellschaftung verbessern. Somit dient nicht jede Aktivität gleichrangig der Befriedigung dieser Bedürfnisse, ja es gibt sogar Formen von gesellschaftlich hervorgerufenen Aktivitäten, die der Befriedigung dieser Bedürfnisse entgegenstehen (wir kommen darauf noch mehrfach zurück).

Diesen produktiven Bedürfnissen stehen zunächst die Bedürfnisse des Funktionskreises der individuellen Lebenssicherung relativ gegenüber (vgl. Kap. 2.2.2.1.), also die Befriedigung der organischen Bedürfnisse. Diese sind insofern in den produktiven Bedürfnissen aufgehoben, als ein unselbständiges Teilmoment der verallgemeinerten, gesellschaftlichen Vorsorge genau in der frühzeitigen Bereitstellung aller notwendigen Mittel zur Befriedigung dieser Bedürfnisse besteht. Dadurch verlieren diese Bedürfnisse ihre zentrale Funktion als Grundlage des individuellen Aktivwerdens und geben so dem Individuum überhaupt erst die Möglichkeit, sich bewußt zu diesen Bedürfnissen zu verhalten. Umgekehrt bedeutet der Verlust der historisch möglichen individuellen Vergesellschaftung, daß das Individuum unter den Zwang einer unmittelbaren Befriedigung dieser organischen Bedürfnisse gerät und dadurch seine Genußfähigkeit radikal eingeschränkt wird. Gerade unter solchen Bedingungen ist eine Ausdifferenzierung der organischen Bedürfnisse undenkbar; man muß "nehmen was man kriegt". - Die Voraussetzung optimaler Genußfähigkeit ist wahrscheinlich eine "mittlere" Bedürfnisspannung, die also zwischen den Extrempunkten "größter Bedürfnisdruck" und "Übersättigung" liegt.

Wie im Zusammenhang mit den Bedeutungsstrukturen schon erläutert, stellt sich das Problem bei den sexuellen Bedürfnissen wahrscheinlich insofern noch etwas anders, als ihre "Befriedigungsobjekte" als solche nicht gesellschaftlich hervorgebracht werden (alle Menschen existieren in ihrer Körperlichkeit als Voraussetzung, nicht als Folge der gesellschaftlichen Produktion), diese Bedürfnisse also nur sekundär vergesellschaftungsfähig sind. Dabei wird gerade im TMU die Tendenz entscheidend, die sexuellen Bedürfnisse von denen der Pflege und Erziehung der Nachkommenschaft zu trennen, so daß diese Bedürfnisse sich entscheidend zum emotionalen Moment der Geschlechtsbeziehungen entwickeln. - Sofern man dies voraussetzt, gelten auch hier die Überlegungen zur Bedeutung der Befriedigung produktiver Bedürfnisse als Voraussetzung für die Entfaltung der Sinnlichkeit. Umgekehrt bedeutet auch hier Zerstörung der "Produktivität", der individuellen Kontrolle und Abgesichertheit immer auch Zerstörung der Sinnlichkeit; die Angst (als manifeste Angst oder Angstbereitschaft) ist der größte "Feind" der Sinnlichkeit. In diesem Sinne ist selbstverständlich auch die Sexua-

lität in den produktiven Bedürfnissen aufgehoben.
Wenn man nun das menschliche Bedürfnissystem in seiner Gesamtheit betrachtet, wird es legitim sein, bestimmte temporäre Vereinseitigungen hin zur Sinnlichkeit bzw. hin zur "Produktivität" als Spezifikum der menschlichen Bedürfnisbefriedigung anzuerkennen.
Die naturgeschichtliche Herausbildung und gesellschaftliche Transformation der Motivation war stets an die Entstehung der Lernfähigkeit gebunden, also daran, daß Aktivitäten am potentiellen, antizipierten Befriedigungswert ausgerichtet werden. Auf menschlichem Evolutionsniveau bedeutet dies, seine Aktivitäten an je konkreten Zielen zur Verbesserung der Realitätskontrolle und sozialen Integriertheit zu orientieren. Antizipiert wird dabei, daß individuelle Vergesellschaftung die Befriedigung wirklich menschlicher, nämlich produktiver Bedürfnisse erlaubt und daß erst dadurch die Sinnlichkeit und Genußfähigkeit sich tatsächlich entfalten kann. Dies bedeutet bezogen auf unsere Analysen der interpersonalen Beziehungen, daß die Individuen nur insofern motiviert handeln, als sie objektiv gemeinsame Ziele auch subjektiv verfolgen, es sich also um Realisierung allgemeiner Ziele im Kontext von interpersonalen Subjektbeziehungen handelt. Grundlage solcher Beziehungen ist die produktive Motivation und die emotionalen Begleitmomente solcher Beziehungen sind z.B. Angstfreiheit, Ehrlichkeit und Eindeutigkeit. Diese Motiviertheit ist zugleich Grundlage der menschlichen Entwicklungs- und Lernfähigkeit, die auf die Verbesserung und Optimierung der eigenen Beiträge zur kollektiven Lebenssicherung gerichtet ist. Da hierdurch einerseits die Einheit von Geschichte und Alltag in der individuellen Lebenspraxis hergestellt wird, andererseits die individuellen Aneignungsmöglichkeiten immer das menschliche Wesen in seiner Gesamtheit unterschreiten, ist die produktive Motivation Grundlage und subjektiver "Motor" lebenslanger, im Prinzip unabschließbarer produktiver Fähigkeitsentwicklung.

Nun stellt sich die Einheit von Geschichte und Alltag selbst wiederum nicht unmittelbar her, sondern die oben geschilderte gesellschaftliche "Kreislaufbeziehung" von individuellen Aktivitäten und gesellschaftlichem Produktions- und Reproduktionsprozeß ist außerordentlich komplex und erfordert einerseits ein kognitives Durchdringen dieser Zusammenhänge auf dem Niveau begreifenden Erkennens wie auch ein hohes Maß an Antizipation der Befriedigung, die aus den eigenen Handlungen resultieren. Damit aber emotionale "Durststrecken" überwunden werden können - und deren Überwindung ist Voraussetzung zur Erreichung hoher/höchster Befriedigungen - bedarf es der <u>willentlichen Anstrengungsbereitschaft</u> des einzelnen. Sie ist höchster und komprimiertester Ausdruck des bewußten Verhältnisses zu seinen eigenen Bedürfnissen und damit zugleich emotionales Korrelat zur vollen Entfaltung des Verhältnisses von Geschichte und Alltag durch das je konkrete Individuum.

Die Abtrennung des Alltags von der Geschichte in den interpersonalen <u>Instrumentalverhältnissen</u> ist selbstredend nicht ohne Konsequenzen für die Möglichkeiten der Bedürfnisbefriedigung und die Motivationsentwicklung. Durch sie werden die Möglichkeiten produktiver Bedürfnisbefriedigung sowie der produktiven Motivations- und Fähigkeitsentwicklung radikal eingeschränkt, wenn nicht sogar grundsätzlich verhindert. Die individuellen, isolierten Ziele, die man nicht mit anderen gemeinsam verfolgen kann, bei deren Realisierung die Mit-Menschen nur zum Instrument der eigenen Absichten werden, können nicht wirklich motiviert verfolgt werden; hier findet dieAktivierung vielmehr unter <u>innerem psychischem Zwang</u> statt. Die nur instrumentelle Welt- und Selbstsicht hat zur emotionalen Folge u.a. Ängstlichkeit, Verunsicherung, Empfindlichkeit, "Hinterhältigkeit", Scheu vor Eindeutigkeit, "inhaltslose", z.T. auch gerade deshalb "demonstrierte" Emotionalität. Daß ein solcher Zwang überhaupt individuell entstehen kann, ergibt sich aus der notwendigen <u>relativen</u> Selbständigkeit des <u>Wollens</u> gegenüber kurzfristigen Befriedigungen. Diese eigentliche produktive Möglichkeit des Menschen schlägt dann ins <u>Negative</u> um, wenn aus der Selbständigkeit <u>Verselbständigung</u> und damit in gewisser Weise "Isolierung" wird und genau dadurch die Frage, ob das Ziel eigentlich im eigenen Interesse ist und daher überhaupt motiviert verfolgbar ist, ausgeklammert wird. Anders gesagt: Sofern Individuen aufgrund spezifischer historischer Prozesse an der Entfaltung interpersonaler Subjektbeziehungen und begreifenden Erkennens gehindert werden, sie aber dennoch gesellschaftsbezogen handeln sollen oder müssen, können sie es nur unter innerem psychischem Zwang. Solchermaßen erzwungene Aktivitäten rufen stets negative Emotionen hervor, fördern sogar die manifeste Angst bzw. die Angstbereitschaft. Unter solchen Bedingungen bildet sich entweder die Tendenz heraus sich zu verweigern oder aber den psychischen Zwang zu verinnerlichen, ihn also quasi zu einer eigenständigen, "inneren" Instanz werden zu lassen, die der bewußten Kontrolle des Individuums selbst weitgehend entzogen ist. Damit wird das Leben selbst nicht nur zu einer permanenten Belastung für das Individuum, es leidet nicht nur an der Gesellschaft und sucht in der Sinnlichkeit erfolglos dafür "Entschädigung", sondern ihm fehlt auch das subjektive Bewegmoment für die eigene (Weiter-)Entwicklung; die Persönlichkeit "verhärtet" sich, "zerfällt" psychisch.

Es gibt aber wahrscheinlich noch eine dritte Möglichkeit, die Individuen zu bestimmten Aktivitäten zu bewegen, die weder auf Motivation noch auf psychischem Zwang beruht und die man als Schein-Motivation bezeichnen könnte. Sie findet sich bei solchen Individuen, die in einer radikalen Abgeschlossenheit in ihrem Alltag leben und sich rein durch anschauliches Denken orientieren. Diese Schein-Motivation würde dann dadurch entstehen, daß die gesellschaftlichen Anforderungen als selbstverständliches Moment der Alltagswelt aufgenommen werden, also in einfache Wenn-Dann-Beziehungen integriert werden und dadurch den Schein der Selbstevidenz und des Eigennutzes erhalten. Diese "heile Alltagswelt" ist selbstverständlich dauernd von "historischen Einbrüchen" ("Umstürzen") bedroht und insofern - gerade in gesellschaftlichen Krisenzeiten - immer sehr instabil und kann schon sehr schnell in die genannten Zwangsverhältnisse umschlagen.

Da die gesellschaftliche Umwelt den Individuen nicht in ihrer Gesamtheit entgegentritt, sondern selbst objektiv gegliedert ist, was auch subjektiv kognitiv wie emotional erfaßt werden muß, entstehen in der individuellen Lebenspraxis (wenn man es etwas metaphorisch ausdrücken will: "im psychischen Haushalt") viele Teil- und Einzelwertungen, die aber nicht notwendigerweise und spontan zu einer einheitlichen Wertung "zusammenwachsen" und insofern aufgrund wesentlicher bzw.

partieller Widersprüchlichkeiten nicht spontan zur Handlungsbereitschaft führen. Um diese zu entwickeln, bedarf es einer Vereinheitlichung zu einer emotionalen Gesamtbefindlichkeit des je konkreten Individuums, und diese ist Resultat ganz spezifischer psychischer Anstrengungen. Aus allem bisher Gesagten ergibt sich zwangsläufig, daß die emotionale Gesamtbefindlichkeit, kurz Emotionalität genannt, der spezifische Ausdruck des Verhältnisses des Individuums zu seinen gesellschaftlichen Lebensbedingungen ist. Das gilt in jenem objektiven Sinn, daß es sich um die emotionale Wertung der eigenen interpersonalen Beziehungen handelt; und in dem subjektiven Sinne, daß die Emotionalität Ausdruck der eigenen Lebenserfahrungen, Speicherung und Verdichtung verschiedener Wertungsprozesse während der Biographie ist.

Gerade bei der Emotionalität wird nochmals die Bedeutung der individuellen "Scheidewege" deutlich: Denn an solchen Punkten der Biographie, wo die grundsätzliche Alternative von Subjektsein/Begreifen/Motiviertheit einerseits und Instrumentsein/Fesselung an die Anschauung/Zwang bzw. Schein-Motiviertheit) andererseits auch zur aktuellen Alternative wird, entscheidet sich für längere biographische Zeiträume, ob das Individuum Erfahrungen mit einer kollektiv-aktiven Lebensweise macht oder aber einer angepaßten, isoliert-aktiven. Entsprechende Entscheidungen müssen - im positiven wie negativen Sinne - nie endgültige Entscheidungen sein, der einzelne kann sich immer auch der Geschichte wieder zuwenden bzw. sich von ihr abwenden. Je intensiver der einzelne seine Subjektbeziehungen entfaltet, desto stärker ist auch seine begreifende Erkenntnistätigkeit und desto "tiefer" sind seine Emotionen; umgekehrt steigen kognitive Orientierungslosigkeit und emotionale Unsicherheit, je mehr der einzelne in Instrumentalverhältnissen lebt.

Da sich die emotionale Gesamtbefindlichkeit nicht spontan herstellt, bedarf sie auch der kognitiv-strukturierenden Durcharbeitung, womit neben dem skizzierten primären Verhältnis von Kognition und Emotion ein sekundäres Verhältnis entsteht: bestimmte Kognitionsstufen implizieren immer auch ein bestimmtes Verhältnis zur eigenen Emotionalität. Beim anschauenden Denken werden die Emotionen in einfache Wenn-Dann-Relationen integriert und ihren Ursachen wird nicht "tiefer" nachgegangen.

Für das _instrumentelle_ Denken sind Emotionen in bestimmten Grenzen auch individuell hergestellte, damit auch veränderbare. Sie werden in begrenzter Weise als Ausdruck des Charakters der eigenen Lebenspraxis verstanden. Da aber die gesellschftlichen "Kreislaufbeziehungen" nur äußerlich und unhistorisch aufgefaßt werden, hat der einzelne auch nur ein äußerliches, in gewissem Sinne sogar manipulatives Verhältnis zu seinen eigenen Emotionen. In keinem Fall werden sie wirklich in ihrem objektiven Wertungscharakter erfaßt. - Erst das _begreifende_ Erkennen ermöglicht ein wirklich bewußtes Verhältnis zu den eigenen Emotionen, erst hier werden die Emotionen als Wertungen auch zur relevanten Richtschnur des eigenen Handelns, hören auf etwa "Lästiges" oder gar Bedrohliches und Unbegreifliches zu sein. Insbesondere wird jetzt deutlich, daß ein befriedigendes Leben nur dann geführt werden kann, wenn man die Grenzen seiner individuellen Subjektivität überschreitet und sich gesellschaftlichen Subjekten anschließt.

Aus diesem Wertungscharakter der Emotionen folgt auch ihre Möglichkeit, den kognitiven Prozeß anzuleiten. Die biographiegemäß verdichteten emotionalen Lebenserfahrungen "steuern" sowohl die Wahrnehmung (also das _was_ und _wie_ es wahrgenommen wird), aber auch seine kognitive Verarbeitung bzw. die kognitive Verarbeitung von Symbolen/symbolischen Bedeutungsstrukturen. Das heißt, unabhängig davon, ob es nun dem konkreten Individuum in jeder Situation (oder überhaupt) bewußt ist, wird seine Gestaltung und Kenntnisnahme des Alltags permanent emotional angeleitet. Eine besondere Bedeutung haben die Emotionen in biographischen Umbruchs- und Entscheidungssituationen, wo noch nicht voll erkennbar ist, "wohin der Weg gehen soll" und "was einen alles erwartet". Hier spielen Emotionen nicht nur defacto eine große Rolle, sondern sie sind auch als Element einer bewußten Lebensführung sehr wichtig. Dies heißt keineswegs, daß die Emotionen (als "Ahnung", "Intuition" o.ä.) nun an die Stelle begreifender Wirklichkeitserkenntnis treten sollen, sondern dies bedeutet, daß in solchen Entscheidungssituationen bzw. und besonders _nach_ solchen Entscheidungen den in den Emotionen liegenden Erkenntnisaufforderungen auch "Folge geleistet" werden muß, also eine kognitive Durchdringung der Emotionen und damit auch der Lebenssituation selbst stattfinden muß; in spezifischen Fällen - wenn sie z.B. besonders kompliziert und widersprüchlich sind - kann es dann auch im positiven Sinn zu einer Entscheidungsrevision kommen.

Während Emotionen im Kontext von Subjektbeziehungen eine erkenntnisleitende Funktion zukommt, nehmen sie in Instrumentalbeziehungen eher die Funktion einer "Störquelle" ein. Die ganze emotionale Unsicherheit, Unklarheit, Widersprüchlichkeit und Oberflächlichkeit führt hier zur Blockierung von rationalen Erkenntnisprozessen, zur Verhinderung eines vertieften Selbst- und Weltbewußtseins. Es entsteht eine Angst vor Erkenntnissen bzw. eine Angst vor den praktischen Folgen bestimmter Erkenntnisse. So werden Tendenzen zur produktiven Fähigkeits- und Motivationsentwicklung abgeblockt, bzw. bestimmte, schon beschrittene Entwicklungswege abgebrochen. Indem so auch ein rationales Begreifen der Emotionen weitgehend verhindert wird, entsteht neben der Angst vor neuen Erkenntnissen zugleich eine Angst vor "unerwarteten" Emotionen, vor unerklärlichen emotionalen Zuständen und Schwankungen, vor emotionalen Ausbrüchen; dadurch werden auch fast alle spontanen Handlungsimpulse abgeblockt. Gerade bei einer solchen Lebensführung liegt der "Ausweg" nahe, sich auf die Befriedigung organischer und sexueller Beziehungen zurückzuziehen. Ihre Befriedigung wird dabei zunächst einer aktiven, kritischen Lebenspraxis entgegengestellt, um sie dann emotional zu bevorzugen (also wird nach einer falschen Stellung von Alternativen auch die falsche Alternative gewählt). Auf diese Weise richtet sich das Individuum in der Unmittelbarkeit des Alltags praktisch, kognitiv und emotional ein.

Die Herausarbeitung der kritisch-psychologischen Bedürfnis-, Motivations- und Emotionstheorie ist das große Verdienst von Ute H.-Osterkamp (auf deren Arbeiten schon mehrfach eingegangen wurde). Es lassen sich drei Gruppen ihrer Arbeiten unterscheiden: a) Beiträge zur Begründung des Konzeptes, bei gleichzeitiger relativer Korrektur des kritisch-psychologischen Gesamtkonzeptes (vgl. H.-Osterkamp, 1975, Kap. 3; dies., 1976, Kap. 4). In diese Gruppe gehören auch Beiträge zur Verdeutlichung des eigenen Konzeptes durch Abgrenzung von anderen Theorien bzw. Verteidigung gegenüber Kritikern. Eine solche Verdeutlichung ist etwa in der Fortsetzung der Psychoanalysekritik am

Beispiel der Narzißmus-Diskussion zu sehen (vgl. H.-Osterkamp, 1979c). Gerade in diesem Zusammenhang wird nochmals deutlich, daß der Auseinandersetzung mit der Psychoanalyse für die Entfaltung der Emotionstheorie eine zentrale Rolle zukommt. Während bei der naturgeschichtlichen Analyse der Bedürfnisproblematik die Psychoanalyse praktisch wertlos ist (ihre biologischen Auffassungen sind fast allesamt außerordentlich fragwürdig; vgl. dazu H.-Osterkamp, 1976, Kap. 5.2.) und dort stark auf die Arbeiten von Konrad Lorenz zurückgegriffen wurde, war für das Verständnis der psychischen Konflikte und ihre regressiven Lösungsversuche, die psychische Konfliktabwehr, die Psychoanalyse (Freuds) von sehr großer Bedeutung (vgl. H.-Osterkamp, 1976, Kap.5.3.-5.5.; ergänzend und erläuternd auch Braun, 1979e, S.104ff; Wetzel, 1979, S.19ff). - Eine Verteidigung und Verdeutlichung der Emotionstheorie ist auch die Replik auf die Kritik von Gottschalch (vgl. Gottschalch, 1979). Hier werden einerseits bestimmte Rezeptionsprobleme (typische "Mißverständnisse") thematisiert, wie auch Schlußfolgerungen aus der Kategorie menschliches Wesen für die Bewertungsdimensionen menschlich/unmenschlich gezogen.

"Die Dimension der 'Menschlichkeit-Unmenschlichkeit' (vielleicht besser: Wider-Menschlichkeit;K.-H.B.) bezieht sich hier auf den gesellschaftlichen Entwicklungsstand als das Verhältnis der Menschen als Gesellungseinheit zur Natur und auf das Verhältnis der Menschen innerhalb einer Gesellungseinheit zueinander. In dem Maße, wie Individuen oder Gruppen von Individuen von der an sich möglichen Bestimmung ihrer Daseinsbedingungen ausgeschlossen sind, was immer Resultat der Unterdrückung durch andere ist, sind ihre Lebensverhältnisse in geringerem Grad 'menschlich' bzw. in höherem Grad 'unmenschlich'...Der Entwicklungsstand des 'menschlichen Wesens' als der Grad der gesamtgesellschaftlich möglichen Realitätskontrolle ist mithin nur als Vergleichsgröße für das Maß der individuellen Teilhabe daran, nicht aber als absolute Größe für die Bestimmung der 'Menschlichkeit-Unmenschlichkeit' bedeutsam." (H.-Osterkamp, 1979a, S.147)

b) Eine andere Gruppe von Arbeiten bezieht sich auf das Verhältnis von Emotion und Kognition (vgl. hierzu H.-Osterkamp, 1977; dies., 1978; Holzkamp/H.-Osterkamp, 1977, Kap.5.3.-5.5.), wobei in diesen Arbeiten allerdings der Hauptakzent auf der Emotionsproblematik liegt. Ferner sind

c) eine Reihe kleinerer Arbeiten zu nennen, in denen das Konzept "experimentell" an spezifischen Einzelfragen (hier dem des autoritären Potentials faschistischer Herrschafts-

sicherung erprobt werden (vgl. H.-Osterkamp, 1980a,b;1982b).
- Der Zusammenhang von Typen interpersonaler Beziehungen
und emotionaler Entwicklung wurde erstmals von Holzkamp
(1979, S.13ff) herausgearbeitet.

Bei den Kontroversen sei auch hier auf die spätere Auseinandersetzung mit Galperin (in Kap. 3.2.2.) hingewiesen.

An dieser Stelle schließen wir unsere allgemeine Darstellung der Grundlagen und der Dimensionen der Ontogenese zunächst ab. Wir werden unsere Überlegungen zunächst in der Richtung fortsetzen, daß wir der Frage nachgehen, wie sich die Grundlagen und die Dimensionen während der Sozialgeschichte entwickelten (Kap. 2.3./2.4.) und erst im Zusammenhang mit der pädagogischen Analyse den dritten analytischen Schritt vollziehen und die logischen Stufen der Ontogenese erörtern. - Aber schon an dieser Stelle soll auf ein philosophisches Problem hingewiesen werden: Diese Arbeit ist (wie es sich bei Politzer und Sève schon als deutliche Forderung fand) dem Materialismus in seiner zeitgenössischen Gestalt verpflichtet, also dem marxistischen Materialismus, einem Materialismus, der die objektive Wirklichkeit auch unter ihrem praktisch-subjektiven Aspekt erfaßt. Insofern stimmen wir Sandkühler voll zu, wenn er schreibt:

" Was also heißt Materialismus? Auf diese Frage gibt es
nur eine dialektische Antwort, die beide Elemente berücksichtigt: 1. den ontologischen (besser: naturnotwendigen
K.-H.B.) Primat der Materie vor dem Bewußtsein und 2. die
unabdingbare logische Qualifikation, die den Prozeß der
materiellen Bewegung durch ein Nicht-Materielles (Bewußtsein) vorantreibt; die Welt ist eben nichts anderes als
jene 'objektive Realität', die ohne die Leistungen des
Subjekt-Bewußtseins zwar 'existierte', aber eine Existenz
wäre ohne jegliche Relevanz für das Subjekt 'Mensch'. An
dieser Stelle ist einzuhalten, ist Vorsicht geboten: außerhalb des Systems 'materialistischer Dialektik' müßten diese
Differenzierungen dazu verleiten, subjektivistisch die 'Materie'-Kategorie auszuhöhlen; hier aber muß unzweideutig
gesagt werden, daß ohne die Tätigkeit des Logischen die Materie selbst mangels dialektischer Synthesis ihre Entwicklung nicht vollenden könnte...Die Differenz von Materie
und 'Materie'-Kategorie wird durch die Widerspiegelung im
Bewußtsein nicht erzeugt, sondern bezeugt." (Sandkühler,
1973, S.87f; vgl. ders., 1975, S.606,624)

2.3. RAHMENBEDINGUNGEN DER INDIVIDUALITÄTSFORMEN IN VORKAPITALISTISCHEN GESELLSCHAFTSFORMATIONEN

Die bisherigen Ausführungen zu den Grundlagen und den Dimensionen der Ontogenese hatten ein doppeltes Implikat:
1.) Es wurde unterstellt, daß es die Sozialgeschichte gibt und daß die Einheit von Geschichte und Alltag in der individuellen Lebenspraxis das menschliche Evolutionsniveau charakterisiert. Das ist insofern völlig zutreffend, als nach dem Abschluß des TMÜ und zum Teil noch hineinragend in die ersten Phasen der Sozialgeschichte jene unverwechselbaren Momente entstanden, die das menschliche Evolutionsniveau von der tierischen Evolution qualitativ unterscheiden. Zum anderen liegt aber in den bisher vorgetragenen Überlegungen ein ganz spezifisches Verhältnis von Möglichkeit und Wirklichkeit: Inwieweit die Möglichkeiten der gesellschaftlichen Natur des Menschen auch zur Wirklichkeit werden können, hängt selbst vom Entwicklungsstand der Sozialgeschichte ab; sie selbst ist ein Prozeß zunehmender Bewußtheit und Planbarkeit des historischen Prozesses, sowohl was seinen Naturaspekt, wie auch seinen Gesellschaftsaspekt angeht. Anders gesagt: die Verwirklichungsmöglichkeiten der gesellschaftlichen Natur des Menschen werden bestimmt durch den Entwicklungsstand des menschlichen Wesens.
2.) Zugleich wurde bisher unterstellt, daß die Gesellschaft als solche homogen ist, daß es zwar Formen der gesellschaftlichen und technischen Arbeitsteilung gibt, daß diese selbst aber nicht zur Beschränkung der Entwicklungs- und Handlungsmöglichkeiten spezifischer "Teile" oder "Gruppen" der Gesellschaft führen. Dies ist aber so wahrscheinlich nur für die Urgesellschaft (die manchmal deshalb auch "Urkommunismus" genannt wird) richtig, sofern es hier noch einen gleichrangigen Zugang aller Gesellschaftsmitglieder zu den gesellschaftlichen Errungenschaften und "Reichtümern" gegeben hat (eine Phase der Weltgeschichte, die immerhin 15 000 bis 20 000 Jahre gedauert hat!). Zugleich muß man sich darüber im klaren sein, daß sich während der Urgesellschaft die Gesellschaftlichkeit des Menschen erst voll herausgebildet hat, hier also noch ein außerordentlich hohes Maß der Ausgegliedertheit des Menschen in Bezug auf die Natur bestand (z.B. gegenüber

Klimaveränderungen, Naturkatastrophen usw.). Dies begann sich erst in dem Maße zu ändern, wie die Menschen <u>kollektiv</u> ein <u>gesellschaftliches Mehrprodukt</u> erwirtschafteten, damit sowohl bestimmte Momente der Planung wie der Möglichkeit, durch "Reserven" einen gewissen Ausgleich zu schaffen, entstand. - Aber mit der Entstehung des Mehrproduktes entstand zugleich die Grundlage der Klassenherrschaft, durch welche die Gesellschaft selbst antagonistisch "gespalten" wurde, also nicht mehr umstandslos als Ganzes betrachtet werden darf. Ab jetzt waren die individuellen Entwicklungsmöglichkeiten nicht mehr primär vom Gesamtniveau der Gesellschaft bestimmt, sondern von der <u>Klassenzugehörigkeit</u>.

Die hier nur <u>angedeuteten</u> Probleme sind als solche selbst <u>nicht psychologischer</u> Art, sondern beruhen auf Einsichten des Marxismus generell, besonders auf dessen Geschichtstheorie. Die Frage, <u>wie</u> sich die weltgeschichtlichen Veränderungsprozesse jeweils individualbiographisch niederschlugen, ist gegenwärtig noch weitgehend unerforscht und diese bedeutsame Forschungslücke der Kritischen Psychologie kann an dieser Stelle auch nicht geschlossen werden. Wir beschränken uns vielmehr an dieser Stelle auf eine <u>thesenartige</u> Zusammenfassung jener Resultate der marxistischen Geschichtsforschung, die für die zukünftigen psychologischen Forschungen relevant sein werden (vgl. dazu umfassend Herrmann, 1977; ergänzend auch H.-Osterkamp, 1975, Kap. 3.3.4./3.3.5.). Anders gesagt: Es sollen in der gebotenen Kürze einige wesentliche Inhalte der Individualitätsformen in den vorkapitalistischen Klassengesellschaften charakterisiert werden, die gegenüber den konkreten Individuen Handlungsaufforderungen und Ausgangspunkt verändernder Aktivitäten sind; sechs Aspekte scheinen bedeutsam:

1.) Wie schon erwähnt, war die <u>Urgesellschaft</u> dadurch bestimmt, daß die Produktivkraftentwicklung noch außerordentlich gering war, somit kein gesellschaftliches Mehrprodukt erzeugt wurde (es also nur das Lebensnotwendigste gab - und häufig noch nicht einmal das) und die Produktionsresultate wahrscheinlich gleichmäßig verteilt wurden. Formen der Arbeitsteilung zwischen Mann und Frau oder innerhalb spezifischer kooperativer Tätigkeiten hatten vermutlich keinen persönlichkeitsbeschränkenden Charakter. - Mit der Entfaltung

der materiellen und geistigen Produktivkräfte entstand die
Möglichkeit, ein gesellschaftliches Mehrprodukt zu erschaffen, welches zunächst noch im Rahmen der nicht bevorzugenden bzw. benachteiligenden Arbeitsteilung aufbewahrt und
verteilt wurde. Erst nach einer längeren und sehr widerspruchsvollen Phase schlug diese reine Aufbewahrung und
Verteilung im Kontext der Realisierung gesellschaftlicher
Eigentumsfunktionen in die private Verfügung über diesen
gesellschaftlichen Reichtum um, wobei neben den Leitern
der Produktion die Kriegsanführer und Priester "bevorzugt"
Mitglieder der langsam entstehenden herrschenden Klasse wurden. Während somit der größte Teil der Bevölkerung arbeitete,
war die herrschende Klasse (bzw. die herrschenden Klassen)
Nutznießer dieser Arbeitstätigkeiten, der Arbeitsresultate;
zugleich bestimmten sie über die Verteilung der Arbeitskräfte, Arbeitsmittel und Arbeitsresultate. Die welthistorische
erste Klassenherrschaft bildete - logisch betrachtet - die
Sklavenhaltergesellschaft, die wesentlich auf die Agrarwirtschaft aufbaute und in der die produzierende Hauptklasse die
Sklaven waren. Sie waren persönliches Eigentum des Sklavenhalters, der sie nur zum Zwecke der Ausbeutung gekauft hatte und diese Sklaven brachten den materiellen gesellschaftlichen Reichtum hervor. - Dieser Gesellschaftsformation folgte logisch der Feudalismus, in dem die Bauern als produzierende Klasse zwar sich selbst gehörten, aber gezwungen waren entweder bestimmte Zeit auf den Gütern ihres "Herren" zu arbeiten
oder aber einen (z.T. beträchtlichen) Teil ihrer Produktionsresultate in Form von Naturalien oder Geld abzutreten. -
Auch wenn das Handwerk in den Städten bereits an Bedeutung
gewinnt, ist der Feudalismus doch wesentlich eine Agrargesellschaft (die vielfältigen inneren Differenzierungen und
historischen Spezifizierungen kann man entnehmen den Schaubildern bei Herrmann, 1977, S.129 u. 131).
Aus der Tatsache, daß es in der Sozialgeschichte qualitative Veränderungen in der ökonomischen Basis gibt, folgt für
die Theorie der Individualitätsformen und damit auch für die
Theorie des konkreten Individuums, daß man die wesentlichen
Rahmenprobleme a) aus den allgemeinen Entwicklungs- und Systemgesetzen der Gesellschaftsformationen und b) aus der
theoretischen Erfassung der Hauptklassen (bzw. den daraus

abgeleiteten Zwischen- und Nebenklassen) ableiten muß. Jeder theoretische Ansatz, der diese Formations- und Klassenspezifik verkennt, muß somit zugleich die wesentliche Lebensthematik der Individuen verkennen (darin liegt eine nochmals spezifizierte Bedeutung der politischen Ökonomie für die Psychologie). - Ebenso theoretisch irrig und praktisch perspektivlos wäre eine Bewertung der Klassen als "moralisches Übel der Weltgeschichte", denn ohne diese Ausbeutungsprozesse in irgendeiner Weise zu leugnen oder zu beschönigen, ist die Entstehung der Klassen und ihr formationsspezifischer Wechsel Bedingung für die Entwicklung der Produktivkräfte als letztinstanzlicher (!) Grundlage des sozialhistorischen Fortschritts.

2.) Eine Gesellschaft, deren ökonomisches Grundverhältnis selbst antagonistisch ist, die also klassen-gespalten ist, kann sich ohne spezifische Integrationsinstrumentarien längerfristig nicht erhalten. Denn die widersprüchlichen ökonomischen Interessen müßten an sich stets auch zu widerstrebenden Handlungen der Einzelindividuen bzw. der entsprechenden Menschengruppen führen, wodurch defacto der gesellschaftliche Prozeß als ein kooperativer (Stichwort: gesellschaftlicher Gesamtarbeiter) zumindest erheblich gestört, wenn nicht sogar zerstört werden müßte. Die sich somit historisch herausbildende Funktion der außerökonomischen Integration übernehmen die politischen Institutionen, besonders der Staat. Er nahm und nimmt letztinstanzlich die jeweiligen Gesamtinteressen der je herrschenden sozialen Klasse(n) wahr; und damit er dies auch tun konnte, mußte er einerseits eine gewisse, regulative, historisch wechselnde Eigenständigkeit gegenüber den Einzelinteressen von Fraktionen der herrschenden Klasse(n) besitzen und andererseits über ein angemessenes "Instrumentarium" zur Integration der beherrschten und ausgebeuteten Klasse(n) verfügen. Obwohl das staatliche Hauptmittel hierzu stets die Androhung bzw. der Einsatz physischer Gewaltmaßnahmen war, so hat der Staat immer auch ideologisch-integrative Momente eingesetzt. Bei alledem war und ist er nicht nur ein Moment des Klassenantagonismus, sondern - das ergibt sich sowohl aus seiner sozialgeschichtlichen Entwicklung wie auch und besonders auch seiner Funktion im Sozialismus - ein Moment und ein Ausdruck des Vergesell-

schaftungsprozesses.
Neben dem Staat, entweder im Verbund mit ihm oder aber - als revolutionäre Bewegung - gegen ihn, gab es immer auch eigenständige (wenn auch vom organisatorischen Bestand her nur lockere) politische Vereinigungen zur Artikulation und Durchsetzung allgemeiner und spezieller Klasseninteressen. Die Tatsache, daß die marxistische Klassentheorie nicht nur eine Theorie der Sozialstruktur ist, sondern auch als Theorie der gesellschaftlichen Triebkräfte objektive wie subjektive Momente umfaßt, ist insofern für die Psychologie von größter Bedeutung, als die gesellschaftliche Subjektivität zum einen jetzt Klassencharakter annahm (bzw. ihr Klassencharakter jetzt erkennbar wird) und daß sie zum anderen in den politischen Klassenbewegungen ihren höchsten Ausdruck fand (vgl. hierzu auch die Übersicht "Revolutionäre Volksaufstände und Klassenkämpfe in der Weltgeschichte, in: Herrmann, 1977, S.261). Die Individuen müssen sich also unter solchen gesellschaftlichen Bedingungen individuell den politischen Klassenorganisationen anschließen, um möglichst optimalen Einfluß auf gesellschaftliche Entwicklung zu nehmen (hier wird dann auch die politische Theorie des Marxismus für die Psychologie relevant).

Mit der Entstehung der Klassen und des Staates war auch die systematische Herausbildung von Kriegen verbunden. Zwar gab es auch schon vorher kriegerische Auseinandersetzungen, aber diese hatten doch zumeist "zufälligen" Charakter. Seit den Klassengesellschaften aber ist der Krieg ein Moment in der Politik der herrschenden Klassen, sei es nun zum Zwecke des Sklavenraubs oder um neue Gebiete zu erobern, um neue Ländereien in Besitz zu nehmen oder um Bauern zu unterwerfen. Von 3 600 v.u.Z. bis 1963 gab es nur 292 Friedensjahre und es wurden 14 531 größere oder kleinere Kriege geführt, durch deren unmittelbare oder mittelbare Folgen 3,6 Milliarden Menschen getötet wurden (vgl. zu diesen Angaben Hollitscher, 1977b, S.182).

3.) Wie aus den einleitenden Bemerkungen zu diesem Abschnitt bereits zu entnehmen war, unterliegt das menschliche Wesen selbst einem sozialgeschichtlichen Entwicklungs- und Entfaltungsprozeß, d.h., daß die Menschen nicht von allem Anfang an die Möglichkeit hatten, die Naturgesetze voll zu erkennen und anzuwenden, bzw. die Gesellschaft umfassend zu erkennen und zu planen. Zwar waren die gesellschaftlichen Gesetze schon unverwechselbar <u>gesellschaftliche</u> Gesetze, bedurften also zu ihrer Entstehung und Realisierung bewußtseinsfähiger Individuen, aber sie setzten sich noch weitgehend "hinter dem Rücken" der Individuen, also <u>naturwüchsig</u> durch. Dabei waren die Individuen in der Urgesellschaft naturwüchsig integriert und begriffen die gesellschaftlichen Beziehungen zu den Mitmenschen als persönliche Verhältnisse, genauer: als persönliche Gemeinschaftsverhältnisse.

Zu einer relevanten Veränderung kam es mit der Entstehung der Klassen, weil jetzt die gesellschaftlichen Gesetze zwar einerseits weiterhin von den Menschen geschaffen wurden, sie aber andererseits den Unterdrückten und Ausgebeuteten zugleich als sie beherrschende Verhältnisse gegenübertraten, sie ihnen also <u>entfremdet</u> waren. Indem <u>Arbeit</u> und <u>Eigentum</u> auseinandertraten, waren auch die gesellschaftlichen Aneignungsverhältnisse jetzt höchst widersprüchliche: einerseits eigneten sich die werktätigen Massen die Naturverhältnisse an, indem sie die Natur veränderten und die "Lebensmittel" schafften, andererseits konnten sie aber weder über sich selbst noch über ihre Arbeitsresultate selbst verfügen. Damit waren sie aber von den Objektivationen ihrer menschlichen "Wesenskräfte", von der Produktion und den gesellschaftlichen Verhältnissen zutiefst entfremdet. Dies implizierte auch eine historisch relative Trennung der Individuen von ihren Verwirklichungsmöglichkeiten, woraus sich die Gesamtheit der Einschränkungen und psychischen Verkrüppelungen der werktätigen Individuen ergaben.

Dabei war die Art und Weise der Entfremdung historisch entsprechend den Klassenverhältnissen verschiedenartig. In der <u>Sklavenhaltergesellschaft</u> liegt sie darin, daß der Sklave seinem Besitzer "mit Haut und Haaren" gehörte und damit alle seine Lebensäußerungen und Lebenstätigkeiten unmittelbar durch den Besitzer bestimmt werden konnten. - Im <u>Feudalismus</u> gehörten dem Bauern zunächst die Produktionsinstrumente, allerdings stand er selbst in <u>persönlicher</u> Abhängigkeit vom Feudalherren (wer immer das auch konkret war) und konnte daher seine gesellschaftlichen Beziehungen nicht frei entfalten und auch nicht eigenständig über alle Produktionsresultate verfügen. -

Durch alle diese entfremdeten Momente erhielten die sich auch weiterhin <u>naturwüchsig</u> durchsetzenden gesellschaftlichen Gesetze den Charakter <u>persönlicher Abhängigkeits- und Knechtungsverhältnisse</u>.

4.) Die individuelle Voraussetzung und Folge des gesellschaftlichen Entfremdungsprozesses war die Entfremdung von <u>Geschichte</u> und <u>Alltag</u> in der individuellen Lebenspraxis. Wir haben bereits begründet, warum sich diese Einheit von Geschichte und Alltag individuell nie spontan herstellt, sondern daß es hierzu intensiver Anstrengungs- und Denkbereitschaft bedarf; daß man sie unter diesen subjektiven Bedingungen aber dann auch erreichen kann. Durch den gesellschaftlichen Entfremdungsprozeß wurde nun aber die gesellschaftliche Gesamtentwicklung (wie sie wesentlich von den Herrschenden bestimmt und kontrolliert wurde) "abgekoppelt" von der individuellen Entwicklung der arbeitenden Menschen. Dies geschieht in einem doppelten Sinne: a) Die dominanten gesellschaftlichen Interessen waren die Klasseninteressen der jeweils Herrschenden (von Ausnahmesituationen wie z.B. revolutionären Phasen einmal abgesehen), und diese standen in einem antagonistischen Verhältnis zu den Klasseninteressen der Ausgebeuteten. - b) Jeder Versuch der Beherrschten zur Teilnahme am gesellschaftlichen Prozeß der Lebensvorsorge und Realitätskontrolle wurde von den Herrschenden entweder offen unterdrückt oder integrativ abgewendet. Sofern sich also die Unterdrückten dagegen wehrten, auf einen geschichtslosen Alltag herabgedrückt zu werden, sie sich also nicht mit Instrumentalverhältnissen und reiner Alltagsorientierung beschieden, gerieten sie mit einiger Notwendigkeit in "Kollision" mit den "herrschenden Gewalten". Damit bekamen aber die geschilderten Scheidepunkte der individuellen Entwicklung eine ganz neue Qualität: sie waren dann nämlich - wie vermittelt auch immer und wie begrenzt das auch individuell bewußt sein mag - Entscheidungen mit zutiefst politischem Charakter, waren Entscheidungen darüber, ob sich der einzelne an die herrschenden Mächte und Institutionen anpaßte, sich einfügte in die bestehenden, entfremdeten und entfremdenden Bedingungen, oder ob er mit anderen in gleicher oder ähnlicher Klassenlage den Kampf dagegen aufnahm und somit seine individuelle als Element der gesellschaftlichen Subjektivität, als Teil politischer Klassensubjektivität entfaltete.[9] Dabei mußte der einzelne stets die Tatsache vor Augen haben, daß solches Aktivwerden mit der Beschränkung wie auch der Vernichtung der individuellen Lebensmöglichkeiten "bestraft"werden konnte und sehr häufig - ja nach politischem Kräfteverhältnis - auch "geahndet" wurde (wodurch auch latente bzw. manifeste Ängste entstanden bzw. entstehen konnten, die es dann kollektiv zu verarbeiten galt, nicht sie zu ignorieren). Dieses individuell-kollektive Aktivwerden für die eigenen Interessen und Bedürfnisse konnte zwar dem Prozeß der Entfremdung entgegenwirken, es konnte ihn aber als solchen nicht wirklich beseitigen (dies wird - nach Auffassung der Kritischen Psychologie - erst mit dem Sozialismus möglich) und konnte somit als Resultat auch nicht die völlige Geschichtsmächtigkeit der Individuen zeitigen, weil dem die letztlich doch immer dominanten Interessen der Herrschenden entgegenstanden. Insofern konnte durch diese individuellen Anstrengungen eine historisch optimale _relative_ Handlungsfähigkeit erreicht werden; eine _absolute_ Handlungsfähigkeit der Individuen setzt allerdings die Überwindung des Klassenantagonismus voraus.

---

9 Gegen diese Auffassung, daß solche biographischen Entscheidungen immer auch und wie vermittelt immer _politischen_ Charakter haben, hat Manfred Vorwerg Bedenken erhoben; er schreibt u.a.: "Besonders bedeutsam ist der Hinweis, daß adaptierendes Verhalten auch beim Menschen auftritt. Holzkamp-Osterkamp (1978) sowie Kappeler, Holzkamp und Holzkamp-Osterkamp (1977) halten reaktive Anpassung für typisch bürgerliches krankmachendes Verhalten, während bewußte Realitätskontrolle das typische Verhalten progressiver, gesunder Menschen sei. Abgesehen davon, daß hier der Krankheitsbegriff m.E. unzulässig soziologisiert und damit in eine politische Kategorie verzerrt wird, verkennt dieser Standpunkt die Tatsache, daß organisiertes kooperatives Handeln für viele Personen Anpassung und Unterordnung erfordern kann, durch die erst echte Realitätskontrolle erreicht wird." (Vorwerg, 1980, S.29f; vgl. ebd., S.54; ähnlich argumentieren Alberg/Schmidt, 1980, S.157) Ohne hier den Überlegungen zur Pathologieproblematik vorzugreifen (vgl. Kap. 3.4.1./3.4.2.) und in Ausweitung der Problematik auf alle Klassengesellschaften, kann festgestellt werden, daß es keinerlei individuelles Handeln geben kann, welches nicht - wie vermittelt auch immer! - _politische_ Voraussetzungen und politische Folgen hat.

Unter entfremdeten Bedingungen konnten und können die arbeitenden Individuen auch ihre Ziele nicht motiviert verfolgen, weil diese letztlich nicht ihre eigenen, sondern die der herrschenden Klassen waren und sind. Das heißt nun allerdings nicht, daß in der Sklavenhaltergesellschaft und im Feudalismus die Werktätigen nur mit reiner <u>physischer</u> Gewalt zur Arbeit gezwungen wurden (obwohl man dieses Moment keineswegs unterschätzen darf). Vielmehr gab es immer schon, wenn auch von wechselnder Relevanz und wechselndem "Erfolg" den Versuch, die Unterdrückten "freiwillig" zur ausbeutenden Arbeit zu "bewegen": sei es durch begrenzten sozialen Aufstieg, materielle Verbesserungen und Freizeitvergnügungen, scheinbare "Freundlichkeit" oder auch - etwa bei den Feudalbauern - durch Stimulierung rein ökonomischer Interessen. - Das Problem der <u>Schein-Motivation</u> bzw. des <u>inneren psychischen Zwanges</u> existierte also auch schon vor dem Kapitalismus, allerdings erhält es dort eine neue Qualität.

5.) Die Trennung von <u>geistiger</u> und <u>körperlicher</u> Arbeit war einerseits Voraussetzung der Klassenentstehung, weil sich schon vor der Klassenspaltung die Verwaltungs- und Organisationstätigkeiten, damit verbunden die verstärkte geistige Beschäftigung mit den gesellschaftlichen Regelungsprozessen, auf bestimmte Bevölkerungsgruppen beschränkte (etwa die Priester und die Medizinmänner). Andererseits war diese Tremmung auch Resultat der Klassenspaltung, weil nun ein weitgehendes Monopol der Herrschenden auf die geistige Arbeit sich durchsetzte, somit die arbeitenden Klassen auf ein historisch zwar wechselndes, aber im Verhältnis zu den gesamtgesellschaftlichen Möglichkeiten minimales Niveau

---

Gramscis Konzept der <u>Hegemonie</u> macht gerade auch diesen Zusammenhang mit größter Eindringlichkeit deutlich; dabei müssen die <u>spezifischen</u> politischen Voraussetzungen und Folgen spezifischer individueller Tätigkeiten stets <u>konkret</u> analysiert werden (vgl. hierzu - bezogen auf die Arbeiterklasse in den hochentwickelten kapitalistischen Ländern - Braun, 1980b, S.448ff; Deppe, 1981b, S.86ff,93f). Ferner kann es Anpassung und echte Realitätskontrolle nie gleichzeitig geben (auf den rationlen Kern dieser Überlegungen von Vorwerg bezüglich des Verhältnisses von Individuum und Organisationen der Arbeiterbewegung gehen wir in Kap. 2.4.2. näher ein).

geistiger Arbeit heruntergedrückt wurden. Diese Trennung wurde nochmals verstärkt durch die Entstehung der Wissenschaften als einer spezifischen Form der gesellschaftlich institutionalisierten geistigen Arbeit, von der die Ausgebeuteten weitgehend ausgeschlossen wurden. Diese klassenbedingte Trennung von Hand- und Kopfarbeit hatte nun zwei verschiedenartige Konsequenzen: a) Sie war zunächst für die Werktätigen identisch mit dem weitgehenden Ausschluß von der gesamtgesellschaftlichen Bewußtseinsentwicklung überhaupt (also relativ unabhängig noch von den Inhalten dieser Bewußtseinsformen) und dies kam direkt zum Ausdruck im Analphabetismus, der als Unmöglichkeit der individuellen Aneignung der schriftlich fixierten Symbolbedeutungen zugleich die Möglichkeiten der individuellen Denktätigkeit deutlich einschränkt. - b) Zugleich war aber für die Beherrschten die Aneignung der gesellschaftlichen Denkformen nicht in toto etwas Positives und Nützliches, etwas, was ihre Möglichkeiten der individuellen und gesellschaftlichen Realitätskontrolle per se verbesserte, sondern es waren zunächst einmal die "Gedanken der Herrschenden". Somit war der historisch immer wieder aufflammende Kampf um den Zugang zu den geistigen Errungenschaften der Menschheit, besonders in Form der geschriebenen Sprache und der Kunst, nur eine Zwischenetappe zur Erarbeitung eigener, von den eigenen Klasseninteressen geprägten Weltanschauungen und Weltbilder. Sofern die Beherrschten in diesem Sinne geistige Arbeit verrichteten, war sie Moment der Entwicklung von Klassenbewußtsein. Dieses war einerseits ein notwendiges Moment des - wie immer auch konkret beschaffenen - Geschichtsbewußtseins; andererseits stand es in engem Zusammenhang mit dem Alltagsbewußtsein, das in diesem Kontext seine klassenspezifischen und historischen Momente entfaltete. Anders gesagt: Die allgemeine Einsicht, daß (wie schon in Kap. 2.2.1. erläutert) die "Menschen ihre Geschichte selbst machen, aber ..." bedeutete auf der objektiven Seite des "aber", daß diese Möglichkeiten von Klassenstrukturen und den Kräfteverhältnissen bestimmt waren; sie bedeutete auf der subjektiven Seite des "selber", daß die Klassensubjekte die historisch entscheidenden Subjekte waren. Geschichtsbewußtsein als höchste Bewußtseinsform war und ist damit unter den Bedingungen von Klassengesellschaften immer Klassenbewußtsein. Und in dieses Geschichts- und Klassenbewußtsein ist immer auch die Idee einer <u>zukünftigen</u> wirklich humanen klassenlosen Gesellschaft eingeschlossen, wobei die inhaltlichen Vorstellungen dieser zukünftigen Gesellschaft je nach Grad der gesamtgesellschaftlichen Entwicklung und dem Stand der Klassenauseinandersetzungen sehr verschieden waren.

Diese allgemeinen Überlegungen gelten selbstverständlich im Prinzip auch für die <u>Aneignung der Kultur</u>. Zunächst einmal waren die werktätigen Massen weitgehend von der sprunghaften Entwicklung der materiellen und geistigen Kultur ausgeschlossen. Ferner war - in letzter Instanz - die dominante Kultur die der Herrschenden (oder besser: impliziert ökonomische Herrschaft eine kulturelle Beherrschung der ausbeutenden Klasse(n)) und insofern unvereinbar mit den Kulturinteressen der Unterdrückten. Dabei äußerte sich die kulturelle Beherrschung etwa auch in der "inneren" Trennung von "hoher" Kultur (für die Herrschenden) und "niederer" Kultur (für die Massen). Man denke hier z.B. an die Entstehung des <u>Kitsches</u>, der an die Stelle der Antizipation die Nachahmung stellte und damit Pseudo-Schönheit an die Stelle wirklicher Schönheit (vgl. hierzu die Bemerkungen von Girnus, 1976, S. 364ff). Der Klassenkampf um die Kultur war und ist damit auch Grundlage für die Herausbildung der Klassenkulturen.

6.) Auch die <u>Unterdrückung der Frau</u> (vgl. zum folgenden allgemein Liese, 1981) war ein Resultat der Herausbildung der Klassengesellschaften und der damit letztlich verbundenen Produktivkraftentwicklung. In der <u>Urgesellschaft</u> war möglicherweise und für bestimmte Entwicklungsphasen die Frau der dominierende Teil der Bevölkerung, weil ihr Funktionsbereich "Heim und Herd" der zugleich gesellschaftlich entscheidende war und von hier aus wichtige Impulse für den Übergang zur Seßhaftigkeit und für die Produktivkraftentwicklung (z.B. Entdeckung des Feuers) ausging. Demgegenüber kam den Tätigkeiten außerhalb dieses Bereiches, dem Jagen und Sammeln, die von den Männern betrieben wurden, eine relativ untergeordnete Rolle zu. Diese Arbeitsteilung war allerdings höchst wahrscheinlich noch mit keinerlei Vor- bzw. Nachteilen verbunden. Mit der Entstehung des Ackerbaus und der Viehzucht

(als weiterentwickelte seßhafte Formen des Sammelns und
Jagens), deren Anfänge im übrigen wahrscheinlich auf die
Frauen zurückgehen, aber dann von den Männern übernommen
wurden, beginnt sich das Verhältnis der Geschlechter zueinander
zu verändern. Indem in dieser Phase auch das
persönliche Eigentum entstand und zugleich die Männer
über die gesellschaftlich relevanten Gegenstände verfügten
(Waffen, Geräte, Schmuck), beginnt sich eine Ungleichheit
zwischen Mann und Frau herauszubilden. Diese erhielt
ihren entscheidenden Charakter aber erst dadurch, daß durch
Ackerbau und Viehzucht ein - wie schon erläutert - gesellschaftliches
Mehrprodukt geschaffen wurde, das - nach einer
gewissen Übergangsphase - individuell angeeignet wurde. Auf
diese Weise verband sich die Beherrschung des Menschen durch
den Menschen in einer spezifischen Weise mit der Unterdrückung
der Frauen durch die Männer (dieser Übergang fand z.B. im
Übergang vom Mutterrecht zum Vaterrecht seinen Ausdruck).
In der <u>Sklavenhaltergesellschaft</u> waren die Frauen von allen
Formen des öffentlichen Lebens ausgeschlossen, waren
besitz- und damit auch rechtlos, wurden zur Haussklavin
degradiert und ihr einziger Lebensinhalt war die Sicherung
der Nachkommenschaft (die Frauen der herrschenden Klassen
konnten zwar am Reichtum partizipieren, aber auch sie waren
besitz-, einfluß- und rechtlos). - Im <u>Feudalismus</u> kommt
es insofern bei den Bauern zu einer <u>begrenzten</u> Aufwertung
der Frau, als sie wichtige Funktionen im Rahmen der Familie
übernimmt, die zur entscheidenden "Produktionsstätte" wurde.
Die Lebensmittel werden gemeinsam produziert und die Viehaufzucht
und Milchwirtschaft war spezielle Aufgabe der Frau.
Dennoch aber wurde die Frau innerhalb der Bauernfamilie vom
Mann unterdrückt und war - besonders nach der Herausbildung
des Privateigentums innerhalb der Bauernklasse - der Willkür
des Mannes weitgehend ausgeliefert. Dies wurde juristisch
abgesichert durch das Vaterrecht und ideologisch durch das
frauenfeindliche Menschenbild der christlich-klerikalen Lehre
(vgl. dazu auch Kollontai, 1975, S.58f).

Wir schließen damit unseren thesenartigen Problemaufriß zum
allgemeinen Rahmenkonzept einer Theorie der Individualitätsformen
und des konkreten Individuums in dieser Epoche der
Weltgeschichte ab und betonen nochmals, daß diese Überlegun-

gen lediglich die allgemeinen Ausgangspunkte einer solchen zukünftigen Forschungsarbeit in Erinnerung rufen bzw. umreißen wollten.

2.4. *PERSÖNLICHKEITSENTWICKLUNG IN DER BÜRGERLICHEN KLASSENGESELLSCHAFT*

Mit dem Entstehen der kapitalistischen Gesellschaftsformation verändert sich zum einen das Produktivkraftsystem selber: die Agrarwirtschaft wird über die Vorläufer des Handwerks und die Zwischenform der Manufaktur durch die Große Industrie als dem typischen Merkmal kapitalistischen Produzierens abgelöst. Zum anderen entsteht mit den neuen Produktionsverhältnissen eine neue Form der Ausbeutung: Die Beherrschten werden zu doppelt freien Lohnarbeitern, die frei sind, ihre Ware Arbeitskraft zu verkaufen, und zugleich frei sind von allen Produktionsmitteln und somit gezwungen, ihre Ware Arbeitskraft auf dem Arbeitsmarkt zu verkaufen. Käufer dieser speziellen Ware Arbeitskraft ist der Kapitalist, die Kapitalistenklasse, die damit zugleich die Möglichkeit kauft, die Arbeiter für sich arbeiten zu lassen und sich so das gesellschaftliche Mehrprodukt in Form des Mehrwerts privat anzueignen. Während die Ausgebeuteten der früheren antagonistischen Gesellschaftsformationen in einem persönlichen Abhängigkeitsverhältnis standen, finden wir nun ein sachliches Abhängigkeitsverhältnis der Lohnabhängigen vor. Darin liegt insofern ein Fortschritt, als zum einen gesamtgesellschaftlich ein neues Niveau der Produktivkraftsteigerung möglich wurde und zum anderen - daraus folgend - sich auch bei den Lohnabhängigen - über viele Widersprüche und Gegentendenzen hinweg - neue Lebensmöglichkeiten erschließen. Darin liegt aber auch eine eindeutige Grenze, weil die gesellschaftliche Entwicklung auch weiterhin von den Individuen nicht in kollektiver Weise kontrolliert werden kann, die gesellschaftliche Arbeitsteilung zwar die allgemeine Tendenz zur Allseitigkeit aufweist, aber die Individuen dieser

Arbeitsteilung borniert unterworfen werden und damit ihre
Entwicklungsmöglichkeiten rigide beschnitten werden. Die
__Naturwüchsigkeit__ der gesellschaftlichen Entwicklungs- und
Systemgesetze erhalten im Kapitalismus primär die Gestalt
der __Verdinglichung__, d.h. die gesellschaftlichen Lebensbedingungen erscheinen den Individuen als fremde, weil die
__Menschen als Sachen__ und die __Sachen als Subjekte__ erscheinen.
Indem die Menschen so von den Produkten ihrer Tätigkeit und
von ihren Mitmenschen (in gleicher oder ähnlicher Klassenlage) entfremdet werden, werden sie zugleich sich selbst,
ihren Entwicklungsmöglichkeiten und Vermenschlichungsbedürfnissen gegenüber fremd, also sich entfremdet. Damit
entsteht eine neue Widerspruchskonstellation zwischen __Aneignung__ und __Entfremdung__: das menschliche Wesen existiert
ja nicht als ein Abstraktum "oberhalb" der Klassenverhältnisse, sondern nur durch das Handeln der Menschen hindurch;
und sofern dieses Handeln unter den Bedingungen einer Klassengesellschaft stattfindet, trägt auch das menschliche Wesen Klassencharakter. Wenn also die Menschen ihren Tätigkeitsresultaten und Mitmenschen entfremdet werden, werden
sie auch dem menschlichen Wesen entfremdet. Daraus folgt
allerdings __nicht__, daß das menschliche Wesen damit seine
menschliche Potenzen vollständig verlöre. Vielmehr wird
es "nur" in seinen Entwicklungspotenzen eingeschränkt,
und das konkrete Individuum muß sich unter diesen erschwerten Bedingungen das menschliche Wesen aneignen. Im Prozeß
der individuellen Vergesellschaftung wird das Individuum
sich dabei einerseits die entfremdeten Bedingungen aneignen (__Einheit__ von Aneignung und Entfremdung), dabei aber -
so es sein Entwicklungsinteresse kollektiv zum Tragen bringt
- die Tendenzen zur grundsätzlichen Aufhebung der Entfremdung
vorantreiben und damit zugleich neue Aneignungsmöglichkeiten
schaffen (__Gegensatz__ von Aneignung und Entfremdung). Diese
Einheit und dieser Gegensatz von Aneignung und Entfremdung
prägt alle gesellschaftlichen Bereiche, das materielle und
geistige Leben, die gesamte Kultur der bürgerlichen Gesellschaft allgemein (vgl. zum "Kampf der Hegemonien" in der
bürgerlichen Gesellschaft Deppe, 1981a, S.39ff). - Die entscheidende __psychologische__ Frage lautet dabei: Welche psychischen Konsequenzen hat die Aneignung der Entfremdung für

die konkreten lohnabhängigen Individuen, welchen individuellen Beitrag kann es zur Überwindung der Entfremdung leisten und welche positiven Folgen hat dies für seine psychische Entfaltung?

2.4.1. PSYCHISCHE ENTWICKLUNG UNTER DEN BEDINGUNGEN KAPITALISTISCHER ENTFREMDUNG

In der bürgerlichen Gesellschaft mit ihrer voll entfalteten Warenproduktion verfügen alle Gegenstände und Personen nicht nur über einen Gebrauchswert, sondern auch über einen Tauschwert, wobei sich über den Tauschwert der gesamtgesellschaftliche chaotisch-organisierte Zusammenhang herstellt. Damit erhalten die sachlichen und personalen Bedeutungsstrukturen ebenfalls diese Doppeldimenison von Tauschwert und Gebrauchswert. Dies hat für die sachlichen Bedeutungen die entscheidende Konsequenz, daß ihre Herstellung nicht hauptsächlich unter dem Aspekt der Gebrauchswertqualität stattfindet, sondern unter dem Aspekt der optimalen Verwertung. Dies umfaßt zum einen eine möglichst verkaufsfördernde äußere Gestaltung und zum anderen - und dies ist zumeist wichtiger - eine optimale Verschleißdauer (die Gegenstände dürfen nicht sofort "kaputtgehen", aber auch "nicht zu lange halten"). Hier sind die Mittel des eingebauten Verschleißes (man denke nur an die modernen Autobleche) wie auch des moralischen Verschleißes (hier sei an die Mode erinnert) mögliche Varianten. Es ist evident, daß auf diese Weise die konsumtiven Möglichkeiten der Sachen, also der Gebrauchswert, deutlich eingeschränkt wird. In diesem Sachverhalt der Gebrauchswertzerstörung sieht Röhr auch ein Moment der Konsumverweigerung; er schreibt:

"Der bürgerliche Gebrauch des Gegenstandes ist tendenziell Entgegenständlichung und damit Reduzierung des Konsumtiven. Die kapitalistische Ausweitung des Warenkosmos ist tendenziell Konsumverweigerung." (Röhr, 1979, S.72)

Daraus folgt aber auch, daß sich so eine Gleichgültigkeit gegenüber den Inhalten der Gegenstände und damit auch gegenüber der eigenen und fremden produktiven Tätigkeit herausbildet.

Die Verfügungsmöglichkeiten und damit die kapitalistische

Form der Aneignung der sachlichen Gegenstandsbedeutungen, sind über das <u>Geld</u> "geregelt". Damit sind die personalen Bedeutungen unter dem Tauschwertaspekt ebenfalls durch die personalen Verfügungsmöglichkeiten über bestimmte Geldsummen bestimmt. Da der <u>Lohnfetischismus</u> das oberflächliche Bewußtsein hervorruft, daß der Arbeiter entsprechend seiner Arbeitstätigkeiten (Quantum und Qualität) bezahlt wird, somit die Lohnhöhe etwas über die personalen Qualitäten aussagt, kann so subjektiv eine fast lineare Beziehung zwischen der personalen Bedeutungshaftigkeit und dem individuellen "Geldvolumen" hergestellt werden. Auf diese Weise kann das Geld (die Geldhöhe) zu einem relevanten Regulator zwischenmenschlicher Beziehungen werden. So haben die Bedeutungsdimensionen "<u>arm</u>" und "<u>reich</u>" als Ausdruck der klassenbedingten sozialen Ungleichheit nicht nur als äußerliche Beziehungsmerkmale (z.B. von Menschen in Obdachlosengebieten oder in Villenvororten) Relevanz, sondern sie werden auch als Ausdruck individueller Fähigkeit, Tüchtigkeit, manchmal auch der "Gerissenheit" und "Schläue" bzw. umgekehrt der individuellen Dummheit, Unfähigkeit, "falschen Gutmütigkeit", Feigheit usw. gewertet; und entsprechend diesen Bewertungen wird auch das eigene Verhältnis zu diesen Menschen bestimmt und reguliert.

Eine andere Konsequenz der Tauschwertbestimmtheit der personalen Gegenstandsbedeutungen ist die <u>Konkurrenz</u> der Lohnarbeiter untereinander. Obwohl mich mit dem anderen "Mitmensch Lohnarbeiter" eigentlich das grundlegende Interesse an einer optimalen, nicht entfremdeten Persönlichkeitsentwicklung verbindet, erscheint diese Gemeinsamkeit nicht als oberflächliche Evidenz, sondern bleibt verborgen "hinter" der Tatsache, daß ich mit dem anderen zwar im Rahmen (z.B. der betrieblichen) Arbeitsteilung zusammenarbeite, er aber ansonsten und eigentlich als ein Konkurrent um meinen Arbeitsplatz oder den sozialen Aufstieg (Lohnhöhe, Aufstieg in der betrieblichen Hierarchie) erscheint und ich <u>danach</u> mein Handeln ausrichte. Damit wird die <u>Leistungshöhe</u> zum tauschwert- und konkurrenzbestimmten Merkmal meines Verhältnisses zu den anderen Lohnabhängigen und die Lohnhöhe mit der Leistungshöhe identifiziert.

Dieser Zusammenhang wird im Kontext der Berufstätigkeit
der _Frau_ besonders evident: Die oben geschilderte allgemeine Unterdrückung der Frau in den Klassengesellschaften erhält im Kapitalismus eine spezifische Form dadurch,
daß Frauen auch bei gleicher Arbeit nicht den gleichen
Lohn erhalten, sie häufig für besonders monotone Arbeiten eingesetzt werden und am höchsten von der Arbeitslosigkeit betroffen sind (wobei die Relevanz der einzelnen
Momente historisch wie konjunkturell schwanken). Die kurzschlüssige Koppelung von Lohnhöhe und Leistungsfähigkeit
(besser: von Konkurrenzfähigkeit) läßt dann gar keinen
anderen Schluß zu, als daß Frauen eben weniger "leistungsfähig" und weniger "begabt" seien.

Unter solchen Bedingungen nehmen die _interpersonalen Beziehungen_ weitgehend _Instrumentalcharakter_ an. Sie werden
oft nur aufgenommen, weil der jeweilige Partner für meine
Interessen _nützlich_ und dienlich ist und sie werden so lange aufrechterhalten, wie diese "Nützlichkeit" gegeben ist
bzw. bis sich neue Beziehungsmöglichkeiten ergeben, die
den eigenen Absichten noch nützlicher sind. Nun kann "nützlich" hier im direkt ökonomischen Sinne gemeint sein (man
denke an bestimmte "Beziehungen" in der Firma, in Vereinen
oder Parteien u.ä.), aber es kann auch ein _nichtökonomisches Tauschverhältnis_ hinsichtlich wechselseitiger emotionaler Zuwendung _ohne_ Bezug auf ein objektiv und subjektiv gemeinsames Lebensziel beinhalten ("wenn du zu mir lieb
bist, dann bin ich auch zu dir lieb"). Unter solchen Bedingungen ist eine Beziehung immer dann gefährdet, wenn die
wechselseitige Zuneigung nicht "ausgeglichen" ist (also
sich der eine vom anderen vernachlässigt fühlt); zugleich
kann die Drohung mit der Auflösung der Beziehung zum Druckmittel werden und so das geforderte und (zuallermeist implizit) "verabredete" Gleichgewicht wieder herstellen. -
In der "privaten" Beziehung zwischen Mann und Frau kann
es dazu kommen, daß der Mann speziell seine ökonomisch
zumeist dominante Stellung als "Faustpfand" einbringt und
für die materielle Absicherung der Frau bzw. der Familie
emotionale Zuwendung "erwartet", während die Frau als
"Dank" für ein "trautes Heim", Liebe, Wärme und Zärtlichkeit, soziale Sicherheit und Anerkennung als "Gegenlei-

stung" beansprucht.

Auf diese Weise unterdrücken sich die Partner wechselseitig und fühlen sich auch wechselseitig behindert, sind also voneinander und von ihren eigenen Entwicklungsansprüchen entfremdet. Dies bedeutet auch, daß die <u>Fähigkeitsentwicklung</u> des einzelnen an diesen entfremdeten Zielen gemessen wird bzw. alle eigene Fähigkeitsentwicklung primär darauf gerichtet ist, den so verstandenen sachlichen und interpersonalen Anforderungen optimal gerecht zu werden; was nichts anderes heißen kann als daß eine <u>produktive</u> Fähigkeitsentwicklung weitgehend blockiert wird.

Wir haben mit den bisherigen Überlegungen deutlich machen wollen, daß die so häufig gebrauchte Kategorie des "falschen Bewußtseins" weder meint, daß die Individuen diesem falschen Bewußtsein einfach ausgeliefert sind, noch daß darin eine rein individuelle Täuschung zu sehen ist (oder gar individuelle Dummheit zum Ausdruck kommt). Vielmehr ist dieses Bewußtsein insofern adäquates Bewußtsein, als damit eine relevante Dimension in den gesellschaftlichen Bedeutungsstrukturen erfaßt wird; es ist aber <u>falsches</u> Bewußtsein, weil es nämlich das, <u>wovon</u> hier abstrahiert wird, nämlich die Gebrauchswertdimension der gesellschaftlichen Bedeutungsstrukturen und deren konstitutive Relevanz für die gesamtgesellschaftliche Reproduktion, nicht erfaßt. Die <u>kognitiven</u> Leistungen des lohnabhängigen Individuums werden, sowohl was die <u>Wahrnehmung</u> als auch das <u>Denken</u> betrifft, von den Tauschwertabstraktionen bestimmt und gesteuert. Die allgemeine Tatsache, daß sich die Einheit von Geschichte und Alltag kognitiv nie durch die Wahrnehmung allein herstellen läßt, sondern stets des begreifenden Erkennens bedarf, verschärft sich im Kapitalismus nochmals dadurch, daß durch die Verallgemeinerung der Warenproduktion die oberflächenorientierte Wahrnehmung quasi zum Garanten für die <u>Wirklichkeitsverkennung</u> wird. D.h., der gesellschaftliche Entfremdungsprozeß hat auf der kognitiven Ebene die Folge, daß Wahrnehmung und Denken einander entfremdet werden, also kein relativ "problemloser" Prozeß von der <u>sinnlichen</u> zur <u>begreifenden</u> Erkenntnis führt. Dies besagt zum einen, daß die Wahrnehmung dem Denken zwar weiterhin den Wirklichkeitsbezug sichert, aber dieser oberflächlich den Warenfetischismus zum Inhalt hat und somit gerade zu einem Verkennen der grundlegenden gesellschaftlichen Gesetzmäßigkeiten führt; zum anderen isoliert sich das Denken von der Wahrnehmung, erklärt alle seine Leistungen für "Lug und Trug", kann somit als wirklichkeitsentbundenes existieren und so Welt- und Selbstbilder unterschiedlichster Art hervorbringen. Nachdem Denken und Wahrnehmung so in ihrem eigentlichen Bezug voneinander <u>getrennt</u> sind, werden sie nun <u>nachträglich gekoppelt</u>, wobei die Umweltinformationen so verarbeitet werden, daß sie in das eigene Welt- und Selbstbild "hineinpassen"; bzw. die Wahrnehmung wird so gesteuert, daß "unpassende" oder "unangenehme" Informationen erst gar nicht aufgenommen werden.

Bezogen auf die personalen Bedeutungsstrukturen bringt die kapitalistische Warenproduktion das falsche Bewußtsein vom <u>bürgerlichen Privatindividuum</u> und den <u>naturhaft-verdinglichten gesellschaftlichen Verhältnissen</u> hervor. Danach erscheint das einzelne lohnabhängige Individuum wie jedes Individuum frei und Herr seiner Lebensbedingungen und Lebenswege, ist das, was es aus sich macht, und kann letztlich realisieren, was es erreichen will, ist so sehr Mensch, wie es <u>tüchtig</u> ist. Das falsche Bewußtsein vom selbstbestimmten Privatindividuum resultiert letztlich aus der Tatsache, daß der einzelne tatsächlich von persönlichen Abhängigkeitsverhältnissen frei ist; es ist aber Schein, weil der individuelle Handlungsraum sehr klein ist und sich historisch relativ unabhängig von den rein individuellen Aktivitäten vergrößert oder verkleinert. Somit stehen dem letztlich sehr kleinen Spielraum sehr große gesellschaftliche Notwendigkeiten gegenüber, die man aber als solche nicht oder nur sehr begrenzt beeinflussen zu können meint und es tatsächlich -individuell-isoliert - auch nur sehr begrenzt beeinflussen kann; diesen gesellschaftlichen Verhältnissen gegenüber kann man sich entweder ergeben, sich ihnen als schicksalhaften gegenüber verhalten oder aber versuchen, sich ihnen möglichst geschickt anzupassen, Gefahren auszuweichen, Gelegenheiten zu nutzen, Beziehungen zu knüpfen und wieder abzubrechen usw., also allgemein gesprochen: einen instrumentellen Wirklichkeitsbezug aufzubauen. Unter solchen Lebensbedingungen ist die individuelle Wahrnehmungs- und Denktätigkeit weitgehend darauf gerichtet, wie ich unter diesen gesellschaftlichen Bedingungen, die ich selbst (fast) nicht verändern kann, mein Leben dennoch erhalten und in Grenzen auch gestalten kann. Damit ist evidentermaßen ein "Verzicht" auf die Realisierung wirklich menschlicher Denkmöglichkeiten verbunden.

Aus unseren bisherigen Darlegungen zur Bedürfnis-, Motivations- und Emotionalitätsentwicklung des Menschen und zu den Charakteristika einer Lebenspraxis, die an "entgegenständlichten" sachlichen Gegenstandsbedeutungen orientiert ist und in interpersonalen Instrumentalverhältnissen stattfindet (was entsprechende kognitive Einschränkungen impliziert), folgt zwingend, daß ein solches Leben individuell weder wirklich befriedigend sein kann, noch die Herausbildung einer motivierten produktiven Fähigkeitsentwicklung erlaubt. Motiviertes, d.h. zielgerichtetes und produktiv bewertetes Handeln erfordert die rationale Erkenntnis von entsprechenden Zielen; gerade diese Zielerkenntnis wird aber einerseits durch die Tauschwertabstraktionen, damit den Warenfetischismus, erheblich "erschwert", andererseits aber auch auf "trügerische" Weise vereinfacht, indem es als "natürlich" erscheint, daß der einzelne private Ziele verfolgt. Zugleich muß der einzelne eine quasi eigenständige psychische "Arbeitshaltung" hervorbringen, denn nach der Überwindung der persönlichen Abhängigkeitsverhältnisse ist das Individuum persönlich frei, aber sachlich gezwungen, für "Fremde", für die herrschende Klasse, zu arbeiten. Aus dieser Situation resultiert ein tiefer psychischer Widerspruch zwischen den erschwerten Möglichkeiten, angemessene Ziele zu erkennen und der erhöhten Notwendigkeit, "freiwillig" eine "positive" Arbeitshaltung zu entwickeln; dieser Widerspruch wird dabei durch die Warenfetischismen nochmals scheinhaft überdeckt und harmonisiert. Damit muß aber die psychische Stabilität des einzelnen grundsätzlich eingeschränkt sein, denn diese kann sich nur entwickeln, wenn das konkrete lohnabhängige Individuum in der Zukunft liegende Ziele, die mit seinen eigenen objektiven Interessen übereinstimmen, erkennt und emotional positiv wertet und so praktisch in der Zukunft verankert ist. Da dies aber - sofern die individuelle Lebenspraxis unter dem entscheidenden Einfluß des Kapitalverhältnisses als eines Herrschafts- und Machtverhältnisses steht - einerseits scheinbar ganz problemlos ist, aber in Wirklichkeit völlig unmöglich ist (man kann entfremdete Ziele nicht emotional positiv bewerten und motiviert verfolgen), kommt es zu einer für die Lebenspraxis der Lohnabhängigen typischen oberflächlichen Stabilität, die die tieferliegende psychische Instabilität überdeckt. Sofern das Individuum interpersonale Zweckverhältnisse aufrechterhalten will, in denen wirklich menschliche Bedürfnisse gar nicht befriedigt werden können, muß es die erkenntnisleitende Funktion der Emotionen unterdrücken, ignorieren, "ausschalten", also die "Stimmung", das Gefühl, daß man "so, wie man lebt, eigentlich nicht leben will", daß "etwas nicht stimmt", daß man "unzufrieden ist, obwohl man doch alles hat", usw. Solche "Stimmungen" sind in dem Sinne wahr, daß sie der Ausdruck tatsächlich eingeschränkter individueller Entwicklungsmöglichkeiten sind und sie könnten, sofern man ihnen individuell nachginge, dazu führen, daß man die eigene regressive Welt- und Selbstsicht veränderte; und solche Stimmungen sind auch tatsächlich häufig Ausgangspunkt von individuellen "Umorientierungen" und "Kehrtwendungen". Sofern diese Stimmungen aber als bedrohlich empfunden werden in Bezug auf das so "mühsam" stabilisierte Selbstbewußtsein, müssen nicht nur sie selbst unterdrückt werden, sondern die Emotionen müssen auch von den Kognitionen getrennt werden. Dies bedeutet zunächst, daß emotionale Wertungsprozesse scheinbar beliebig, weil nämlich ungerichtet, verlaufen, daß die Emotionen für die Kognitionen (besonders an Scheidewegen der Biographie) keinerlei erkenntnisleitende Funktion haben, sondern als erkenntnisstörend empfunden werden und es in dem Sinne auch tatsächlich sind, weil sie die rein oberflächlichen Kognitionen immer "stören" und "bezweifeln". Indem so die Kognitionen von den Emotionen getrennt sind, können sie auch keine Vermittlungsfunktion zwischen den objektiven Bedeutungen und der subjektiven Bedeutsamkeit mehr übernehmen, d.h. das individuelle Denken wird abgelöst von der Frage, welche Bedeutung bestimmte objektive gesellschaftliche Prozesse für mich als konkretes Individuum haben. Genau dies ist der subjektive Zustand, in dem der einzelne durch gesellschaftliche Instanzen bzw. andere Menschen manipuliert werden kann bzw. sich selbst zu manipulieren vermag. Der "emotionslose Denker" vermag sich selbst scheinbar problemlos fremden Zwecken zu unterwerfen und zugleich seine eigenen Emotionen zu lenken, abzulenken, sie sekundär mit den "gewünschten" Inhalten zu füllen. Anders gesagt: er kann in die Emotionen bestimmte Inhalte "hineinlegen"; und welche Inhalte er hineinlegt, das hängt in hohem Maße von den gesellschaftlichen "Orientierungsangeboten" (z.B. in der veröffentlichten Meinung) ab. - Dies alles bedeutet reziprok, daß der einzelne auch von anderen fordert, so zu sein, bzw. daß er bereit ist, sie psychisch "unter Druck zu setzen" und sie zu manipulieren, wie es seinen privaten Zwecken "dienlich" ist. Es ist offensichtlich, daß in solchen interpersonalen Beziehungen keine wirkliche emotionale Befriedigung gefunden werden kann, und daß aus dieser strategischen, prinzipiellen psychischen Unsicherheit heraus die Angst ein wesentliches emotionales Moment einer solchen Lebensführung ist. Diese Angst kann als solche einfach "hingenommen" werden, (z.B. nach dem Motto "alle Menschen haben Angst"), womit sie zugleich schon wieder entwertet wird; oder aber sie wird verdrängt, z.B. nach der Maxime "es gibt eigentlich gar keinen Grund, Angst zu haben".

Ein Leben in der scheinhaft-realen Welt eines bürgerlichen Privatindividuums hat nicht nur Folgen für das Verhältnis von Kognition und Emotion, sondern es führt auch zu einer - daraus folgenden - spezifischen Deformation des Bedürfnislebens selbst. Sofern der einzelne keine für ihn objektiv und subjektiv bedeutsamen gesellschaftlichen Ziele verfolgt, kann er auch seine produktiven Bedürfnisse nicht befriedigen (oder doch nur sehr eingeschränkt). So entwickelt er insbesondere zur Arbeit, die ja Entfremdung und Aneignung zugleich bedeutet, kein positives Verhältnis in dem Sinne, daß er versucht, das Moment der Aneignung soweit wie möglich voranzutreiben, sondern er unterwirft sich entweder aktiv diesem Abhängigkeits- und Zwangsverhältnis (z.B. durch individuelles opportunistisches Verhalten) oder betrachtet diesen Bereich und Teil des Lebens als Voraussetzung dafür, sich in der Freizeit zu entfalten. Da aber der Freizeitbereich nur ein sehr eingeschränkter Bereich des gesellschaft-

lichen Aneignungsprozesses darstellt, kann er auch für den
individuellen Aneignungsprozeß nur eine sehr eingeschränkte positive Funktion haben. Daher wird hier nicht die Befriedigung produktiver, sondern die der sinnlich-vitalen
Bedürfnisse in den Vordergrund treten. Dies hat besonders
Konsequenzen für die familiären interpersonalen Beziehungen: diese sind - da sie von der gesellschaftlichen Praxis
zum Teil objektiv, aber viel eher noch subjektiv-willkürlich abgetrennt sind - im Prinzip und der Tendenz nach
sinnentleert, aber zugleich werden alle Glücksansprüche
in sie hineingelegt - und diese Ansprüche müssen notwendig
scheitern. Das heißt grundsätzlich gesprochen: Der scheinbar "freiwillige" Verzicht auf die Entfaltung der individuellen "Produktivität" bedeutet nicht nur als solches einen Verzicht auf wirklich menschliche Lebens- und Glücksansprüche, sondern er zerstört damit zugleich die Grundlagen der Sinnlichkeit. Nicht der Warenfetischismus selbst
ist durch seine abstraktiven Momente unvermittelt der eigentliche "Feind der Sinnlichkeit", sondern erst auf dem
"Umweg", daß er eine relevante kognitive Widerständigkeit
aufweist, die eine Erkenntnis wirklich menschlicher Lebensziele behindert und dadurch zu einer Abkoppelung der Produktivität von der Sinnlichkeit beiträgt (wir kommen auf
einige Momente dieses Problems noch in Kap. 3.3.1. zurück).

Über die schon genannten Momente hinaus weisen auch die
sexuellen Beziehungen spezifische und zusätzliche Momente
der Unterdrückung der Frau auf. Die sexuelle Doppelmoral
ist alles andere als ein Zufall, sondern in ihr zeigt sich
mit besonderer psychischer Brutalität die Widermenschlichkeit der persönlichen Beziehungen zwischen Mann und Frau
in dieser Gesellschaft (natürlich nur soweit sie weitgehend
von der kapitalistischen Entfremdung bestimmt sind). Auf
das allgemeine Problem hinweisend schreibt Hollitscher (1975,
S.83f):

"Der Widerspruch von 'erhabener' abstrakter Moral und miserabler praktischer moralischer Wirklichkeit ist...der bürgerlichen Gesellschaft von vornherein eigentümlich, folglich auch die Kluft zwischen ihnen. Sie vergrößert sich in
dem Maße, wie sich die kapitalistische Wirklichkeit vom
frühbürgerlichen Ideal des ganzheitlichen Menschen fortbewegt, wie sich das 'Personsein' des Menschen auf das seine
Funktionen gegenüber dem kapitalistischen Produktions- und
Reproduktionsprozeß realisierende Individuum reduziert...

Wenn Sexualität im Dienste der bloßen Reproduktion der Gattung 'tierisch' ist, so ist die Protestation gegen dieses Elend, welche die Sexualität zu einem Feld gesellschaftsfreier Kommunikation, zu einer rein privaten 'Spielwiese' macht, eine nicht minder armselige Einseitigkeit - wenngleich auch eine verständliche unter der Herrschaft kapitalistischer Verhältnisse..."

Und dieser Widerspruch von erhabener Moral und miserabler Wirklichkeit wird nicht 'gleichmäßig" auf Mann und Frau "verteilt", sondern die Frau wird auch praktisch der erhabenen Moral unterworfen (sofern sie die "Ehefrau" ist), während der Mann sich dieser Moral in Bezug auf andere Frauen entziehen kann. Daß solcherart Sexualbeziehungen auch den Mann an der Verwirklichung menschlicher Sexualbeziehungen hindern, ist genauso evident wie die Tatsache, daß die Frau hier nochmals - und zum Teil besonders rigide - von der "Männerwelt" unterdrückt wird.

Die Analyse der psychischen Entwicklung in der bürgerlichen Klassengesellschaft war von Anfang an wesentlicher Bestandteil der Herausarbeitung der Grundlagen der Kritischen Psychologie; wobei sich aus dem Wesen des Ansatzes selbst die Notwendigkeit einer kritischen Analyse der Unterdrückungsmomente dieser Art individueller Vergesellschaftung ergab. Dabei hat Holzkamp in der "Sinnlichen Erkenntnis" besonders das Problem der subjektiven Sinnentleerung durch die kognitive Widerständigkeit der kapitalistischen Warenfetischismen thematisiert; so wenn er z.B. über das Verhältnis von Beruf und Freizeit schreibt:

"Der 'Privatbereich' des Arbeiters, da er die abstrakte Negation der subjektiv sinnentleerten Arbeit im beruflichen Bereich darstellt, ist in der Perspektivelosigkeit bloß individueller Konsumtion befangen und deswegen genauso sinnentleert wie dieser. Demgemäß stehen auch in der Person des Arbeiters die Funktionssysteme des 'Berufsmenschen' und des 'Privatmenschen' sich in komplementärer Abhängigkeit gegenüber. Während der Arbeiter 'Berufsmensch' ist, kann er nicht 'Privatmensch' sein, weil er sich nicht selbst gehört; während er 'Privatmensch' ist, kehrt er der subjektiv sinnentleerten Berufstätigkeit den Rücken zu, sucht die Entfaltung seiner Lebensmöglichkeiten notwendig außerhalb der produktiven Tätigkeit - und kann die Erfüllung seiner Lebensansprüche in der gesellschaftlichen Perspektivelosigkeit seines 'privaten' Daseins notwendig niemals finden." (Holzkamp, 1973, S.249; alle Sperrungen entfernt,K.-H.B.) -

Während sich Seidel (1976, Kap. 5.3. u. 6.) auf die Frage beschränkt, in welchem Verhältnis Warenfetischismus und Denkformen stehen, befaßt sich H.-Osterkamp in ihrer Motivationsstudie besonders mit dem Problem der _erzwungenen_ (statt motivierten) Lebenstätigkeit der Lohnabhängigen, wobei für sie der Widerspruch zwischen _kooperativer_ Integration und _Ausschluß_ von der Realitätskontrolle besondere Folgen für den einzelnen hat; denn hier entsteht

"das radikale Widerspruchsverhältnis, daß einerseits unter kooperativem Aspekt der eigene Beitrag und die dafür zu entwickelnden Fähigkeiten eine emotionale Integration in der Arbeitsgruppe antizipierbar machen würde und deswegen motiviert angestrebt werden könnte, andererseits aber unter dem Verwertungsaspekt der eigene Beitrag und die eigenen Fähigkeiten, je größer sie sind, in umso höherem Maße von den anderen Arbeitern als potentielle oder aktuelle Bedrohung ihrer Existenz erlebt werden müssen, was gerade eine steigende Ablehnung durch die Kollegen, also _soziale Desintegration_ zur Folge haben muß." (H.-Osterkamp, 1976, S.98)

Dieses Zitat macht sehr gut deutlich, daß die Kritische Psychologie sich stets darum bemüht hat, das _widersprüchliche_ Verhältnis von Aneignung und Entfremdung nie zu vereinseitigen. Allerdings hat sie bis in die Gegenwart zumeist darauf verzichtet, den _Entfremdungsbegriff_ zu verwenden. Neben der wissenschaftlich-ideologischen Problematik einer allgemeinen Inflation des Entfremdungsbegriffs (vgl. dazu Hollitscher, 1969, S.351ff; Sève, 1978, S.68ff), hat dies seinen Grund auch darin, daß die Kategorie der Entfremdung wie die des menschlichen Wesens eine _philosophische_ Kategorie ist und erst in dem Maße der Kritischen Psychologie zugänglich werden konnte, wie diese ein _Aneignungskonzept_ entfaltete, das selbst die _gesellschaftliche_ und die _individuelle_ Dimension dieser Prozesse voll entwickelte (daß dies heute weitgehend gelungen ist, dürfte aus den bisherigen Darlegungen deutlich geworden sein). Aus diesem Grund wurde bei unseren Überlegungen der Entfremdungsbegriff einbezogen und zwar in jener Weise, wie er besonders von Sève entwickelt worden ist. Zur Spezifik der Entfremdung der gesellschaftlichen Verhältnisse gegenüber den Individuen schreibt er:

"Diese _veräußerlichten_ Formen werden aufgrund dieser Tatsache eine _fremde Macht_, die _ihrerseits_ die Individuen beherrscht, unterjocht und sie somit in einer anderen Bedeutung des Begriffs entfremdet. Mit dem Begriff der den Individuen gegenüber zur fremden Macht gewordenen gesellschaftlichen Verhältnisse befinden wir uns im Herzstück des 'Kapitals'." (Sève, 1978, S.41)

Und er fährt kurz später fort:

"Somit schließt sich der Kreis: Der Versachlichung, der Verdinglichung der Beziehungen zwischen den Personen entspricht eine Personifizierung dieser entfremdeten Sachen, dann das Kapital schließt den Kapitalisten mit ein; und die Herrschaft versachlichter, fremder Mächte über die Menschen nimmt plötzlich die Form der Herrschaft einer Klasse von Menschen, der Kapitalistenklasse über die Werktätigen an, welche letzteren ihrerseits zu bloßen Sachen gemacht werden, eine <u>doppelte Entfremdung</u>, die der Kapitalismus auf unaufhörlich erweiterter Stufenleiter reproduziert." (ebd., S.44)

2.4.2. ARBEITERBEWEGUNG UND PERSÖNLICHKEITSENTFALTUNG

Die Ausgebeuteten sind aber den herrschenden Verhältnissen nie völlig ausgeliefert, sie haben immer die Möglichkeit, sich in kollektiver Gegenwehr Verbesserungen zu erkämpfen. Dieser allgemeine Sachverhalt spezifiziert sich insofern für die Arbeiterbewegung in der bürgerlichen Klassengesellschaft, als ihr Kampf - nach Einsicht des Marxismus und damit auch der Kritischen Psychologie - gegen das Kapital zugleich ein Kampf gegen die letzte antagonistische Klassengesellschaft der Weltgeschichte ist und mit der Überwindung des Kapitalismus die Vor-Geschichte der Menschheit abschließt und die eigentliche, <u>bewußt</u> gestaltete Geschichte beginnt. Die historische Aufgabe und Verantwortung der Arbeiterbewegung liegt genau darin, diese Möglichkeiten des revolutionären Übergangs auch Wirklichkeit werden zu lassen, und ihre gesamte Theorie, Politik und Organisation muß sich letztlich an diesem Ziel ausrichten und sich an ihm messen lassen. Die revolutionäre Arbeiterbewegung ist ihrem Wesen nach sowohl eine <u>politische</u> Bewegung (gerichtet auf die Eroberung der Staatsmacht und Veränderung der Staatsorganisation als <u>Voraussetzung</u> ökonomischer Veränderungen) wie auch eine <u>organisierte</u> Bewegung, sie verfügt also über eine langfristige Programmatik und Organisation.
In den revolutionären politischen Organisationen der <u>Arbeiterbewegung</u> findet die gesellschaftliche Subjektivität der <u>Arbeiterklasse</u> ihren höchsten Ausdruck. Andere politische Organisationen bzw. die Gewerkschaften können in ihrer Bedeutung nur vor dem Hintergrund dieses Niveaus gesellschaft-

licher Subjektivität angemessen verstanden und beurteilt werden. Die <u>Gesamtheit</u> der Organisationen einer sich je in nationalem Maßstab, aber mit internationalem Inhalt entwickelnden Arbeiterbewegung ist konkreter Ausdruck des Grades der Subjektentfaltung der Arbeiterklasse selbst, wobei das <u>Verhältnis</u> der verschiedenen Organisationen zueinander, besonders seit der <u>Spaltung</u> der Arbeiterbewegung, von besonderer Bedeutung ist (vgl. hierzu grundlegend Lenin, LW22, S.197f,285ff,306f; zur aktuellen Analyse Deppe, 1981a, S.28ff,39ff).

In der Arbeiterbewegung tritt dem einzelnen Lohnabhängigen die historische Aufgabe und Verantwortung, damit die <u>Geschichte</u>, konkret entgegen und die Vermittlung von Geschichte und Alltag in der individuellen Lebenspraxis stellt sich somit dar als Verhältnis des individuellen Lohnabhängigen zur gesellschaftlichen Klassensubjektivität. In dem Maße, wie die Klassensubjektivität dadurch entscheidend wird für das individuelle Leben, daß der einzelne sich selbst der Arbeiterbewegung anschließt, in dem Maße entfaltet sich auch im Widerspruch von Aneignung und Entfremdung die Seite der Aneignung. Das kann nichts anderes heißen, als daß das konkrete Individuum zu seinen Mitmenschen in gleicher oder ähnlicher Klassenlage immer mehr <u>subjekthafte interpersonale Beziehungen</u> entwickelt. Ihre verbindende, objektive Gemeinsamkeit ist letztlich die historische Aufgabe und Verantwortung der Arbeiterklasse, also ein <u>allgemeines</u> Interesse der Menschen überhaupt. In dieses Allgemeininteresse an Humanität, damit an grundsätzlicher Beseitigung aller Formen von Ausbeutung, ist das Interesse an der <u>Emanzipation der Frau</u> zwingend eingeschlossen; auch für die lohnabhängige Frau bzw. als Frau von lohnabhängigen Männern erschließen sich erst durch die Arbeiterbewegung die Möglichkeiten, subjekthafte Beziehungen zu den Klassengenossen und Klassengenossinnen aufzubauen.

Worin nun dieses Allgemeininteresse unter ganz bestimmten konkret-historischen Bedingungen besteht und wie es zugleich optimal durchgesetzt werden kann, das kann in bestimmten Grenzen durchaus kontrovers sein. Insofern ist auch die entfaltetste gesellschaftliche Subjektivität der Arbeiterklasse <u>nicht</u> durch eine <u>spontane</u> Einheit von Individuum und Arbei-

terorganisation geprägt, sondern diese Einheit muß immer
wieder hergestellt und gesichert werden; sofern die je
konkrete Arbeiterorganisation tatsächlich das Allgemeininteresse vertritt, befinden sich aber diese Interessen
mit den verallgemeinerten individuellen Interessen prinzipiell in Übereinstimmung. Oder anders gesagt: Die *Handlungsfähigkeit* der Organisation ist in *diesem* Sinne immer
die verallgemeinerte individuelle Handlungsfähigkeit und
insofern ist die individuelle Handlungsfähigkeit in der
Organisation im Prinzip stets *aufgehoben*. Wer also von einem *grundsätzlichen* Gegensatz von Individuum und Organisation ausgeht, unterstellt - explizit oder implizit - ein
ungesellschaftliches Individuum. - In dem produktiven Spannungsverhältnis von Individuum und Organisation ist jeder
für seine eigene Entwicklung verantwortlich, d.h. mit der
individuellen Teilhabe an dem Ringen um die historisch konkretisierte Bestimmung des Allgemeininteresses und die Wege
seiner Verwirklichung wird zugleich auch die Bestimmung und
Verwirklichung der wesentlichen individuellen Interessen gelingen. Damit ist die Einsicht in die gesellschaftlichen
Interessen immer auch eine zutiefst subjektive Einsicht in
die Entwicklungsbedingungen meiner eigenen Persönlichkeit;
und individuelle Teilhabe an den Kämpfen der Arbeiterbewegung ist Ausdruck meiner eigenen Subjektentfaltung, nicht
aber Ausdruck einer mir selbst fernstehenden "Opferbereitschaft". Berechtigt zu fordernde individuelle Risiken und
Opfer kann es immer nur im Verhältnis zur Realisierung des
Allgemeininteresses und meines individuellen Beitrages dazu geben.

Indem der einzelne aktiv, subjekthaft an der Entwicklung,
Beschlußfassung, Umsetzung und Auswertung der Politik der
Organisation teilnimmt, in dem Maße übt er auch Einfluß
auf die Politik der Organisation aus, trägt bei zur *Weiterentwicklung der Organisation* selbst. Die andere, letztlich
führende Seite im produktiven Spannungsverhältnis von Individuum und Organisation liegt darin, daß die Organisation
selbst Träger und Vermittler gesellschaftlich verallgemeinerter Erfahrungsakkumulation ist, d.h. sich der einzelne
nur in dem Maße wirklich subjekthaft entfalten kann, wie er
seine individuelle Subjektivität überschreitet, wie er sich

die <u>Geschichte der Arbeiterbewegung</u> aneignet. Die historisch
gewonnenen Einsichten in Theorie, Methode und Praxis der <u>proletarischen Klassenbewegung</u>, wie sie zum <u>proletarischen Klassenbewußtsein</u> in seiner konkret-historischen Gestalt verdichtet wurden, sind für das einzelne konkrete Individuum nicht
beliebig oder gar gleichgültig; vielmehr handelt es sich hierbei um zwar <u>veränderbare</u>, aber immer auch dem Anspruch nach
um <u>verbindliche</u> Interpretationen der kapitalistischen Wirklichkeit. Wenn nun der einzelne zum personalen Träger dieses
Klassenbewußtseins werden soll, dann kann er solche Interpretationssysteme nicht einfach passiv übernehmen, sondern er
muß sie als <u>Wissen</u>, welches zunächst außerhalb seiner individuellen Existenz entwickelt wurde, individuell in einen
Zusammenhang mit den <u>persönlichen Erfahrungen</u> bringen. Nur
so kann der einzelne das Niveau <u>begreifender Wirklichkeitserkenntnis</u> erreichen, welches ein sich stets veränderndes,
produktives, kognitives Verhältnis zur Wirklichkeit in ihren
alltäglichen und historischen Dimensionen bedeutet. Die individuelle Teilhabe an einem wissenschaftlichen Weltbild,
damit Entwicklung eines eigenen wissenschaftlichen Selbst-
und Weltverständnisses, hat eine entscheidende Bedeutung
für die Herausarbeitung langfristiger, zukunftsorientierter, gesellschaftlich begründeter <u>individueller Lebensziele</u>.
Damit hören Bücher auf "totes Wissen" zu sein, wird die Aneignung von Wissens- und Wissenschaftsinhalten zu einem Element <u>produktiver</u> Persönlichkeitsentwicklung und schaffen damit auch die Motivation zur Überwindung der äußeren wie "inneren" Widerstände gegen die eigene Denkentfaltung (als Ausfluß der klassenbegründeten Trennung von körperlicher und
geistiger Arbeit).

Begreifendes Erkennen als kognitive Alternative zu anschaulichem oder orientierendem Erkennen kann sich nur <u>gegen</u> den
allgemeinen <u>Entfremdungszusammenhang</u>, der sich darstellt als
Zwang zu instrumentellen interpersonalen Beziehungen und kognitives Sich-Einlassen auf die Warenfetischismen, durchsetzen;
d.h. seine Entwicklung kann nur auf der Basis <u>subjekthafter
interpersonaler Beziehungen</u> gelingen. Damit ist aber auch gesagt, daß es sich beim Verhältnis von proletarischer Organisation und Individuum nur um eine spezifische, wenn auch besonders anspruchsvolle Ausformung des allgemeinen Verhältnis-

ses von Individuum und Gesellschaft handelt; und dies bedeutet, daß der einzelne seine eigenen Interessen auch immer dann schon verletzt, wenn er selbst an diese Organisation und die durch sie ermöglichten subjekthaften Beziehungen instrumentelle Ansprüche stellt und diese zu verwirklichen sucht. Individuelle Kosten-Nutzen-Rechnungen verfehlen immer den Charakter dieser Beziehungen, weil - so Holzkamp (1980d, bes. S.214ff) - die Organisation ja nicht jenseits meiner verallgemeinerten bzw. verallgemeinerungsfähigen individuellen Interessen existieren kann, somit ihre Existenz auch in meinem Interesse ist und ich daher keine kompensatorischen Ansprüche an sie als einer von mir selbst getrennten, nur noch fremden gesellschaftlichen Institutionen stellen kann, ohne meine Subjektbeziehungen zu zerstören. Man muß ein solches kompensatorisches Verhältnis des Individuums zur Organisation von einem produktiv kritischen streng unterscheiden: So sehr die "kollektive Weisheit" der Organisation die individuellen Erkenntnismöglichkeiten qualitativ überschreitet und somit auch individuell Nicht-Erfahrenes und individuell Nicht-Gedachtes/Nicht-Bedachtes für den einzelnen Bedeutung hat, sowenig kann eine schöpferische Anwendung und Weiterentwicklung der "kollektiven Weisheit" gelingen, wenn der einzelne auf seine individuelle Denk- und Erkenntnistätigkeit "verzichten" würde. Vielmehr muß die innere Struktur der Organisation eine Beteiligung aller Mitglieder nicht nur ermöglichen, sondern auch erforderlich machen und insofern demokratisch sein. Die möglichst breite Wahrheitsfindung über Theorie, Methode und Praxis der Politik muß zugleich in einem angemessenen Verhältnis zu den objektiv vorhandenen Handlungsnotwendigkeiten stehen, was sowohl eine relative Begrenzung der je aktuellen Wahrheitsfindung impliziert wie auch bestimmte Formen der Verallgemeinerung im nationalen (und teilweise auch internationalen) Maßstab, ohne daß alle Organisationsmitglieder direkt daran beteiligt sind; hierin liegt das zentralisierende Moment. Es ist dabei selbstverständlich möglich, daß auch derartig kollektiv gefaßte Entscheidungen falsch sind bzw. sich in der politischen Praxis als falsch erweisen und daher im Rahmen der weiteren Diskussion und Wahrheitsfindung korrigiert und als veränderte politische Praxis umgesetzt werden. Gerade daran wird deutlich, daß ich als einzelner eine politische Verantwortung für die Entwicklung der möglichst richtigen Politik habe; und nur in dem Maße, wie diese Verantwortung von möglichst vielen, perspektivisch allen Mitgliedern der Organisation (am besten selbstverständlich allen Individuen der Klasse, also "massenhaft") wahrgenommen wird, in dem Maße wird die Gefahr von Fehlern geringer und entfaltet sich zugleich die Subjektivität der Arbeiterklasse immer optimaler.

Diesem produktiven Spannungsverhältnis von Individuum und Organisation kann sich der einzelne nur um den Preis seiner Selbstverkümmerung und psychischen "Selbstverstümmelung" entziehen. Der "Verzicht" auf die Teilhabe am Kampf der Arbeiterbewegung kennt nur die regressive "Alternative" der weitgehenden Unterwerfung unter den kapitalistischen Entfremdungsprozeß mit allen seinen Folgen der Entfremdung von den Mitmenschen und den eigenen Entwicklungsmöglichkeiten. Individuelle Teilhabe an diesem Kampf ist zugleich Moment der heute schon möglichen Verwirklichung der Vermenschlichungs- und Glücksansprüche, was in keinem Falle mit einem bequemen und oberflächlichen Leben verwechselt werden kann und darf. Unter den Bedingungen einer Klassengesellschaft Vermenschlichungs-, Freiheits- und Glücksansprüche zu artikulieren und durchsetzen zu wollen, muß immer den Widerstand der dadurch "Bedrohten", der Herrschenden, hervorrufen, deren mögliche "Disziplinierungsmittel" von der Diskriminierung und Benachteiligung bis zur Existenzvernichtung und Ausrottung (man denke hier an die Innen- und Außenpolitik des deutschen Faschismus) reichen. Insofern erfordert individuelle Subjektentwicklung immer ein hohes Maß an Anstrengungsbereitschaft und Willentlichkeit, an Risikobereitschaft und Durchsetzungsfähigkeit. Die Angstfreiheit als Voraussetzung wirklich menschlichen Lebensgenusses hat somit einerseits in der schon immer zukunftsbezogenen individuellen Teilhabe an der Politik der Organisation seine grundsätzliche Voraussetzung und diese praktische, politische Verankertheit in der Zukunft ist die Grundlage der psychischen Stabilität des einzelnen. Andererseits ist ein solches Leben immer von Einschränkungen und sogar Vernichtung durch die herrschenden Machtinstanzen bedroht, und diese Bedrohung löst immer wieder spontan Ängste aus, die selbst _verarbeitet_ werden müssen. Sie müssen also auf ihre objektiven Ursachen und die Möglichkeiten ihrer Zurückdrängung hin befragt werden und als Element der individuellen _Lebenserfahrung_ in die sich entwickelnde _psychische Belastbarkeit_ eingehen. In dem Maße, wie ich mich selbst psychisch belasten kann, kann ich gegen die Widerstände der herrschenden Machtinstanzen meine Subjektbeziehungen entwickeln und so wie ich meine _Produktivität_ entfalte, schaffe ich auch die individuellen Bedingungen für wirklich menschliche _Sinnlichkeit_. Je geringer diese psychische Belastbarkeit sich entwickelt, desto eingeschränkter sind auch die sinnlichen Erlebnismöglichkeiten des einzelnen. Damit stellt sich psychische Belastbarkeit dar als die Fähigkeit, zukunftsbezogene emotionale Wertungen mit aktuellen Handlungsimpulsen in ein produktives, jede Vereinseitigung möglichst vermeidendes Verhältnis zu bringen und dadurch eine _emotionale Gesamtwertung_ zu erreichen, die sowohl mittelbaren als auch unmittelbaren bzw. die zukunfts- und gegenwartsbezogenen Emotionen vermittelt und so den sinnlichen und produktiven Ansprüchen des Individuums optimale Geltung verschafft. Die so verstandene psychische Stabilität ist auch Grundlage für die individuellen politischen Lernprozesse: nur wenn ich keine Angst habe, alles zu wissen, also auch alle möglichen Folgen der Existenzbedrohung kognitiv aufgenommen und emotional verarbeitet habe, wenn ich aber auch um die historischen Erfolge und Perspektiven weiß (im kognitiven wie im emotionalen Sinne), nur dann habe ich mir jenes breite emotionale Fundament geschaffen, welches mir jene _produktive Entwicklungs- und Lernmotivation_ bietet, die notwendig ist zum Aufbau und zur Aufrechterhaltung von Subjektbeziehungen und zur permanenten kognitiven Durcharbeitung der sich selbst, u.U. sehr rasch, verändernden Wirklichkeit. Zugleich üben hier die Emotionen _erkenntnisleistende_ Funktionen aus und bieten dem einzelnen als "politisches Feeling", "ideologischen Riecher" oder "Klasseninstinkt" eine emotionale Richtschnur für die kognitive Entwicklung.

Aus diesen Überlegungen folgt aber auch, daß Situationen entstehen können, in denen die _Grenze der psychischen Belastbarkeit_ für den einzelnen erreicht ist und die so zu einer biographischen Entscheidungssituation werden: gelingt es dem einzelnen - besonders durch die Abgesichertheit in Subjektbeziehungen - die neuen "Angriffe" auf sein erreichtes Lebensniveau "durchzustehen", oder aber "scheitert" er, zieht er sich individuell zurück, macht persönliche und u.U. auch politische Zugeständnisse, die dem skizzierten Allgemeininteresse, aber damit auch dem längerfristigen eigenen Interesse widersprechen. Dann besteht die große Gefahr, daß beim einzelnen sich die Tendenz entwickelt und durchsetzt, auf das Niveau von Instrumentalbeziehungen (mit allen ihren kognitiven und emotionalen Folgen) zurückzufallen. Aber auch wenn solche Tendenzen sich durchsetzen sollten, müssen sie nicht immer bis zum "bitteren Ende" führen (weitestgehende Anpassung und Ausgeliefertheit), der einzelne hat vielmehr faktisch immer die Möglichkeit der individuellen "Umkehr" und "Rückbesinnung"; so wenn ihm z.B. deutlich wird, daß rein kurzfristige Interessenorientierung immer kurzschlüssig ist.

Die eingangs schon benannte Spaltung der Arbeiterbewegung ist nach dem hier Dargelegten einerseits Ausdruck dafür, daß die kapitalistischen Entfremdungsprozesse tiefe Spuren auch in der Arbeiterbewegung hinterlassen haben und noch heute hinterlassen (wobei diese Spaltung historisch an die Herausbildung des Imperialismus gebunden ist). Sie bedeutet andererseits immer auch eine Bedrohung des erreichten Standes subjekthafter Beziehungen, begreifenden Erkennens und produktiver Motiviertheit; d.h. diese Handlungsfähigkeit wird auch durch Prozesse innerhalb der Arbeiterbewegung erschwert, Prozesse, die die herrschende Klasse strategisch wie taktisch sehr wohl zu nutzen weiß. Zugleich ist damit das Ringen um die optimale Entfaltung der Subjektivität der Arbeiterklasse immer auch ein Ringen um die Überwindung dieser Spaltung (vgl. hierzu Deppe, 1981a, S.54ff, 105ff).

Die Herausarbeitung dieser Auffassungen war ebenso wie die des vorangegangenen Unterabschnittes ein zentraler Bestandteil der theoretischen Entfaltung des kritisch-psychologischen Konzeptes menschlicher Subjektivität; denn hier steht die Frage nach den Alternativen des Lebens in der kapitalistischen Klassengemeinschaft. Die Kritische Psychologie hat

Kritik immer in dem Doppelaspekt von Negativem und Positivem gesehen und zum Kapitalismus und einer ihm "adäquaten" Lebensweise stets ein bestimmt negatorisches Verhalten entwickelt (und kein absolut, total negierendes). Schon in der "Sinnlichen Erkenntnis" wird das Verhältnis von individueller Lebenspraxis in der bürgerlichen Gesellschaft und gleichzeitiger Orientierung an der sozialistischen Perspektive ausführlich erörtert: so heißt es dort u.a.:

"Solange die bewußte gemeinsame Planung menschlicher Lebensverhältnisse unter Beteiligung aller, darin die vielseitige Entfaltung menschlicher Lebensmöglichkeiten, nicht gesellschaftliche Wirklichkeit geworden ist, ist der bewußte solidarische Kampf um die Schaffung einer solchen gesellschaftlichen Wirklichkeit die einzige sinnvolle übergreifende Lebensperspektive. Die 'gemeinsame Sache', über welche die Menschen verbunden sind, ist hier die sozialistische Perspektive kritischer gesellschaftlicher Praxis; diese Perspektive mündet mit dem Grade ihrer Verwirklichung in die gemeinsame Sache bewußter gesellschaftlicher Lebensgestaltung unter Beteiligung aller ein." (Holzkamp, 1973, S.263; alle Sperrungen entfernt, K.-H.B.)

Während damit hauptsächlich das objektive Moment der individuellen Lebenspraxis benannt ist, hat H.-Osterkamp in ihrer Motivationsstudie deutlich gemacht, unter welchen Bedingungen die Individuen diese Perspektiven auch als subjektiv bedeutsam zu erfahren vermögen; sie schreibt dazu u.a.:

"Eine wesentliche Bedingung für die 'Motivation' des Einzelnen, an diesem Kampf teilzunehmen, ist die subjektive Erfahrung sowohl der prinzipiell bestehenden Lebensmöglichkeiten als auch der objektiv durch das Kapital gesetzten Entwicklungsschranken und die Notwendigkeit ihrer Überwindung als Durchsetzung des allgemeingesellschaftlichen, damit eigenen Interessen. Diese Erfahrung kann er aber im wesentlichen nur dadurch gewinnen, daß er in der extensiven Nutzung der in den Individualitätsformen bestehenden Handlungsräume an die objektiven, durch das Partialinteresse des Kapitals gesetzten Grenzen stößt und somit die Illusion der 'Freiheit' verliert, - eine Illusion, die nur solange aufrechtzuerhalten ist, wie man diese Grenzen 'freiwillig' niemals berührt und lediglich zwischen den 'zugelassenen', im Hinblick auf eine wirkliche Erweiterung menschlicher Lebensmöglichkeiten gleichgültigen Alternativen 'wählt'." (H.-Osterkamp, 1976, S.86f)

So sehr mit diesen Überlegungen die Notwendigkeit der Kollektivität und Solidarität herausgestellt werden, so wenig ist damit schon angemessen geklärt, welchen Charakter eigentlich diese Organisationen selbst haben müssen. In diesem Sinne wurde bereits auf dem 1. internationalen Kongreß Kritische Psychologie festgestellt:

"In den anderen Referaten sind Aussagen getroffen worden, wie etwa: Die Menschen müssen zum bewußten Subjekt der Ge-

schichte werden, die Individuen sollen für eine Durchsetzung ihrer Interessen handeln, Genosse sein, das heißt zu kollektiven Taten kommen usw. Mit diesen Forderungen wird die Mehrzahl einverstanden sein. In unserem Referat wollen wir die Fragen behandeln, was diese abstrakten Bestimmungen eigentlich konkret bedeuten, beziehungsweise welche realhistorischen Prozesse darunter zu verstehen sind."
(Asseln/Braun, 1977, S.405)

Das Referat nimmt dann (besonders in den Thesen 1, 2 und 4) die marxistische Parteitheorie als Teil der politischen Theorie des Marxismus auf und stellt somit einen <u>systematischen</u> Bezug zwischen politischer Theorie und Psychologie her. Diesen Zusammenhang voraussetzend wird dann in einem späteren Beitrag speziell auf die <u>persönlichkeitsfördernden</u> Momente der individuellen Teilhabe an Theorie, Methode und Praxis einer marxistischen politischen Organisation abgehoben, und es werden fünf Aspekte herausgestellt: a) die optimale gesellschaftliche Wirkung, b) der Zugang zu neuen Bereichen der Realität, c) die innerorganisatorische, nichtbornierte Arbeitsteilung und die daraus erwachsene individuelle Verantwortlichkeit, d) die "Massenintegriertheit" und e) die optimale emotionale Abgesichertheit (vgl. Braun/Wetzel, 1979, S.87ff; vgl. auch vorbereitend Braun, 1978a, S. 150ff). Auch Holzkamp setzt in seinem Beitrag "Individuum und Organisation" die marxistische Organisationstheorie voraus und geht besonders der Frage nach, wie der bürgerliche Entfremdungszusammenhang sich auch <u>innerhalb</u> solcher politischen Organisationen niederschlagen kann. Dies geschieht z.B. dadurch, daß <u>privatistische</u> Ansprüche an die Organisation gestellt werden, die notwendig zu Konflikten führen müssen.

"Solche Konstellationen entstehen stets dann, wenn das Individuum <u>einerseits Forderungen an Mitsprache und Konsensbildung an die Organisation stellt</u>, die diese handlungsunfähig machen würden, und damit gegen das allgemeine und eigene Interesse sind, und wenn es <u>andererseits seine zentrale Aufgabe in der Organisation</u> nicht erkennt: <u>Seine speziellen Kompetenzen und Erfahrungen in die Organisation einzubringen</u> und, wenn es sein muß, <u>der Organisation aufzudrängen</u>. So schlägt z.B. die Ideologie der Privatperson durch, wenn das Individuum nicht nur Entscheidungsprozesse <u>innerhalb</u> der Organisationshierarchie...kritisch überwacht, sondern dabei <u>Mißtrauen und Ressentiment gegenüber der Tatsache der Hierarchie und Leitung</u> einfließen und die <u>notwendige Verbindlichkeit</u> der Kollektiventscheidungen schon als <u>Vereinnahmung und Entmündigung</u> durch die Organisation erlebt wird. In der Ablehnung <u>jeder</u> Über- und Unterordnung und der Vorstellung einer rein 'horizontalen' Entscheidungsbildung liegt der bürgerliche Wunschtraum einer <u>mythischen</u> <u>Einheit zwischen der Privatperson und dem Kollektiv</u>, damit einer <u>Organisation ohne Organisation</u>, die <u>nur 'im Geiste'</u> bestehen kann, sich <u>in der Praxis</u> aber durch <u>Handlungsunfähigkeit selbst aufheben</u> müßte. Derartige Vorstellungen werden in dem Maße begünstigt, wie das Individuum <u>unfähig</u> ist, <u>seinen notwendigen Beitrag zu den Kollektiv-Entscheidungen zu erbringen</u> und dessen <u>Berücksichtigung in der der Organisation durchzusetzen</u>." (Holzkamp, 1980d, S.224) –

Die einzige Studie, die die Bedeutung der Klassenstrukturen und Klassenbewegungen bzw. die der verschiedenen Organisationen der Arbeiterbewegung für die Persönlichkeitsentwicklung der Lohnabhängigen <u>umfassend</u> analysiert, ist die von Wetzel (1981), wobei sie hier die entsprechenden Arbeiten zum kritisch-psychologischen Konzept der Politischen Psychologie aufnimmt (vgl. Braun, 1978a; ders., 1979b). In dieser Studie "Gewerkschaftsbewegung und Persönlichkeitsentwicklung" wird nicht nur der systematische Zusammenhang von Klassenbewegung und Subjektentfaltung fundiert abgeleitet (vgl. Wetzel, 1981, S.44ff), sondern auf der Basis der neuen Klassenbewegungen in der BRD (vgl. ebd., Kap.III) auch die neuen ökonomischen, politischen und ideologischen Momente, die die Spaltung der Arbeiterbewegung heute fördern bzw. auch zurückdrängen, in ihrer Bedeutung für die individuelle Vergesellschaftung analysiert (vgl. ebd., Kap.IV). Damit liegt auch ein erster Versuch vor, die Determinanten der Persönlichkeitsentwicklung der Lohnabhängigen im <u>gegenwärtigen</u> Kapitalismus zu erfassen.

Wenn wir im letzten Unterabschnitt auf die Darstellung <u>kontroverser</u> Punkte verzichtet hatten, so deshalb, weil ihnen stets die Frage nach dem <u>Verhältnis</u> von Aneignung und Entfremdung zugrundeliegt und sie damit erst vor dem Hintergrund des hier soeben Dargestellten angemessen eingeschätzt werden können. Zwei besondere Probleme haben sich dabei herauskristallisiert: a) Zunächst geht es um das Verhältnis von bürgerlicher Formbestimmtheit und Emanzipationsfähigkeit der lohnabhängigen Individuen. In seinem theoriegeschichtlich wichtigen Beitrag "Bürgerliche Privatform des Individuums und Umweltform der Gesellschaft" hat W. F. Haug (1977) treffend jene Bestimmungen herausgearbeitet, die zur <u>Ideologie</u> des bürgerlichen Privatindividuums in den bürgerlichen Sozialwissenschaften (einschließlich der Psychologie) beitragen. Aber daß dieses "bürgerliche Privatindividuum" immer nur Schein sein kann für das konkrete lohnabhängige Individuum, wird ebensowenig deutlich (vgl. ergänzend auch W. F. Haug, 1979, S.3f) wie die Möglichkeiten der individuellen Emanzipation im Kontext der Arbeiterbewegung; in dem genannten Beitrag wird die Arbeiterbewegung nur an einer und dazu noch sehr marginalen Stelle erwähnt (vgl. W. F. Haug, 1977, S.82), womit die gesamten Ausführungen eine deutlich objektivistische Tendenz erhalten. - b) Das zweite Problem hängt insofern mit dem ersten zusammen, als es hier um den Stellenwert der gesellschaftlichen Konsensbildung bzw. des inneren psychischen Zwanges für die Aufrechterhaltung der bürgerlichen Klassenherrschaft geht. In ihrem vieldiskutierten Beitrag "Opfer oder Täter" schreibt Frigga Haug:

"Jede Unterdrückung, die nicht mit äußerem Zwang arbeitet, muß mit der Zustimmung der Beteiligten arbeiten...D.h., der Gedanke, daß Frauen ihre eigenen Verhältnisse ändern können, setzt voraus, daß sie diese Verhältnisse auch mit herstellen und also..., daß die Unterdrückung, wenn sie nicht mit äußerem Zwang arbeitet, die Zustimmung der Unterdrückten braucht. In jedem Tun steckt also ein Stück Einwilligung, auch das Sich-Opfern ist eine Tat und kein Schicksal." (F. Haug, 1980b S.646)

Nun wird niemand bezweifeln wollen, daß die gesellschaftliche Konsensbildung und damit der innere psychische Zwang ein relevantes Moment bürgerlicher Herrschaftssicherung darstellt. Das theoretische und damit auch politische Problem beginnt schon bei der Fragestellung, denn diese ist bereits irreführend, als wenn es nämlich unter den Bedingungen einer antagonistischen Klassengesellschaft je eine Unterdrückung gäbe, die nicht auch (und in der Regel sogar primär) mit äußerem Zwang arbeitete. Wie erläutert, ist das Lohnverhältnis für die Lohnarbeiter immer nur ein scheinbar freies Verhältnis, in Wirklichkeit ist es ein sachlich begründetes Zwangsverhältnis, welches besonders durch staatliche Institutionen abgesichert wird. Allerdings hat die Arbeiterbewegung auf die ökonomischen und politischen Verhältnisse immer auch Einfluß genommen und sie - wenn auch mit wechselndem Erfolg - in bestimmten Grenzen zu ihren "Gunsten" verändert. Die Auffassungen von Frigga Haug haben u.E. letztlich die Konsequenz, den ideologischen Kampf der Arbeiterbewegung überzubewerten und - reziprok - den ökonomischen und politischen Kampf unterzubewerten (vgl. zu den politiktheoretischen Problemen solcher Auffassungen auch Braun, 1979c).

Wir schließen an dieser Stelle die inhaltlichen (gegenstandsbezogenen) Ausführungen zu den Grundlagen und den Dimensionen der Ontogenese ab und erörtern im weiteren die methodischen Voraussetzungen und Folgen dieser Auffassungen. Diese methodischen Überlegungen werden uns - wie schon mehrfach angedeutet - zu dem Schluß führen, daß der eigentliche Gegenstand der Psychologie die Entwicklungsgesetzmäßigkeiten der Ontogenese sind. Da diese aber auf das engste mit pädagogischen Problemen verbunden sind, werden wir die Probleme der kategorialen, theoretischen und empirischen Erforschung der Ontogenese erst in Kap. 3 diskutieren.

2.5. EXKURS: ZU DEN METHODISCHEN GRUNDLAGEN DER KRITISCHEN PSYCHOLOGIE

Die folgenden Überlegungen stehen vor dem grundsätzlichen Problem, daß eigenständige methodische Erörterungen in der Kritischen Psychologie sehr selten sind. Dies hat seine entscheidende Begründung darin, daß solche Überlegungen nur auf der Grundlage inhaltlicher Erforschungen des psychologischen Gegenstandes eine wirkliche Berechtigung haben und daß deren Ausarbeitung bisher notwendigerweise im Zentrum der Arbeiten gestanden hat. Zugleich sind - zumeist in direktem Argumentationskontext - immer wieder auch bestimmte Methodenfragen miterörtert worden, besonders in den Motivationsstudien von H.-Osterkamp (vgl. H.-Osterkamp, 1975, Kap.1.4., 2.1., 2.6.1., 3.1.; dies., 1976, Kap. 4.1., 5.1.). Im folgenden wird daher versucht, die zumeist sehr verstreuten und disparaten, zum Teil auch widersprüchlichen Auffassungen im Zusammenhang darzustellen, um so einen ersten, vorläufigen (aber nicht unverbindlichen) Einblick in den Entwicklungsstand der kritisch-psychologischen Methodologie zu geben (deshalb wählen wir auch den "Exkurs" als Darstellungsform).

Ausgangspunkt bzw. umfassendste methodische Rahmenbedingung ist die konstituierende Funktion der historischen Methode wissenschaftlicher Forschung überhaupt; insofern sind die folgenden Darstellungen als ein Beitrag zur Spezifizierung und Anwendung dieser Methode in der psychologischen Forschung aufzufassen.

2.5.1. DIE LOGISCHEN ELEMENTE DER HISTORISCHEN METHODE

Die biologischen Systeme als offene Systeme bringen stets den inneren Widerspruch mit hervor, daß sie sich nur erhalten können, wenn sie sich auch entwickeln. Ein biologisches System, welches sich nicht entwickelt, welches den Widerspruch von Lebensgewinnung und dazu antagonistisch stehenden Umweltbedingungen nicht mit Verbesserung der Lebensgewinnungsmöglichkeiten "beantwortet", ist unweigerlich davon bedroht zerstört zu werden, also auf das vor-biologische Evolutionsniveau zurückzusinken. Solche Entwicklungsnotwendigkeiten rühren u.a. daher, daß biologische Systeme Resourcen aus der Umwelt aufnehmen und diese damit zugleich verknappen, damit sich aber neue Resourcen zugänglich machen müssen, um das Weiterleben zu sichern. Solche Verknappungen können aber auch durch ungünstige kosmologische Veränderungen wie auch erdgeschichtliche Umstrukturierungen hervorgerufen werden. Sie führen aber insgesamt dazu, daß bestimmte Arten immer "aufwendigere" Formen der Lebenssicherung herausbilden und sich auf diese Weise höherentwickeln. Aus diesem Grunde ist die Erfassung von Entwicklungsnotwendigkeiten eine grundsätzliche methodische Orientierung kritisch-psychologischer Formen überhaupt.

Nun richten sich Entwicklungsnotwendigkeiten nie primär auf Einzelorganismen, sondern auf biologische Systeme im Sinne von historisch sich herausbildenden und verändernden biologischen Funktionszusammenhängen, innerhalb derer die Einzeltiere ihre Überlebensbedingungen finden. Dabei bilden sich im Gang der biologischen Evolution verschiedenartige Systeme heraus, so daß es zu inneren Differenzierungen kommt, deren Ursprung jeweils zu klären ist. Diese Differenzierungsprozesse und deren Resultat, bestimmte Arten, die eine bestimmte "innere" Struktur aufweisen und unter ganz bestimmten Bedingungen leben, stehen nicht in einem beliebigen Verhältnis zueinander, sondern kennzeichnen <u>Stufen der Höherentwicklung</u>. Diese sind dadurch bestimmt, daß sie im Prinzip nicht mehr unterschritten werden können, ohne das erreichte Evolutionsniveau zu zerstören; in diesem Sinne handelt es sich um <u>nicht mehr umkehrbare</u> Entwicklungsschritte. Damit ist weder gesagt, daß solche Entwicklungen (z.B. durch kosmische Katastrophen) nicht wieder rückgängig gemacht werden könnten, noch daß alle Entwicklungsmomente zwingend in die Höherentwicklung einbezogen sind (es gibt selbstverständlich auch evolutionäre Sackgassen). Damit ist lediglich gesagt, daß es solche unumkehrbare Prozesse gegeben haben muß (wobei über den <u>Zeitpunkt</u> zwar chronologische, aber keine zwingenden Aussagen gemacht werden können – "es hätte auch früher oder später geschehen können, aber es mußte in jedem Falle geschehen"), denn hätte es sie nicht gegeben, dann hätte der Mensch nie entstehen können.

Aus diesem <u>inhaltlichen</u>(biologischen) Bezug der verschiedenen Evolutionsetappen zueinander ergibt sich die <u>methodische</u> Anforderung, <u>Begriffe</u> in solchen <u>Begriffssystemen</u> zusammenzufassen, deren inneres Ableitungsverhältnis, deren Über- und Unterordnungen, den realen Prozeß angemessen widerspiegeln. Begriffe und deren Beziehungen stehen nicht – das geht schon aus unseren sprachtheoretischen Auffassungen hervor – in einem beliebigen, zufälligen, gesetzten Verhältnis zueinander, sondern sie versuchen den <u>tatsächlichen</u> Entwicklungsprozeß zu erfassen; so sind die elementaren Begriffe (z.B. der des Lebens) auch den komplexeren (z.B. dem des Psychischen) vorgeordnet. Dabei kommt den Begriffen selbst im Rahmen der theoretischen Rekonstruktion realer Entwicklungen eine Doppelfunktion zu:

"Sie erfüllen auf ihrem eigenen Generalitätsniveau die Funktion von <u>theoretischen Konzeptionen</u>, die die jeweils untersuchten Aspekte der personalen Lebenstätigkeit und Entwicklung in ihren <u>wesentlichen Bestimmungen erfassen</u> sollen und haben mit Bezug auf die speziellere Begriffsbildung die Funktion von 'Kategorien' als <u>Rahmenbestimmungen</u> und <u>Leitlinien</u> für die <u>Entwicklung</u> theoretischer Konzeptionen, wobei die so entstehenden spezielleren Theorien wiederum die Funktion von 'Kategorien' für die noch spezifischere Theorienbildung haben etc." (Holzkamp, 1977b, S.108)

Wenn daher in diesem Buch an bestimmten Stellen zwischen <u>ka-</u>

tegorialer und _theoretischer_ Argumentationsebene unterschieden wird (z.B. in Kap. 3.1.2.), dann heißt dies _nicht_, daß die betreffenden Kategorien nicht einer theoretischen Ableitung und damit einer empirischen Absicherung bedürften (zum "Wie" dieser empirischen Absicherung vgl. Kap. 2.5.2.), vielmehr ist damit gemeint, daß sich die theoretischen Erörterungen auf einem spezifischeren ("niedrigeren") Verallgemeinerungsniveau befinden als die kategorialen Bestimmungen.[10]

---

10 Das Verhältnis von kategorialer und theoretischer Analyse (im dargestellten Sinne) stellt wahrscheinlich auch einen zentralen Streitpunkt in der Kontroverse zwischen der Kritischen Psychologie und Friedrich Tomberg dar; Tomberg schreibt in seinem neuesten Aufsatz u.a.: "...Holzkamps 'kritische Psychologie' setzt bei den empirisch erfaßbaren wirklichen Individuen an und sucht sie in ihrer gesamten Geschichte zu erforschen. Eben zu diesem Zweck sieht er sich genötigt, die menschliche Natur in ihrer Allgemeinheit zu bestimmen. Fällt die Psychologie, derart zu einer allgemeinen Theorie menschlicher Geschichte ausgeweitet, da nicht mit dem historischen Materialismus zusammen? Was nun allerdings bedeuten würde, daß es hier einer qualitativen Differenz zwischen allgemeiner philosophischer Theorie und spezifischer empirischer Verifikation nicht mehr bedürfte!" (Tomberg, 1982, S.137f) Und er fährt fort: "Die der allgemeinen Aussage über die Arbeit im 'Kapital' entsprechende allgemeine Aussage über den Menschen, daß sein Sinnen und Trachten von Natur aus darauf gerichtet ist, sich die Realität anzueignen und sich darin zu verwirklichen, ist nicht einfach Resultat psychologischer Empirie, sondern mußte dieser als Hypothese der allgemeinen philosophischen Theorie, nämlich des historischen Materialismus schon vorgegeben sein." (ebd., S.138; vgl. auch Tomberg, 1978, S.45) Ohne nun je generell bezweifeln zu wollen, daß _philosophische_ Erörterungen, Theoriebildungen und kategoriale Bestimmungen für die _Einzelwissenschaft_ Psychologie von erheblicher Relevanz sind, so muß man aber doch viel genauer als Tomberg fragen, worin denn deren _spezifischer_ Stellenwert besteht, _wo_ also philosophische Erörterungen in einzelwissenschaftlich-psychologische übergehen und umgekehrt. Es sei die Vermutung geäußert (sie wäre in den zukünftigen Diskussionen zu prüfen), daß Tomberg die kategorialen und theoretischen Erkenntnismöglichkeiten der Psychologie als Einzelwissenschaft deutlich _unterschätzt_ und _daher_ den "Kompetenzbereich" der Philosophie unzulässig ausdehnt. Oder anders formuliert: Daß Tomberg bestimmte _einzelwissenschaftlich-psychologische_ Kontroversen mit _philosophischen_ Argumenten entscheiden will, anstatt sich in der philosophischen Argumentation _alle_ Erkenntnismöglichkeiten der Psychologie als Einzelwissenschaft zu nutze zu machen.

Da Entwicklung nicht zielloses Sich-Bewegen meint, sondern
Höherentwicklung, sind ihr qualitative Sprünge immanent.
Solche qualitative Umwälzungen aufgrund quantitativer, "vor-
bereitender" Veränderungen tragen stets Merkmale der Kontinuität (bestimmte Momente werden übernommen, weitertranspor-
tiert) und der Diskontinuität (es treten neue Merkmale auf,
die auch den übernommenen Merkmalen neue Bedeutungen verleihen), wobei der Diskontinuität die Dominanz zukommt. Dieses allgemeine Prinzip der dialektischen Aufhebung ist nun
im Rahmen der kritisch-psychologischen Forschungen zu einer
methodischen Regel spezifiziert worden, die es erlaubt, diese qualitativen Umschläge im Detail zu erfassen. Dabei wurden (was in unsere inhaltlichen Darstellungen bereits implizit eingeflossen ist) fünf Schritte herausgearbeitet:
a) Analyse der konkreten organismischen bzw. personalen Ausgangsbedingungen; b) Analyse der Umweltveränderungen und jener Prozesse, die den äußerlichen Widerspruch Umwelt-Organis-
mus zu einem inneren, also einem Entwicklungswiderspruch werden lassen; c) Analyse des Wechsels der Funktion von Merkmalen, die im ersten Schritt (Pkt. a) erfaßt wurden und deren
Wechsel die 1. Stufe des qualitativen Sprungs darstellt;
d) Wechsel der Dominanz von alten und neuen Funktionen,
d.h. die neuen Funktionen werden die entscheidenden;
e) Analyse der Systemveränderungen in ihrer Gesamtheit und
der neuen Entwicklungsmöglichkeiten und -tendenzen des Ge-
samtsystems.
Sofern man die Prozeßanalyse qualitativer Sprünge derart
anlegt, ist es auch möglich, die bei einer bestimmten Evolutionsstufe anzutreffenden Merkmale danach zu klassifizie-
ren, ob sie a) für das Evolutionsniveau spezifisch und bestimmend sind (z.B. für den Menschen die Arbeit), ob sie
b) zwar spezifisch, aber wiederum schon abgeleitet sind
(z.B. die Sprache für den Menschen), ob sie c) zwar unspezifisch sind, aber dennoch vom gegenwärtigen Evolutionsniveau voll integriert (z.B. bestimmte Arten der Wahrnehmungs-
fähigkeit beim Menschen), damit überformt sind; oder ob sie
d) nur unspezifisch, also auch nicht überformt sind (z.B.
die Stoffwechselprozesse des Menschen). - Diese Kennzeich-
nungen setzen voraus, daß man die Stufen des biologischen
Evolutionsprozesses und die jeweils spezifischen Merkmale

kennt; d.h. solche Charakterisierungen sind immer mit Zuordnungen aktuell vorhandener Merkmale zu bestimmten Evolutionsstufen verbunden (so kann man z.B. über die wirklichen Spezifika der menschlichen Lebenspraxis nicht Fundiertes aussagen, sofern man nicht die _gesamte_ biologische Evolution in ihren _wesentlichen_ Zügen kennt).

2.5.2. *DIE ALLGEMEINE FUNKTION VON DATEN UND IHRE BEDEUTUNG FÜR DIE KATEGORIALANALYSE*

Jede Art von wissenschaftlicher Erörterung findet ihre Berechtigung nicht nur in ihrer inneren logischen Stringenz, sondern immer auch in dem jeweils nachzuweisenden _Wirklichkeitsbezug_, der über die verschiedenen Formen der _Beobachtung_ gesichert wird. Die so gewonnenen _Daten_, die unter bestimmten örtlichen und zeitlichen Bedingungen festgestellt wurden, haben zwar nun einerseits "an sich" und unvermittelt keinerlei Beweiskraft; aber andererseits kann auf sie nicht verzichtet werden, wenn Theoriebildung und Spekulation voneinander unterscheidbar bleiben sollen. Es ist daher notwendig, verschiedene Funktionen von Daten für die Theoriebildung zu unterscheiden und diese Differenzierungen auf die genannten analytischen Schritte qualitativer Sprünge zu beziehen. Es erscheint als sinnvoll, _vier_ allgemeine Datenfunktionen zu unterscheiden: a) Zunächst solche Daten, die eine _erstrangige_ und _konstitutive_ Funktion haben, auf denen also die gesamte theoretische Argumentation ruht. Diese sind für die Schritte a) und b) erforderlich, weil nur tatsächlich feststellbare, datenmäßig erfaßbare organische und personale Ausgangsbedingungen sowie ebenso zu erfassende Veränderungen als Grundlage hierauf aufbauender entwicklungslogischer Argumentationen dienen können. Oder negativ gesagt: Gäbe es nicht die genau gekennzeichneten Ausgangsbedingungen und Veränderungen, könnten gar keine bzw. nicht _diese_ Entwicklungen einsetzen. Auf dieser Ebene sind somit _theoretische_ Argumentationen _empirisch_ widerlegbar. –

b) Davon zu unterscheiden sind solche Daten, die zwar eine
<u>konstitutive</u>, aber dennoch nur <u>zweitrangige</u> Funktion haben.
Diese beziehen sich nicht auf die Notwendigkeit der Entwicklung selber, sondern darauf, <u>wie</u> sie abläuft (betreffen somit die innere Ausgestaltung des Entwicklungsprozesses).
Dennoch haben sie eine grundlegende Bedeutung, weil sie belegen, daß die Entwicklung auch tatsächlich stattgefunden
hat und nicht nur notwendig war (denn es besteht ja immer
auch die Alternativmöglichkeit, daß das biologische System
zerstört wird). Damit haben solche Daten eine besondere
Funktion für die Schritte c) und d), weil nämlich der Übergang von dem Wechsel der Funktion bestimmter Merkmale zum
Wechsel der Dominanz gerade jenen Punkt markiert, an dem
der entscheidende Entwicklungsschritt auch tatsächlich vollzogen wird. Negativ betrachtet kann eine <u>theoretische</u> Argumentation hier dann empirisch widerlegt werden, wenn gezeigt werden kann, daß bestimmte Entwicklungsnotwendigkeiten nicht realisiert wurden. Eine <u>Hypothesenbildung</u> wird
hier dann stattfinden, wenn dieser Entwicklungsvollzug aufgrund von Entwicklungen "davor" und "danach" angenommen werden muß, aber dafür z.Z. die Daten noch nicht geliefert werden können. - c) Während die bisher genannten Datenfunktionen eine theoretische Argumentation begründen bzw. auch widerlegen können, gibt es auch Daten, die zwar nicht überflüssig sind, die aber eine bereits theoretisch und empirisch gesicherte Argumentation <u>zusätzlich absichern</u> bzw.
<u>konkretisieren</u>; d.h. durch solche Daten wird der empirische Gehalt erhöht und damit die Wahrscheinlichkeit einer
empirischen Widerlegung verringert. - d) Die geringste Bedeutung haben solche Daten, die eine Argumentation lediglich <u>veranschaulichen</u>. Sie können an beliebigen Stellen in
die Argumentation eingebaut bzw. auch weggelassen werden,
ohne daß sich an der Beweiskraft der Argumentation etwas
ändert.

Diese allgemeinen Funktionen von Daten gewinnen ihre spezifische Bedeutung für die Kategorialanalyse durch ein bestimmtes Zusammenwirken von <u>Herleitung</u> und <u>Interpretation</u> gewisser
Entwicklungsprozesse. Eine neue Qualitätsstufe muß zunächst
einmal <u>hergeleitet</u> werden (wozu es der entsprechenden Daten
bedarf) und auf dieser Grundlage können dann auch bestimmte

Einzeldimensionen und -aspekte interpretiert werden. Die
Interpretation ist dabei so sehr empirisch abgesichert,
wie es die zur Grundlage genommene Herleitung ist, wobei
die Interpretation durch zusätzliche, eigenständige Daten abgesichert werden kann. Oder anders ausgedrückt: Sofern man in interpretative Argumentationsgänge weitere
Daten einbezieht, können diese nur zusätzlich absichernde
und konstituierende bzw. veranschaulichende Funktion haben, aber nie erstrangig oder zweitrangig begründende;
woraus auch folgt, daß solche Argumentationsgänge durch
die zusätzlichen Daten empirisch nicht widerlegbar sind.
Dies ist insofern für die Kritische Psychologie von großer Bedeutung, als es sich bei der Darstellung der <u>logischen Stufen der Ontogenese</u> (vgl. Kap. 3.1.2.) genau um
eine solche Interpretation handelt, die durch Daten gestützt und veranschaulicht, nicht aber begründet oder widerlegt werden kann.

Gerade die naturhistorischen Analysen lassen zwingend die
Frage aufkommen, woher die Daten kommen. In ihrer einfachsten Form werden Daten aufgrund von <u>Realbeobachtungen</u> gewonnen und werden dabei in ihren örtlichen und zeitlichen
Merkmalen fixiert. Dabei finden auch Daten aus anderen Einzelwissenschaften Eingang in die Argumentationsgänge der
Kritischen Psychologie. Damit ist auch schon gesagt, daß
man nicht selbst alles beobachten muß, um eigene theoretische Auffassungen empirisch abzusichern. Manchmal reicht
auch der Hinweis, daß man etwas <u>beobachten kann</u> (sofern
man es will), man aber aktuell auf solche Beobachtungen
verzichtet (weil z.B. solche Beobachtungen allgemein bekannt sind). In diesen Fällen kann aus der Beobachtbarkeit
sofort eine Realbeobachtung gemacht werden. Dies gilt nicht
für solche - gerade naturrevolutionäre - Prozesse, die heute nicht mehr existieren. In solchen Fällen ist der Datenbezug insofern vermittelt und unsicher, als aufgrund theoretischer Überlegungen und anderweitiger empirischer Absicherungen zwingend anzunehmen ist, daß solche Prozesse damals beobachtbar gewesen wären, wenn es z.B. schon Menschen
gegeben hätte, die es hätten beobachten können (oder bezogen auf frühe Stufen der Sozialgeschichte: die solche Beobachtungen hätten fixieren können). Eine solche methodische

Annahme ist auch für die Analyse der Frühstadien der <u>Ontogenese</u> wichtig, wo der Forscher versucht, "mit den Augen des Kindes" zu sehen (wobei er bei optimaler Förderung der Subjektentwicklung des Kindes diesen Standpunkt immer mehr aufgeben wird und mehr das Kind selbst "zu Wort kommen" lassen wird). Eine <u>Kritik</u> an Daten kann sich insgesamt immer nur darauf beziehen, daß die jeweils <u>höhere Datenabsicherung</u> möglich gewesen wäre, aber nicht genutzt wurde (sie kann nie eine rein abstrakt-negatorische Kritik am nicht erreichten höchsten Maß der Datenabsicherung sein).

2.5.3. <u>BIOLOGISCHE EVOLUTIONSSTUFEN UND VERALLGEMEINERUNGEN</u>

Wissenschaft ist generell daran ausgerichtet, <u>allgemeine</u> und <u>wesentliche</u>, nicht einmalige und zufällige Prozesse zu erfassen und damit menschliches Handeln zu optimieren. Die Frage, wie das <u>Allgemeine</u> dem Forscher zugänglich wird, ist primär schon keine kognitive oder gar nur methodische Frage, sondern sie muß zuerst berücksichtigen, daß im natur- wie im sozialgeschichtlichen Prozeß <u>reale Verallgemeinerungsprozesse</u> stattfinden. <u>Diese</u> Verallgemeinerungsprozesse bilden die Voraussetzung menschlicher Wahrnehmung und Beobachtung und dadurch hervorgerufener Denkprozesse. Damit kann auch die Frage, wie sind angemessene von unangemessenen Verallgemeinerungen zu unterscheiden, nicht allgemein beantwortet werden, sondern man muß sie in Bezug auf die (oben dargestellten) biologischen Evolutionsstufen beantworten. Es lassen sich deren <u>drei</u> unterscheiden:

1.) Auf dem frühesten biologischen Evolutionsniveau, dem <u>organismisch-vorindividuellen</u> Niveau, also dem <u>nach</u> Abschluß des psycho-physischen Übergangsfeldes und <u>vor</u> der Entstehung individueller Entwicklungs- und Lernfähigkeit, reproduziert sich das Gesamtsystem durch die genetisch festgelegte Entwicklung des Einzelorganismus. Jeder beliebige Einzelorganismus hat hier im wesentlichen die gleichen Merkmale und insofern ist jeder <u>Einzelfall</u> zugleich eine direkte Manifestation des <u>allgemeinen</u> Lebensniveaus. Das gilt selbstverständlich nur unter der Bedingung, daß das beobachtete Einzelexemplar a) tatsächlich auch der zu erforschenden Art angehört und daß es b) auch die artspezifischen Verhaltensweisen realisiert. Inwieweit diese Bedingungen erfüllt sind, ergibt sich nicht durch "einfaches Hinsehen", sondern aus den umfassenden entwicklungslogischen Analysen. Sofern diese zutreffend sind, reicht die Beachtung der genannten Bedingungen aus, um zu <u>allgemein</u> zutreffenden Aussagen über die Spezifik dieser Art zu kommen (dieses Prinzip wird in der ethologischen Forschung auch völlig zu Recht umfassend angewendet).

2.) Die Verallgemeinerungsmöglichkeiten werden komplizierter, wenn die Artspezifik nicht direkt durch genetische Informationen festgelegt ist, sondern durch - ebenfalls genetisch ermöglichte - <u>Entwicklungs- und Lernprozesse</u> erst realisiert werden muß. D.h. solche Systeme sind nur dann überlebensfähig, wenn durchschnittlich die Einzeltiere diese Entwicklungs- und Lernmöglichkeiten realisieren, was immer auch die Möglichkeit einschließt, daß sie es <u>nicht</u> tun. Damit ist hier der jeweilige Einzelfall nicht per se Träger des Allgemeinen, sondern nur dann, wenn er sich aufgrund äußerer und "innerer" Bedingungen <u>optimal</u> entwickelt hat. Welches wiederum diese optimalen Bedingungen sind, ergibt sich aus den entwicklungslogischen Analysen. Sofern bestimmte Einzeltiere diese Bedingung der optimalen Entwicklung erfüllen, ist auch hier die Analyse des Einzelfalles ausreichende Grundlage für Verallgemeinerungen. Dabei ist das Optimum sowohl Grenzfall wie auch Maßstab für die vom Einzeltier realisierten Möglichkeiten. Auch dieses methodische Vorgehen ist in der Ethologie allgemein anerkannt und kann als <u>exemplarische Relevanz des entwickeltsten Einzelfalles</u> bezeichnet werden. Theoretische Auffassungen sind hier nur dann widerlegbar, wenn ein anderes Einzeltier unter gleichen oder auch anderen Bedingungen äußerer wie "innerer" Art ein <u>höheres</u> Maß an Entwicklungs- und Lernfähigkeit zeigt.

3.) Zwar gelten die vorangegangenen Überlegungen auch für das <u>humane Evolutionsniveau</u>, aber sie sind zugleich qualitativ zu spezifizieren (ansonsten werden die methodischen Überlegungen <u>biologistisch</u>), weil es nämlich für den Menschen a) keine feststehende, unveränderliche Umwelt gibt, sondern er diese - im Prinzip - unendlich verändern kann;

und weil b) der Mensch keine individuellen Entwicklungs-
und Lerngrenzen kennt, sich also - im Prinzip - unbegrenzt
entfalten kann. Unter diesen Bedingungen muß das Kriterium
des Optimums von einem feststehenden Kriterium zu einer
allgemeinen Richtungsbestimmung im Sinne einer allgemeinen
Entwicklungsoffenheit transformiert werden. Dann dient es
als individueller Maßstab dafür, inwieweit ein Individuum
a) die bestehenden Handlungsräume optimal nutzt bzw.
b) die Handlungsräume kollektiv optimal erweitert (beide
Momente wirken zumeist direkt zusammen). Dies ist im Prinzip auch die tiefe methodische Bedeutung der folgenden,
häufig zitierten Überlegung von Sève (1977a, S.203):

"Wäre es nicht an der Zeit, Schluß zu machen mit einer gewissen biologischen Mythologie des Genies, indem man die
Frage so stellt: Ist die Existenz großer Menschen, vollkommener Persönlichkeiten nicht Beweis dafür, daß das erreichte Entwicklungsstadium der Gesellschaft diese Vollendung
allgemein möglich macht?...Sind die großen Menschen, Ausnahme einer Epoche insofern, als die gewaltige Mehrheit
der übrigen Menschen durch die gesellschaftlichen Bedingungen verkrüppelt wird, nicht in gewissem Sinn die normalen Menschen dieser Epoche, und ist der Regelfall der
Verkrüppelung nicht gerade die Ausnahme, die Erklärung
verlangt?"

2.5.4. VON DER KATEGORIALANALYSE ZUR THEORETISCH-AKTUALEMPIRISCHEN ANALYSE DER ONTOGENESE IN DER BÜRGERLICHEN KLASSENGESELLSCHAFT

Die vorangegangenen methodischen Überlegungen und die inhaltlichen Ausführungen in den Kapiteln 2.1. und 2.2. beziehen sich im wesentlichen auf die kategoriale Analyse
der Entstehung und Charakterisierung menschlicher Subjektivität (wobei wir auf die sich aus der Kategorialanalyse
ergebenden logischen Stufen der Ontogenese erst in Kap.
3.1.2. eingehen). Die entscheidende Frage ist aber nun,
wie sich diese logischen Bestimmungen zum historischen
Realprozeß der Persönlichkeitsentwicklung (für die Kritische Psychologie gegenwärtig noch: speziell in der bürgerlichen Klassengesellschaft) verhalten. Die methodischen
Probleme solcher Forschungen sollen jetzt diskutiert werden.

2.5.4.1. DIE STUFEN DER FORSCHUNGSPLANUNG

Wenn man das Wesen des kritisch-psychologischen Forschungsprozesses angemessen verstehen will, muß man sich vergegenwärtigen, daß a) die praktischen Verallgemeinerungen die Voraussetzung theoretischer Verallgemeinerungen sind, und daß b) die optimale individuelle Entwicklung nur in subjekthaften interpersonalen Beziehungen stattfinden kann. Daraus folgt einerseits, daß diese Entwicklungsbedingungen zu optimaler Subjektivität hier das zentrale Erkenntnisinteresse darstellen und daß andererseits zwischen Forscher und "Betroffenen" selbst (zumindest der Tendenz nach) eine subjekthafte Beziehung bestehen bzw. aufgebaut werden muß. Sofern man dies voraussetzt, gibt es _vier_ Planungsstufen:

1. STUFE: HERAUSARBEITUNG DER FRAGESTELLUNG

Unabhängig davon, worin die konkrete Ausgangssituation der Forschung besteht, stellt sich zunächst die Aufgabe a) eine Beziehung zwischen dem Forscher und dem Betroffenen/den Betroffenen herzustellen und b) das hier zu diskutierende Problem vermittels der Kategorialanalyse zu "verorten". Das heißt, man muß mit Hilfe des allgemeinen theoretischen Instrumentariums relevante Einzelfragestellungen herausarbeiten und so eine Problemakzentuierung erreichen, die weder alles umfaßt noch den allgemeinen Zusammenhang ignoriert. Dabei sollte, soweit dies irgend möglich ist, diese Problementfaltung mit den Betroffenen gemeinsam geschehen, also die kategorialen Bestimmungen mit deren eigenen Auffassungen (u.U. reinen Alltagsvorstellungen) vermittelt werden. Denn nur wenn diese Theorien, Kategorien und Methoden den Betroffenen nicht äußerlich bleiben (ihnen einfach "aufgepfropft" oder "vorgeknallt" werden), sondern ihnen vertraut werden, können sie damit auch eigenständig arbeiten und kann die Aneignung dieser Theorien, Kategorien und Methoden zu einem fördernden Moment der Subjektentwicklung werden. Gerade dieser Beginn der Zusammenarbeit kann wesentlich dadurch gekennzeichnet sein, daß die _wirkliche_ Fragestellung überhaupt erst deutlich wird, also die _allgemeine_ Forschungsrichtung "optimale Persönlichkeitsentwicklung" zu einer angemessenen Spezifizierung transformiert wird. (Zweifellos bestehen an dieser Stelle wichtige Bezüge zur Handlungsforschung als einer spezifischen Form eingreifender Sozialforschung.)

2. STUFE: ANALYSE DER KONKRET-HISTORISCHEN, BESONDEREN OPTIMALEN ENTWICKLUNGSMÖGLICHKEITEN DER INDIVIDUEN

Auch das genannte Optimum existiert nicht nur als allgemeine Möglichkeit, sondern findet seine Spezifizierung während der Sozialgeschichte. Und es sind diese konkret-historischen Bedingungen, die die besonderen Möglichkeiten der optimalen Entwicklung bestimmen. Bezogen auf den Kapitalismus und die Aufgabe der Kritischen Psychologie heißt dies, daß man alle Momente der ökonomischen, politischen, ideologischen und kulturellen Entwicklung daraufhin analysieren muß, inwieweit sie die psychische Entwicklung der Mitglieder der Arbeiterklasse bzw. ihr nahestehender Klassen und Schichten fördern. Dabei ist dies sowohl allgemein für den Kapitalismus, für seine Entwicklungsstadien, als auch hinsichtlich spezifischer nationaler, regionaler und lokaler Besonderheiten zu leisten (hier findet die Forderung nach der Einheit von Alltag und Geschichte in der individuellen Lebenspraxis ihre methodischen Konsequenzen). Dabei muß man diese Bedingungen stets unter dem schon genannten Doppelaspekt erfassen, welche Entwicklungsmöglichkeiten sie a) bieten und b) wie diese Möglichkeiten in individuell-kollektiver Weise vergrößert werden können. (Hier wäre z.B. an die Analyse der Biographien von hervorragenden Vertretern der Arbeiterbewegung in einer entsprechenden historischen Etappe zu denken.)

Gerade bei dieser Planungsstufe muß man das methodische Prinzip der exemplarischen Relevanz des entwickeltsten Einzelfalles verwirklichen, d.h. man muß nach Möglichkeit solche Einzelfälle auswählen, die a) aufgrund der historisch vermittelten Alltagsbedingungen die objektiv-gesellschaftlichen Möglichkeiten bieten, sich optimal zu entwickeln und bei denen b) jene personalen Fähigkeiten, Fertigkeiten, Kenntnisse und Motivationen zu finden sind, die eine produktive Entwicklungsorientiertheit zumindest vermuten lassen. Denn nur Einzelfälle, die diese Bedingungen erfüllen, sind im Sinne der optimalen Möglichkeiten verallgemeinerbar.

3. *STUFE:* *ANALYSE DER KONKRET-HISTORISCHEN, BESONDEREN EINSCHRÄNKUNGEN DER OPTIMALEN PERSÖNLICHKEITSENTWICKLUNG*

Erst auf dieser dritten Planungsstufe tritt der eigentliche Realprozeß der Persönlichkeitsentwicklung ins Zentrum des kritisch-psychologischen Forschungsprozesses, denn jetzt wird danach gefragt, wie die als optimal anzusehende konkrete individuelle Vergesellschaftung durch gesellschaftliche Prozesse eingeschränkt wird und wie sich das Individuum zu diesen Einschränkungen verhält (man denke hier etwa an empirische Analysen der Persönlichkeitsentwicklung in schulischen Institutionen oder etwa auch im Betrieb). Hier wird die Relevanz der Forderung nach einer subjekthaften Beziehung zwischen Forscher und Betroffenen besonders evident, weil die jetzt zu erarbeitenden theoretischen Einsichten reale Entwicklungen (also: Höherentwicklungen) von Individuen zur Voraussetzung haben. Dabei muß real wie in der theoretisch-empirischen Rekonstruktion beim aktuellen Entwicklungsstand angesetzt und von dort aus die nächste logische Stufe der Entwicklung gemeinsam angestrebt werden (womit das oben - Kap. 1.5. - dargestellte Konzept der "Zone der aktuellen Leistung" und der "Zone der nächsten Entwicklung", wie es von Wygotski entwickelt wurde, wieder forschungsstrategisch aufgenommen wird). Je mehr sich der einzelne entwickelt, je mehr er zum Subjekt seiner Lebensbedingungen wird, desto mehr drängt er die objektiv-gesellschaftlichen Entwicklungseinschränkungen wie auch die individuell-subjektiven, "inneren" Entwicklungswiderstände zurück. Er wird sich seiner selbst bewußter, indem er sich seiner gesellschaftlichen Möglichkeiten bewußter wird und diese Möglichkeiten auch zumindest teilweise realisiert. Die theoretische Durcharbeitung dieser Prozesse verdichtet und konkretisiert notwendigerweise die Einsichten in die verschiedenen gesellschaftlichen Entwicklungseinschränkungen wie auch in die vorwärtsweisenden bzw. regressiven Verarbeitungsmöglichkeiten. Dieses Zusammenwirken von realen und theoretisch-empirischen Momenten läßt die Theorien, Kategorien und Methoden tatsächlich schrittweise zu solchen des individuellen Subjekts werden, zugleich entsteht so die Möglichkeit, diese Grundlagen zu spezifizieren, zu konkretisieren, aber auch zu modifizieren.

Auf dieser Forschungsstufe dürften sich zwei Grenzen als unüberwindbar erweisen: a) Solche Bedingungen, die sich aus der Naturwüchsigkeit der kapitalistischen Produktionsweise und der daraus resultierenden Entfremdung ergeben (dies sind Momente, die man im Rahmen des Kapitalismus zurückdrängen, aber nicht überwinden kann); b) solche Bedingungen, die auf subhumanem Evolutionsniveau liegen (z.B. körperlich-biologischer Verfall, der nicht prinzipiell verhindert, sondern nur aufgehalten werden kann; zu denken wäre auch an kosmische Einwirkungen u.ä.). Es können unter bestimmten Bedingungen beide Grenzen auch zusammenwirken (z.B. Tod aufgrund von Hungersnöten als Folge von Kriegen).

4. STUFE: SCHRITTWEISE REALISIERUNG DER INDIVIDUELLEN SUBJEKTIVITÄT ALS MOMENT GESELLSCHAFTLICHER SUBJEKTIVITÄT

Die Stufen 2.) und 3.) haben rein analytisch die Momente der konkreten optimalen Entwicklung wie die ihrer konkreten Einschränkungen getrennt. Beide Momente wirken selbstverständlich im konkreten individuellen Vergesellschaftungsprozeß intensiv zusammen und bilden so allgemeine Entwicklungsrichtungen, die sich auf vielfältige Weise miteinander verknüpfen, überlagern und vermitteln. Der Forschungsprozeß erfaßt auf dieser Stufe gerade diese vielschichtigen Prozesse unter dem Aspekt, wie es dem einzelnen gelingt, seine individuelle Subjektivität dadurch zu entfalten, daß er die Grenzen seiner bloß individuellen Existenz überschreitet und gemeinsam mit anderen die bestehenden Handlungsräume nicht nur ausnutzt, sondern sie auch erweitert. Es geht hier besonders darum deutlich zu machen, wie die äußeren und "inneren" Grenzen überwunden werden, wie tatsächlich eine produktive Fähigkeits- und Bedürfnisentwicklung initiiert und realisiert werden kann (dies wäre auch eine zentrale methodische Anforderung an kritisch-psychologische Analysen z.B. von Therapieprozessen). Gerade hier ist offensichtlich, daß die immanenten Erkenntnisinteressen der Kritischen Psychologie an der Erforschung menschlicher Subjektivität zutiefst mit dem politischen Emanzipationsinteresse der Arbeiterklasse

(und ihrer Verbündeten) verknüpft ist und das zugleich die
Kooperation mit der Arbeiterbewegung heute auch ein metho-
disches Erfordernis kritisch-psychologischer Forschung darstellt.

2.5.4.2. *DIE EMPIRISCHE ABSICHERUNG DER THEORIEBILDUNG*

Wenn wir zunächst beachten, daß Forschungen selbst nur im
Kontext subjekthafter Beziehungen möglich sind, dann müssen auch Daten in ihrer Funktion "für das Subjekt" und "für
den Forscher" unterschieden werden (womit hier lediglich
eine Akzentuierung, nicht eine Entgegensetzung gemeint ist).
Des weiteren müssen wir an dieser Stelle wieder zurückgreifen auf die allgemeinen Funktionen von Daten (vgl. Kap. 2.5.2.).

Erstrangige und konstituierende Daten haben die Funktion,
die allgemeinen Grundlagen und Voraussetzungen der Individualentwicklung, des konkreten Mensch-Welt-Zusammenhangs
zu erfassen (dies sind z.B. Daten, die sich auf die Formations-,
Klassen- und Schichtspezifik der indiviuellen Lebenspraxis beziehen). Sie haben für das Subjekt die Funktion,
daß es faktische Entwicklungseinschränkungen zur Kenntnis
nimmt bzw. bestimmte Sachverhalte als einschränkend begreift; sie aber zugleich auch zu einem Ansatz- und Ausgangspunkt des Ringens um die Ausweitung der individuellen Handlungsräume macht, es sie also in ihrer Faktizität
vermittelt mit den Möglichkeiten. Oder anders: Das Subjekt
verknüpft das "so ist es" mit dem "so soll es sein". - Für
den Forscher haben sie den Sinn, diese Einschränkungen präziser in ihren Entstehungsursachen und Wirkungsbedingungen
erfassen zu können.

Die zweitrangigen, aber dennoch konstituierenden Daten geben einen Einblick in die zwar bereits initiierten, aber
nun auch real ablaufenden ontogenetischen Entwicklungsprozesse, machen somit deutlich, wie die individuellen Entwicklungsnotwendigkeiten sich realisieren und sich als qualitative biographische Umschläge durchsetzten (man denke hier
etwa an biographisch bedeutsame Freundschaftsbeziehungen,

deren Entstehen bzw. Abbruch entscheidenden Einfluß auf die weitere Lebensgestaltung und Lebensplanung haben). Sie haben für das Subjekt die Bedeutung einer vertieften Einsicht in die eigenen, "inneren" Entwicklungswiderstände, Einbrüche, Umbrüche, Rückwärtsentwicklungen, aber auch in die Tendenzen der Vorwärtsentwicklungen, Angstüberwindung, der "produktiven Umwege" usw.; dies alles betrachtet vor dem Hintergrund historischer Ereignisse (z.B. ökonomischer Krisenprozesse) oder personaler Zufälle (eigene Arbeitslosigkeit, Tod wichtiger Mitmenschen u.ä.). - Ihr wissenschaftlicher Wert liegt in der genaueren Einsicht der Bewältigung von biographischen Krisen- und Entscheidungssituationen, der Verarbeitung neuer positiver, eigener und "fremder" Anforderungen. Damit machen sie die entwicklungsnotwendigen Stufen deutlicher und zugleich präziser faßbar.

Solche Daten, die nur zusätzlich absichern bzw. konkretisieren dienen der empirischen Verdichtung der Herleitungen und Interpretationen und geben dem Subjekt mehr Sicherheit bei seiner Weiterentwicklung, sie machen ihm die individuellen und damit vermittelten gesellschaftlichen Lebensziele deutlicher, ihn in seinen Absichten fester, aber auch "realistischer", lassen ihn besser die entwicklungslogischen Stufen erkennen (hierzu gehört etwa die Selbsterkenntnis bestimmter "Marotten" oder die Art und Weise, wie man auf bestimmte Belastungssituationen reagiert). - Wissenschaftlich dienen sie der Konkretisierung von Prozeßanalysen.

Anschauliche Daten sind für das Subjekt selber ein "Testfall" seiner eigenen Bewußtheit, ob es nämlich selbst in der reinen Anschaulichkeit seiner Lebensverhältnisse befangen ist oder ob es anschauliche Beispiele mit wesentlichen Lebensbezügen in Verbindung bringen kann, sie also zu durchdringen vermag. Sie können ihm auch dienen zur Selbstverständigung, zum plausiblen Selbstverständnis wie anderen gegenüber zur Darstellung eigener Befindlichkeiten (man denke hier z.B. an bestimmte, alltägliche Situationen, wo das betreffende Individuum in einer für es "typischen" Weise reagiert). - Wissenschaftlich sind sie zumeist Illustrationen, welche zum besseren Verständnis der theoretischen Argumentation eingesetzt werden.

Aus diesen Überlegungen zu den Datenfunktionen ontogenetischer Forschungen ergibt sich zwingend, daß Beobachtungen

im wesentlichen Selbstbeobachtungen aller Beteiligten -
übermittelt als Selbstaussagen - sein müssen; diese sind
ein Element des reflexiven Verhältnisses zu sich selbst
und diese Beobachtung wird in dem Maße zu einer wissenschaftlichen Selbstbeobachtung, wie die Theorien, Kategorien und Methoden nicht nur "an sich", sondern "für mich"
als Subjekt existieren. Solcherart Selbstbeobachtung, die
selbst gelernt werden muß, ist ein konstitutives Moment
bewußter Lebensführung überhaupt und bezieht sich auf alle Aspekte der subjektiven Befindlichkeit. (Gerade in diesem Zusammenhang wird sich die Kritische Psychologie in
Zukunft intensiver mit den methodischen Problemen von biographischen Interviews, Gruppendiskussionen, Tagebuchaufzeichnungen u.ä., also Formen qualitativer Sozialforschung
beschäftigen müssen.) -
Man wird sich auf sie besonders dann konzentrieren, wenn
neue Entwicklungsstufen erreicht werden sollen, wenn Umbrüche und Einbrüche zu überwinden sind, wenn Entscheidungen gefällt und realisiert werden müssen. Generelle Leitlinie der Selbstreflexion ist die Frage, wie ich meine individuelle Subjektivität dadurch optimal entfalten kann,
daß ich bestehende Handlungsräume offensiv nutze und zugleich kollektiv für die Erweiterung der Entwicklungsmöglichkeiten eintrete, gegebenenfalls kämpfe. Die Selbstreflexion wird dann immer auch die eigenen "inneren" Widerstände (in ihren unterschiedlichsten Formen) "ans Licht
bringen" und gibt mir selbst einen realistischeren Einblick in die subjektiven Beweggründe meiner Handlungen
bzw. Handlungsverweigerungen (z.B. auch in die aktuell
bestehenden Grenzen meiner psychischen Belastbarkeit).

Die Mitteilung solcher Selbstbeobachtungen haben forschungsstrategisch den Stellenwert von Realbeobachtungen. In solchen Argumentationszusammenhängen, wo bestimmte Erfahrungen
"massenhaft" gemacht werden, wird allerdings der Hinweis ausreichend sein, daß man bestimmte Befindlichkeiten beobachten
kann. - Bezogen auf frühe Phasen der Individualentwicklung
muß man sich u.U. (wie schon oben angedeutet) mit dem Hinweis auf eine prinzipielle Beobachtbarkeit beschränken müssen, weil anderweitige Daten subjektiv nicht zugänglich sind
(womit aber auch solche Daten nicht wertlos sind).

Inwieweit es berechtigt ist, Daten, die unter hergestellten, _experimentellen_ Bedingungen gewonnen wurden und die somit das Verhalten und die Befindlichkeit der Individuen im Zustand ihrer Ausgeliefertheit an die Faktizität der Bedingungen erfassen, in die kritisch-psychologische Theorie unter ganz bestimmten Bedingungen und mit sehr eingeschränktem Stellenwert einzubeziehen, ist beim gegenwärtigen Entwicklungsstand ihrer Methodologie ebenso unklar wie der spezifische Stellenwert statistischer Erhebungen und Verallgemeinerungen.

Wir hatten bereits eingangs darauf hingewiesen, daß die methodischen Reflexionen der Kritischen Psychologie bisher relativ gering entwickelt sind. Die _Herausarbeitung_ der vorstehenden Auffassungen war von Anfang an von dem hervorstechendsten Merkmal, dem _historischen Herangehen_ geprägt. Dieses wurde aber nicht - wie es tendenziell bei Leontjew (1973, S.268ff) geschieht - als ein spezifisch psychologisches Forschungsverfahren angesehen, sondern als ein konstitutives Merkmal marxistischer bzw. marxistisch fundierter Forschung überhaupt (dies hat der _Psychologe_ Klaus Holzkamp gegenüber dem _Ökonomen_ Joachim Bischoff entschieden herausgestellt; vgl. Holzkamp, 1978b). Allerdings war dieser Grundgedanke für den psychologischen Gegenstand zu spezifizieren und dies geschah in der "Sinnlichen Erkenntnis" durch den _Dreischritt_ in seiner alten Fassung: a) Analyse der naturgeschichtlichen Gewordenheit; b) Herausarbeitung der allgemein-menschlichen Spezifika; c) Analyse der Persönlichkeitsentwicklung in der bürgerlichen Klassengesellschaft (vgl. Holzkamp, 1973, S.51ff, 60ff; in dieser Form findet sich der Dreischritt auch bei Jantzen, 1979, z.B. S.82f). - Gegen diese Fassung des Dreischritts ist schon 1975 von H.-Osterkamp Einspruch erhoben worden: Zwar zweifelt sie nicht die logische Stringenz der dreistufigen Analyse an, aber sie stellt doch klar, daß es sich beim dritten Analyseschritt nicht um eine unvermittelte Konkretisierung der allgemein-gesellschaftlichen Betrachtungen des zweiten Schrittes handeln darf. Vielmehr muß die bürgerliche Gesellschaft aus den früheren Gesellschaftsformationen und deren transitorischem Charakter erklärt werden, "weil sonst der historische Prozeßcharakter und die Entwicklungsgesetzlichkeit der jeweiligen Aspekte menschlicher Lebenstätigkeit nicht verständlich werden und auch alle früheren Stadien in ihrem Stellenwert innerhalb der gesellschaftlich-historischen Gesamtentwicklung nicht begriffen werden können". (H.-Osterkamp,1975,S.196; diese Argumentation wurde dann auch sofort von Seidel,1976,S. 43 aufgenommen). –

Diese modifizierenden Einwände wurden dann Anlaß zu einer grundsätzlichen Korrektur des Dreischrittes, wie sie Holzkamp in seinem Aufsatz "Zur kritisch-psychologischen Theorie der Subjektivität" (1979) vollzog. Danach enthält der erste Analyseschritt die naturgeschichtliche Gewordenheit der gesellschaftlichen Natur des Menschen; im zweiten Schritt werden die Entwicklungen der formations-, klassen- und standortspezifischen Rahmenbedingungen der menschlichen Entfaltungsmöglichkeiten durch umfassende Erforschung der Sozialgeschichte analysiert. Und erst im dritten Schritt findet der eigentliche Übergang zum Gegenstand der Psychologie statt:

"Hier ist also das dialektisch-materialistische Entwicklungsdenken voll auf den Prozeß der Individualentwicklung anzuwenden, indem die konkreten Widersprüche, qualitativen Sprünge und Stufen der Entfaltung individueller Subjektivität herausgearbeitet werden und so die Individualentwicklung wie die gesellschaftlich-historische und die naturgeschichtliche Entwicklung voll inhaltlich als historischer Entwicklungsprozeß analysiert wird...Die 'inneren' individualgeschichtlichen Entwicklungsgesetze sind in keinem Sinne selbständig und abgehoben von den gesellschaftlichen Entwicklungsmöglichkeiten und Realisierungsbedingungen, sondern beziehen sich eben auf die Prozeß-Charakteristika der Realisierung inhaltlich bestimmter Entwicklungspotenzen bzw. -dimensionen in historisch konkrete Lebensverhältnisse hinein." (Holzkamp, 1979a, S.51;alle Sperrungen entfernt;K.-H.B.)

Zwar wird in dieser Neufassung der Versuch unternommen, die Trennung von Natur-, Sozial- und Individualgeschichte zu überwinden, aber sie gelingt dennoch auch hier nicht wirklich überzeugend. Aus diesem Grunde wurde in den entsprechenden internen Diskussionen jetzt von solcherart Schrittfolgen-Methodologie grundsätzlich Abstand genommen und zugleich damit begonnen, eine adäquatere Methodologie zu entwickeln (diese wurde hier dargestellt). Damit ist die Richtung der weiteren Methodendiskussionen gewiesen, nicht aber schon alle notwendigen Resultate erarbeitet.[11]

---

11 Bei dieser grundsätzlichen Korrektur haben natürlich auch methodologische Arbeiten eine Rolle gespielt, deren _eigenständiger_ Beitrag zu dem hier dargestellten Methodenkonzept aber noch unklar ist. Deshalb sei an dieser Stelle lediglich _verwiesen_ auf die Überlegungen zum Verhältnis von _Theorie und Empirie_ (vgl. bes. F. Haug, 1980c) auf die Arbeiten von Leiser zum Widerspiegelungscharakter von _Logik und Mathematik_ (vgl. Leiser, 1980, 1981), auf die Arbeit von Maschewski zur Funktion des _Experiments_ in der Psychologie (vgl. Maschewski, 1977) und nicht zuletzt auf die kritische Auseinandersetzung mit der _Handlungsforschung_ (vgl. Schneider, 1980).

Wir können an dieser Stelle nun auch noch weitere wichtige Unterschiede zwischen der Arbeit von Niemeyer (1979, hier bes. Teil II) und der vorliegenden Arbeit benennen: Zunächst einmal konnte sich Niemeyer nur auf die bis 1979 veröffentlichten Arbeiten beziehen, während wir auch neuere und insbesonders _internes_ Material verarbeitet haben; ferner verzichtet er fast vollständig auf die Herausarbeitung von theoretischen _Entwicklungs_linien seit 1973 wie auch auf die Analyse der zahlreichen kontroversen Momente (einzige Ausnahme: die Kontroverse mit W. Jantzen); auch hat er in hohem Maße die Bedeutung der naturhistorischen Forschungen der Kritischen Psychologie verkannt, die er weitgehend auf die TMÜ-Analysen reduziert; und nicht zuletzt werden die zahlreichen Analysen der Kritischen Psychologie zur Persönlichkeitsentwicklung in der bürgerlichen Klassengesellschaft völlig an den Rand gedrängt. Aus alledem ergibt sich, daß Niemeyer nicht nur das Verhältnis der Kritischen Psychologie zu anderen marxistisch fundierten Ansätzen leider nicht erklärt, sondern daß er darüber hinaus auch über die Kritische Psychologie selber relevant andere Auffassungen vertritt als die Kritische Psychologie selbst. - Bedauerlicherweise hat sich Hiedl (1981) in seinem kurzen Beitrag über die "Entstehung und Entwicklung der Kritischen Psychologie" den vielen fragwürdigen Auffassungen von Niemeyer über die Kritische Psychologie relativ kritiklos angeschlossen.

Kapitel 3

Zum Verhältnis von materialistischer Pädagogik und Kritischer Psychologie

Wie nun schon mehrfach angedeutet, sollen in diesem Kapitel die <u>ontogenetischen Entwicklungsprozesse</u> selbst zum eigentlichen Gegenstand der Erörterungen werden. Dies bedeutet zunächst einmal, daß in relativem Gegensatz zu den ersten beiden Kapiteln dieses Buches jetzt die systematische (und weniger die historische) Problementfaltung im Vordergrund steht; problem<u>geschichtliche</u> Aspekte werden wir lediglich an einigen Stellen einfügen. Zum anderen bedeutet dies, daß wir die Analyse der Ontogenese mit der Diskussion pädagogischer Probleme verbinden, weil sich dies von der Sache her zwingend aufdrängt; denn die pädagogischen Prozesse zielen im wesentlichen auf die historische Ausformung der Ontogenese, und sie bedürfen gleichzeitig auch der Einsichten in den gesetzmäßig-logischen Ablauf der Ontogenese. Dabei soll sowohl deutlich gemacht werden, welchen Beitrag die Kritische Psychologie zum Verständnis der pädagogischen Probleme leistet, als auch, welche Bedeutung die pädagogischen Analysen für die Erforschung der Ontogenese und damit für die Kritische Psychologie haben.

3.1. *BILDUNG UND PERSÖNLICHKEIT*

Schon die Überschrift dieses Unterabschnittes weist darauf hin, daß wir davon ausgehen, daß die materialistische Pädagogik ihr sachliches und argumentatives Zentrum im Sachverhalt der <u>Bildung</u> hat. Das muß von allem Anfang an klargestellt werden, damit man die Gesamtargumentation dieses Kapitels nicht so deutet, als wenn es hier um eine wissenschaftssystematisch ungerechtfertigte "Annäherung" der materialistischen Pädagogik an die oder gar ihre "Auflösung" in der Kritischen Psychologie gehe. So notwendig nun diese Feststellung ist, so wenig kann sie an dieser Stelle selbst entfaltet (geschweige denn befriedigt begründet) werden. Aus diesem Grunde schieben wir jetzt einen Unterabschnitt ein, der unsere Position in den zentralen Punkten umreißt und der lediglich die Funktion hat deutlich zu machen, daß u.E. die materialistische Pädagogik eine relevant andere Grundproblematik verfolgt als die Kritische Psychologie. Anders gesagt: Materialistische Pädagogik und Kritische Psychologie haben unterscheidbare, wenngleich untrennbare "Problematiken" zum wissenschaftlichen Gegenstand. (Um diesen speziellen Stellenwert der Erörterungen auch formal deutlich zu machen, wurde eine thesenartige Darstellungsweise gewählt.)

3.1.1. HUMANITÄT, ARBEIT UND BILDUNG

1.) Logisch-systematisch betrachtet ist der Sachverhalt der Bildung auf das engste mit dem der Humanität verbunden, die selbst ihr Fundament in der Arbeit hat. Wie in Kap. 2.2.1. ausführlich dargestellt, hat die Humanität ihre Spezifik in dem Spannungsverhältnis von menschlicher Natur, menschlichem Wesen und konkretem Individuum, dem selbst wiederum die Tendenz zugrundeliegt, daß das konkrete Individuum sich durch den individuellen Aneignungs- und Vergesellschaftungsprozeß diesem menschlichen Wesen annähert, ohne es je vollständig zu erreichen.

Ableitungslogisch stehen dabei Arbeit und Bildung in einem vierfachen Verhältnis: a) Die Bildung ist ein Moment der Arbeit, weil es Bildung nur in Bezug auf menschliche Lebenstätigkeit geben kann und weil diese Lebenstätigkeit wesentlich durch Arbeit bestimmt wird. Die individuelle Teilhabe an Arbeit ist die Voraussetzung gesellschaftlicher und individueller Lebenskontrolle, insofern zielt Bildung auf die Befähigung zur Teilhabe an diesen Prozessen und so auf die Entfaltung individueller Subjektivität ab. -

b) Die Bildung ist <u>Voraussetzung</u> der Arbeit, weil sie als Arbeitsvermögen (als individuelles "System" bestimmter angeeigneter Fähigkeiten, Fertigkeiten, Kenntnisse und Motivationen) die individuelle Möglichkeit zur Teilhabe am Arbeitsprozeß kennzeichnet; die Bildung ist aber auch <u>Resultat</u> der Arbeit, weil im gesellschaftlichen Arbeitsprozeß die Bedingungen der Naturbeherrschung und der gesellschaftlichen Entfaltungsmöglichkeiten geschaffen werden. Insofern ist hier der Arbeitsprozeß zugleich Bildungsprozeß. -
c) Die <u>Differenz</u> in der inhaltlich begründeten Einheit von Bildung und Arbeit liegt darin, daß Bildung auch als allgemeine subjekte <u>Möglichkeit</u> der Teilhabe am Arbeitsprozeß begriffen werden muß und sich insofern auch gegenüber dem besonderen, konkret-historischen Arbeitsprozeß relativ verselbständigen kann, also eigenständige Gesetzmäßigkeiten ausbildet und entfaltet. Insofern ist "Bildung" immer auch eine kritische "Instanz" gegenüber der konkret-historischen, besonderen Verfaßtheit des gesellschaftlich-individuellen Arbeitsprozesses. Eine wirklich dialektische Betrachtung des Verhältnisses von Arbeit und Bildung muß daher von der <u>primären Einheit</u> und der <u>abgeleiteten Differenz</u> beider Momente ausgehen. - d) Die Bildung - und jetzt spitzen wir ihre Besonderheit zu - besteht der Tendenz nach in der <u>allseitigen</u>, aktiven Widerspiegelung aller wesentlichen Momente der gesellschaftlich-individuellen Arbeit. Die Notwendigkeit dieser Allseitigkeit resultiert aus der spezifischen Differenz zwischen menschlichem Wesen und konkretem Individuum und der daraus folgenden Unabschließbarkeit der individuellen Entwicklung. Anders ausgedrückt: Nur wenn sich die Individuen allseitig entfalten, können sie am gesellschaftlichen Leben optimal teilhaben, nur dann ist ihr Beitrag zum gesellschaftlichen (ebenfalls unabschließbaren) Entwicklungsprozeß selbst ein optimaler Beitrag. <u>Bildung</u> hat - dies ist die Hypothese - in der <u>Allseitigkeit</u> ihr Wesen.[1]

---

1 Bei dieser Bestimmung des Verhältnisses von Arbeit und Bildung haben wir uns orientiert an Rückriem (1979a), wobei die Bestimmung d) um den u.E. relevanten Aspekt der Allseitigkeit ergänzt wurde.

Damit ist hier a) die philosphische Kategorie des menschlichen Wesens durch die Kategorie der Bildung zu einer pädagogischen Kategorie transformiert worden. Und zwar in dem Sinne, daß hiermit die Aneignung des menschlichen Wesens (auf seinem jeweiligen Entwicklungsstand) durch die Heranwachsenden als ein am "reifen" Menschen orientierter, projektierter Vermittlungsprozeß verstanden wird. Daraus folgt aber auch, daß b) umfangslogisch der Begriff der Bildung weiter ist als der der Arbeit, weil mit ihm die Gesamtheit jener Beziehungen zwischen dem menschlichen Wesen und dem konkreten Individuum erfaßt wird, die auf die allseitige Entfaltung der Persönlichkeit zielen.

2.) Daß Bildung in der Allseitigkeit ihr Wesen hat, ist in der materialistischen Pädagogik bisher so u.W. nicht gesagt worden (es handelt sich also noch um eine Hypothese). Diese Auffassung wird aber aufgrund der problemgeschichtlichen Studien und kategorialen Erörterungen nahegelegt. Gerade die Arbeit von Rosemarie Ahrbeck (1979) zeigt mit großer Eindringlichkeit, daß pädagogische Reflexionen in dieser oder jener Weise immer auf das Problem der Allseitigkeit bezogen waren und sind. Dabei verweist die Autorin zugleich auch darauf, daß es sich bei der Allseitigkeit um eine historische Kategorie handelt,

"die begrenzt wird durch jene Merkmale, die den Auffassungen einer bestimmten Klasse in einer bestimmten Gesellschaftsformation entsprechen. Der Entwicklungsstand der Produktivkräfte, die Art der Produktionsverhältnisse, die dem jeweiligen Klasseninteresse verpflichtete Ideologie - in diesem Bedingungsgefüge liegt der Schlüssel, der es erlaubt, den Inhalt und die gesellschaftliche Funktion des Allseitigkeitsideals historisch-konkret zu erfassen". (Ahrbeck, 1979, S.14)

Indem Ahrbeck diesen Gedanken zum Leitfaden ihrer Studie macht, kann sie zeigen, daß - explizit oder implizit - allen pädagogischen Überlegungen von der Frühphase der Menschheit über die "alten Griechen", den Renaissancehumanismus, die Französische Revolution und Diesterweg als dem Höhepunkt der klassischen bürgerlichen Pädagogik bis hin zur sozialistischen Pädagogik einerseits solche Allseitigkeitsüberlegungen zugrundeliegen (und es deshalb legitim ist, diese mit dem Bildungsbegriff in eine so enge Verbindung zu bringen); daß aber andererseits die konkret-historische Inhaltsbestimmung und Entfaltung - nach marxistischer Einsicht - von den konkreten Klasseninteressen und -konstellationen bestimmt werden und insofern auch dieses Bildungsideal Klassencharakter hat, also <u>Klassenbildung</u> ist (genauso wie das menschliche Wesen konkret-historischen Klassencharakter aufweist).

3.) Das Fundament der Allseitigkeit ist die <u>Allgemeinbildung</u>. Dieser Zusammenhang ergibt sich <u>logisch</u> aus der Tatsache, daß der einzelne Mensch in dem Maße Träger der <u>allgemeinen</u> Merkmale der Menschlichkeit wird, wie er sich die Errungenschaften der Menschheitsgeschichte aneignet und so optimal am gesellschaftlichen Entwicklungsprozeß teilhat (vgl. hierzu Kap. 2.5.3.). Dies wiederum kann das konkrete Individuum nur, wenn es sich allseitig entwickelt (womit sich der Kreis schließt). - <u>Problemgeschichtliche</u> Analysen, besonders auf der kategorialen Ebene (vgl. z.B. Hofmann, 1973), lassen es zu, auch hier von einem Begriff auszugehen, der ebenfalls tendenziell universalhistorischen Charakter trägt. In diesem Sinne schreibt Hofmann (1973, S.13):

"Unter Allgemeinbildung soll eine alle wesentlichen Fähigkeiten, Eigenschaften und Kräfte des Menschen erfassende Bildung verstanden werden, die an den gesellschaftlichen Erfordernissen der Produktion, der Wissenschaften, des politischen und des kulturellen Lebens orientiert ist und ein unerläßliches Fundament für alle Spezialbildung sowie für eine schöpferische Lebensgestaltung darstellt. Sie wird im schulischen Bereich (oder allgemeiner: im institutionellen Bereich der Erziehung;K.-H.B.) nur in ihren Elementen erworben und bedarf der ständigen Vervollkommnung durch weiterführende Bildung und Selbstbildung."
(alle Sperrungen entfernt;K.-H.B.)

Entsprechend unseren bisherigen Überlegungen kann Allgemeinbildung auf dem Niveau <u>unserer</u> Zeit und im Kontext materialistischer Pädagogik und Kritischer Psychologie nur <u>sozialistische</u> Allgemeinbildung sein, und dies in fünffacher Hinsicht (vgl. zum folgenden Hofmann, 1973, S.143ff ; Rügemer, 1980): a) Sie ist als Bildungsziel <u>ganzheitlich</u> in dem Sinne, daß sie <u>alle</u> Momente der Persönlichkeitsentwicklung fördert und zugleich auf eine <u>harmonische</u> Gesamtentwicklung zielt. Die Ganzheitlichkeit ist hier nicht gesetzt, sondern - wie aus unseren früheren Überlegungen hervorgeht (vgl. Kap. 2.2.1./2.2.2.) - eine personale Notwendigkeit, damit das Individuum in seiner Handlungsfähigkeit begriffen werden kann. Dies heißt auch, daß die <u>Harmonie</u> als Bildungsideal nicht Re-

duktion auf Alltagsorientierung und Schein-Motivation bedeuten kann, sondern als pädagogisch zu erreichendes und zu unterstützendes Resultat subjektiver Anstrengung zum Erreichen einer positiven emotionalen Gesamtbewertung der verschiedenen Einzelmomente des Bildungsziels auf einem möglichst hohen Entwicklungsniveau anzusehen ist. -
b) Diese Allgemeinbildung muß - unter institutionellem Aspekt betrachtet - _für alle_ dasein, d.h. sie muß jedem Mitglied der Gesellschaft tendenziell die gleichen Möglichkeiten bieten, an den - besonders durch die Institutionen der Erziehung organisierten - gesellschaftlichen Bildungsprozessen teilzuhaben. Insofern ist sozialistische Allgemeinbildung konsequent _demokratisch-egalitär_, und der Kampf der Arbeiterbewegung noch innerhalb des Kapitalismus zielt auf die möglichst weitreichende Realisierung dieses Zieles. - c) Bildung ist hier besonders auch durch ihren _universalen_ Charakter gekennzeichnet, womit zunächst einmal gemeint ist, daß Bildung sich generell am aktuellen Stand der Wissenschaften zu orientieren hat, also _wissenschaftlich_ zu sein hat. Dabei gilt es gerade hier zu bedenken und zu vermitteln, daß der _Differenzierungsprozeß_ der Wissenschaft nicht zwingend eine wechselseitige Isolierung der Einzelwissenschaften zeitigen muß, sondern im Prinzip auch die Möglichkeiten einer _Vereinheitlichung_ verbessert. Dies gilt zunächst in dem Sinne, daß die Zunahme der Komplexität der Einzelwissenschaften in ihnen selbst die Notwendigkeit von Verallgemeinerungen hervorbringt und daß andererseits dadurch die interdisziplinären Bezüge wachsen, die selbst das Bedürfnis nach Verallgemeinerungen im Maßstab aller Wissenschaften "wecken". Hier liegt auch eine besondere Bedeutung der marxistischen Philosophie. - Zugleich kann es nicht darum gehen, die Allgemeinbildung mit einer wissenschaftlichen "Qualifizierung" überhaupt zu identifizieren; vielmehr muß der wissenschaftliche Gesamtentwicklungsstand _didaktisch_ so "aufbereitet" werden, daß es zu einer angemessenen Vermittlung zwischen dem Stand der Wissenschaften und der Lebenspraxis kommt (wobei etwa die Studie von Neuner zur sozialistischen Allgemeinbildung zeigt, wie kompliziert dieser didaktische Vermittlungsprozeß ist; vgl. Neuner, 1973). Erst auf diese

Weise werden die Wissenschaftsinhalte zu Bildungsgütern. - Eine solche Allgemeinbildung als universale Bildung ist aber nicht auf ihre Wissenschaftlichkeit reduzierbar, sondern sie schließt neben der körperlichen auch die ästhetische Entwicklung der Persönlichkeit mit ein, also die Aneignung der ikonischen Symbolwelten als einem wesentlichen Moment menschlicher Erfahrungstradierung. Gerade die künstlerische Entwicklung sichert dem Individuum einen intensiven Wirklichkeitsbezug und eine reiche emotionale Entwicklung. - d) Sofern die Allgemeinbildung dem einzelnen als Fundament seiner Subjektentfaltung dienen soll, kann sie nicht darauf beschränkt sein, Aufklärung über die Welt und sich selbst zu sein, sondern sie muß die Möglichkeit bieten, daß die Individuen aktiv auf ihre gesellschaftlichen Lebensbedingungen einwirken, damit gesellschaftliche Verantwortung übernehmen und sich so moralisch entfalten. In diesem Sinne zielt gerade Allgemeinbildung auf die Einheit von Geschichte und Alltag in der individuellen Lebenspraxis. Der Sinn des Konzeptes der polytechnischen Bildung liegt darin, den individuellen Bezug zur gesellschaftlichen Arbeit als dem Fundament gesellschaftlichen und individuellen Lebens zu sichern, während die Weltanschauung im Sinne der politischen Bildung gerade die Funktion hat, dem Individuum eine epochale Orientierungsmöglichkeit zu bieten, also besonders einen Einblick in die gegenwärtigen welthistorischen Grundprozesse. - e) Natürlich kann eine solche Allgemeinbildung nur als dynamische ihre Bedeutung in der nie abschließbaren individuellen Subjektentfaltung und der gleichfalls nie abschließbaren gesellschaftlichen Entwicklung realisieren. D.h. auch die Allgemeinbildung ist sowohl nach ihrer gesellschaftlichen als nach ihrer individuellen Seite hin eine Richtungsbestimmung. Gerade im Kontext dieser Entwicklungen können sowohl individuelle wie gesellschaftliche Momente der Spezialbildung zum Bestandteil der Allgemeinbildung werden, wie auch umgekehrt sich aus der Allgemeinbildung Elemente herauskristallisieren können, die dann zur Spezialbildung werden. (Man denke hier z.B. an die Bedeutung physikalischer Spezialkenntnisse für die Bedeutung des Verständnisses der Naturevolution überhaupt; oder aber auch an die Impulse, die aus einem angemessenen Basis-Überbau-Verständnis für das Begreifen der Operngeschichte erwächst.) -

Nach marxistischer Auffassung ermöglicht erst die universelle Entfaltung der Produktivkräfte im Sozialismus die Realisierung einer solchen Allgemeinbildung; die erst unter solchen Bedingungen tatsächlich von der Utopie zur Wirklichkeit wird.

Wir hatten mit diesen drei Thesen - dies sei nochmals deutlich betont - nicht den Anspruch, einen Beitrag zur Begründung und Entfaltung eines materialistischen Bildungsverständnisses zu leisten, sondern wir wollten lediglich deutlich machen, daß die pädagogischen Wissenschaften mit der Bildung eine relevant andere Grundproblematik verfolgen als die psychologischen Wissenschaften mit der menschlichen Ontogenese. Dieser Unterschied bedeutet aber keineswegs Abtrennung beider Einzelwissenschaften voneinander, denn die psychologischen Auffassungen der Kritischen Psychologie implizieren immer auch schon pädagogische Problemstellungen.

Erst jetzt können wir zu der eigentlich hier zur Debatte stehenden Frage übergehen, was die Kritische Psychologie zur Bildungstheorie beitragen kann. Einen relativ schnellen Zugang zur Beantwortung dieser Frage findet man, wenn man bedenkt, daß bei allen genannten Dimensionen der Bildungsproblematik immer auch Momente der Persönlichkeitsentwicklung angesprochen werden. So schreibt z.B. Wessel über das Verhältnis von Allgemeinbildung und Ontogenese u.a.:

"Unter der Voraussetzung der Klärung des gesellschaftlichen Verhältnisses, welches im Begriff der Allgemeinbildung zum Ausdruck kommt, wird für die Pädagogik die Frage relevant, wie die Dialektik von Persönlichkeitsentwicklung und Allgemeinbildung für den Bildungs- und Erziehungsprozeß ausgenutzt werden kann." (Wessel, 1975, S.147)

Und er fährt fort:

"Wesentliche Momente dieser Dialektik lassen sich bei der Untersuchung des Verhältnisses von Allgemeinbildung und spezieller Bildung in den unterschiedlichen Phasen (besser: Stufen;K.-H.B.) der Entwicklung der Persönlichkeit erschließen. Sowohl jede Phase als auch der Übergang von einer Phase zur anderen und der gesamte Prozeß der Entwicklung von Allgemeinbildung in der Ontogenese der Persönlichkeit werden durch spezifische Gesetze gekennzeichnet." (ebd., S.148; vgl. ebd., S.66ff)

Was das inhaltlich aus der Sicht der Kritischen Psychologie heißt, soll nun erörtert werden.

3.1.2. BILDUNG UND DIE LOGISCHEN STUFEN DER ONTOGENESE

Wenn man nun der Frage nachgeht, welches die subjektiven Entwicklungsnotwendigkeiten der Individuen sind, dann muß man zwei Grundhypothesen fruchtbar machen, die in der marxistischen Literatur (aber nicht nur dort) schon geäußert wurden: a) In den Gesetzmäßigkeiten der Ontogenese schlagen sich in modifizierter Form die der Phylogenese nieder (vgl. z.B. Galperin, 1969, S.367f; Hollitscher, 1965, S.368). Dies bedeutet genauer betrachtet, daß die im historischen Prozeß der Menschwerdung im Tier-Mensch-Übergangsfeld durch die theoretische und empirische Analyse erschlossenen Entwicklungsnotwendigkeiten als logische (im Sinne von entwicklungslogische; vgl. Kap. 2.5.1.) Stufen der Ontogenese "wiederzufinden" sind. Die individuelle Anthropogenese unterscheidet sich von der historischen Anthropogenese dadurch, daß die Gesellschaft, in die sich das Individuum hineinentwickelt, bereits vorhanden ist und daß die gesellschaftliche Natur des Menschen sich bereits herausgebildet hat. Unter Beachtung dieser Besonderungen soll hier versucht werden, die bei der TMÜ-Analyse gewonnenen theoretischen Bestimmungen jetzt auch für die Erforschung der Stufen der Ontogenese fruchtbar zu machen. Dabei werden die kategorialen Bestimmungen der Ontogenese durch eine interpretative Analyse jener Entwicklungsprozesse gewonnen, die seinerzeit zum Menschen geführt haben (vgl. zur Charakterisierung von "kategorial" und "interpretativ" Kap. 2.5.1./2.5.2.). Wenn es dort gelungen ist, tatsächlich Entwicklungsnotwendigkeiten herauszuarbeiten, dann müssen diese - unter Beachtung der obigen Einschränkungen - auch in der Ontogenese - und zwar als individuelle Entwicklungsnotwendigkeiten - wirksam sein. Es handelt sich bei den logischen Stufen der Ontogenese also nicht um die "Übertragung" der naturevolutionären Gesetzmäßigkeiten auf die Ontogenese (etwa im Sinne von "biogenetischen Grundgesetzen"o.ä.), sondern darum, daß aus der Analyse der historischen Anthropogenese sich Bestimmungen entwickeln lassen, die gegenüber der einzeltheoretischen und individualempirischen Erforschung der realen Persönlichkeitsentwicklung einen kategorialen Status einnehmen (es wird sich erst im Gang der weiteren Forschungen zeigen, inwieweit sol-

che einzeltheoretischen und individualempirischen Resultate
die Interpretation zu modifizieren vermögen). Der Hypothesencharakter der folgenden Überlegungen bezieht sich somit darauf, ob hier eine angemessene Interpretation der historischen
Anthropogenese in Bezug auf die Ontogenese gelungen ist.[2] –
Dabei sei zusätzlich betont, daß es sich an dieser Stelle
auch in dem Sinne um eine Kategorialanalyse handelt, als
deren historische Spezifizierung Gegenstand spezieller einzeltheoretischer und individual-empirischer Erörterungen
sein muß (in anderen Teilen dieses Kapitels werden wir dazu
– bezogen auf die bürgerliche Gesellschaft – einige zusätzliche hypothetische Überlegungen äußern). – b) Ferner ist
z.B. von Iljenkow (1977, S.410f, 416f), aber auch von Galperin
(1969, S.368) darauf hingewiesen worden, daß während der Ontogenese selbst die biologischen Voraussetzungen für die Vergesellschaftung der Individuen erst geschaffen werden müssen,
daß also aus der Tatsache, daß die Ontogenese immer unter gesellschaftlichen Bedingungen stattfindet, nicht umstandslos
geschlossen werden darf, daß es sich hier – vom Standpunkt
der betroffenen Individuen – um individuelle Vergesellschaftung handelt. Vielmehr geht der Stufe der individuellen Vergesellschaftung entwicklungslogisch die der individuellen
Menschwerdung voran. – Faßt man beide Aspekte zusammen, so
kann man auch sagen, daß sich die subjektiven Entwicklungsnotwendigkeiten der psychischen Entwicklung nicht direkt erschließen lassen, sondern erst über den theoretischen "Umweg"
der historischen Anthropogenese. Damit dürfte zugleich nochmals und besonders deutlich sein, warum wir uns so ausführlich mit der Naturgeschichte des Psychischen befaßt haben.
Ihre Analyse legt es nahe, sechs logische Stufen der Ontogenese zu unterscheiden:

---

2 Dieses Verständnis von Phylogenese und Ontogenese und die
  damit verbundene Aufgabenstellung, kategoriale Bestimmungen der Ontogenese zu erarbeiten, wurde im Rahmen der Kritischen Psychologie erstmals von Holzkamp im Rahmen seiner
  Vorstudien zu "Geschichtlichkeit des Psychischen" (vgl. Anm.
  3 der Einleitung) entwickelt. Wir versuchen, diese Aufgabenstellung in diesem Unterabschnitt sowie in Kap. 3.3.2. und
  in Kap. 3.4.1. in einem ersten Arbeitsdurchgang zu realisieren; die dort jeweils erarbeiteten Resultate sind daher im
  methodischen Sinne als Hypothesen zu verstehen.

1. STUFE: PRÄNATALITÄT UND MITTELLOSIGKEIT

Der biologische Entwicklungsprozeß setzt im Prinzip mit der Befruchtung ein und erfährt während der Phase bis zur Geburt eine Entwicklung, die durch die gesellschaftlich bedingte biologische Tätigkeit der Mutter ermöglicht und beeinflußt wird. Die während dieser Stufe bereits entstehende Reizbarkeit und Sensibilität, die Widerspiegelung gewisser Körperfunktionen, der "Tätigkeiten" zwischen Mutter und Kind sowie die Ausbildung unbedingter Reflexe (vgl. dazu Jantzen, 1980b, S.20ff) kennzeichnet eine individuelle Entwicklungsetappe, in der bereits psychische ("kognitive" wie "emotionale")Entwicklungen stattfinden, die selbst als Vorformen individueller Subjektivität gekennzeichnet werden können. Der Säugling kommt also nicht als "unbeschriebenes Blatt" auf die Welt. Und diese pränatalen Entwicklungen ermöglichen dem einzelnen nach der Geburt - unter Voraussetzung seiner gesellschaftlichen Absicherung - das Überleben, aber sie kennezeichnen den Säugling noch als nur potentiellen, nicht aber schon als manifesten Menschen. Denn er kann weder über gegenständliche Mittel verfügen, kann nicht aufrecht gehen noch kann er kognitiv und emotional die gesellschaftliche personale und sachliche Umwelt in ihrer Geschichtlichkeit aufnehmen, verarbeiten und auf sie Einfluß nehmen. Anders gesprochen: auf dieser Entwicklungsstufe ist der einzelne Mensch sowohl sachlich wie auch sozial "mittellos".
Für einen ganz kurzen Zeitraum nach der Geburt wird man annehmen können, daß hier rein "innere" biologische ("anlagebedingte") Reifungsprozesse stattfinden, daß dann aber sehr schnell auch die gesellschaftlichen Einflüsse (die "Umwelt") direkt auf die Ontogenese Einfluß nehmen. Deren Zusammenwirken ist möglich und nötig, weil die menschliche Natur die gesellschaftliche Natur des Menschen ist. Aus dieser Tatsache resultiert auch der Ausgangswiderspruch der Ontogenese: daß der Säugling einerseits in eine objektive gesellschaftliche Umwelt hineinwächst, er diese aber subjektiv nicht als gesellschaftliche kognitiv zu begreifen und emotional zu bewerten vermag; vielmehr erscheint ihm diese Umwelt als eine weitgehend "natürliche", damit selbstverständliche und unveränderliche. Dieser Ausgangswiderspruch zwischen den "in-

neren" Möglichkeiten des Säuglings und den "äußeren" der
Gesellschaft wird in dem Maße zu einem inneren Widerspruch,
damit zu einem Entwicklungswiderspruch, wie die unspezifischen Lebensaktivitäten des Säuglings auf Grenzen stoßen,
die er nur dadurch überwinden kann, daß er sich schrittweise bestimmte Momente der Gesellschaftlichkeit dieser
Umwelt aneignet. Dies geschieht nicht sofort und "auf einen Schlag", sondern in weiteren logischen Stufen. In dem
Maße, wie dieser Entwicklungswiderspruch beginnt subjektiv
wirksam zu werden, verläßt das Kind die Stufe völliger Mittellosigkeit.

2. STUFE: *SOZIALINTENTIONALITÄT*

Eine erste Möglichkeit der Einflußnahme des Säuglings auf
die Umwelt besteht darin, daß er versucht, Einfluß auf seine personale Umwelt zu nehmen, besonders also auf die Eltern. Die Mitmenschen existieren dann nicht mehr "nur so"
und allein durch ihre manifesten äußeren Handlungen und
"tun Dinge", auf die man keinen Einfluß nehmen kann, sondern sie tun unter bestimmten Umständen auch Dinge, die
man selbst will. D.h. die Mitmenschen können für den Säugling und das Kleinkind zum "Instrument" seiner kognitiven
und emotionalen Absichten werden; dies entspricht phylogenetisch jener Etappe, wo der "soziale Werkzeuggebrauch" entsteht (vgl. Kap. 2.1.4.). Die zwar schon sachlich begründeten, aber noch unspezifischen Lebensaktivitäten des Säuglings und Kleinkindes (z.B. Krabbeln, Sich-Aufrichten, Personen und Gegenstände mit den Augen verfolgen, Koordination
von Augen und Händen) werden zunehmend zielorientierter und
zielsicherer (es wird etwas Bestimmtes angesehen, nach etwas
Bestimmtem gegriffen, jemand Bestimmtes emotional begrüßt,
etwas Bestimmtes verändert usw.). Um genau diese Fähigkeiten zu entwickeln, bedarf das Kind der Hilfe und emotionalen Absicherung und Unterstützung der Erwachsenen, die aber
z.T. "tun was sie wollen", also für das Kind teilweise unbeeinflußbar handeln. Dieser Widerspruch wird durch die Sozialintentionalität aufgehoben, indem sich die Absichten (in ihren kognitiven und emotionalen Aspekten) des Kleinkindes

auch auf die Veränderung der Absichten der Erwachsenen beziehen. Dabei entsteht für das Kleinkind ein neuer Erfahrungshorizont: daß nämlich zwischen den _eigenen_ Absichten und entsprechenden Handlungen (z.B. Lächeln) und den _fremden_ Aktivitäten der Erwachsenen (z.B. Liebkosungen) ein Zusammenhang besteht, den man u.U. auch gezielt herbeiführen kann (z.B. Lächeln, _damit_ man liebkost wird). Und wenn es gelingt, solche gewünschten Handlungen herbeizuführen, erfährt das Kleinkind eine emotionale "Genugtuung". Diese rührt dann wesentlich daher, daß es dadurch seinen Kontrollbedarf (als einer noch unspezifischen Vorform der produktiven Bedürfnisse) zu befriedigen vermag. Zugleich spielt hier die Tatsache eine Rolle, daß sich das Kleinkind von Menschen akzeptiert und anerkannt fühlt, die für es selbst von Bedeutung sind. - Nun muß das Kleinkind aber bald feststellen, daß diese Beeinflussung nicht "so einfach" ist, sondern daß sich die Erwachsenen durchaus verschiedenartig verhalten können. Dies resultiert daraus, daß die Erwachsenen selbst intentional handeln, das Kleinkind dies aber noch nicht weiß und deshalb auf diese Absichten noch keinen Einfluß nehmen kann. Dies ist potentiell immer angsterzeugend und schlägt unter bestimmten Bedingungen auch in manifeste Ängste des Kleinkindes um (wenn die Eltern z.B. auf ein _bestimmtes_ Schreien nicht reagieren).

Für das Kleinkind ist also die Einflußnahme auf die Absichten der Erwachsenen ein wichtiges Moment seiner praktischen kognitiven und emotionalen Weiterentwicklung. Diese wird zumeist damit beginnen, daß das Kind eigene Absichten deutlich macht und zugleich darauf zu achten beginnt, welcher Zusammenhang zwischen den objektiven Handlungen und den subjektiven Intentionen der Erwachsenen besteht (so merken Kleinkinder z.B. sehr schnell, ob Erwachsene nur so tun, als ob sie sich wirklich mit dem Kleinkind beschäftigen, aber in Wirklichkeit "mit den Gedanken ganz woanders" sind). Die erfahrene Befriedigung bei solchen Erlebnissen besteht darin, daß jetzt mehr Möglichkeiten bestehen, eigene Wünsche und Absichten zu realisieren und damit auch die Gefahr des Verloren-, Allein- und Hilfslossein als Ursache von Ängsten abnimmt. Dieser Befriedigungswert ist auch Voraussetzung dafür, daß diese Art der intentionalen Einflußnahme (also einer Vorform der Realitätskontrolle) von sporadischen Einfällen zu einer subjektiven "Lebensstrategie" wird. Damit entsteht neben den Vorformen praktischer Tätigkeitsbeziehung zwischen Erwachsenem und Kleinkind eine neue Dimension, nämlich der kommunikative Austausch von Intentionen. Diese Kommunikation kann nur dann eine zwar noch ungleichgewichtige, aber eben doch schon wechselseitige sein, wenn die Erwachsenen das Kleinkind nicht nur als ziellos agierendes "Geschöpf" ansehen, sondern als ein "Wesen" mit Absichten und Intentionen. Sofern die Erwachsenen dies tun, werden sie zugleich auch versuchen, auf die Intentionen des Kleinkindes Einfluß zu nehmen (wobei dies u.U. auch dazu führen kann, daß sie den Kleinkindern ihre eigenen Absichten unterstellen; etwa "das Kleinkind muß jetzt doch das und das wollen" . Bereits auf dieser Stufe stellt sich somit schon das Problem, inwieweit die konkrete Erziehungspraxis dem wechselseitigen Interesse an der Weiterentwicklung aller Beteiligten dient oder inwieweit aufgrund bestimmter äußerer und "innerer" Zwänge der optimale Aufbau subjekthafter pädagogischer Beziehungen eingeschränkt, unterbrochen oder gar verhindert wird, also entwicklungsbehindernde pädagogische Zwangs- und Instrumentalbeziehungen vorliegen.

3. STUFE: *ZWECK-MITTEL-VERKEHRUNG*

Unsere Ausgangsfrage lautet jetzt, wie das Kind das Stadium reiner Sozialintentionalität verlassen kann und zu begreifen beginnt, daß die scheinbar natürliche Umwelt eben keine natürliche ist, sondern eine von den Menschen entsprechend ihren generalisierten Absichten hergestellte Welt ist. Die Ausgangslage besteht darin, daß das Kind es bereits gelernt hat, mit bestimmten Alltagsgegenständen in dieser oder jener Weise umzugehen, und zwar in der Weise, wie es ihm die Erwachsenen vorgemacht haben (wobei sie ihm bei der Nachahmung behilflich waren). Auf diese Weise erlernte das Kind den sachgerechten Umgang z.B. mit dem Löffel, dem Stuhl usw., d.h. es kann sie jetzt gebrauchen (und dies ist ein wichtiges "Erlebnis"), ohne allerdings zu wissen, warum man diese Gegenstände so gebraucht. Noch viel weniger weiß das Kind bisher, <u>wie</u> man solche Gegenstände <u>herstellt</u> (daher handelt es sich bei dem bisherigen Entwicklungsniveau erst um Vorformen eines Aneignungs-Vergegenständlichungsprozesses und kooperativer Beziehungen). Auf dieser Entwicklungsstufe entstehen dann ernste Probleme, wenn die Eltern das Kind unter Androhung des Zuwendungsentzuges oder auch direkter physischer Gewalt zwingen, sich in einer bestimmten Weise zu verhalten (z.B. bei Tisch still zu sitzen), ohne daß dies dem Kind in dieser oder jener Weise einsichtig gemacht würde. Hier handelt es sich dann um reine Machtausübung der Eltern, die "von oben herab" bestimmen, was richtig ist. Unter solchen Bedingungen wird das Kind auf dem Niveau der Sozialintentionalität gehalten bzw. auf dieses Niveau zurückgedrängt. Positiv gesprochen muß hier stets der Versuch unternommen werden, die <u>inhaltsbegründeten</u> Anforderungen den Kindern - entsprechend dem Entwicklungsniveau - deutlich zu machen und sie damit als <u>berechtigte</u> auszuweisen (sofern diese Anforderungen - wie etwa bestimmte Tisch"manieren" - inhaltlich nicht ausweisbar sind, verbieten sie sich pädagogisch ohnehin von selbst).

Hier ist bereits unterstellt, daß das Kind über eine bestimmte Sprachfähigkeit verfügt (also selbst sprechen kann wie auch fremde Sprache verstehen kann). Davon ist einerseits auszugehen, weil nur so - wenn auch noch in sehr einfacher Form - den Kindern die gebrauchswertbestimmten Handlungsaufforderungen der Gegenstände erläutert werden können. Andererseits handelt es sich bei dieser Sprachfähigkeit noch nicht um die Aneignung des Symbolgehalts der Worte, sondern die Sprache hat hier für das Kind noch eine weitgehend <u>kommunikative</u> Funktion; es besteht also zwischen dem <u>sprachlichen Zeichen</u> und dem <u>Gegenstand</u> noch ein relativ äußerliches, damit auch willkürliches Verhältnis. Dies ist nicht im Sinne einer rigiden Trennung zwischen Kommunikations- und Symbolfunktion gemeint, sondern im Sinne einer Akzentsetzung dessen, was der <u>Haupt</u>inhalt dieser Entwicklungsetappe ist.

Der hier in seiner inhaltlichen Problematik geschilderte Widerspruch zwischen der Tendenz zu erweiterter Umweltverfügung und der Uneinsichtigkeit bestimmter Anforderungen der Erwachsenen kann vom Kind nur dadurch überwunden werden, daß es - mit Unterstützung der Erwachsenen - zu lernen beginnt, daß man zwar <u>Dinge</u> (z.B. den Löffel) zu sehr <u>verschiedenen</u> Tätigkeiten benutzen kann; doch durch die eigenen entsprechenden Erfahrungen, durch den vielfältigen praktischen Umgang muß es selbst erfahren, daß man diese <u>Gegenstände</u> als <u>Mittel</u> nur für ganz bestimmte und verallgemeinerte <u>Zwecke</u> optimal einsetzen kann. In dem Maße, wie das Kind dies lernt, tritt an die Stelle der Beziehung "individueller Zweck-Brauchbarkeit bestimmter Gegenstände für diese Zwecke" die Beziehung "verallgemeinerter Zwecke - Hergestelltheit bestimmter Gegenstände für verallgemeinerte Zwecke (Gegenstandsbedeutungen) - Eingebundenheit individueller Zwecke in den verallgemeinerten Zwecken" (vgl.dazu auch Kap. 2.2.2.1.). Die kindlichen Aktivitäten werden jetzt nicht mehr primär von den individuellen Zwecken bestimmt und danach die "Mittel" ausgesucht, sondern von den - gemäß den Lebenserfordernissen - verallgemeinerten, gesellschaftlichen Zwecken, wie sie sich in den Gegenstandsbedeutungen, den "Mittel"-Bedeutungen manifestieren; und aus diesen leiten sich dann die individuellen Zwecke ab. In <u>diesem</u> Sinne handelt es sich hier um eine Zweck-Mittel-<u>Verkehrung</u>.

Nun kann und will das Kind aber auch <u>eigene</u> Zwecke setzen, sich im weitesten Sinne seine "eigene Welt bauen", die mit den allgemeinen, von den Erwachsenen vertretenen Zwecken nicht identisch sind, selbst dann nicht, wenn die Gegenstände der Erwachsenenwelt (z.B. Bleistifte, Töpfe, Werkzeuge, Kleidungsstücke) in die kindlichen Aktivitäten einbezogen werden (z.B. zum Bau einer Brücke, als Sitz für den Bären, zum Beschweren von Papier, zum Bau eines Segels usw.). <u>Sinnvolles Spielzeug</u> ermöglicht gerade den Aufbau dieser "eigenen Welt", also eigenständige <u>kindliche Herstellungsaktivitäten</u> und damit die Erfahrung, daß die bestehenden Dinge und Zusammenhänge von Menschen mit bestimmten <u>Absichten</u> hergestellt wurden und werden. In diesem Zusammenwachsen von <u>Sozialintentionalität</u> und "<u>Sachverfügung</u>" zu einer <u>generalisierten (eigenen und fremden) Absicht des Herstellens von Dingen und Sachzusammenhängen</u> ist daher der der wesentliche Inhalt dieser Stufe zu sehen. Damit gewinnt das Kind aber auch schrittweise Kriterien dafür, ob bestimmte Handlungen bzw. Handlungsanweisungen/-aufforderungen der Tendenz nach <u>richtig</u> oder <u>falsch</u> sind (also ob sie z.B. nur auf individuelle Gewohnheiten der Erwachsenen beruhen, oder aber von der "Sache" her - einem Gegenstand, einer Person, einer Situation - sinnvoll geboten sind). Und mit diesem "Zusammenwachsen" sind von Seiten des Kindes auch neue emotionale Zuwendungsansprüche verbunden: es reicht jetzt nicht mehr aus, die individuellen Zwecke und Intentionen des Kindes zu akzeptieren und damit das Kind als ein intentionales "Wesen" anzuerkennen, sondern jetzt müssen die Erwachsenen - sofern sie die kindliche Entwicklung optimal fördern wollen - das Kind mit seinen generalisierten Absichten des Herstellens von Dingen und Sachzusammenhängen anerkennen, akzeptieren und darauf ihre emotionale Zuwendung beziehen. - In dieser Entwicklung liegt gegenüber den Erwachsenen ein deutlicher kindlicher "Machtzuwachs", weil deren Anforderungen jetzt <u>hinterfragbar</u> und damit u.U. auch <u>kritisierbar</u> und sogar <u>begründet verweigerbar</u> werden. So erhalten die subjekthaften pädagogischen Beziehungen eine neue Dimension: daß man sich nämlich jetzt <u>gemeinsam</u> darauf verständigen muß, was und wann man etwas will (womit die Erwachsenen u.U. gezwungen werden, unbefragte Alltagsgewohnheiten, die sich zu bestimmten Regulationsformen verdichtet haben, wieder zu problematisieren). Erst wenn dies gelingt, kann man von einer Vorform der - wenngleich noch ungleichgewichtigen - <u>Kooperation</u> zwischen Kind und Erwachsenen sprechen. Die Realisierung einer solchen Kooperationsbeziehung bedeutet für das Kind zugleich ein qualitativ neues Niveau der <u>emotionalen Abgesichertheit</u> aufgrund eines neuen Niveaus der sozialen Integriertheit.

4. STUFE: EINBEZIEHUNG DER GESELLSCHAFTLICHEN VERMITTELTHEIT (DER "GESCHICHTE")

Mit der Mittel-Zweck-Verkehrung ist ein <u>erster</u> wichtiger, qualitativer Schritt bei der Entfaltung der gesellschaftlichen Natur des Menschen vollzogen; ihm muß aber noch ein <u>zweiter</u> qualitativer Schritt folgen, nämlich die Einbeziehung der <u>vermittelten</u> gesellschaftlichen Prozesse in die individuelle Lebenspraxis des Kindes (oder wie wir es in Kap. 2.2. dargestellt haben: Herstellung der Einheit von <u>Geschichte</u> und <u>Alltag</u> in der individuellen Lebenspraxis). Erst wenn das Kind wahrnimmt, wertet und umsetzt, daß es "noch andere Dinge und Menschen" außerhalb seines eigenen,

konkreten, alltäglichen Handlungshorizontes gibt und wenn
es anfängt, sich für dieses "Andere" zu interessieren, sich
darum zu kümmern, solch "Anderes" in seine Alltagshandlungen einzubeziehen versucht - erst dann _eröffnen_ sich dem
Kind die eigentlichen Dimensionen seiner Gesellschaftlichkeit. Nachdem bereits die _Sozialintentionalität_ die völlige Unmittelbarkeit des Säuglings (z.B. die Reduzierung der
Umwelt auf die Mutterbrust, die Flasche oder die Gegenstände in seinem unmittelbaren Bewegungsraum) schon durchbrochen hat, und nachdem die scheinbar rein natürliche, selbstverständliche und unveränderbare Naturwelt sich - zumindest
in Teilen - als veränderbar und sogar selbst herstellbar erwiesen hat (_Zweck-Mittel-Verkehrung_), besteht jetzt die Möglichkeit, jene Prozesse _einzubeziehen_, in denen das Kind zu
lernen beginnt, daß es sein Leben gar nicht allein gestalten
kann, sondern daß es dazu anderer, "ganz fremder" Menschen
bedarf, daß es also sein _individuelles_ Leben nur im Kontext
und nur durch Teilhabe am _gesellschaftlichen_ Lebensprozeß
erhalten kann. Dazu sind aber wesentliche Veränderungen in
der _Bedürfnisentwicklung_ notwendig. Während nämlich bisher
die primären Bedürfnisse (die sinnlich-vitalen) und die Kontrollbedürfnisse (als der unspezifischen und relativ ungerichteten Vorform der produktiven Bedürfnisse) sich noch
weitgehend äußerlich waren (zwei ganz verschiedene "Sachen"
sind), "wachsen" jetzt beide Momente unter Dominanz des Kontrollbedarfs "zusammen", heben also die Kontrollbedürfnisse
die sinnlich-vitalen Bedürfnisse in sich auf und werden so
der Tendenz nach zu _produktiven_ Bedürfnissen; der "Tendenz
nach" heißt hier, daß diese Entwicklungsprozesse hier _eingeleitet_ werden, abgeschlossen werden sie erst auf der sechsten
Stufe, der Vergegenständlichungszentriertheit. Diese Spezifizierung des globalen Kontrollbedarfs zu dezidierten, produktiven Bedürfnissen äußert sich besonders auch darin, daß das
Kind nicht mehr mit dem zufrieden ist, was ihm bekannt ist.
Es will seine Lebensbedingungen vielmehr wirklich selbst kennen und gestalten lernen. Auf diese Weise gewinnt aber auch
die langfristig orientierte Bedürfnisbefriedigung gegenüber
der rein aktuellen und unmittelbaren schrittweise die Dominanz. Die Erwachsenen müssen an dieser Stelle gerade dieses
Selbständigwerden unterstützen, indem sie diese risikoreiche

Etappe so abstützen, daß sie einerseits das Kind nicht bevormunden (indem sie ihm alles "besserwisserisch" vorsagen oder vormachen), sondern ihm Hilfe zur Selbsthilfe, Selbstaktivierung gewähren; und indem sie ihm andererseits stets mit ihrem abstützenden und absichernden Angebot an Hilfe und emotionaler Zuwendung zur Verfügung stehen. Diese Entwicklung läßt natürlich die sinnlich-vitale Bedürfnisbefriedigung nicht unverändert, sondern das Kind selbst integriert sie in seine Tagesplanung, und die Eltern müssen diese in angemessener Weise berücksichtigen (was zu Problemen führen kann, z.B. bei den Essenszeiten, die für das Kind zunächst in ihrer auch positiven Bedeutung nicht einsichtig sind). -
Während in den bisherigen logischen Stufen die Befriedigung der sexuellen Bedürfnisse noch einen weitgehend spontanen und ungerichteten Charakter hatten, als sexuelle "Tönung" der interpersonalen Beziehungen bzw. als zufälliges, wenngleich lustvoll erlebtes Spielen mit den Geschlechtsteilen auftritt, werden sie nun deutlich systematischer Art, d.h. sie erhalten einen bestimmten und vom Kind zum Teil auch bewußt festgelegten Platz in seiner Persönlichkeitsentwicklung und beziehen sich immer mehr auf den tatsächlichen Sexualakt. Da nach unserer gegenwärtigen Hypothese (vgl. Kap. 2.2.2.3.) die sexuellen Bedürfnisse nur sekundär vergesellschaftbar sind, bedeutet freie Entfaltung der kindlichen Sexualität, ihnen eine angemessene Befriedigung im Rahmen der allgemeinen Bedürfnisbefriedigung zu gewähren; Störungen dieser Entwicklung durch ein besonders rigides Verhalten der Eltern müssen zu einem ernsthaften Vertrauensschwund der Kinder gegenüber den Erwachsenen führen und können die gesamte Entwicklung der kindlichen Persönlichkeit ernsthaft beeinträchtigen.

Mit der so verstandenen Entfaltung des kindlichen Bedürfnislebens bekommt auch die kindliche Angst eine neue Qualität. Sie ist jetzt nicht mehr auf den Kontrollverlust alleine zurückzuführen, sondern auch und besonders auf Verlust der Realitätskontrolle, ist somit in wesentlichen Momenten soziale, menschliche Angst und muß (weil "Angst" und "Sinnlichkeit" Antipoden sind) auch zur Störung der Befriedigung der sinnlich-vitalen Bedürfnisse führen; d.h. unter den Bedingungen der Angst wird das Kind genußunfähig. Umgekehrt bedeutet Ent-

faltung der kindlichen Persönlichkeit, damit Befriedigung seiner produktiven Bedürfnisse, daß es sich einen Zugang zu neuer Erlebnisfähigkeit und Sinnlichkeit erarbeitet und - gegen vielerart Widerstände - "erkämpft".
Eine Besonderheit dieser ontogenetischen Stufe besteht darin, daß hier die eigentlichen <u>Inhalte</u> des gesellschaftlichen Lebens dem Kind noch weitgehend unzugänglich sind. Vielmehr werden die Inhalte durch das Kind in dem Sinne "funktionalisiert", daß es sie "benutzt", um das Lernen zu lernen. Daher sind die Lebens<u>inhalte</u> im Prinzip noch austauschbar, d.h. bei einem entsprechenden Wechsel der Inhalte (z.B. bei konkreten Spielen) ändert sich für das Kind eigentlich nichts Wichtiges. Aufgrund dieser <u>Funktionszentriertheit</u> der kindlichen Selbstentfaltung gibt es auch auf diesem Entwicklungsniveau noch <u>keinen inhaltlichen</u> formations-, klassen-, schichten- und standortspezifischen Einfluß auf die Ontogenese, sondern dieser beschränkt sich - vom Stand des betroffenen Kindes! - auf die Ermöglichung bzw. Verhinderung der individuellen Anthropogenese. - Diese relative Austauschbarkeit der Inhalte zeigt sich besonders beim <u>Spiel</u>, welches ein <u>notwendiges Durchgangsstadium</u> bei der Entfaltung der eigenen und gemeinsamen Umweltkontrolle darstellt (in späteren Entwicklungsstufen ist das Spiel ein unselbständiger Teilaspekt der individuellen Lebensführung). Wir treffen hier eine hohe <u>Entwicklungs- und Funktionslust</u> an, die sich besonders in der großen Intensität des Spielens äußert, ferner in dem "unbändigen" Willen "groß zu werden", dem Wunsch, viel zu wissen, zu können und zu dürfen. Dieses Entwicklungsinteresse ist allerdings noch weitgehend auf das Kind selbst bezogen und insofern <u>egoistisch</u>, selbstzentriert.
Gerade auf dieser Stufe ändert sich auch das Verhältnis der Erwachsenen zu den Kindern, die jetzt einerseits bereits in die gemeinsame Lebensgestaltung einbezogen werden können (und auch sollen), ohne daß sie andererseits bereits vollwertige Kooperationspartner wären. Dennoch ist diese wenn auch begrenzte und manchmal auch "unzuverlässige" Teilhabe an der Lebensgestaltung ein wichtiges Moment für die Herausbildung bzw. Weiterentwicklung tendenziell subjekthafter Beziehungen. Denn nur bei der Entfaltung solcher Beziehungen kann der sich hier herausbildende äußere Widerspruch zwischen den Forderungen der

Erwachsenen nach einem sach- und personengerechten Verhalten der Kinder und den noch unzureichend entwickelten Fähigkeiten dazu zu einem _inneren_, zum Entwicklungswiderspruch werden. Hierzu müssen die Anforderungen der Erwachsenen aber auch tatsächlich im Interesse des Kindes sein und zugleich im Bereich seiner nächsten Entwicklungsmöglichkeiten liegen, dürfen also das Kind weder unter- noch überfordern. Sofern das Kind sich aber direkt in Gefahr begibt bzw. sich selbst deutlich überschätzt, muß in angemessener Weise "eingegriffen" werden.

Es ist unschwer zu erkennen, daß besonders auf diesem Entwicklungsniveau die Kinder nicht nur Unterstützung bei den Erwachsenen finden, sondern daß sie auch sehr häufig von ihnen _eingeschränkt_ werden und somit die Erfahrung machen, daß sie ihre Entwicklungswidersprüche nur _gegen_ den (partiellen) Widerstand der Erwachsenen durchsetzen können. Sofern die Erwachsenen darauf mit der Einschränkung oder dem Abbruch ihrer Unterstützungstätigkeit antworten und dem Kind auch ihre emotionale Zuwendung entziehen, muß es für das Kind zu schwerwiegenden _psychischen Konflikten_ kommen. Sie werden von ihm dann sehr häufig _regressiv_ gelöst, nämlich durch "freiwilligen Verzicht" auf diese Entwicklungsansprüche. Das muß gravierende (allerdings nicht unkorrigierbare) Folgen für die gesamte weitere Entwicklung haben.

Der Übergang zur nächsten logischen Stufe der Ontogenese wird dadurch vorbereitet, daß die _Funktionszentriertheit_ an ihre Entwicklungsgrenzen stößt, daß das Kind zwar gelernt hat zu lernen, daß es aber nur dann seine Realitätskontrolle noch erweitern kann, wenn die "Gleichgültigkeit" gegenüber den Inhalten überwunden wird, es also zur _Inhaltszentriertheit_ übergeht. Damit wird aus der allgemeinen Funktionslust das inhaltliche Bedürfnis neue Sachverhalte kennenzulernen und zu wissen. Die Lernbereitschaft kann jetzt vorwiegend durch solche Ziele gefördert werden, die es dem Kind ermöglichen, konkrete Resultate, Ergebnisse eigener Handlungen zu antizipieren und zu verwirklichen. Im Widerspruch zu dieser _inhaltlichen_ Orientierung des Kindes steht aber zunächst noch der _funktionszentrierte_ Unterstützungsrahmen der Erwachsenen, der nur dadurch produktiv überwunden werden kann, daß einerseits das Kind seine neuen, selbstverständlich "risikobeladenen" Entwicklungsansprüche gegenüber den Erwachsenen artikuliert und durchzusetzen versucht, und daß die Erwachsenen andererseits diese ergebnisorientierten Entwicklungstendenzen unterstützen und abstützen. Gelingt dies, kommt es zu einer <u>rapiden Zunahme des kindlichen Wissens- und Erfahrungsschatzes</u> einerseits und einer dementsprechenden "Vertiefung" der interpersonalen Beziehungen und der emotionalen Abgesichertheit andererseits.

Erst auf dieser vierten Stufe schließt die <u>individuelle Anthropogenese</u> ab, erst jetzt verfügt das Kind über allgemeinmenschliche Fähigkeiten und somit über die individuelle Möglichkeit, sich die gesellschaftliche Wirklichkeit in deren Formations-, Klassen-, Schichten- und Standortspezifik in vollem Umfang anzueignen. Also erst jetzt ist jene individuelle Entwicklungshöhe erreicht, in der das <u>individuelle Hineinentwickeln</u> in die konkret-historischen <u>gesellschaftlichen Individualitätsformen</u> beginnt und erst jetzt kann man von einer <u>Vergesellschaftung</u> der heranwachsenden <u>Individuen</u> in vollem Sinne sprechen.

5. STUFE: ANEIGNUNGSZENTRIERTHEIT

Wir haben im Zusammenhang mit der Herausbildung der tierischen Entwicklungs- und Lernfähigkeit (Kap. 2.1.3.) gesehen, daß bereits auf diesem Evolutionsniveau die Notwendigkeit der Jungenaufzucht entsteht. Diese Etappe zwischen der Ausfaltung der biologischen Entwicklungsmöglichkeiten und der gleichberechtigten Teilhabe am Leben der Gesamtpopulation findet sich auch bei den Menschen. <u>Nach</u> der Entfaltung der gesellschaftlichen Natur des Menschen in der individuellen Anthropogenese und <u>vor</u> der vollen Integration ins gesellschaftliche System der Produktion und Reproduktion (wie es sich konkret manifestiert in Gestalt von Individualitätsformen), liegt die <u>aneignungszentrierte</u> Stufe der Ontogenese. In ihr eignet sich der Jugendliche und zum Teil auch schon das Kind in verdichteter Form die zur Teilhabe am gesellschaftlichen Arbeitsprozeß notwendigen Fertigkeiten, Fähigkeiten, Kenntnisse und Motivationen an. Zwar ist die historische Ausgestaltung dieser Stufe der Ontogenese sozialgeschichtlich sehr unterschiedlich (gerade auch entsprechend der Klassen- und Schichtenzugehörigkeit der Erwachsenen bzw.

der perspektivisch eigenen des Jugendlichen), aber es hat eine solche Stufe immer gegeben. Allerdings war die Abgrenzung zur nächsten Stufe, der Vergegenständlichungszentriertheit, häufig sehr fließend (man denke z.B. an die Bauernkinder im Feudalismus und die Kinderarbeit im Frühkapitalismus). Die Bedeutung dieser Stufe der Aneignungszentriertheit wird auch dadurch nochmals geschwächt, daß der Mensch von seinen _Möglichkeiten_ her ein lebenslang lernendes Wesen ist und insofern dieser Stufe der Aneignungszentriertheit nicht zwingend eine dominant stagnative Stufe folgen muß, wenngleich sie für die Mitglieder der arbeitenden Klassen in der Regel folgt, also wenn sie sich dem status quo anpassen. – Um diese begrifflichen Probleme zum Ausdruck zu bringen, sprechen wir hier auch von _Aneignungszentriertheit_, bei der nächten, der sechsten Stufe, von _Vergegenständlichungszentriertheit_.

Die Spezifik dieser Stufe liegt darin, daß der Jugendliche einerseits die allgemein-menschlichen _Voraussetzungen_ zur Vergegenständlichung/Aneignung gewonnen hat, daß er aber noch nicht über die entsprechenden _Fähigkeiten_ usw. verfügt, die ihm eine eigenständige Teilhabe am gesellschaftlichen Leben, damit auch ein Leben "unabhängig" von den Erwachsenen, erlaubt. Insofern ist das hier anzutreffende _kooperative_ Verhältnis zwischen Erwachsenen und Jugendlichen selbst noch _ungleichgewichtig_, weil die Erwachsenen im Prinzip dominieren, weil sie "qualifizierter" sind. Damit ist eine für diese Stufe entscheidende Voraussetzung genannt: daß nämlich die Erwachsenen, die im Kontakt mit den Jugendlichen stehen, auch _tatsächlich_ "qualifizierter" sein müssen. Das ist in dem Sinne _nicht_ in gleichem Maße _selbstverständlich_ wie bei den Stufen der individuellen Anthroponese, wo die Eltern allein dadurch "qualifiziert" sind, daß sie erwachsen geworden sind (wobei selbstverständlich damit noch nichts über ihre _Erziehungskompetenz_ gesagt ist). Jetzt aber reichen allgemein-menschliche Fähigkeiten nicht mehr aus, jetzt müssen – sofern die Erwachsenen die Weiterentwicklung der Jugendlichen tatsächlich stützen und absichern wollen – sie über _spezifische_ Fertigkeiten usw. verfügen. Dabei kann es historisch und unter bestimmten Klassenverhältnissen auch zu einer Ausdifferenzierung innerhalb der Erwachsenen-

welt kommen, z.B. zwischen Eltern (Nahraum Familie) und den
Lehrer u.ä. (als Vertreter der institutionalisierten Erziehung). Diese Erwachsenen sind jetzt gegenüber den Jugendlichen nicht mehr Menschen schlechthin, sondern spezifische
Menschen, Menschen mit einer von spezifischen gesellschaftlichen Verhältnissen spezifisch geprägten Lebenspraxis. Zu
diesen Erwachsenen verhält sich der Jugendliche selbst auch
nicht mehr nur allgemein-menschlich, sondern in spezifischer
Weise. Die oben (in Kap. 2.2.2.) erläuterten Alternativen der
Individualentwicklung, die im jeweiligen Verhältnis von Alltag und Geschichte ihr Zentrum haben (subjekthafte vs. instrumentelle Beziehungen; begreifendes vs. instrumentelles
Erkennen; produktive vs. unmittelbare Bedürfnisbefriedigung)
werden jetzt für den Jugendlichen zu Alternativen der eigenen Entwicklung. Von der Lebenspraxis der Erwachsenen selbst
hängt es nun ab, inwieweit sie fähig und willens sind, die
produktive Weiterentwicklung der Jugendlichen zu gewährleisten, also die qualitativ neuen Entwicklungsprozesse zu unterstützen und abzusichern. Wenn das nicht der Fall ist, können tiefgreifende psychische Konflikte auftreten, deren Lösungsweise für die weitere biographische Entwicklung von
außerordentlicher Bedeutung ist. - Unter den Bedingungen
von Klassengesellschaften und der perspektivischen Zugehörigkeit der Jugendlichen zur arbeitenden Klasse (vgl. Kap.
2.3.) erfahren diese Alternativen eine klassen- und schichtenspezifische Überformung, d.h. sie werden dann immer zur
Alternative, sich den gegebenen Verhältnissen einfach anzupassen oder kollektiv an ihrer Veränderung zu arbeiten. Die
Jugendlichen wachsen also unter solchen Bedingungen in eine
durch die Klassenauseinandersetzungen geprägte Alternative
hinein und müssen sich zu ihr - so oder so - verhalten.

6. STUFE: *VERGEGENSTÄNDLICHUNGSZENTRIERTHEIT*

Mit dem Erreichen dieser logischen Stufe ist die Entwicklung
des konkreten Individuums nur in dem Sinne abgeschlossen, daß
es - kategorial-logisch betrachtet - keine neuen Qualitätsstufen mehr gibt. Auf dieser Stufe verfügt der einzelne über alle
jene "Qualifikationen", die ihm eine - wie auch immer begrenzte Teilhabe am gesellschaftlichen Leben ermöglichen und damit

auch eine <u>eigenständige Existenzsicherung</u> erlauben. Ab jetzt gibt es keine Sonderbedingungen mehr, und die <u>eigenen</u> gesellschaftlichen Lebensbedingungen weisen keine Besonderungen auf. Das konkrete Individuum ist jetzt in vollem Sinne Träger der gesellschaftlichen Entwicklungsmöglichkeiten (vgl. hierzu die Charakterisierung der spezifisch-menschlichen Entwicklungsmöglichkeiten in Kap. 2.2.1./2.2.2.). <u>Weitere</u> Aussagen können auf <u>kategorialer</u> Ebene <u>nicht</u> mehr gemacht werden, sie sind Gegenstand <u>einzeltheoretischer</u> und <u>individualempirischer</u> Analysen (einige Vorüberlegungen dazu finden sich in Kap. 2.4., und wir werden in Kap. 3.3./3.4. weitere hinzufügen).

Die Analyse der <u>logischen</u> Stufen der Ontogenese verfolgte das Ziel, die <u>Entwicklungslogik</u> der Ontogenese zu erfassen. Sie ist - das kann man als allgemeines Resultat der vorangegangenen Überlegungen ansehen - auf eine immer <u>umfassendere</u> wie auch <u>differenziertere</u> Ausfaltung der gesellschaftlichen Bezüge des konkreten Individuums gerichtet. Die volle Entfaltung dieser Entwicklungslogik bedeutet, daß das Individuum sich in einem immer höheren Maße dadurch <u>individualisiert</u>, daß es sich immer mehr <u>vergesellschaftet</u> (wir fanden diesen Gedankengang bereits bei Sève; vgl. Kap. 1.4.). Dies bedeutet immer auch, daß der einzelne insofern eine <u>unverwechselbare</u> Persönlichkeit wird bzw. ist, als es <u>seine</u> (selbstverständlich gesellschaftlich hervorgerufenen und geprägten) Lebenserfahrungen sind, die er verarbeitet, daß es seine emotionalen Befindlichkeiten sind, die in sein Selbst- und Weltverständnis eingehen, daß es seine Wahrnehmungen sind, die er für seine Kognitionen verarbeitet, und die sich als Elemente seiner Gestaltung der interpersonalen Beziehungen zu einem "Gesamtkonzept" verdichten, die einen Menschen zu einer unverwechselbaren Persönlichkeit machen, also zu einem konkreten Individuum im vollen dialektischen Wortsinn. Das bedeutet aber auch (und hier zeigt sich der <u>innere</u> Zusammenhang von Vergesellschaftung und Individualisierung), daß die Spezifik der Persönlichkeit einerseits von der tatsächlichen Reichhaltigkeit der Beziehungen, Wahrnehmungen, Kognitionen und Wertungen abhängt und andererseits von ihrer tatsächlichen, vielseitigen Verarbeitung. Objektiv-gesellschaftliche wie auch subjektiv-"innere" Einschränkungen dieser Reichhaltigkeit bedeuten immer auch Verarmung und Verkümmerung der psychischen Entwicklung.

Zu einer Verarmung und Verkümmerung der psychischen Entwicklung kommt es, kategorial betrachtet immer dann, wenn die jeweils geschilderten <u>Widerspruchsverhältnisse</u> als <u>äußerliche</u> Widersprüche zwischen Individuum und Gesellschaft fixiert werden, wenn es also nicht gelingt, die zu Beginn der Entwicklung tatsächlich als äußerlich gesetzten Widersprüche zu "inneren", zu Entwicklungswidersprüchen zu machen oder wenn bereits zu "inneren" Widersprüchen transformierte Widersprüche aufgrund bestimmter Entwicklungswiderstände wieder zu "äußeren" gemacht werden, das Individuum also auf eine frühere Entwicklungsstufe zurückfällt (wir kommen gerade auf dieses Problem nochmals in Kap. 3.4.1. zurück).[3]

---

3 Georg Rückriem hatte in seinem Nachruf auf Leontjew 1979 die Kooperationsmöglichkeiten von Kritischer Psychologie und Erziehungswissenschaften gerade auf die Bildungsproblematik bezogen; er schrieb: "So wie die empirische Bildungsforschung nur im Zusammenhang mit Persönlichkeitstheorie möglich ist, so kann auch die konkrete Psychologie der Persönlichkeit in unserer Gesellschaft nicht ohne Bildungstheorie durchgeführt werden. Diese Kooperation wird für beide Seiten um so effektiver, je konsequenter sie sich dabei der Grundlagen in der Theorie Leontjews vergewissern." (Rückriem, 1979b, S.138) - In diesem Sinne hatte auch Georg Auernheimer versucht, den Beitrag der Kritischen Psychologie für die Ableitung eines Perspektiven-Begriffs der Bildungstheorie zu klären; er schrieb: "...die pädagogischen Überlegungen zielen ab auf die Verbindung von individueller biographischer Perspektive und politischer oder - allgemeiner - gesellschaftlicher Perspektive. Als gesellschaftliche Perspektive muß dabei ... die zunehmende bewußte Planung der Gesellschaft im Interesse - und d.h.: unter aktiver Mitwirkung der Mehrheit der Mitglieder der Gesellschaft bestimmt werden. Zur Aneignung einer solchen Perspektive hätte die Pädagogik Hilfe zu leisten. Ausgegangen wird davon, daß Handlungsfähigkeit der Subjekte ihre Identität voraussetzt und daß Identität die Aneignung einer Perspektive verlangt. Das gilt sowohl im privaten Handlungsbereich wie im politischen oder auch im pädagogischen. Eine eigene psychologische Beweisführung kann ich hier nicht leisten. Arbeiten der Kritischen Psychologie bieten aber für die Fragestellung relevante Problemformulierungen und Analysen..." (Auernheimer, 1979, S.191) Dementsprechend begreift Auernheimer die Aneignung gesellschaftlicher Perspektiven als Entfaltung produktiver Bedürfnisse (vgl. ebd., S.195ff). - Diese Überlegungen und Intentionen von Rückriem und Auernheimer wurden hier dadurch aufgenommen, daß sie in den grundsätzlicheren Kontext von Bildung und Ontogenese gestellt wurden.

Die hier dargestellten Auffassungen stehen in einem <u>deutlichen Spannungsverhältnis</u> zu anderen marxistisch fundierten Auffassungen. Während <u>Leontjew</u> und im Anschluß an ihn auch <u>Kossakowski</u> auf die Entfaltung einer eigenen individuellen Entwicklungslogik verzichten und die Stufen der ontogenetischen Entwicklung von der individuellen Teilhabe an spezifischen Erziehungsinstitutionen (z.B. Kindergarten, Schule) her bestimmen, womit die individuellen Entwicklungspotenzen eigentlich zu einer tabula rasa werden (vgl. Leontjew, 1973, S.398; Kossakowski, 1980, S.164f,170,177), wählt Sève einen ganz anderen Weg: Er bildet eine <u>Homologie</u> zwischen den ökonomischen und individuellen Gesetzen(vgl. Sève, 1977a, S.364ff). Gegenüber dem Ökonomismusvorwurf äußert Sève:

"Ich antworte, daß es sich meines Erachtens, manchem Anschein zum Trotz, nicht wirklich um eine 'Parallelisierung', d.h. letztlich um eine mechanische Übertragung handelt."

Aufgrund der Nichtparallelität von Individuum und Gesellschaft

"kommt die Theorie der Persönlichkeit nach meinem Dafürhalten zum Herausarbeiten <u>funktionaler Homologien</u>, und das ist etwas ganz anderes. Diese Homologien scheinen mir zweifach begründet. Einerseits haben Marx und Engels beim Aufbau der Wissenschaft von der Geschichte eine materialistische Dialektik von universeller objektiv-logischer Bedeutung herausgearbeitet; es ist also ganz natürlich, daß die Theorie der Persönlichkeit schließlich <u>dialektische Figuren</u> übernimmt, deren Musterbild die marxistische politische Ökonomie liefert...Und andererseits: Wenn die <u>6. These über Feuerbach</u> wirklich zutrifft, reflektieren die Grundstrukturen der Persönlichkeit notwendigerweise in psychologisch transponierten Gestalten die objektiven gesellschaftlichen Strukturen; auch hier handelt es sich nicht um Parallelisierung, sondern um <u>Funktionalzusammenhang</u>." (Sève, 1977a, S.502f)

Das <u>methodische Verdienst</u> von Sève liegt hier darin, daß er einmal die Bedeutung der materialistischen Dialektik für die Analyse der Ontogenese herausgestellt hat; daß er ferner darauf besteht, daß es "innere" Entwicklungsgesetzmäßigkeiten der Individualentwicklung gibt und daß er nicht zuletzt darauf verweist, daß diese "inneren" Gesetzmäßigkeiten in einem spezifischen Zusammenhang mit "äußeren", objektiven Gesetzmäßigkeiten stehen. <u>Problematisch</u> ist methodisch wie inhaltlich Sèves Behandlung dieses "Spezifischen": Die <u>Berechtigung</u> von <u>bestimmten</u> Homologiebildungen muß nämlich <u>ausgewiesen</u> werden - und genau darauf "verzichtet" Sève; darüber hinaus lassen sich u.E. auch für die von ihm vorgenommene Homologiebildung keine begründeten Argumente vorbringen. Der hier von uns dargelegte Zusammenhang von Phylogenese und Ontogenese wiederum verschließt sich Sève grundsätzlich, weil er - wie in Kap. 2.2.1. kritisiert - auf naturhistorische Analysen verzichtet.

Einen anderen Weg, zu Gesetzmäßigkeiten der Individualentwicklung zu gelangen, hat Jantzen in seinen neueren Arbeiten eingeschlagen. Entsprechend seinem kybernetischen Modell psychischer Prozesse (vgl. unsere Ausführungen in Kap. 2.2.1.) bezieht er die ontogenetischen Prozesse auf bestimmte Formen der Informationsaufnahme und -verarbeitung (vgl. etwa das Schaubild in Jantzen, 1979, S.13 und die entsprechenden Ausführungen in ebd., S.20ff). In seinen Thesen über "Die Entstehung der Subjektivität in der Ontogenese" heißt es dann zunächst in These 8:

"Der Aufbau der funktionellen Organe...kann nur über die adäquate Repräsentanz des gesellschaftlichen Erbes geschehen, indem bedürfnisrelevantes Lernen in der Zone der nächsten Entwicklung organisiert wird. Dabei gilt, daß der fortgeschrittenste Stand der gesellschaftlichen Erfahrung die vorweggegangenen Stufen dialektisch in sich aufhebt und damit ein verkürztes Lernen an der Repräsentanz der gesellschaftlich adäquatesten Werkzeuge erfolgen kann... Dabei ist die Selbstbewegung des Individuums jeweils nur aus der Struktur seiner (aufgrund der Systemhöhe des ZNS produktbezogenen) Bedürfnisse zu begreifen, die mehr und mehr über die individuellen kognitiven Strukturen der gesellschaftlich repräsentierten Erfahrung oder über die individuelle Erfahrung der objektiven gesellschaftlichen Bedeutungen der Gegenstände und Mittel (Personen wie Sachen) im subjekten Sinn ausgedrückt und geformt werden..." (Jantzen, 1980b, S.46f)

Und die These 12 lautet dann:

"Der Prozeß der Hervorbringung der Persönlichkeit und Subjektivität wird vermittelt über die Präsentation lernrelevanter Widersprüche, deren Lösung aufgrund des Bedürfnisses nach Realitätskontrolle die Fähigkeiten in reflexiver wie expressiver Hinsicht erweitert. Werden in diesem Prozeß nicht die jeweils dem Lernenden in der Zone seiner nächsten Entwicklung zugänglichen gesellschaftlichen vorhandenen Mittel zur Lösung der Widersprüche vermittelt, erfolgt also kein Zugang zu den objektiven Bedeutungen, so wird eine diesen objektiven Bedeutungen nicht entsprechende subjektive Sinngebung erzwungen, die mit Begriffen und kognitiven Strukturen arbeiten muß, die zur Lösung der erfahrenen Widersprüche in letzter Konsequenz nicht geeignet sind. Indem individuell die Mittel der Realitätskontrolle geschaffen werden müssen, entfaltet sich zwar Persönlichkeit und Subjektivität im Sinne von der Entwicklungslogik der Individuen her betrachtet hoher Zweckmäßigkeit, jedoch weitgehend ohne reale Möglichkeiten, Realität bedürfnisrelevant zu verändern (vgl. Jantzen, 1979a, Kap. II)." (ebd., S.48)

Gerade der letzte Satz macht in zugespitzter Form sehr deutlich, daß es sich bei Jantzens Verständnis der Ontogenese einerseits um ein in letzter Instanz privatistisches Konzept handelt (denn u.E. kann es eine wirklich menschlich-individuelle Sinngebung, die nicht zur Realitätskontrolle befähigt, überhaupt nicht geben), und daß es sich andererseits um ein in letzter Instanz doch formalistisches Konzept der Ontogenese handelt, weil nämlich in diesen Thesen von entwicklungsnotwendigen Stufen der Ontogenese nirgends die Rede ist. Bezogen auf die möglichen Ebenen der Erforschung der Ontogenese, der Erfassung a) ihrer Grundlagen (vgl. Kap. 2.2.1.), b) ihrer Dimensionen (vgl. Kap. 2.2.2.), c) ihrer logischen Stufen, d) ihrer einzeltheoretischen und e) ihrer individualempirischen Erforschung, liegen Jantzens Überlegungen hauptsächlich auf der Ebene der Grundlagen (Ebene a ; wobei wir auf unsere Jantzen-Kritik in Kap. 2.2.1. verweisen) und zum Teil auf der der Dimensionen (Ebene b); ein Teil seiner Arbeiten bezieht sich dann auch auf Fragen der einzeltheoretischen und individualempirischen Erforschung (Ebenen d) und e)). Es fehlt aber weitgehend die kategorial-logische Erfassung der Ontogenese, wobei dies auf bestimmte (schon kritisierte) Mängel in den naturgeschichtlichen Analysen zurückzuführen ist (vgl. Kap. 2.1.4.). Zugleich müssen in einem solchen argumentativen Zusammenhang auch Kriterien fehlen, die eine begründete Bewertung bestimmter Entwicklungsstufen der Ontogenese erlauben (d.h. die theoretischen und empirischen Erörterungen weisen unter solchen Bedingungen einen bestimmten kategorialen Formalismus, damit auch eine kategoriale Beliebigkeit auf). Das von Jantzen in der Kontroverse mit dem Verfasser seinerzeit völlig zu Recht geforderte Begreifen der Gesetzmäßigkeiten der individuellen Biographie (vgl. Jantzen, 1978, S.398) ist u.E. auf diesem Weg nicht zu erreichen (wir kommen darauf nochmals, dann abschließend, in Kap. 3.4.1. zurück).

3.2. ANEIGNUNG UND LERNEN

Wir wollen uns jetzt mit einem spezifischen Problem der Ontogenese befassen, nämlich der Aneignung von Wissen im Kontext der Herausbildung von kognitiven Fähigkeiten, also dem menschlichen Lernen. Von menschlichem _Lernen_ zu sprechen bedeutet zunächst einmal, daß es sich hier um eine spezifische Dimension der Persönlichkeitsentwicklung handelt. Von _menschlichem_ Lernen zu sprechen deutet darauf hin, daß das Lernen den _Abschluß der individuellen Anthropogenese voraussetzt_ (in diesem Sinne argumentiert teilweise auch Petrowski u.a., 1974, S.185f); ders. u.a., 1977, S.196f). Dies heißt nicht, daß es auf früheren logischen Stufen der Ontogenese keine Lernprozesse gäbe, sondern daß sie dort noch durch die individuelle Anthropogenese eingeschränkt werden, sie sich somit noch nicht voll entfalten können, es sich also um _Vorformen_ menschlichen Lernens handelt.

Sofern man die lerntheoretischen Überlegungen der materialistischen Psychologie generell betrachtet, so gibt es mittlerweile eine Reihe von unterschiedlichen, sich zum Teil auch widersprechenden Ansätzen (vgl. dazu als Überblick Lompscher, 1977). Für die Entwicklung der Kritischen Psychologie hatte aber der Ansatz von Galperin grundsätzliche Bedeutung. Dies liegt nicht nur daran, daß die Kritische Psychologie sich stark auf die kulturhistorische Schule stützte und stützt, sondern auch und besonders daran, daß die lerntheoretischen Arbeiten Galperins auch im Gesamtspektrum der materialistischen Psychologie die weitreichendsten sind. Diese Einschätzung bleibt auch dann richtig, wenn man hinzufügt, daß die Kritische Psychologie zugleich eine Reihe von grundsätzlichen Einwänden gegen diese Theorie hat. Wir werden aus diesem Grunde zunächst Galperins Auffassungen _nur darstellen_ und zwar in der Regel mit Hilfe von Zitaten, um so die Authentizität und Substanz seiner Auffassungen deutlich werden zu lassen. Wir werden dann deutlich machen, wie man von diesen Basisüberlegungen aus zu einer kritisch-psychologischen Theorie des Lernens voranschreiten kann.

3.2.1. GALPERINS THEORIE DER ETAPPENWEISEN BILDUNG GEISTIGER OPERATIONEN

Galperins Lerntheorie kann nur angemessen verstanden werden, wenn man sie als ein Element der kulturhistorischen Auffassung psychischer Entwicklung begreift. Gerade dieses Verständnis war - wie in Kap. 1.5. dargestellt - von Galperin wesentlich daraufhin zugespitzt worden, daß er die Orientierungstätigkeit zum eigentlichen Gegenstand der Psychologie erklärte. Damit wird der aktive, subjekthafte, auf das Neue gerichtete Grundcharakter psychischer Prozesse, damit auch der Lernprozesse, betont. - Die Lerntheorie selbst war im wesentlichen eine theoretische Interpretation einer Vielzahl von empirischen Ergebnissen, die Galperin in drei Gruppen zusammenfaßte:

"Erstens haben diese Untersuchungen gezeigt, daß die Voraussetzungen für den Effekt psychischer Prozesse den gleichen Voraussetzungen der äußeren Tätigkeit erstaunlich ähneln...Zweitens zeigte sich immer häufiger eine Erscheinung, auf den verschiedensten Gebieten festgestellt - der mit der Zeit einsetzende Prozeß der Verkürzung der psychischen Arbeit...Die dritte Gruppe von Fakten zeugte davon, daß eine neue Aufgabe einem Kinde auf den verschiedenen Stufen ihrer Ausführung - im Handeln für sich, bei der Ausführung der Handlung in gesprochener Sprache und beim Handeln mit Gegenständen - nicht gleichermaßen zugänglich ist." (Galperin, 1969, S.372f)

Dieses empirische Material wurde zu der theoretischen Haupthypothese verdichtet,

"daß die psychische Tätigkeit das Ergebnis der Übertragung des äußeren materiellen Handelns in die Form der Widerspiegelung ist - in die Form der Wahrnehmungen, der Vorstellungen und Begriffe. Eine solche Übertragung geht in einer Reihe von Etappen vor sich; in jeder erfolgt eine neue Widerspiegelung und Reproduktion der Handlung sowie ihre systematische Umwandlung." (ebd., S.374)

Dieser sehr einfach klingenden These liegt nun ein höchst komplexes und vieldimensionales theoretisches System zugrunde, welches wir hier entsprechend den einzelnen Problemkomplexen stark systematisiert zusammenfassen wollen (die jeweils genannten Beispiele sind zumeist entnommen Keseling u.a., 1974).

Jede Tätigkeit, damit auch jede Lerntätigkeit, beginnt mit einer (vorläufigen) Vorstellung von der zu lösenden Aufgabe; und diese Orientierungsgrundlage, also die Hinweise darauf, was gelernt werden soll und was wesentlich ist, spielt für den gesamten Lernprozeß eine zentrale Rolle. Galperin (1967, S.111ff; ders., 1969, S.376f) unterscheidet drei Typen von Orientierungsgrundlagen:

Typ I: Hier wird dem Lernenden nur ein "Muster" der Handlung wie auch des Produktes angeboten, ohne daß irgendwelche Hinweise darauf gegeben werden, wie man sie richtig auszuführen hat (so wird z.B. eine Rechenaufgabe nur mit den gleichen Zahlen geübt). Daher wird hier auch hauptsächlich nach Versuch und Irrtum gehandelt und das Hauptaugenmerk auf die Kontrolle des Ergebnisses gelegt; bei Veränderungen der Lernvoraussetzungen kann der früher u. U. erreichte (wenn auch zumeist begrenzte) Erfolg fast nicht tradiert werden.

Typ II: Hier existieren neben dem "Muster" von Handlung und Ergebnis auch Hinweise darauf, wie man die Aufgabe zu realisieren hat (so wird z.B. eine spezielle Volumenberechnung - etwa eines bestimmten Walmdaches - als Spezialfall für solche Volumenberechnungen gelehrt und die Schüler üben an ähnlichen Beispielen mit verschiedenen Zahlen). Der Lernende gewinnt hier schrittweise die Fähigkeit, das Material entsprechend der Aufgabenstellung zu analysieren; er kann dadurch frühere Lernerfolge auf spätere Aufgabenstellungen übertragen. Dementsprechend ist der Prozeß selbst einsichtig, im festgelegten Umfang verallgemeinerbar und somit bewußt. Obwohl so eine gewisse Stabilität des Lernprozesses erreicht werden kann, ist die Tradierung doch noch darauf beschränkt, daß in der neuen Aufgabe bestimmte Momente und Komplexe bereits bekannt sein müssen; d.h. die empirisch fundierte Übertragung findet nach dem Prinzip der identischen Elemente statt.

Typ III: Diese Orientierungsgrundlage ist die entwickeltste, weil sie die umfassendsten, nämlich die theoretischen Verallgemeinerungen zuläßt. Hier findet zunächst eine gezielte Anleitung zur Analyse der Aufgabe statt, dann werden die Handlungen entwickelt, die zur Lösung der konkreten Aufgabe notwendig sind. (Hier würden Lehrer und Schüler z.B. sich zunächst mit verschiedenen Dachformen vertraut machen, dann die Spezifika von Walmdächern herausarbeiten und dann Überlegungen über den Weg der Volumenberechnung anstellen.) Dadurch wird nicht nur die Handlung einsichtig, sondern auch ihre gesetzmäßigen Bedingungen. Dieser Typus zeichnet sich (zumindest was den Anspruch Galperins betrifft, wobei über seine Verwirklichung in den verschiedenen Unterrichtsexperimenten geteilte Meinungen herrschen) durch eine hohe Selbständigkeit des Schülers im Lernprozeß aus, d.h. er entwickelt die Fähigkeit, eigenständig neue Aufgaben zu lösen, womit ein hohes Maß an Erfolgstradierung ermöglicht wird.

"Diese Methode stützt sich auf die begriffliche Definition der Grundeinheiten, die auch die objektiven Kritierien bilden, nach denen die Struktur des konkreten Objekts bewertet wird. Infolgedessen ist das Wissen nicht mehr von fremden Meinungen und individuellen Eindrücken abhängig. Das erzieht zu einer Bewußtheit nicht nur im Sinne des Verhältnisses zu den eigenen Begriffen und Handlungen unter dem Aspekt von Außenstehenden, sondern auch zu einer höheren Bewußtheit unter dem Gesichtspunkt der objektiven Sachlage." (Galperin, 1967, S.114)

Die bisherigen Ausführungen bezogen sich nur darauf, daß sich der Lernende eine Vorstellung von der Aufgabe macht, daß er sie aber noch nicht ausführt. Um den Prozeß der Handlung selbst stets angemessen analysieren, einschätzen und lenken zu können, hat Galperin vier Handlungsparameter entwickelt:

1.) Das Niveau einer Handlung wird durch die Etappen materiell/sprachlich/geistig bestimmt und bildet den Kern der Theorie (dieser Parameter wird unten näher erklärt).

2.) Die Verallgemeinerung einer Handlung bestimmt (wie die folgenden Momente der Verkürzung und Beherrschung) ihre Qualität, wobei - wie schon aus den Orientierungstypen hervorgeht - diese Verallgemeinerungen theoretischer und empirischer Art sein können. Damit ist zugleich die Frage gestellt, ob sich konkrete Handlungen (materieller, sprachlicher oder geistiger Art) an der Oberfläche der Realität oder an ihren inneren Gesetzmäßigkeiten orientieren, wobei es zwischen diesen beiden Polen vielfältige Übergangsformen geben kann. Die herausragende Stellung dieses Qualitätsmerkmals ergibt sich aus der Forderung nach der Wissenschaftlichkeit der Lehrinhalte (wir kommen auf die Frage der Lehrinhalte im Rahmen von Galperins Theorie in Kap. 3.2.2. nochmals kritisch zurück). Sollen dabei die logischen Momente des Gegenstandes und die psychologischen Momente der individuellen Entwicklung in einem angemessenen Verhältnis zueinander stehen, bedarf es einer theoretischen Einstellung des Schülers zum Gegenstand und damit seiner Fähigkeit zu analysieren, zu synthetisieren und zu verallgemeinern (vgl. Dawydow, 1967, S.264f; ders., 1973, S.250ff).

3.) Die Vollständigkeit einer Handlung meint, daß die mit dem Lernenden gemeinsam herausgearbeiteten Teiloperationen einer Gesamthandlung auch tatsächlich alle ausgeführt werden müssen und erst danach die Verkürzungen stattfinden dürfen.

4.) Eine Handlung wird in dem Maße beherrscht, wie ihr Ablauf flüssig, fast schon automatisch stattfindet. Damit wird eine ehemals neue Aufgabe für den Schüler zu einer Routineaufgabe, d.h. zu deren Lösung bedarf es von Seiten des Schülers nicht der permanenten Vergegenwärtigung der einzelnen Lösungsschritte. Sofern sich - in Bezug auf das erreichte kognitive Niveau - wieder neue Aufgaben stellen, müssen solche Automatisierungen erst wieder geschaffen werden (dies ist bei einer schöpferischen intellektuellen Entwicklung als ein permanenter Prozeß zu begreifen).

Mit dem Handlungsparameter Niveau ist direkt verknüpft die Frage nach dem "Transformationsprozeß" von äußerer zu innerer, von materieller und geistiger Tätigkeit. In der Regel werden von Galperin fünf Etappen dieses Interiorisationsprozesses unterschieden:

1. ETAPPE: MATERIELLE HANDLUNG

Auf dieser Stufe geht es darum, daß der Lernende bestimmte Handlungen, auf die entsprechende geistige Handlungen später aufbauen sollen, auch tatsächlich ausführt, also praktisch mit den Gegenständen umgeht, sie verändert. Dabei müssen die materiellen Objekte, die ja selbst ein bestimmtes praktisches Verallgemeinerungsniveau darstellen, so ausgewählt werden, daß nicht der Gegenstand "an sich", sondern der Gegenstand mit ganz spezifischen Eigenschaften das Interesse des Lernenden "fesselt" und damit seine Wahrnehmungen entsprechend organisiert. - Auch wenn diese Form der Handlung im Unterricht selbst relativ selten vorkommt (vgl. Galperin, 1969, S.378; ders., 1974, S.36f), so wird man dennoch davon ausgehen können, daß man auf sie dann - aber auch _nur dann_ - verzichten kann, wenn die Lernenden die entsprechenden Handlungsvollzüge aus ihrer vor- oder außerschulischen Lebenserfahrung kennen und diese Erfahrungen dann in der zweiten Etappe u.U. nur wieder aufgenommen zu werden brauchen (in dieser Richtung argumentiert etwa Galperin, 1967, S.106f).

2. ETAPPE: _MATERIALISIERTE HANDLUNG_

In der Regel beginnt Galperins Unterrichtspraxis mit dieser Stufe.

"Hier benutzen wir größtenteils nicht mehr die Dinge selbst, sondern nur noch ihre Darstellungen; das sind alle Arten von Schemata, Diagrammen, Zeichnungen und Modellen oder einfach Notizen. Sie kopieren, _reproduzieren genau einige für die Operation wesentliche Eigenschaften und Beziehungen der Dinge und gestatten eine äußere Handlung mit ihnen_ (vergleichen, ausmessen, umstellen, verändern und dergleichen mehr). In allen diesen Fällen handelt es sich um die materielle Darstellung gedachter Eigenschaften und Beziehungen der Dinge, um die Materialisierung ihrer Eigenschaften und Beziehungen und deshalb nennen wir eine Handlung mit ihnen _materialisiert_." (Galperin, 1969, S.378)

Da eine solche Handlung die _wesentlichen_ Qualitäten der materiellen Handlung erfassen und reproduzieren muß, können entsprechende Schemata usw. nicht im Sinne einer Förderung der _reinen_ Anschaulichkeit verstanden werden, sondern sie sollen die Wahrnehmungs- und Denktätigkeit des Lernenden in eine _bestimmte_, _Wesentliches_ erfassende Richtung lenken. Das _Anschauungsmaterial_ muß diesem Anspruch auf "Lenkung" der Wahrnehmungs- und Denktätigkeit dadurch gerecht werden, daß es von den im Prinzip unendlich vielen Merkmalen eines Gegenstandes und Sachverhaltes jene _vereinseitigend hervorhebt_, die gesetzmäßige, innere Beziehungen deutlich werden lassen. Dabei muß die Logik des Gegenstandes wie die Logik des Lernprozesses gleichermaßen im Blick bleiben, also jede Vereinseitigung unterbleiben.

"Es geht hier weniger um die Konkretisierung von Vorstellungen, von Kenntnissen des Schülers, als vielmehr umgekehrt um deren Verallgemeinerung. Folglich stellt das _Anschauungsmaterial_ in diesen Fällen eben ein Material dar, in dem und mit dessen Hilfe eigentlich der Aneignungsgegenstand erst noch gefunden werden soll." (Leontjew, 1979, S.244)

Die so durch das Anschauungsmaterial gestützten materialisierten Handlungen müssen dann selbst im gemeinsamen Lernprozeß auseinandergefaltet, verallgemeinert und verkürzt werden.

3. ETAPPE: ÜBERTRAGUNG DER HANDLUNG IN GESPROCHENE SPRACHE

Diese dritte Etappe beginnt erst dann, wenn die Handlung bzw. Operation aller ihrer äußeren Stützen "beraubt" werden kann. "So besteht der wirkliche Inhalt dieser neuen Etappe in der Übertragung der Handlung nicht in die Form der Vorstellung, sondern in der gesprochenen Sprache ohne gegenständliche Stütze. Diese neue Form kann man nicht eigentlich geistig nennen, weil das Kind gerade 'im Geist' die Operation noch nicht ausführen kann. Das muß es speziell gelehrt bekommen." (Galperin, 1969, S.383) Jetzt "wird die Sprache zum selbständigen Träger des gesamten Prozesses - der Aufgabe wie dem Handeln. Sie tritt nicht nur als System von Bezeichnungen auf, deren eigentliche Natur ziemlich gleichgültig für das Wesen der gegenständlichen Handlung ist, sondern auch als gesonderte Wirklichkeit - als Wirklichkeit der Sprache, deren Gesetze in den Forderungen nach Verständlichkeit für alle Menschen erkennbar werden." (ebd., S.385)

Galperin hat in den verschiedenen Arbeiten die große Bedeutung dieser Etappe herausgestellt, wobei er diese Bedeutung negativ durch den Hinweis verdeutlicht hat, daß einerseits eine frühzeitige Fixierung auf die sprachliche Form zu rein "sprachlichem", "formalem" Wissen, zum Verbalismus führt. Und daß andererseits eine unzureichende Entfaltung der sprachlichen Etappe dem Lernenden zwar die Möglichkeit bietet, Aufgaben praktisch zu lösen, aber es ihm unmöglich machen, daraus Schlußfolgerungen zu ziehen, womit auch die praktischen Lösungen eingeschränkt werden (vgl. Galperin, 1969, S.386).

4. ETAPPE: ÄUSSERE SPRACHE FÜR SICH

Auf dieser Stufe beginnt nun die Herausbildung der eigentlichen geistigen Handlung, nämlich dadurch, daß die Sprache selbst umgebildet wird, daß ihre Lautform im Bewußtsein des Schülers zur Vorstellung, zum vorgestellten Lautbild des Wortes wird.

"Wie immer erfordert eine solche Veränderung anfangs eine neue 'Entfaltung' der Ursprungshandlung, in diesem Falle der lautsprachlichen. Diese wird Schritt für Schritt in der geistigen Form reproduziert. Deshalb erweist sich als erste Form der eigentlich geistigen Handlung die genau 'auseinandergefaltete' äußere Sprache für sich selbst. Die verborgenen artikulatorischen Mechanismen dieser Sprache sind anders und erfordern deshalb (als Schwerpunkt dieser Etappe;K.-H.B.) erneute Aneignung; das tritt deutlich bei Kindern und Erwachsenen in Erscheinung, wenn sie zum Beispiel zum erstenmal für sich selbst lesen lernen. In ihrer äußerlich-sprachlichen Form und in ihrem gegenständlichen Inhalt jedoch unterscheidet sich diese Sprache für den Schüler selbst durch nichts von der lautsprachlichen Handlung." (Galperin, 1969, S.388)

5. ETAPPE: *INNERE SPRACHE*

Jetzt erst wird die Herausbildung der geistigen Operation abgeschlossen, die äußere Sprache wird - mit einem Terminus von Wygotski (vgl. Kap. 1.5.) - zur inneren Sprache. Ihr Wesen besteht nicht darin, daß es nur noch bestimmte sprachliche Reste gibt (diese sind lediglich "Überbleibsel" der äußeren Sprache für sich), sondern daß a) diese Reste der äußeren Sprache verkürzt wurden, die innere Sprache somit automatisch verläuft, und daher der Selbstbeobachtung nicht mehr zugänglich ist; und daß b) dieses Denken aufgrund der Abstraktions- und Verallgemeinerungsprozesse unanschaulich verläuft.

"Ist der sprachliche Prozeß nicht mehr Gegenstand des Bewußtseins, so tritt sein Produkt - der gegenständliche Inhalt der(geistigen;K.-H.B.)Handlung - ohne sichtbare Verbindung mit eben diesem Prozeß hervor. Das bedeutet:
a) Das Produkt der sprachlichen Handlung äußert sich nicht in Teilen, sondern sofort, nicht als ein vom Subjekt bewußt herbeigeführtes Ergebnis, sondern als ein vor ihm zutage tretendes Objekt. b) Das dieses Objekt schon längst die spezifische Form der Bedeutungen der Sprache erlangt hat, jetzt aber ohne sichtbaren Zusammenhang mit der Sprache auftritt, offenbart es sich dem Subjekt in einer Form, die frei vom unmittelbaren sinnlichen Inhalt ist. Die beiden Merkmale, die für eine mit Hilfe der inneren Sprache vollzogene Handlung charakteristisch sind, lassen die Illusion vom sogenannten 'reinen Gedanken' aufkommen." (Galperin, 1974, S.41)

Nun besteht aber nach Galperin eine Lernhandlung nicht nur aus einem Orientierungsteil und einem Arbeitsteil, sondern sie besitzt auch einen Kontrollteil, wird also vom Lernenden subjektiv kontrolliert. Auch die Kontrolle muß - wie jede andere geistige Handlung - etappenweise erlernt werden; d.h. alle bisher gemachten Überlegungen treffen auch für sie zu. Ein Unterschied besteht aber im "Tempo" dieses Lernprozesses, das - so Galperin (1969,S.391) - deutlich höher ist als bei den anderen Teilen der Lernhandlung. -

Nun ist die Kontrolle einerseits ein Moment der Bewußtheit des Lernenden über seine eigenen Lernprozesse, seine Bedingungen, Schwierigkeiten und Erfolge, also der Lernergebnisse. Ihr kommt besonders beim Übergang von einer Etappe zur anderen große Bedeutung zu. Zum anderen ist die Kontrollhandlung Grundlage der Aufmerksamkeit.

"Die Verkürzung der Kontrolle bedeutet, daß der Vergleich des Prozesses und der Ergebnisse der Arbeitshandlung mit dem Muster bereits nicht mehr durchgeführt, sondern nur noch 'im Auge' behalten wird (ebenso wie ihr Ergebnis in diesen Standardsituationen). Im weiteren verschwindet der Prozeß des Vergleiches, der schnell automatisch wird, ganz aus dem Bewußtsein, und dann ist die Kontrolle für die Selbstbeobachtung bereits nicht mehr von der Wahrnehmung der Arbeitshandlung unterscheidbar. Die Kontrolloperation verwandelt sich in Aufmerksamkeit, die sich für die unmittelbare Beobachtung (Selbstbeobachtung) als eine nicht näher zu bestimmende Aktivität unsererseits, als eine Seite der (unserer) Arbeitshandlung darstellt." (Galperin, 1969, S.392; vgl. ders., 1973, S.18f)

Das heißt die beiden verschiedenartigen Teile der Lernhandlung verschmelzen derart, daß sie zu zwei Komponenten einer einheitlichen geistigen Handlung werden.

3.2.2. AUF DEM WEG ZU EINER KRITISCH-PSYCHOLOGISCHEN THEORIE DES LERNENS

Wie schon bemerkt, darf die Lerntheorie Galperins heute im Kontext materialistischer Psychologie als die am besten theoretisch begründete und experimentell erprobte Theorie gelten (vgl. dazu etwa Galperin u.a., 1974; Lompscher, 1973); dies ist auch der Grund, warum sie auch in der BRD und Westberlin Eingang gefunden hat einerseits in die schulische Unterrichtspraxis (vgl. Keseling u.a., 1974; Rohr, 1980) und andererseits in die gewerkschaftliche Bildungsarbeit (vgl. Werner, 1981; Wilhelmer, 1979; Wittmann, 1981). Nun haben allerdings die Reflexion der Erfahrungen in der gewerkschaftlichen Bildungsarbeit wie im Schulunterricht implizit (und manchmal auch explizit) einige relevante Schwächen der Galperinschen Lerntheorie aufgedeckt. An dieser Stelle sollen vier zentrale Probleme einerseits thematisiert werden, andererseits soll deutlich werden, wie diese Probleme vermutlich perspektivisch zu lösen wären. Anders gesagt: es soll deutlich werden, welchen Beitrag die Kritische Psychologie zur Weiterentwicklung von Galperins Lerntheorie geleistet hat bzw. grundsätzlich in der Lage wäre zu leisten.[4]

1.) Wenn man die Gesamtheit der Literatur von Galperin und seinen Mitarbeitern zur Lerntheorie betrachtet, dann fällt auf, daß auf Reflexionen über die <u>Lerninhalte</u> selbst fast völlig verzichtet wird, d.h. es bleibt undeutlich, warum der Lernende bestimmte Inhalte, etwa die in den verschiedenen Unterrichtsexperimenten genannten, und nicht etwa andere erlernt, warum es der Gesellschaft und ihm etwas nützen soll, daß er sich <u>diese</u> Inhalte aneignet. Wenn nun Wilhelmer (1979, S.180) und im Anschluß an ihn auch Werner (1981, S.40) der Meinung sind, daß eine Lerntheorie dies aus sich heraus auch nicht leisten kann, so unterliegen sie selbst hier einem <u>formalistischen Verständnis psychischer Prozesse</u>. Wenn - wie ausführlich dargelegt - die menschliche Natur <u>inhaltlich</u> als <u>gesellschaftliche</u> Natur des Menschen bestimmt ist, dann kann es auch kein äußerliches Gegenüber von psychischen Lernprozessen und gesellschaftlich-objektiven Lerninhalten geben, dann bedarf es der Reflexion über diesen Zusammenhang. Diese sind unter den Bedingungen einer Klassengesellschaft umso dringender, als hier bestimmte Lerninhalte der institutionellen (besonders der schulischen) Erziehung <u>entfremdete</u> und damit auch <u>entfremdende</u> Inhalte sind, die bis zu einem gewissen Grade eben zur "Trennung" von Individuum und Gesellschaft erst beitragen. Soll dieser Zusammenhang überhaupt erkennbar werden - und poli-

---

[4] Diese Klärung des Beitrages der Kritischen Psychologie impliziert gegenüber Galperins Lerntheorie in gewissen Grenzen einen "Ebenenwechsel": Zwar steht "hinter" Galperins Lerntheorie eine allgemeine Theorie der psychischen Entwicklung (vgl. auch Kap. 1.5. dieses Buches), aber die Hauptstärke seiner Lerntheorie liegt wahrscheinlich in dem Versuch, den "<u>Mikroprozeß</u>" menschlichen Lernens zu erforschen. Demgegenüber argumentiert die Kritische Psychologie bei ihrem gegenwärtigen Entwicklungsniveau hauptsächlich auf der "<u>Makroebene</u>". Insofern würde die Klärung der im folgenden genannten Problemfelder die Voraussetzung dafür darstellen, die von Galperin genannten "Mikroprozesselemente" perspektivisch in einer kritisch-psychologischen Lerntheorie aufzuheben.

tisch gesehen der Kampf um fortschrittliche, demokratische
Lehrinhalte wissenschaftlich begründbar werden/bleiben -,
dann muß die Lerntheorie in einen doppelten Zusammenhang
eingebunden werden: a) Sie muß Element eines umfassenden
Verständnisses der Gesellschaftlichkeit und Subjektivität
des Individuums sein (dies braucht hier nicht mehr ausgeführt zu werden) und das bedeutet, daß die allgemeine (oben
schon kritisierte) Tendenz der kulturhistorischen Schule
zum Physiologismus und Formalismus grundsätzlich überwunden werden muß. - b) Das Lernen wiederum muß auch als Aspekt der <u>Bildungsproblematik</u>, damit der <u>Allseitigkeitsproblematik</u> aufgefaßt werden; d.h. die Lerninhalte müssen in
Orientierung an spezifischen Momenten von Bildung selbst
bestimmt werden (vgl. Kap. 3.1.1.). Im Verhältnis von Bildungstheorie - Lerninhalte - Unterrichtsplanung hat Fichtner (1980, S.137) fünf <u>strategische</u> Bezugsebenen benannt:
1) Die Parameter des Bildungsbegriffes sollen als allgemeine Orientierung dienen; 2) der Grad des historischen und gesellschaftlichen Aspektreichtums muß reflektiert werden;
3) der Grad der repräsentativen Wissenschaftlichkeit ist zu
beachten; 4) der Grad der Entfaltung der Lernprozesse muß
analysiert werden; 5) dem Zusammenhang von Lernprozeß und
Lehrprozeß muß Beachtung geschenkt werden.[5]

2.) Weil nach Galperin das Niveau der Lernhandlungen in der
Regel auf der Ebene der materialisierten Handlung beginnt,
hat Keseling (1979, S.140f, 145) sich skeptisch darüber geäußert, inwieweit der <u>Herstellungsaspekt</u> der materiellen
(und auch geistigen) Wirklichkeit (daß die Gesellschaft
nicht nur Voraussetzung, sondern auch <u>Resultat</u> menschlichen Handelns ist) überhaupt in Galperins Theorie eingeht.

---

5 So sehr nun Fichtner diese Punkte richtig erfaßt, so wenig gelingt es ihm u.E. selber - was hier aber nicht genauer ausgeführt werden kann - durch seine enge Anlehnung an Leontjews Ontogenese-Verständnis (vgl. Kap. 3.1.2. dieses Buches) eine <u>inhaltliche</u> Auffassung von der Ontogenese zu entwickeln; vielmehr werden bedauerlicherweise auch bei ihm die psychischen Prozesse zu einer tabula rasa, die man quasi mit jedem beliebigen Inhalt "füllen" kann (vgl. ebd., S.77ff, 88ff, 99ff, 126ff). Diesen Mangel kann man u.E. nur dadurch überwinden, daß man den Zusammenhang zwischen Bildung allgemein und den logischen Stufen der Ontogenese speziell angemessen erörtert (vgl. Kap. 3.1.2.).

Man kann diese Kritik dahingehend ausweiten und vertiefen,
daß man fragt, inwieweit das Verhältnis von interpersonalen Beziehungen und kognitiven Niveaus überhaupt thematisiert werden kann. Wir haben oben (Kap. 2.2./2.4.) ausführlich dargestellt, daß interpersonale Instrumentalverhältnisse nur ein orientierendes Erkenntnisniveau zulassen,
während für das begreifende Erkennen interpersonale Subjektbeziehungen die Voraussetzung und Folge sind. Dieser
Zusammenhang wird bei Galperin überhaupt nicht thematisiert,
so daß der Eindruck entsteht, als wenn das Erreichen dieses
begreifenden Erkenntnisniveaus nur von bestimmten kognitiven
Voraussetzungen bzw. einer angemessenen Unterrichtsorganisa-
tion abhängig wäre. Sofern wir konkret über die schulischen
Lernprozesse in der bürgerlichen Gesellschaft sprechen, ist
dies umstandslos nicht so: Denn die Aneignung einer wirklich
wissenschaftlichen Bildung (Allgemeinbildung wie Spezialbildung) ist - gerade auch aktuell - bei uns nicht per se das
Ziel der schulischen Erziehungsprozesse, wie sie sich etwa
in den von den Kultusministerien beschlossenen und verord-
neten Lehrplänen bzw. Schulbüchern niederschlagen (vgl. z.B.
zum Geschichtsunterricht bei uns Borst u.a., 1971; Kühnl, 1973;
zum Biologieunterricht Jeske, 1976; zum naturwissenschaftlichen
und Technikunterricht Rieß, 1976; zu diesem Problem allgemein
Rügemer, 1980). Dies bedeutet zugleich, daß das Ringen um wissenschaftlich begründete Lerninhalte als gemeinsames Ziel
von Schülern und Lehrern nur ein Element und Resultat des
gemeinsamen politischen Einsatzes sein kann und daß die Verarbeitung der entsprechenden Erfahrungen als Moment der Erfahrungen über die soziale Wirklichkeit, in der die Schüler
leben, auch als solche - wie vermittelt auch immer - in den
Unterricht eingehen und eingehen müssen (dies belegen z.B.
die Auseinandersetzungen um die hessischen Rahmenrichtlinien;
vgl. dazu Köhler, 1974; Köhler/Reuter, 1973; Voigt, 1973, Einleitung). Anders gesagt: Ein begreifendes kognitives Durchdringen der natürlichen und gesellschaftlichen Wirklichkeit
kann letztlich nur dadurch erreicht und stabilisiert werden,
daß die Lernenden sich tatsächlich als Subjekte zu verhalten
lernen, die "Geschichte machen" - und dies heißt, sich mit
anderen aufgrund gemeinsamer allgemeiner (verallgemeinerter)
Ziele zusammenzuschließen und für sie aktiv werden. Aufgrund

seiner Erfahrungen in der Arbeiterbildung schreibt z.B. Harald Werner zu einigen lernpraktischen Problemen, die aus der mangelhaften Entfaltung subjekthafter Beziehungen resultieren:

"In der Arbeiterbildung machen sich die...errichteten Barrieren auf die verschiedenste Weise bemerkbar. Problematisch ist bereits die Verwendung des Begriffs Arbeiter, mit dem sich zu identifizieren den meisten Schwierigkeiten bereitet. Auch das Anknüpfen an Arbeiterstolz ist nicht ohne vorherige Thematisierung der Produktionsleistung möglich. Eine Identifikation mit der Arbeiterbewegung in historischer Sicht wird oftmals dadurch erschwert, daß die gemeinsamen Merkmale der Lebensweise...nicht erkannt werden. So steht oftmals die rationale Einsicht in die eigene soziale Rolle im Gegensatz zur emotionalen Barriere gegenüber dem kulturellen Ausdruck der Arbeiterbewegung." (Werner, 1981, S.99f; vgl. ebd., S.98ff)

3.) Ein weiterer wesentlicher Mangel von Galperins Lerntheorie liegt in der unzureichenden kognitionspsychologischen Fundierung. Die Vermutung von Wilhelmer (1979, S.217), daß im Rahmen dieser Lerntheorie begreifendes Erkennen gar nicht erklärbar ist, wird man in ihrer Substanz darauf zurückführen können, daß die Bedeutung der Aneignung der dialektischen Logik für die individuelle Denktätigkeit ungeklärt bleibt. D.h. Galperin geht nicht konsequent genug der Frage nach, wie die in der Wirklichkeit existierende objektive Dialektik und die in theoretischen Konzeptionen "fixierte" subjektiv-gesellschaftliche Dialektik eigentlich zur subjektiv-individuellen Dialektik wird und damit die individuelle Denktätigkeit bestimmt; wir haben in Kap. 2.2.2.2. versucht deutlich zu machen, was es u.E. heißt, als Individuum dialektisch zu denken, d.h. begreifend zu erkennen.

Diese allgemeinen Auffassungen werden im Gang der zukünftigen Forschungen in jener Weise zu spezifizieren und zu konkretisieren sein, daß geklärt wird, wie auf der Basis interpersonaler Subjektbeziehungen sich die Aneignung von Wissen als Element einer begreifenden kognitiven Durchdringung der objektiven Realität im Rahmen organisierter, besonders schulischer Lernprozesse vollzieht. Als Leitlinie dieser Forschungen kann die folgende Problemskizzierung von Holzkamp (1973, S.390f) angesehen werden:

"Das begreifende Alltagserkennen hat...quasi zwei Seiten: Auf der einen Seite setzt es an den vorgefundenen mehr oder weniger vermittelten Widerspruchsverhältnissen der Alltagspraxis an, auf der anderen Seite besteht es in der gezielten Aufarbeitung gesellschaftswissenschaftlicher (bzw. all-

gemein: wissenschaftlicher;K.-H.B.) Erkenntnisse marxistischer Forschung, wobei diese beiden Seiten im Begreifensprozeß in Wechselwirkung miteinander stehen; ohne Verfügung über bereits gewonnene wissenschaftliche Erkenntnisse der 'Kritik der Politischen Ökonomie' (als _Paradigma_ marxistischer bzw. marxistisch fundierter Forschung;K.-H.B.) ist eine begreifende Durchdringung der jeweiligen Alltagswirklichkeit ausgeschlossen; andererseits: ohne Umsetzung der marxistischen Wissenschaft in aktiv begreifende Erkenntnis von bürgerlichen Lebensverhältnissen alltäglicher Praxis ist der Marxismus zu einer in sich selbst genügsamen wissenschaftlichen 'Lehre' verfälscht, seine entscheidende Eigenart als Theorie der kritischen gesellschaftlichen Praxis der Menschen in der bürgerlichen Gesellschaft, in höchster historischer Ausprägung als politischer Kampf des Proletariats um seine Emanzipation, verkannt."
(vgl. in diesem Sinne auch Rügemer, 1981)

Wenn man vor diesem theoretischen Hintergrund die lerntheoretische Problemstellung Galperins nochmals aufnimmt, so wird man wahrscheinlich sagen können, daß zwar die spezielle Grundidee von Typ III der Orientierungsgrundlage dieser allgemeinen Aufgabenstellung der Wissensaneignung entspricht, daß aber die konkrete Ausgestaltung der einzelnen Lernstufen diesem Anspruch selbst nicht gerecht wird. Bei der materiellen bzw. materialisierten Handlung müßte Galperin nämlich die Frage präziser stellen, welche Art von materiellen bzw. materialisierten Handlungen eigentlich die von ihm selbst gewünschte Herausbildung begrifflichen Denkens erlauben – und welche eben nicht. Auf dieses Problem ist besonders von Dawydow hingewiesen worden. Er bemerkt zunächst kritisch:

"Bei der Erarbeitung der Interiorisationstheorie und der Aufdeckung ihrer Quellen wurde von LEONTJEW und GALPERIN ...ein wesentlicher Schritt voran getan. Aber da die Autoren der logischen Seite des Problems ungenügend Beachtung schenkten, gab auch diese Theorie keine definitive Antwort auf die Frage, welcher spezifische Inhalt in der theoretischen Verallgemeinerung und im Begriff abgebildet wird und vermittels welcher Handlungen dies erfolgt. Die Spezifik jener gegenständlichen Handlungen, die im Material die allgemeine genetische Grundlage eines bestimmten Systems von Dingen aufdecken, blieb ungeklärt." (Dawydow, 1977, S.344f; vgl. ebd., S.328ff,343ff; ders., 1967, S.255ff,266ff)

Mit der "Spezifik der gegenständlichen Handlungen" ist hier die Frage gemeint, womit der konkrete Unterrichtsprozeß eigentlich anfangen muß, damit begriffliches Denken möglich wird. Dabei stellt sich – wie schon bei Holzkamp angeklungen und im Orientierungstyp III impliziert – sowohl die Aufgabe, die Methode des Erkennens, also das Aufsteigen vom Abstrakten zum Konkreten zu erlernen, wie diese Methode auch selbst auf bestimmte Erkenntnisgegenstände anzuwenden, wozu es wiederum der Übernahme von zunächst noch rein "äußerlichen" Begriffen bedarf (vgl. dazu auch die methodischen Überlegungen in Kap. 2.5.4.1.). Dieser Prozeß muß durch die Art des Anfangs, die "Ausgangsabstraktion" ermöglicht und initiiert werden, die sowohl einen allgemein bekannten Tatbestand darstellen wie auch selbst eine logisch elementare Abstraktion sein muß. Um dieses Problem zu lösen, hat Dawydow drei Bedingungen herausgearbeitet:

"Die Charakteristika der theoretischen Abstraktion werden durch die Aufgaben des Aufsteigens zum Konkreten bestimmt. Diese Aufgaben ermöglichen es, die Anforderungen an die als Ausgangspunkt dienende abstrakte Definition zu formulieren. Erstens muß diese Abstraktion auf die 'Entwicklungsrichtung' des Systems hinweisen. Das bedeutet, daß ihr Inhalt real dem Anfang der Entwicklung des Konkreten selbst, dem einfachen Anfang, dem Allgemeinen entsprechen muß...Zweitens muß der Inhalt dieser Abstraktion qualitativ der Natur des ganzen Systems entsprechen, muß die einfachste unentwickelte Form der Verhältnisse innerhalb des Ganzen und dessen kennzeichnende Besonderheit darstellen; diese einfache Form hängt nicht von anderen, entwickelteren Verhältnissen des Ganzen ab. Drittens als universelle, genetische Grundlage des Ganzen bringt diese Abstraktion seine wesentliche Basis und sein Wesen zum Ausdruck, das die Einheit aller seiner Teile in verschiedene relativ selbständige Komponenten gewährleistet." (Dawydow, 1977, S.286; vgl. hierzu auch Werner, 1981, S.39ff) -

Eine solche Ausgangsabstraktion ist bezogen z.B. auf den Lerngegenstand "Kritik der politischen Ökonomie" die Ware, denn sie ist einerseits allen bekannt und sie erlaubt andererseits als Ausgangskategorie das theoretische Durchdringen des kapitalistischen Wirtschaftsprozesses (vgl. dazu auch Werner, 1975, S.48f).

4.) Wenn wir zuletzt darauf hinweisen, daß der Lernmotivation nicht genügend Raum geschenkt wird, dann "rennen" wir damit zunächst "offene Türen ein". Galperin selbst hat darauf hingewiesen (vgl. Galperin, 1967, S.117); insofern können wir auch Wilhelmer nicht zustimmen, der die Meinung vertritt, daß diese Lernbereitschaft in der gewerkschaftlichen Bildungsarbeit kein zentrales Problem darstelle (vgl. Wilhelmer, 1979, S.219 ; aber auch S.159f). Werner (1981, 4. Kap.) hat diese Auffassung überzeugend widerlegt. Betrachtet man aber die verschiedenen vorgeschlagenen Lösungen des Motivationsproblems (vgl. z.B. Löwe, 1977, S.33ff, bes. 37f; aber auch Henning, 1977, S.203,204ff), so sind diese insgesamt wenig überzeugend. - Will man aber hier zu einer Klärung der Frage beitragen, ob im Rahmen von Galperins Theorie dieses Problem überhaupt sinnvoll zu lösen ist, dann muß man auf die "hinter" dieser Lerntheorie stehende allgemeine Theorie der psychischen Entwicklung zurückgreifen, wie sie generell von der kulturhistorischen Schule entwickelt worden ist. Die wichtigsten Überlegungen zur Bedürfnis- und Motivationsproblematik finden sich dabei in Leontjews letzter Studie "Tätigkeit, Bewußtsein, Persönlichkeit"; dort heißt es u.a.:

"Die Entstehung von zielgerichteten Prozessen, von Handlungen in der Tätigkeit war das historische Ergebnis, als der Mensch zum Leben in der Gesellschaft übergegangen war. Die Tätigkeit der an der gemeinsamen Arbeit Beteiligten wird durch deren Produkt initiiert, das ursprünglich dem Bedürfnis jedes einzelnen unmittelbar entspricht. Auch schon die Entwicklung einfachster technischer Arbeitsteilung erfordert die Bestimmung der Zwischen- beziehungsweise Teilergebnisse, die von den einzelnen Teilnehmern an der kollektiven Arbeitstätigkeit erzielt werden, die aber an sich nicht deren Bedürfnisse befriedigen. Ihr Bedürfnis wird nicht durch diese 'Zwischen'ergebnisse befriedigt, sondern durch den Anteil am Produkt ihrer gemeinsamen Tätigkeit, den ein jeder von ihnen kraft der im Arbeitsprozeß entstandenen und sie miteinander verbindenden Beziehungen, das heißt der gesellschaftlichen Beziehungen, erhält." Leontjew, 1979, S.102)

Zwar arbeitet Leontjew hier richtig die Gesellschaftlichkeit der menschlichen Beziehungen heraus, indem er darauf verweist, daß die Menschen nur in einem funktionsteiligen, kooperativen Prozeß ihre Lebensbedingungen erhalten und verbessern können. Er übersieht aber bereits, daß diese Funktionsteilung selbst ein zwar wichtiges, aber dennoch schon abgeleitetes Moment der gesellschaftlichen Realitätskontrolle darstellt, sie also nur ein Aspekt der verallgemeinerten Vorsorge ist. Und die produktiven Bedürfnisse als die spezifisch menschlichen Bedürfnisse sind (wie in Kap. 2.2.2.3. ausführlich dargelegt) inhaltlich auf diese verallgemeinerte Vorsorge gerichtet und zeichnen sich gerade dadurch aus, daß sie unabhängig von aktuellen Mangel- und Spannungszuständen auftreten - ja, daß sie das aktuelle Auftreten "drängender" Mangel- und Spannungszustände gerade zu verhindern trachten, um so auch eine optimale Sinnlichkeit zu ermöglichen. Indem Leontjew somit die Spezifik der menschlichen Bedürfnisse verkennt, muß es im Rahmen dieser Bedürfniskonzeption auch unklar bleiben,warum bestimmte

Lerninhalte - als Moment der gesellschaftlichen Erkenntnis
der optimalen verallgemeinerten Vorsorge - von den konkreten Individuen tatsächlich _motiviert_ (und nicht z.B. unter
innerem Zwang) übernommen und entsprechende Lernziele motiviert verfolgt werden. Obwohl sich in der genannten Studie
von Leontjew eine ganze Reihe wichtiger Hinweise auf Motivationsprobleme in pädagogischen Prozessen finden (vgl. Leontjew, 1979, bes. S.256ff), erscheint uns dieser Ansatz von seiner bedürfnistheoretischen Grundkonzeption her letztlich
nicht hinreichend geeignet, die Frage der Lernmotivation
befriedigend zu lösen (vgl. zur ausführlichen Kritik an
Leontjews Bedürfnis- und Motivationstheorie auch H.-Osterkamp, 1976, Kap. 3.4.3.).

Mit diesen Erörterungen zu Galperin wollten wir zweierlei
deutlich machen: a) Galperins Ansatz ist bis in die Gegenwart der ernsthafteste Versuch zur Begründung und Entfaltung einer materialistischen Lerntheorie - hinter das damit
gekennzeichnete Qualitätsniveau darf man u.E. nicht mehr
zurückfallen. - b) Diese Theorie hat trotz aller bedeutsamen Verdienste _wesentliche_ Mängel, die eine _qualitative_
Weiterentwicklung dieser Theorie erforderlich machen (die
Problemkreise und die allgemeine Richtung ihrer zukünftigen Bearbeitung wurden benannt). Und erst diese Weiterentwicklungen werden es erlauben, solche Fragen wie "spontanes Lernen" oder "entdeckendes Lernen" oder den Einfluß
der Emotionen als Vorstufe kognitiver Erkenntnis auf die
institutionellen Lernprozesse zu erörtern.

Wir haben uns in diesem Unterabschnitt bewußt darauf beschränkt, die _innermarxistischen_ Begründungsprobleme einer Lerntheorie zu erörtern. Es sei aber an dieser Stelle doch zumindest darauf _hingewiesen_, daß die Begründung
und Entfaltung einer kritisch-psychologischen Theorie
menschlichen Lernens ohne die Reinterpretation nicht-marxistischer Ansätze undenkbar ist. Hier wäre besonders zu
denken an eine fundierte Rezeption, Kritik und Aufhebung
der _genetischen Erkenntnistheorie Piagets_ (vgl. dazu Piagets eigene umfassende Darstellung in seinem dreibändigen
Werk "Die Entwicklung des Erkennens" (Piaget, 1975) und
seine eigene Zusammenfassung in "Einführung in die genetische Erkenntnistheorie" (Piaget, 1973; ferner sei verwie-

sen auf die wichtige Darstellung von Furth (1981)). -
Die wichtigsten Berührungspunkte dürften in folgenden Bereichen liegen: a) Die geistige Entwicklung wird gebunden an die Ausbildung bestimmter gegenständlich geprägter Handlungssysteme, worin eine bestimmte Fassung der erkenntnismäßigen Subjekt-Objekt-Beziehung zu sehen ist (Piaget verwendet in diesem Zusammenhang explizit den Begriff der "Interiorisation"). - b) Bestimmte kognitive Fähigkeiten werden nicht einfach in ihrer Existenz gesetzt, sondern in ihrer Entwicklung rekonstruiert; dieser genetische Standpunkt spezifiziert sich zu der Einsicht, daß bestimmte Handlungs- und Denkschemata bestimmten Stufen der Entwicklung entsprechen. - c) Es wird gezielt hervorgehoben, daß die kognitive Aneignung der Wirklichkeit nicht auf die Wahrnehmung reduziert werden kann; dem Konzept der Invarianz und Reversibilität liegt vielmehr die Einsicht in den präsenzentbundenen und repräsentativen Charakter menschlicher Wirklichkeitserkenntnis zugrunde, welche sich relativ vom sinnlich Wahrnehmbaren distanziert und den Gesetzen der Widerspruchsfreiheit und der formallogischen Notwendigkeit gerecht werden muß.
Als die wesentlichen Differenzpunkte zwischen Piaget und der Kritischen Psychologie dürften wohl anzusehen sein: a) Der gesellschaftliche Charakter der Ontogenese wie der in ihr angeeigneten Fähigkeiten, Kenntnisse etc. bleibt zumindest undeutlich und abstrakt. Auf diese Weise wird auch die Erkenntnisbeziehung zwischen Subjekt und Objekt weitgehend auf eine rein individuelle Beziehung reduziert, womit unklar bleibt, daß die Erkenntnismittel selbst gesellschaftlich hervorgebracht und gesellschaftlich bestimmt sind. -
b) Piagets Beschränkung auf die formale Logik und die Mathematik läßt ihn kognitive Prozesse - in der Sprache der Kritischen Psychologie - auf wesentliche Bestimmungen des instrumentellen Denkens einschränken (vgl. dazu auch Kap. 2.2.2.2. dieses Buches), womit die Frage der begreifenden Durchdringung der Wirklichkeit, also das dialektische Denken ausgeklammert bleibt; dies zeigt sich besonders im Begriff der "Invarianz", der mit dem dialektischen Begriff des "Wesens" als der realen Entwicklungslogik des Gegenstandes und ihrer Erkenntnis durch das methodisch angeleitete Aufsteigen vom Abstrakten zum Konkreten im Prinzip

nicht vereinbar ist. - c) Obwohl Piaget den genetischen Standpunkt sehr herausstellt, handelt es sich hier u.E. nicht um die theoretische Rekonstruktion der realen _inneren_ Entwicklungslogiken, sondern um die Darstellung _strukturell_ vorhandener Entwicklungen (etwa im Sinne eines genetischen Strukturalismus), impliziert somit eine Dominanz der Struktur gegenüber der Genese (womit unklar bleibt, _warum_ es _bestimmte_ Strukturen gibt). Damit entsteht hier auch die Tendenz, diese Strukturen und Schemata rein _formal_ zu verstehen und damit der gesamten kognitiven Entwicklung eine formalistische Tendenz zu verleihen. - Diese Überlegungen sind - das sei an dieser Stelle nochmals deutlich hervorgehoben - nur als eine _Anregung_ für die weiteren Arbeiten gedacht. (In diesem Zusammenhang dürfte die Dissertation von B. Grüter über Piaget einen wichtigen Stellenwert für Weiterentwicklung der Kritischen Psychologie haben.)

3.3. SUBJEKTENTWICKLUNG UND -EINSCHRÄNKUNG IN DER KLASSENERZIEHUNG

Nachdem wir uns ausführlich mit einem spezifischen Moment der Erziehung, der Vermittlung von Wissen, Erkenntnissen und der Entwicklung kognitiver Fähigkeiten befaßt haben, kehren wir nun wieder zu einer "ganzheitlichen" Betrachtung der Persönlichkeitsentwicklung zurück und gehen der Frage nach, wie die (in Kap. 3.1.2.) dargestellten _logischen_ Stufen der Ontogenese sich _realhistorisch_ in der Erziehungsprozessen der bürgerlichen Klassengesellschaft niederschlagen, wobei wir Fragen der kognitiven Entwicklung hier nur einen untergeordneten Platz einräumen wollen (vgl. dazu Kap. 3.2.).

Wir schicken einige grundsätzliche Bemerkungen über die subjektiven Folgen der objektiven Trennung von kapitalistischer Produktion und Erziehung vorweg, weil nur dann die _allgemeinen subjektiven Bedingungen_ der am Erziehungs-

prozeß beteiligten Individuen deutlich werden, die sich dann
in den verschiedenen Stufen der Ontogenese in spezifischer
Weise niederschlagen. (Dabei greifen wir auf einige diesbezüglichen Analysen der Kritischen Psychologie zurück - sie
werden jeweils genannt - die wir zugleich in einigen relevanten Aspekten weiterführen.)

3.3.1. *DIE OBJEKTIVE TRENNUNG VON KAPITALISTISCHER PRODUKTION UND ERZIEHUNG UND DEREN ALLGEMEINE SUBJEKTIVE FOLGEN*

Wir nehmen hier jene Überlegungen zur Persönlichkeitsentwicklung in der bürgerlichen Klassengesellschaft (vgl. Kap. 2.4.)
wieder auf, die einerseits die Entfremdungsprozesse in der
kapitalistischen Produktionsweise und andererseits die illusionären Bestrebungen, sich in der Freizeit optimal zu entfalten, thematisierten. Der kapitalistische Produktionsprozeß bringt nicht nur diese Trennung von Produktion und Freizeit (besonders in der Familie) hervor, sondern auch und allgemeiner die objektive Trennung von Produktion und Erziehung
(sowohl der öffentlichen wie der privaten Erziehung). Diese
Trennung ist zunächst ein doppelter Fortschritt: a) Das gilt
zum einen gegenüber dem Feudalismus, wo - zumindest für die
überwältigende Mehrheit der Bevölkerung - die Erziehung nur
als eine Begleitfunktion der Arbeitstätigkeit existierte (von
den ganz frühen Phasen der Ontogenese abgesehen). Mit der Entstehung und Entfaltung der bürgerlichen Gesellschaft bildet
sich Erziehung als ein gesellschaftliches Teilsystem heraus,
welches zu begreifen ist 1) als Moment in der Totalität der
gesellschaftlichen Praxis, 2) als gesamtgesellschaftliche
Funktion des Reproduktionsprozesses, 3) als Funktion des gesellschaftlichen Überbaus, 4) als Zielfunktion einer spezifischen sozialen Organisation der Gesellschaft und 5) als arbeitsteilige berufliche Funktion von Persönlichkeiten und sozialen Gruppen (vgl. dazu ausführlich Meier, 1974, S.17ff). -
b) Einen Fortschritt stellt die Trennung von Produktion und
Erziehung auch in dem Sinne dar, daß die für den Frühkapitalismus weitgehend typische Kinderarbeit schrittweise zurückgedrängt wurde; insofern ist diese Trennung auch ein Ausdruck

des Kinderschutzes.

Diese Trennung bedeutet aber nicht nur - was im Prinzip positiv wäre - eine innere Ausdifferenzierung der gesellschaftlichen Totalität, sondern bedeutet auch - was ja nicht nur in der marxistisch fundierten/orientierten Literatur kritisiert wird - eine "Abkopplung" der Erziehung vom gesellschaftlichen Lebensprozeß in wesentlichen Momenten. Man kann diesen Sachverhalt auch anders ausdrücken: Wenn der gesellschaftliche Gesamtprozeß in letzter Instanz vom Charakter der gesellschaftlichen Produktion bestimmt wird, dann bedeutet die Trennung von Produktion und Erziehung in relevanten Momenten auch eine Trennung der Erziehung von den bedeutsamen Prozessen in der Gesellschaft (wir sprechen im folgenden von "Trennung" in jenem verallgemeinerten Sinne, daß nur die Gemeinsamkeiten beider Arten von "Trennung" berücksichtigt werden). Diesen objektiven Sachverhalt einmal vorausgesetzt, geht es für die Kritische Psychologie nun darum, dessen Bedeutung für die Möglichkeiten und Grenzen der Subjektentwicklung zu thematisieren. Diese erschließt sich durch die Frage, welchen biographischen Stellenwert die individuelle Teilhabe an Erziehung und Produktion hat. Entsprechend unseren bisherigen ontogenetischen Überlegungen können und müssen wir davon ausgehen, daß sich die Kinder und Jugendlichen - wenn sie perspektivisch am gesellschaftlichen Produktionsprozeß teilhaben wollen - noch tatsächlich entwickeln müssen, noch tatsächlich ihre Handlungsfähigkeit, ihre Lebens- und Selbstbestimmungsmöglichkeiten erhöhen und insofern subjektiv entwicklungs- und zukunftsorientiert sind. D.h. wir können davon ausgehen, daß die heranwachsenden Individuen noch über bestimmte produktive Fähigkeiten und Motivationen verfügen. Mit dem individuellen Übergang zum Erwachsenenalter ändert sich das der Tendenz nach für diejenigen, die sich an den gesellschaftlichen status quo anpassen, insofern, als sie nun ein individuelles Entwicklungsniveau erreicht haben, welches ihnen - entsprechend dem System der gesellschaftlichen Individualitätsformen - eine Teilnahme am gesellschaftlichen Leben ermöglicht, ohne daß die allgemeine Notwendigkeit bestände, sich auch weiterhin zu entwickeln, also die individuellen Handlungsmöglichkeiten auszuweiten. In diesem "Verlust" der allgemei-

nen individuellen Entwicklungsnotwendigkeit wäre dann - so
die Grundthese der Kritischen Psychologie - eine generelle
Folge des durch den kapitalistischen Produktionsprozeß bedingten
kapitalistischen Entfremdungsprozesses zu sehen.
Sofern auch weiterhin individuelle Entwicklungen stattfinden,
so finden sie _trotz_ dieser oder _gegen_ diese Auswirkungen
der kapitalistischen Entfremdung statt. Sofern sich aber
jemand hauptsächlich anpaßt, dann kommt es sehr wahrscheinlich
zum Abbruch und Stillstand in der Entwicklung und in
diesem Sinne zu einem "_Bruch_" in der _Biographie_. Dieser Übergang
von der Entwicklung zur Stagnation, von der Entwicklungsorientiertheit
zur Resignation, ist subjektiv keineswegs immer
problemlos, sondern kann die "_selbsttätige_" _Unterdrückung_
der bisherigen _Glücks-_ und _Lebensansprüche_, permanente psychische
Konfliktabwehr und -verdrängung erfordern. Es kann also
die _aktive Leugnung_ bedeuten, daß es ein besseres, befriedigenderes,
kraftvolleres und angstloseres Leben geben kann und
daß man einem solchen Leben auch sehr viel näher kommen könnte,
als man ihm gegenwärtig ist. Solcherart "Realismus" wird
dann häufig vor sich selbst und anderen dadurch gerechtfertigt,
daß man eben "keinen Utopien mehr nachjage", daß man
"vernünftig" und "illusionslos" geworden sei usw. Zugleich
kann dieser "Abschied" von den eigenen Entwicklungsansprüchen
Konsequenzen für die _so_ "erwachsen" Gewordenen im Umgang
mit Kindern und Jugendlichen haben: nämlich die, daß
man deren Erwartungen und Ansprüche nicht ernst nimmt ("in
der Jugend hat man noch Rosinen im Kopf") oder diese Hoffnungen
aktiv unterdrückt, weil sie auch die eigene, "mühsam"
aufgebauten psychischen Abwehr- und Verdrängungsprozesse und
die darauf "aufgebaute" psychische Pseudostabilität bedrohen.
Dies äußert sich z.B. in arroganten Ironisierungen, gehässigen
Kommentierungen, aber auch der offenen und zum Teil brutalen
Unterdrückung kindlicher und jugendlicher Aktivitäten.
Damit aber entsteht als Folge der _objektiven_ Trennung von Produktion
und Erziehung die _subjektive_ Trennung von Erwachsenen
und Kindern/Jugendlichen (womit hier auch der rationale Kern
des sogenannten "Generationskonfliktes" erschlossen wäre; vgl.
hierzu insgesamt Holzkamp, 1980, S.199ff).
Eine weitere _subjektive_ Konsequenz aus der objektiven Trennung
von Produktion und Erziehung ergibt sich für die _priva-_

te Erziehung, besonders in der Familie: Im Gegensatz zum Feudalismus ist die Familie jetzt nicht mehr zugleich Produktions- und Reproduktionsstätte, sondern sie dient nur noch der Reproduktion der Familienmitglieder. Ihre subjektive Bedeutung resultiert daraus, daß sie der wesentliche Ort der Freizeit ist, also der Bereich, an den man - die Angepaßtheit an den gesellschaftlichen status quo vorausgesetzt - besondere Entwicklungserwartungen stellt, die etwa in der Maxime "Freiheit in der Freizeit" zum Ausdruck kommen: die Familie als Ort der Selbstverwirklichung. Genauer betrachtet besteht dieser Selbstverwirklichungsanspruch zumeist darin, sich "als Mensch" verhalten zu dürfen, "bei sich selbst zu sein" in dem Sinne, daß man auch "Gefühle haben" und sie zeigen darf. Die Familie wird so zum bevorzugten Ort der "Subjektivität", ist der Gegenpol zur Welt der "Objektivität", zu der des Arbeitsprozesses, zur Welt der "harten Fakten" (und der "harten Männer"). Diese lebenspraktische Entgegensetzung von Objektivität und Subjektivität, durch die die objektive Wirklichkeit unveränderbar und die Subjektivität inhaltsleer und freischwebend wird, hat Ole Dreier typisierend gekennzeichnet.

"Das empfindsame Gemüt behauptet sich als Gegensatz zur harten Realität des Lebens, zur abgestumpften Welt. Die Gefühle sind nun erst eigentlich unpraktisch und von keiner allzu entscheidenden Bedeutung für Gestaltung und Entwicklung der Lebensumstände. Und doch sind sie zugleich von so großer persönlicher Bedeutung. Die Sachverhalte sind gefühllos, und die Gefühle sind unsachlich. Im Gegensatz zu den gegenständlichen, damit äußerlichen und besudelten versachlichten Funktionen sind die Gefühle rein subjektiv, gegenstandslos, innerlich und unbefleckt." (Dreier, 1980 a, S.108)

Diese Art subjektivistischer Lebenswelt bestimmt in wichtigen Momenten das Familienleben als bevorzugten Ort der privaten Kindererziehung, d.h. sie prägt der Tendenz nach die Erwartungen der Erwachsenen und der Kinder und damit ihre pädagogischen Verhältnisse und Beziehungen. Anders formuliert: Unter der Bedingung der auch subjektiv vollzogenen wechselseitigen Trennung von Erziehung und Produktion bilden sich der Tendenz nach subjektive, personale Konstellationen heraus, die der Subjektentfaltung der Kinder und Jugendlichen diametral entgegenstehen, also Erziehungsstrategien, die in zentralen Momenten Subjektbehinderung, nicht

aber Subjektentfaltung bedeuten. Damit können wir aber auch unser Konzept der interpersonalen Subjekt- bzw. Instrumentalverhältnisse für die Erziehungsprozesse konkretisieren und spezifizieren: Während wir in der Darstellung der logischen Stufen der Ontogenese (vgl. Kap. 3.1.2.) bereits deutlich gemacht haben, wie optimale Förderung der Subjektentwicklung zu geschehen hat, können wir nun allgemein kennzeichnen, was Instrumental- und Zwangsverhältnisse in der Erziehung sind: Sie bestehen darin, daß die beteiligten Erwachsenen gegenüber dem Kind Anforderungen vertreten, die das Kind nicht erfüllen kann bzw. will, daß Erwachsene dem Kind gegenüber pädagogische Maßnahmen ergreifen, damit es angeblich selbständig, lebensfähig und "tüchtig" wird, daß sie gegenüber den Kindern und Jugendlichen offen oder versteckt Macht ausüben und allenfalls über "taktische", aber nicht über "strategische" Ziele der Erziehung mit den Kindern und Jugendlichen zu sprechen bereit sind. Einem solchen Erziehungsverhalten liegt zumeist die allgemeine Auffassung zugrunde, daß die Erwachsenen (in der Regel: per se) die sinnvollen Ziele tatsächlich kennen, daß sie versuchen, diese Ziele als Notwendigkeiten ("Sachzwänge") den Kindern "beizubringen", daß sie sie gegebenenfalls auch gegen deren Willen ("in ihrem eigenen Interesse") durchzusetzen versuchen und daß sie allenfalls bereit sind, über bestimmte konkrete, einzelne Inhalte "mit sich reden zu lassen", nicht aber über ihr Erziehungsverständnis überhaupt. In solchen Fällen stellt Erziehung gegenüber den Betroffenen, den Kindern und Jugendlichen, ein pädagogisches Zwangsverhältnis dar, ist sie eine pädagogische Instrumentalisierung der Kinder und Jugendlichen für die Interessen der Erwachsenen (vgl. dazu auch Holzkamp, 1979b,S.19ff,26ff,35ff). Zugleich schimmert durch solche Erziehungsstrategien die Trennung von Objektivität und Subjektivität auch insofern durch, als man einerseits von den Jugendlichen und Kindern emotionale Zuwendung, "Dank" erwartet, aber sie auch andererseits auf die "Härten des Lebens" vorbereiten will. Sofern dieser "Objektivitätsstandpunkt" in gewissen Phasen/Situationen dominiert, verbindet er sich zugleich mit der "Überlegenheit" und der "Lebensweisheit" der Erwachsenen gegenüber den Kindern und Jugendlichen.
Wir wollen diese noch relativ allgemeinen und grundsätzli-

chen Überlegungen in den folgenden beiden Unterabschnitten
spezifizieren und konkretisieren. Dabei muß aber einschränkend hinzugefügt werden, daß es sich bei den folgenden Überlegungen noch wiederum um Hypothesen handelt (um eine hypothetische Weiterentwicklung der bisher als einigermaßen gesichert anzusehenden Auffassungen). Dabei nehmen wir die
kategorialen Bestimmungen der Ontogenese wieder auf - diese
Bestimmungen sind also sowohl im Kontext der Kritischen Psychologie wie in dem der materialistischen Pädagogik kritische Kategorien - und vermitteln sie hypothetisch mit einigen problematischen Tendenzen in der heutigen Kindererziehung und in der gegenwärtigen psychischen Entwicklung der
Jugend; man muß also Kap. 3.1.2. und Kap. 3.3. in ihrem inneren Zusammenhang betrachten.

3.3.2. *INDIVIDUELLE ANTHROPOGENESE UND EINIGE ASPEKTE DER KINDERERZIEHUNG HEUTE*

Sofern man die gesellschaftlichen Einflüsse auf der ersteren
logischen Stufe der Ontogenese (Pränatalität und Mittellosigkeit) einmal außer acht läßt, so ergibt sich für die zweite
logische Stufe, die Sozialintentionalität, das Problem, wie
die Eltern sich zu den Absichten der Kleinkinder verhalten.
Eine besondere elementare Behinderung der kleinkindlichen
Persönlichkeitsentwicklung liegt hier dann vor, wenn die Eltern die Absichten des Kleinkindes überhaupt nicht beachten,
es also nicht als intentionales Wesen behandeln und insofern
dem Kleinkind auch gar nicht "aufgehen" kann, daß es selbst
und auch andere Menschen über Absichten verfügen (können),
die "hinter" ihren manifesten Handlungen stehen. Eine andere Form der Einschränkung findet sich dort, wo die Eltern
das Kleinkind zu sachentbundener Intentionalität erziehen,
von ihm also bestimmte Stimmungsäußerungen (z.B. Freude)
erwarten, ohne daß es dazu in der betreffenden Situation
einen Grund hätte. Solcherart freischwebende Intentionen
sind dann auch für das Kleinkind selbst eigentlich kriterienlos (es weiß nicht, wann und besonders worüber es sich
eigentlich z.B. freuen soll, ärgerlich oder auch traurig
sein soll und darf usw.) und es wird gerade in dieser psy-

chischen Situation für entsprechenden psychischen ("indirekten") Druck empfänglich, ist also manipulierbar. Gerade in der privaten Kleinkindererziehung besteht aufgrund der oben geschilderten inhaltslosen "Subjektivitätsorientiertheit" die Gefahr, daß die Eltern den Kindern ihre Absichten unterstellen und entsprechende Erwartungshaltungen an sie haben. Dies kann reziprok auf Seiten des Kleinkindes dazu führen, daß es Absichten vorgibt, die es gar nicht hat, um Dinge zu erreichen, die es nicht bekäme, wenn es nicht gerade diese Absichten zeigte, sie "demonstrieren" würde. Unter solchen Bedingungen kann es zu einer wechselseitigen Manipulierung zwischen Eltern und Kleinkind kommen.

"Das Kind soll gemäß der kompensatorischen Regulationsform seine Zuwendung nur denen 'schenken', die es 'verdienen', also vor allem den Eltern, die das meiste 'für es getan' haben; es soll mit seinen Liebesbeweisen 'gerecht' sein, muß seine emotionalen Reaktionen 'rechtfertigen', soll seine Emotionen wenigstens 'gleichmäßig verteilen' etc. Hier wird also beim Kind genau die verselbständigte Demonstration von Emotionalität als Mittel der Belohnung und Bestrafung begünstigt, die wir weiter oben (vgl. Kap. 2.2.2.3./2.4.1.;K.-H.B.) als wesentliches Charakteristikum der emotionalen Instrumentalverhältnisse herausgestellt hatten Damit wird jener 'instrumentelle' Stil wechselseitiger emotionaler Manipulation unterstützt, bei dem das Kind lernt, seine Zuwendung zur Realisierung seiner individuellen Interessen bewußt 'einzusetzen', nicht nur 'süß' und 'niedlich' zu sein, sondern seine 'Süßigkeit' und 'Niedlichkeit' auch zu demonstrieren und zu forcieren, um die Eltern 'weich zu machen' und 'einzuspannen' (was dann zu dem bekannten Zueinander der 'Kindertümelei' der Erwachsenen und des 'Kindlichkeitsgetues' der Kinder führt)." (Holzkamp, 1979b,S.32f; alle Sperrungen entfernt;K.-H.B.)

Solche Manipulationsstrategien werden sich in dem Maße verdichten und verschärfen, wie das Kleinkind weitgehend als emotionaler Ersatz für die aufgegebenen Lebensansprüche, enttäuschten Glückserwartungen angesehen wird, seine Zuneigungen somit quasi als "berechtigte" psychische "Entschädigungsleistungen" angesehen werden.

Schon hier wird deutlich, daß diese Gefahr der Manipulation in der privaten Kleinkindererziehung besonders anzutreffen ist und somit die kleinkindliche, dann aber auch die weitere kindliche Subjektentwicklung gravierend behindert. Aber schon die Reduzierung des Bewegungsfeldes auf ganz wenige Personen (Mutter, Vater, u.U. Geschwister, manchmal auch Großmutter und Großvater) verhindern, daß das

Kleinkind lernt, _Absichten_ von Menschen als etwas _Allgemeines_ und zugleich mögliche Absichten in ihrer ganzen Bandbreite kennenzulernen (also einschließlich von Ärger, Zorn, Aggressionen, aber auch von fordernden, produktiven Ansprüchen). Die _öffentliche_ Kleinkinderziehung ermöglicht diese verallgemeinerte Erfahrung von Absichten dadurch eher, daß das Kind nicht nur andere _Erwachsene_ kennenlernt, sondern besonders auch dadurch, daß es mit anderen _Kindern_ zusammen ist und sich mit deren Absichten und Ansprüchen auseinandersetzen muß und so auch Fähigkeiten zum _gemeinsamen_ Handeln entwickelt.

Wenn wir nun diese problematischen Aspekte in der Kindererziehung heute und sowohl die positiven Möglichkeiten der primären Bezugspersonen bei der Förderung der kindlichen Subjektentwicklung (wie wir sie in Kap. 3.1.2. dargestellt haben und die zum Teil auch immer von den Erwachsenen verwirklicht werden) wie auch die spezifischen Möglichkeiten der öffentlichen Kleinkinderziehung im Zusammenhang betrachten, so ergibt sich die Schlußfolgerung, daß es nicht darum gehen kann, _öffentliche_ und _private_ Erziehung einfach entgegenzusetzen. Vielmehr sollte es das Ziel sein, Formen ihrer _Integration_ zu finden, die den logischen Stufen der Ontogenese in optimaler Weise gerecht werden. Einer solchen sinnvollen Integration stehen aber die Eltern dann im Wege, wenn sie ihre Kinder aus "erziehungsunabhängigen" Gründen (z.B. aus reiner Bequemlichkeit) und somit ohne Einsicht in die pädagogischen Möglichkeiten z.B. in den Kindergarten schicken, aber zugleich an ihren privatistischen Einstellungen und Erwartungen dem Kind gegenüber festhalten. In einem solchen Fall müssen die Eltern u.U. die Erfahrung machen, daß sie jetzt nicht mehr das (einzige) Zentrum des kindlichen Interesses ausmachen. Dies wird von diesen häufig als emotionale Enttäuschung, ja sogar als "Brüskierung" erlebt, oder auch mit Schuldgefühlen beantwortet. Gerade aufgrund der allgemeinen subjektivistischen Tendenz neigen viele Eltern dazu, die kleinkindliche Subjektwerdung schon auf dieser Stufe zu behindern bzw. zu kanalisieren.

Auf der dritten ontogenetischen Stufe, der _Zweck-Mittel-Verkehrung_, ist das Hauptproblem, inwieweit das Kind die Möglichkeit hat, _bedeutungsvolle Gegenstände kennenzulernen_ und bestimmte _Dinge selbst herzustellen_. Gerade hier

muß dem Kind die Möglichkeit geboten werden, Dinge in ihrem
Gebrauchswert auszuprobieren und so auch eigene Erfahrungen
im Umgang (z.B. mit einem Löffel) zu sammeln. Aber hier wird
im Erziehungsverhalten der Eltern häufig nicht nur über den
Erfahrungshorizont des Kindes hinweg bestimmt, wie es damit
"umzugehen" hat, sondern es werden auch bestimmte Verhaltens-
anforderungen an das Kind gestellt, die mit dem Gebrauchswert
der Gegenstände nichts zu tun haben, sondern darauf zurückzuführen sind, daß bestimmte Personen bestimmte Sachen besitzen.
Dies wird beim Spielzeug in der Regel besonders in folgender
Weise sichtbar: Der Gebrauchswert des Spielzeugs darf nur von
dem Kind realisiert werden, dem das Spielzeug auch gehört bzw.
dem es gestattet ist es zu benutzen. Damit wird das Spielzeug
zu einem Instrument, mit dem sich die Kinder untereinander zu
bestimmten Tätigkeiten zwingen können, somit gegeneinander
"Macht" ausüben (so z.B. bestimmte "innere" psychische Spannungen "äußerlich" austragen). Damit aber besteht generell
die Gefahr, daß sich die Familienmitglieder bzw. die Kinder
voneinander isolieren (vgl. dazu Dreier, 1980, Kap.2).
Das Kind kann die Zweck-Mittel-Verkehrung dann realisieren,
wenn es die Möglichkeit hat, gemeinsam mit anderen Kindern,
gegebenenfalls mit Erwachsenen, bestimmte gemeinsame Ziele
zu verfolgen. Es kann erleben, wie befriedigend es ist, mit
anderen etwas gemeinsam zu machen, sei es im Sandkasten eine Burg zu bauen, Verstecken zu spielen, einen Zaun anzustrei-
chen o.ä. Zugleich lernt es in diesem Zusammenhang die eigenen
Zwecksetzungen schrittweise als Moment allgemeiner, verallgemeinerter Zwecksetzungen zu begreifen und damit die umgebenden Gegenstände daraufhin zu betrachten, ob sie gemeinsamen
Zielen und Aktivitäten nützlich sind oder nicht. Gerade für
diese Entwicklungen bietet die öffentliche Erziehung grundsätzlich mehr Möglichkeiten als die private. Das hängt nicht
nur damit zusammen, daß mehr Kinder zum Spielen da sind, sondern daß man mit vielen Kindern besonders viel erreichen, benutzen und herstellen kann und daß solche "schweren" Aufgaben
das Zusammenwirken der Kinder erforderlich machen. Zugleich
ist natürlich das Spielzeug in den öffentlichen Erziehungsinstitutionen notwendig allgemeines Eigentum der Kinder; das ist
die Voraussetzung dafür, daß es nicht als "Machtmittel" miß-
braucht wird.

Eingrenzung und Verhinderung dieser Vorformen kooperativen Verhaltens führen dazu, daß das Kind auf der Stufe der Sozialintentionalität verbleibt. Neben der heute bei uns weniger wahrscheinlichen Möglichkeit, daß es an entsprechenden Gegenständen, besonders an Spielzeug, fehlt bzw. die Eltern entsprechende Aktivitäten rigide unterdrücken - was unter bestimmten Bedingungen allerdings auch heute noch geschieht - ist die Tendenz viel häufiger, daß die Eltern das Kind - meist wohl unbewußt - auf dem Niveau der Sozialintentionalität halten wollen, weil es als Baby doch so "süß" und "nett" ist (man denke hier besonders an bestimmte Varianten der Mädchenerziehung) und dies durch eine bestimmte emotionale Zuwendung oder Abwendung auch de facto zum Ausdruck bringen. Damit wird das Kind aber aktuell und besonders auch später hilflos gegenüber inhaltlich begründeten Auseinandersetzungen um den optimalen Weg zur Realisierung gemeinsamer Ziele. Vielmehr wird es entsprechende Konflikte durch "liebsein" u.ä. zu lösen versuchen, sich damit jedoch faktisch bestimmten Entscheidungen, die es zwar betreffen, an denen es aber aktiv keinen Anteil hat, unterwerfen.

Die Einbeziehung der gesellschaftlichen Vermitteltheit (vierte logische Stufe der Ontogenese) ist von besonderer Bedeutung, weil gerade hier das Kind einen persönlichen Bezug zu solchen Umwelttatbeständen herstellt, die für es bisher "ein Buch mit sieben Siegeln" waren (man denke hier an den Straßenverkehr, große Menschenansammlungen, an das Geld, mit dem man z.B. Spielzeug kaufen kann usw.). Es sind dies Umwelttatbestände, die einerseits nicht unmittelbar zum Lebenskreis des Kindes gehören, die aber andererseits immer wieder in den kindlichen Alltag "einbrechen" und auch sein Leben bestimmen; man denke etwa an den Zusammenhang von Berufstätigkeit der Eltern und einem bestimmten Modus des Essens und Schlafens. Solche "fernen Dinge" werden dem Kind in dem Maße zugänglich, wie es seinen eigenen Lebenshorizont, seinen Alltag ausweitet und es so in völlig neue Bereiche vordringt und diese tendenziell zu verstehen beginnt. Dies geschieht im wesentlichen dadurch, daß das Kind tatsächlich (selbstverständlich entsprechend seinen Fähigkeiten) in die Lebensplanung einbezogen wird und so auch subjektiv die Erfahrung macht, daß etwa bestimmte Regelungen des Zusammenle-

bens befriedigend und andere unerfreulich sind. In diesem
Zusammenhang kommt der <u>Einbeziehung der Spielaktivitäten
in die Lebensplanung</u> eine besondere Bedeutung zu, weil damit das Spielen seiner - vom Standpunkt des Kindes - primären Funktionszentriertheit schrittweise enthoben werden
kann und für das Kind dadurch einen subjektiv auch erfahrbaren Sinn und somit neuen Inhalt erhält, daß es damit z.B.
der Mutter bei bestimmten Hausarbeiten oder dem Vater beim
Handwerken hilft; so kann es z.B. beim <u>Einkaufen</u> die ersten
Erfahrungen mit der Funktion des <u>Geldes</u> machen. Einerseits
ist das Spiel - wie in Kap. 3.1.2. ausgeführt - noch hauptsächlich funktionsorientiert (die Inhalte sind also noch
relativ äußerlich), es kann also u.U. auch "mittendrin"
abgebrochen werden, aber andererseits wird es mit großer
Intensität ausgeführt und hat insofern auch eine Tendenz
zur Stabilität. Zwischen diesen beiden Polen bewegt sich
der <u>spezifische Beitrag des Kindes zur gemeinsamen Lebensgestaltung</u> in der Form des Spiels. Auf diese Weise kann dann
aber auch der Übergang von der Funktionszentriertheit zur <u>Inhaltszentriertheit</u> optimal vorbereitet werden; d.h. auf diese
Weise kann aus dem Spiel eine (wie immer auch noch beschränkte) <u>ergebnisorientierte Kooperation</u> werden (vgl. dazu bes. Ulmann, 1980 a,b).

Gerade auf dieser ontogenetischen Stufe entwickelt das Kind
ein hohes Maß an <u>Eigeninitiative</u> und weitet sprunghaft seinen bisherigen <u>Bewegungsraum</u> (der allerdings häufig einem
<u>Kinderghetto</u> gleichkommt) aus (macht z.B. "Ausflüge" in die
nähere Umgebung, lernt "wildfremde Menschen" kennen usw.)
und gerade deshalb reagieren die <u>Eltern</u> auf das Erreichen
dieses Entwicklungsniveaus häufig besonders intensiv mit
Behinderungen und Einschränkungen, die dann auch das kindliche Bedürfnisleben nachhaltig negativ beeinflussen können.
Drei besondere Fehlformen elterlichen Verhaltens haben sich
dabei herauskristallisiert: a) Die erste Fehlform besteht
darin, daß sie das neue Niveau der kindlichen Selbstentfaltung unterdrücken, sie vereinseitigen so das kindliche Bedürfnisleben hin zu den sinnlich-vitalen Bedürfnissen. Dabei
werden "von den Eltern jene realen Tendenzen des Kindes unterstützt, die auf kurzfristige Befriedigung, Anstrengungs- und
Risikovermeidung, damit auf das Verharren im je gegenwärtigen
Entwicklungsstand, bezogen sind. Nur, weil die Eltern mit ihrem Bestreben, das Kind gemäß ihren eigenen emotionalen Zuwen-

dungsbedürfnissen etc. gefügig, freundlich, niedlich, klein, abhängig zu halten, in den genannten Tendenzen des Kindes selbst Widerhall finden, kann es tatsächlich zu den geschilderten Erscheinungen wechselseitiger emotionaler Instrumentalisierung kommen. Dies bedeutet aber natürlich gleichzeitig, daß die beim Kind ebenso realen Tendenzen, die Abhängigkeit und Ausgeliefertheit in Richtung auf die sozial vermittelte Verfügung über seine eigenen Lebensumstände zu überwinden, damit auch die Möglichkeit zur qualitativen Höherentwicklung der in den 'produktiven' aufgehobenen unmittelbaren Bedürfnisse selbst, hier von den Eltern geschwächt werden." (Holzkamp, 1979b, S.38; alle Sperrungen entfernt;K.-H.B.) Damit aber wird das Kind kognitiv unterfordert und emotional überfordert. - Ursache dafür, daß solches Erziehungsverhalten auftritt, muß aber nicht nur die - mehr oder minder - bewußte Absicht der Eltern sein, die Kinder in Abhängigkeit zu halten; Ursache kann auch _Zeitmangel_ für die gemeinsamen Tätigkeiten mit den Kindern sein. Gerade hier wird nochmals deutlich, wie _produktiv_ (im direkten Bedürfnis-Sinn) _öffentliche_ Kindererziehung (zumindest der Tendenz nach) sein kann, weil sie diesem neuen erweiterten Umweltausgriff in Kooperation mit den Erziehern und besonders den anderen Kindern zu fördern vermag. Ob diese Möglichkeiten allerdings auch realisiert werden, hängt nicht zuletzt davon ab, ob die Erzieher selbst zu diesen kindlichen Entwicklungsinteressen ein positives Verhältnis haben (auf einige diesbezüglich problematische Aspekte im Selbstverständnis von Erziehern in öffentlichen Institutionen hat Bader, 1980 hingewiesen). - b) Die Erwachsenen können aber auch der Meinung sein, daß die Kinder nun "groß genug sind", um den "Ernst des Lebens" kennenzulernen und in diesem Falle können sie bestrebt sein, das Kind an fremdbestimmte, damit auch entfremdende Forderungen zu "gewöhnen". So wird ein abstrakter, inhaltlich nicht ausweisbarer oder aber für das Kind noch nicht einsehbarer _Gehorsam_ gefordert, werden _Leistungen_ abverlangt, die ebenfalls nicht im Interesse des Kindes sind. Dies geschieht zumeist auf die Weise, daß Gehorsams- und Leistungserfüllung mit der emotionalen Zuwendung "belohnt" werden, so daß die Fremdbestimmung für das Kind nur schwer durchschaubar ist ("tu das mal, wenn du den Papa lieb hast"). Die Kinder sollen hier - ob nun gewollt oder nicht - lernen, sich Anforderungen zu _unterwerfen_, die mit ihrer eigenen Subjektivität nichts zu tun haben, ja ihr entgegenstehen; sie werden so de facto darauf vorbereitet, sich an entfremdete gesellschaftliche Verhältnisse dadurch anzupassen, daß sie sich auch ihren eigenen Entwicklungsmöglichkeiten und Bedürfnissen entfremden. Solche Unterdrückungsstrategien finden wir nicht nur in der privaten, sondern auch in der öffentlichen Kindererziehung, und sie bereiten das Kind zum Teil auf das "Leben in der Schule" vor, wo es dann "Ernst wird". - c) Eine besondere Form der kindlichen Subjektivitätseinschränkung finden wir bei der Unterdrückung der sexuellen Bedürfnisse. Verschiedene Formen der sexuellen Selbstbetätigung, z.B. die Onanie oder auch der sexuelle Kontakt mit anderen Kindern und zum Teil, aber dann sehr spezifisch, mit den Erwachsenen, werden häufig außerordentlich rigide unterdrückt, nicht nur mit "emotionalen" Mitteln, sondern auch mit direktem physischem Zwang (z.B. durch Schläge), wobei diese Verbote besonders uneinsichtig sind, weil es für sie nämlich auch objektiv keine Begründung gibt. Gerade weil aber die Erwachsenen auch in der öffentlichen Kindererziehung solche sexuellen bzw. sexuell getönten Aktivitäten oft besonders schnell und "energisch" unterdrücken, können sie einen besonders großen Stellenwert bei der psychischen Verunsicherung des Kindes erhalten und u.U. seine emotionale "Bereitschaft" zur Unterwerfung unter entfremdete Normen besonders fördern.

Da sich die logischen Stufen der Ontogenese realbiographisch sehr verschiedenartig niederschlagen können und dazu bisher keine einzeltheoretischen und individualempirischen Arbeiten der Kritischen Psychologie vorliegen, ist es nicht entscheidbar, ob die Kindererziehung auf diese vier Stufen beschränkbar ist oder ob die Kinder noch vor Eintritt in die Schule die fünfte Stufe der Aneignungszentriertheit erreichen. Man wird aber wahrscheinlich darüber hinaus auch davon ausgehen können, daß bestimmte Abschnitte der kindlichen Persönlichkeitsentwicklung in die Schulzeit hineinreichen, so wie bestimmte Momente der jugendlichen Persönlichkeitsentwicklung sich in die sechste Stufe der Ontogenese, die Vergegenständlichungszentriertheit, erstrecken. In den zukünftigen Forschungen der Kritischen Psychologie wird eine kategorial, theoretisch und individualempirisch befriedigende Ableitung der Begriffe "Kind" und "Jugendlicher" zu erarbeiten sein. Da die entscheidenden Probleme der Aneignungszentriertheit ohne Zweifel in der jugendlichen Entwicklungsstufe liegen, schließen wir unsere hypothetischen Ausführungen zur kindlichen Persönlichkeitsentwicklung an dieser Stelle ab[6] und befassen uns nun mit der psychischen Entwicklung der Jugend heute aus der Sicht der Kritischen Psychologie.

3.3.3. *ZWISCHEN PROTEST UND RESIGNATION. ZUR GEGENWÄRTIGEN PSYCHISCHEN LAGE DER JUGEND IN DER BRD*

Im streng methodischen Sinne sind auch die folgenden Überlegungen hypothetisch, weil eine stringente theoretische und empirische Erörterung dieses Problems vor dem Hintergrund unserer kategorialen Auffassungen zur Zeit nicht vorliegt und hier auch nicht geleistet werden kann.[7] Dabei entsteht gegenüber den vorangegangenen Überlegungen das zusätzliche Problem, daß es keine kategoriale Feinstrukturierung der aneignungszentrierten Stufe der Ontogenese geben kann, wir also diese Stufe in ihrer Gesamtheit als einzeltheoretisches und individualempirisches Problem betrachten müssen.

---

6 Im Gang der Überprüfung dieser aus der Kategorialanalyse abgeleiteten Hypothesen wird auch eine Aufarbeitung der bisher vorliegenden materialistischen Analysen zur Kindererziehung notwendig sein (vgl. bes. Bader, 1981; Bader/ Otte/Stoklossa, 1977; Bader/Koch/Rocholl, 1979; Koch/Rocholl, 1977; Preusshoff, 1981; speziell zu erwähnen wäre der Band von Doormann (1979), weil er sich um eine umfassende Analyse der Lebenswirklichkeit der Kinder bemüht). - Ein grundsätzliches Problem aller dieser Beiträge liegt darin, daß sie in ihren pädagogischen Vorstellungen umstandslos unterstellen, daß die objektive gesellschaftliche Bedingtheit der Erziehung sich von Anfang an auch subjektiv beim Kind als individuelle Vergesellschaftung durch Erziehung niederschlägt bzw. zumindest niederschlagen kann. Nach unseren Überlegungen muß man dies stark problematisieren und deshalb wird es sich bei der produktiven Verarbeitung dieser Analysen streckenweise um eine wirkliche Reininterpretation handeln müssen (also Herauslösung bestimmter richtiger und wichtiger Argumentationslinien aus ihrem - teilweise - falschen theoretischen Zusammenhang und Integration in den neuen, richtigeren theoretischen Kontext).

7 Bis Ende 1983 soll eine entsprechende Studie von K.Wetzel zu "Theoretischen und forschungsstrategischen Problemen der gegenwärtigen Persönlichkeitsentwicklung von Jugendlichen in der BRD" abgeschlossen sein (vgl. die Projektskizze von Wetzel,1981b); erst auf dieser Grundlage werden dann auch begründete kategoriale, theoretische und empiri-

Wie oben dargelegt (vgl. Kap. 3.3.1.) sind die Jugendlichen allgemein betrachtet auch unter den Bedingungen der bürgerlichen Erziehung (in deren Klassen- und Schichtenspezifik) entwicklungsorientiert, vermögen also grundsätzlich (wenn auch immer nur eingeschränkt) entsprechende Ziele motiviert zu verfolgen und zu realisieren. Diese allgemeine Auffassung scheint nun aber im eklatanten Widerspruch zur besonderen Situation der Jugend in der heutigen BRD zu stehen. Denn Beobachtungen und Untersuchungen legen die These sehr nahe, daß für erhebliche Teile der Jugend in der Bundesrepublik und Westberlin die Angst ein wesentliches Merkmal ihrer Grundbefindlichkeit darstellt (allerdings ist es zur Zeit kaum möglich, verlässliche Schätzungen darüber vorzunehmen, wie groß der Anteil dieser Jugendlichen an der Gesamtheit ihrer Altersgruppe ist). So wenig dies in der veröffentlichten Meinung und in der wissenschaftlichen Literatur (gleich welcher politischen Richtung) bestritten wird, so verschieden sind aber die Auffassungen über die Angstursachen.[8]

---

sche Aussagen möglich sein; neben Überlegungen dieser Forschungsskizze greifen wir im folgenden auch auf bereits anderweitig vorgetragene Überlegungen zu diesem Problemkreis zurück (vgl. Braun/Wetzel,1981; vgl. ergänzend auch Braun/Wetzel, 1980 ,S.174ff).
Da es uns primär um die psychische Entwicklung der heutigen Jugend geht, werden die objektiven Rahmenbedingungen und die relevanten Momente der sozialen Lage zwar immer benannt, aber als solche nicht analysiert; vgl. hierzu Brockmann (1979); Bussiek (1978); Crusius/Wilke (1981); Damm u.a. (1978); Dörre (1981, S.1371ff);IMSF (1982, Kap.3.3.,5.1.5.,5.2.4.,6.6.); einen informativen Überblick über die Lage der Jugend in den kapitalistischen Hauptländern vermittelt Bach (1979).

8 W. F. Haug hat völlig zu Recht in einem sehr frühen Aufsatz über das Verhältnis von Angsttheorie und Gesellschaftsverständnis geschrieben: "Die Bewertung von Angst ist von ihrer allgemeingültigen Formulierung nicht zu trennen...Die Fragestellung, die erlauben soll, ausgehend vom Boden formaler Wissenschaftlichkeit zur inhaltlichen Kritik der Theorien über Angst fortzuschreiten, sei die Frage nach dem Übergang von der phänomenologischen Beschreibung zur begrifflichen Theorie von Angst. Immer wieder wird zu prüfen sein, ob dieser Übergang 'einwandfrei' geschieht, oder ob Momente der Deskiption des nun einmal so und so Vorgefundenen hypostasiert werden zu 'Wesen' und 'Eigentlichkeit'. Wir werden sehen, daß ge-

Es lassen sich aus unserer Sicht _fünf_ wesentliche _Angstursachen_ benennen: a) _Angst vor dem Atomkrieg_: Diese Angst ist wahrscheinlich in großen Teilen der heutigen Jugend die beherrschende (vgl. zu den objektiven Ursachen Kade/ Mathiessen, 1979; Kade, 1980; die kontroversen Positionen zum sogenannten NATO-"Nachrüstungsbeschluß" sind dokumentiert in Mechtersheimer, 1981). Diese Angst vor einem atomaren Inferno ist in einem ganz elementaren Sinne Lebensangst, bringt somit in direktester Weise die individuelle Betroffenheit von außen- und weltpolitischen Entwicklungen und Entscheidungen zum Ausdruck (vgl. hierzu auch die Ergebnisse der Emnid-Meinungsumfragen zu Frieden und Abrüstung, 1981). Zugleich liegt eine Spezifik dieser Angst darin, daß man dieser Kriegsbedrohung nicht durch individuelles "Taktieren" entgehen kann. - b) _Angst angesichts tiefgreifender Unsicherheit der sozialen Lebensperspektiven_: Auch und gerade die jugendliche Entwicklungsphase bedarf der sozialen Absicherung, d.h. der Möglichkeit, einen Beruf zu erlernen, Geld zu verdienen und somit das eigene Leben _selbst_ zu _reproduzieren_, als Voraussetzung dafür, das eigene Leben auch nach eigenen Auffassungen zu gestalten (also nicht "kuschen" zu müssen, weil man "den Alten auf der Tasche liegt"). Gerade dies ist heute nicht gewährleistet, denn angesichts des wieder zunehmenden Mangels an Ausbildungsplätzen insgesamt bzw. wegen der zum Teil schlechten, zum Teil perspektivlosen Ausbildung in bestimmten Berufsbereichen und der Jugendarbeitslosigkeit sehen viele Jugendlichen ihren Anspruch gefährdet, sich eine eigene Existenz aufzubauen. Diese Tendenz zur _sozialen Deklassierung_ löst unweigerlich einen _psychischen Problemdruck_ aus. Das Gefühl es "nicht mehr zu packen", erzeugt Angst vor dem "morgigen Tag", vor der Zukunft. Wobei hier die letztlich illusionäre Hoffnung entsteht, durch ein individuell "opportunistisches" Verhalten dieser sozialen Existenzbedrohung auch längerfristig entgehen zu können.

---

rade solche Angsttheoretiker, die die Angst gutheißen, und die Bekämpfung der Angst bekämpfen als 'flach' und 'uneigentlich', beim Protokollieren der herrschenden Verhältnisse immer wieder vorschnell sagen: 'dies ist das Wesen'." (W. F. Haug, 1972, S.68)

c) <u>Angst vor staatlichen Repressionsmaßnahmen</u>: Seitdem Teile der Jugend - auch und gerade angesichts des Krisenprozesses - für die Durchsetzung ihrer Interessen und innerhalb von umfassenden Protestbewegungen aktiv werden, wurde von relevanten Teilen der Behörden auf der Bundes-, Landes- und Kommunalebene und von der Polizei mit einer Verstärkung der repressiven Maßnahmen reagiert. Hier ist darauf hinzuweisen, daß politisch besonders aktive Jugendliche die Berufsverbote als aktuelle bzw. potentielle Bedrohung ihrer Existenz erleben. Außerdem sind Kriminalisierungen und strafrechtliche Verfolgungen einzelner bzw. bestimmter Gruppen zu nennen - eklatantestes Beispiel ist hier die Nürnberger Massenverhaftung im Zusammenhang mit den Auseinandersetzungen um das Jugendzentrum KOMM (vgl. dazu Küchenhoff, 1981), sowie Verbote von Demonstrationen, vor allem im Zusammenhang mit dem geplanten oder begonnenen Bau von Atomkraftwerken, Entsorgungsanlagen oder Atommülldeponien (z.B. der Massendemonstration in Brokdorf im März 1981) oder im Zusammenhang mit Umweltschutzaktionen (man denke hier etwa an die Zwangsräumung des Hüttendorfes im Gebiet der Startbahn West des Flughafens Frankfurt/Main). Bei den von solchen Repressionsmaßnahmen direkt Betroffenen bzw. bei denen, die ähnliche Erfahrungen gemacht haben, lösen solche Sanktionen in vielen Fällen auch Angst oder doch zumindest das Gefühl von Hilflosigkeit und Resignation aus. Verzichtet nun der einzelne in einer solchen Lage auf die aktive Vertretung seiner Interessen und Ansichten, liefert er sich damit zumindest längerfristig diesen staatlichen Repressionsmaßnahmen noch mehr aus, wird noch hilfloser - und das wiederum muß auch seine Angst nochmals steigern (vgl. zu diesem Konflikt zwischen Existenzbedrohung und Selbstverleugnung am Beispiel der Berufsverbote Markard, 1980, 1981). - d) <u>Angst vor Lieblosigkeit und Unmenschlichkeit</u>: Gerade die Jugendlichen haben noch aufgrund ihrer Entwicklungsorientiertheit, ihres Ringens um Zukunftsperspektiven, hohe Ansprüche an zwischenmenschliche Beziehungen und empfinden mit besonderer Intensität "Kälte" zwischen Menschen, wechselseitiges Desinteresse, isolierende Privatheit (z.B. aufgrund rein familiärer Lebensorientierung); sie empfinden zugleich tiefe Abneigung und Empörung über die moralische Unglaubwürdigkeit, die Resignation und

Abgestumpftheit vieler Erwachsener. Sie fühlen sich bedroht von einer "Welt", in der sie "keiner versteht", ihnen "niemand zuhört" und einer dem anderen nicht hilft. Insbesondere fehlen ihnen häufig solche Erwachsenen, Eltern und Lehrer, die sich mit ihnen auseinandersetzen, die eigene Auffassungen und Positionen in die Kontroversen einbringen (ohne sie allerdings den Jugendlichen aufzuzwingen!), also ihnen überhaupt die Möglichkeit bieten, sich an ihnen produktiv "abzuarbeiten" und so eine eigenständige Position zu entwickeln (vgl. hierzu Menschik/Peukert, 1979, S.435ff). -
e) Angst vor der Orientierungslosigkeit: Die vielzitierte "Sinnkrise" ist letztlich Ausdruck der ökonomischen und politischen Krisenprozesse; sie verstärkt aber zugleich die Holflosigkeit des einzelnen gegenüber einer tatsächlich immer schwerer zu durchschauenden Realität. Angst vor der Orientierungslosigkeit ist somit psychische Folge und Voraussetzung der Sinnkrise und findet in der Krise der pädagogischen Werte und Ziele einen spezifischen Ausdruck. Eine solche Angst wird man zugleich dort anzunehmen haben, wo Individuen zum personalen Träger irrationaler Ideologien werden, denn bei diesen handelt es sich - unter psychologischem Aspekt betrachtet - um eine psychische Verteidigung der Ausgeliefertheit und damit um eine "Rationalisierung", also Perpetuierung der Ängste, weil eine solche Art sekundärer Bewältigung immer brüchig sein muß.
Das Typische an dieser - hier nur schlaglichtartig beleuchteten - psychischen Situation, die übrigens keineswegs auf Jugendliche beschränkt ist, liegt nicht darin, daß es erst seit kürzerer Zeit jede dieser einzelnen Angstursachen und "Angstquellen" gibt, sondern daß alle fünf Momente heute zusammenwirken und damit gerade für Jugendliche einen außerordentlichen psychischen Problemdruck erzeugen, der in der Tendenz eine allgemeine Ängstlichkeit hervorruft. Anders gesagt: Wir haben es gegenwärtig mit einer außerordentlichen Zunahme der Entfremdungsprozesse zu tun, und diese lösen tiefe psychische Verunsicherungen und Ängste aus, erhöhen sprunghaft das Leiden Jugendlicher an den bestehenden gesellschaftlichen Verhältnissen.
Nun kann auch nicht bestritten werden, daß viele Jugendliche angesichts dieser objektiven Bedingungen und subjektiven Ten-

denzen resignieren, sich anpassen, sich durchzuschlagen versuchen, Ansprüche aufgeben usw. Genauso wenig kann aber bestritten werden, daß viele Jugendliche das nicht tun, daß sie "nicht mehr mitmachen", daß sie aktiv werden, protestieren, in dieser oder jener Bewegung mitmachen und daß sie neue Freunde und neue Hoffnungen finden. Zweierlei dürfte daher für die gegenwärtige psychische Situation typisch sein: a) Bei einem Teil der Jugendlichen werden Gefühle nicht mehr als Privatsache angesehen, sondern sie werden als eine eminent öffentliche Angelegenheit betrachtet; b) Protest und Resignation liegen heute relativ eng beieinander und können manchmal nur sehr schwer auseinandergehalten werden, gehen also bei vielen quasi "mitten durch ihre Person" hindurch. Nur im Sinne einer analytischen Trennung werden wir nun einige Momente der Resignation und Anpassung aufzeigen und uns dann mit den Tendenzen zu individuellem und kollektivem Widerstand auseinandersetzen. - Bei der Resignation der Jugendlichen lassen sich drei Haupttendenzen feststellen und unterscheiden:

1.) Die bislang am weitesten verbreitete Form der Anpassung ist der Rückzug in die Privatsphäre, also der Versuch, sich eine "kleine, aber heile Welt" aufzubauen, der Versuch, den erreichten oder in Aussicht stehenden Ausbildungs- und Arbeitsplatz dadurch zu erhalten, daß man dort nicht auffällt. Seine eingeschränkten Ansprüche versucht man im "trauten Heim" und/oder in Clubs und Vereinen zu verwirklichen. Gerade hier kann man wahrscheinlich mit Recht davon sprechen, daß der (oben dargestellte) "Bruch" zwischen der entwicklungsorientierteren Stufe der Jugend und der stagnativen der Erwachsenen heute schon in die Jugend hineinverlagert wird (vgl. Schomers, 1980, S.553), der Übergang zur Stagnation also auf einem geringeren Anspruchsniveau stattfindet als in früheren Zeiten in der BRD.

2.) Ein gewisser Teil der angepaßten Jugend wird mehr oder weniger aktiver Träger autoritärer Bewegungen und Ideologien, mindestens aber wird er offenbar für solche Tendenzen ansprechbar. Hier sei zunächst a) auf bestimmte Tendenzen etwa in der Rockmusik hingewiesen, wo sich z.B. bestimmte Gruppen Namen geben wie "Stukas", "London-SS" oder "Die Diktatoren", die SS-Uniformen und SS-Runen verwenden und profaschistische Liedinhalte verwenden. Als Beispiel kann

hier eine Äußerung des Rock-Stars David Bowie angesehen werden, der in einem Interview u.a. äußerte:
"Und doch glaube ich fest an den Faschismus. Die einzige Methode wie wir diese Art von Liberalismus, die im Moment die Luft verpestet, loswerden können, ist doch die, den Aufstieg einer vom rechten Flügel kommenden, vollkommen diktatorischen Tyrannei zu beschleunigen und sie möglichst schnell zu akzeptieren...Adolf Hitler war einer der ersten Rock-Stars." (Bowie; zitiert nach Meyer/Rabe, 1979, S.132) -
b) Als ihrem Wesen nach ebenfalls autoritär müssen die meisten Jugendsekten angesehen werden (vgl. dazu auch die insgesamt informative, wenngleich sehr unkritische Studie von Mildenberger, 1979). Obwohl über den Verbreitungsgrad der Jugendsekten unterschiedliche Auffassungen bestehen und so wenig man ihnen generell autoritäre Militanz vorwerfen kann, so besteht doch Einigkeit darüber, daß hier den Jugendlichen eine spezifische Form von "heiler Welt", nämlich eine religiöse Welt versprochen wird, die sie dann - aber auch nur dann - erreichen können, wenn sie sich selbst "ganz aufgeben", vergessen, "wer sie einmal waren" und nur für "ihren Gott leben". Hier wird also emotionale Zuwendung davon abhängig gemacht, inwieweit man sich der unveränderlichen inneren Struktur der Sekte und ihren - zumeist trivial-mythologischen - "Leitideen" unterwirft. Beim harten Kern der Jugendsekten kann hier sogar von "Gehirnwäsche" und "Psychomutation" gesprochen werden (so Haack, 1980; vgl. dazu auch Schülein, 1980, S.11f, 25f). - c) Während die Jugendsekten auch in ihrem harten Kern nicht als direkt politisch-autoritäre oder faschistoide Bewegungen angesehen werden, wohl aber individuell wie gesellschaftlich ein Durchgangsstadium dorthin darstellen können, gilt das für die neofaschistischen Jugendorganisationen unmittelbar (vgl. hierzu Meyer/ Rabe, 1979; Paul/Schoßig, 1979; D. Joachim u.a., 1980). Die psychische Manipulation schlägt hier unmittelbar in militante Aktivierung für völlig fremde Zwecke um. Die berechtigte Suche vieler Jugendlicher nach einem sinnvollen und sinnerfüllten, erlebnisintensiven Leben wird von den Neofaschisten manipulativ aufgenommen, indem emotionale Anerkennung und Geborgenheit an die "Bedingung" geknüpft wird, für bestimmte, den objektiven Interessen der Jugendlichen fundamental entgegengesetzte Interessen auch tatsächlich und zumeist auch öffentlich aktiv zu werden (während bei

den Jugendsekten und bei den Wählern solcher Gruppen und Parteien eine rein passive Zustimmung dominiert).

Allen diesen autoritären Tendenzen ist psychologisch gemeinsam, daß hier die Jugendlichen, die von ihnen bestimmt werden und sich ihnen unterwerfen, die intensive psychische Verunsicherung, Orientierungslosigkeit und Angst dadurch zu überwinden versuchen, daß sie "angebotene" Orientierungen meistens ohne genauere Reflexion des konkreten (politischen) Inhalts als psychische Erleichterung und Entlastung erleben. Die psychische Zwangssituation, die ja durch die Pseudoerleichterungen nicht aufgehoben wird, ist auch Ursache dafür, daß diese Lebens- und Politikorientierungen häufig mit außerordentlicher Rigidität und Militanz vertreten bzw. durchgesetzt werden und daß solche Individuen gegenüber sozialen Erfahrungen, die diesen politischen Auffassungen widersprechen, häufig immun sind. Diese allgemeine Tendenz setzt sich häufig in der spezifischen Weise durch, daß die gesellschaftlichen und persönlichen Einflußmöglichkeiten in interpersonale Gruppenkonflikte umgedeutet werden. An die Stelle der Frage nach den eigentlichen Ursachen der eigenen Hilflosigkeit und Misere tritt die negative Fixierung auf "feindliche" Personengruppen; und das neue Niveau der Handlungsfähigkeit soll dadurch erreicht werden, daß man die "Oberhand behält" gegenüber den so "stigmatisierten" anderen Gruppen und Gruppierungen. Neben der globalen Abgrenzung gegenüber "den Erwachsenen" dominiert dabei die Abgrenzung von anderen Jugendgruppen und ihre Anfeindung. Auf die damit verbundene Schwächung der eigenen Position in der Auseinandersetzung mit dem realen Gegner wird subjektiv mit einer Verstärkung des gruppenspezifischen Zusammenschlusses reagiert, der zugleich hier stets eine Stärkung der autoritären Struktur bedeutet, damit Erhöhung der individuellen, psychisch-emotionalen wie auch praktischen Abhängigkeiten innerhalb der Gruppe. Für diese verstärkte gruppeninterne Abhängigkeit soll die Beherrschung anderer Gruppen psychischen "Ersatz" bieten. Insofern haben wir es hier mit einer besonders extremen Ausformung interpersonaler Instrumentalverhältnisse zu tun.

3.) Der psychische Problemdruck, dem Jugendliche gegenwärtig ausgesetzt sind, kann aber auch dazu führen, daß sie darunter "zusammenbrechen", handlungsunfähig werden, sich vorpatholo-

gische und pathologische Entwicklungen anbahnen und zum
Teil auch durchsetzen. Hier ist zunächst auf den <u>Jugend-
alkoholismus</u> hinzuweisen, der vom Gesamtumfang wie von den
einbezogenen Altersgruppen sich immer mehr ausweitet. Er
ist eine besonders "flexible" Form der psychischen Konfliktabwehr, der "Betäubung" der eigenen Sorgen und Ängste; denn
der Alhoholgenuß kann vom täglichen, aber noch begrenzten
"Genuß" bis hin zur vollständigen Alkoholabhängigkeit reichen. - Eine andere Tendenz, besonders zur psychischen
Krankheit, ist im <u>Drogenkonsum</u> zu sehen, der einerseits eine ähnliche "Flexibilität" wie der Alkohol aufweist (also
auch viele Formen des Übergangs von "normal" über vorpatho-
logisch bis zu pathologisch kennt), dessen psychische und
physische Folgen aber doch viel gravierender sind. Den psychischen Mechanismus hat Schultze treffend beschrieben:
"Der Drogenabhängige steht, jedenfalls wenn er 'drauf' ist
- also gerade nicht hinter neuem 'Stoff' her ist, gleichsam 'über den Dingen', die er mit kalter Gelassenheit auf
sich zurollen bzw. an sich vorbeirollen läßt - bis zu dem
Zeitpunkt, wo ihn die Wirklichkeit in Form von Leberzirrho-
se, Atemlähmung und Bewegungsunfähigkeit eingeholt hat.
Auch weil er das weiß, tritt der Drogenabhängige vor sich
selbst und andere in der Haltung des Märtyrers hin, in einem inneren Kampf für eine andere Welt. Daß der innere Kampf
niemals zu konkreten Maßnahmen zur Veränderung der Lebenssituation führen kann, dafür sorgt die abwehrverstärkende Dro-
ge, deren Resultat, die Sucht, ihm bald jede Handlungsfähigkeit verwehrt, die nicht im mittel- oder unmittelbaren Zusammenhang mit der Beschaffung neuer Drogen steht." (Schultze,
1980,S.191; vgl. hierzu auch Wulff, 1980). -
Eine andere Form von psychischer Krankheit sind die <u>Selbst-
morde</u> der Jugendlichen, die heute schon vor Tumoren und Un-
fällen die häufigste Todesursache von Jugendlichen sind (vgl.
Meyer/Rabe, 1979, S.117). Selbstmorde werden (und hier kann
man im Prinzip die Selbstmordversuche miteinbeziehen) in der
Regel verübt, wenn sich der einzelne "eine letzte Chance" gegeben hat - und auch diese gescheitert ist, er also keinerlei
Perspektiven mehr hat, keine Möglichkeiten mehr sieht, von
den Problemen restlos "überrollt" wird, alle seine - zumeist
intensiv, wenn auch sehr eingeschränkt betriebenen - Versuche
der Problembewältigung gescheitert sind (wir behandeln die psychische Dynamik pathologischer Entwicklungen an dieser Stelle
nicht ausführlicher, weil wir darauf in Kap. 3.4.1. noch näher
eingehen werden).

Wir haben mit dem Rückzug ins Privatleben, der individuellen Übernahme autoritärer bis zu faschistischen/neofaschistischen Leitbildern sowie dem Übergang zur psychischen Krankheit drei Momente in der psychischen Entwicklung heutiger Jugendlicher benannt, die als Resignation, als individuelle Anpassung, individuelles "Sich-gehen-lassen", als Hilflosigkeit und "Sich-Aufgeben" anzusehen sind. Ohne die Bedeutung dieser Tendenzen im mindesten einzuschränken oder gar in ihrer Relevanz zu leugnen, scheint uns die wichtigere Tendenz heute der Protest gegen die o.a. genannten Angstursachen (vgl. zum folgenden auch Karl, 1981, bes. S. 14ff, 21ff, 38ff, 48ff, 96ff). Die Angst wird heute von großen Teilen der Jugend eben nicht mehr als eine Privatangelegenheit betrachtet, sondern als ein öffentliches Problem, über deren Ursachen ebenfalls öffentlich "nachgedacht" wird. Aber es wird nicht nur einfach "nachgedacht", sondern es wird auch gehandelt, es werden Alternativen zu einem Leben in Anpassung und Resignation praktiziert, man sucht neue Freunde, mit denen man gemeinsam von den Krisenfolgen betroffen ist und aktiv wird für ein besseres, sinnvolleres, befriedigenderes, glücklicheres Leben (vgl. zum folgenden auch Hollitscher, 1980, S.161ff). Wie immer die alternativen Lebensformen im einzelnen beschaffen sein mögen, so haben sie dennoch alle gemeinsam, daß sie den Individuen einerseits für eine bestimmte biographische Etappe psychisch die "Luft verschaffen", einmal über die drängenden Alltagsprobleme "hinauszuschauen", sich zu fragen, was man eigentlich vom Leben will und erwartet. Zum anderen haben sie die sehr wichtige Funktion, daß die Jugendlichen hier nicht nur Lebensansprüche artikulieren und an ihrer Nichtverwirklichung leiden (obwohl dieses Leiden und das Bewußtsein darüber bereits eine erste und auch wichtige Form des - wenngleich zumeist rein privaten - Widerstandes und Protestes gegen die Unterdrückung oder Versagung der eignen Ansprüche ist), sondern diese Absichten und Ziele werden - wie begrenzt auch immer - eben umgesetzt. "Institutionen" der so verstandenen "Alternativscene" sind etwa die Jugendzentren, entsprechende Kneipen, Wohn- und Häusergemeinschaften, Musikgruppen (Stichwort: Rock-gegen-Rechts), alternative Werkstätten und Bauernhöfe. Das Leben dort gibt dem einzelnen in vielen Fällen wieder <u>Alltagsoptimismus</u>, also das Vertrauen, daß man die eigenen Probleme angehen und zum Teil auch lösen kann und daß man dabei von anderen unterstützt wird. Aus dieser Bereitschaft, den <u>Protest</u> gegen die entfremdeten und entfremdenden gesellschaftlichen Verhältnisse und Institutionen auch zu <u>praktizieren</u>, folgt die immer wieder festgestellte hohe Aktionsbereitschaft dieser neuen Jugendbewegung. Durch die Realisierung eines <u>alternativen Lebens</u> werden auch neue, produktive <u>kulturelle</u> Momente in den Alltag der Jugendlichen integriert, die ihnen als ihre spezifischen Ausdrucksformen eine vertiefte Bewußtheit, Genußfähigkeit und Selbstbestimmtheit ermöglichen und die so gesehen auch eine Alternative zur herrschenden Jugendkultur darstellen. Zugleich entwickeln sich durch die Lebensalternativen und in ihnen <u>neue Regulationsformen</u> der psychischen Konflikte. Der Tendenz nach werden personalisierende Konfliktlösungsstrategien (etwa gegenüber den Eltern, dem Partner, gegenüber bestimmten "Autoritäten") überwunden zugunsten eines kollektiven, verallgemeinerten Problemverständnisses und dem darauf aufbauenden Bemühen um eine gemeinsame Lösung von Problemen. D.h. in den interpersonalen Beziehungen sind die Mit-Menschen (besonders die Mit-Jugendlichen) nicht mehr Instrumente, an denen ich z.B. meine Aggressionen und Enttäuschungen "auslassen" kann, sondern Subjekte, die in der Lage und bereit sind, sich wechselseitig bei der Erörterung ihrer Lebensprobleme zumindest zuzuhören, gegebenenfalls auch zu helfen. Auf der Grundlage solcher veränderter Lebensbedingungen kann sich auch ein neues Selbst- und Weltverständnis entwickeln.

Das Ringen um Lebensalternativen bedeutet immer auch, daß von den Jugendlichen ausschnitthaft gesellschaftliche Ziele verfolgt werden, zumeist als Gruppenziele, und daß wir es hier insofern auch mit neuen Formen der Vermittlung von Alltag und Geschichte, von Objektivität und Subjektivität der individuellen Lebenspraxis zu tun haben, die vom subjektiven Entwicklungsstandpunkt der Betroffenen her äußerst wichtig sind. Allerdings zielt u.E. die immanente "Logik" (Entwicklungstendenz) dieser "<u>dezentralen</u>" <u>Lebensalternativen</u> über sie selbst hinaus, zielt auf eine "Koppelung" mit einer <u>gesamtgesellschaftlichen Alternative</u>; etwa nach dem Motto: "Macht aus vielen Lebensalternativen (Plural) eine

Gesellschaftsalternative (Singular)!" - So sehr nun die
Subjektwerdung von Individuum und Gruppe quasi immanent
dazu "treibt", auch auf gesamtgesellschaftlichem Niveau
Subjekt zu werden, bzw. an dieser gesellschaftlichen Subjektivität als Individuum und Gruppe teilzuhaben, so wenig setzt sich diese Dynamik auch spontan und "zwangsläufig" durch. Zum Teil ist sogar das Gegenteil zu beobachten: In relevanten Teilen der Alternativscene gibt es
Tendenzen, die Lebensalternativen von Gesellschaftsalternativen "abzukoppeln". So schreibt z.B. Oltmanns über das
Selbstverständnis einer Kreuzberger Wohngemeinschaft:

"Aber Haralds Stabilität und die seiner Freunde ist nicht
das 'soziale Netz' Bundesrepublik - nicht die Lohnfortzahlung im Krankheitsfall, nicht die Rentenversicherung, kein
Bausparvertrag, keine vermögenswirksamen Leistungen. Die
Wohngemeinschaft in Kreuzberg findet ihr Gleichgewicht
vielmehr in der Negativabgrenzung gegenüber dieser Gesellschaft. Harald und Co. machen sich nichts aus der Konsumkultur, die soziale Rangskala der Karrieren auf Lebenszeit
hat für sie keine Bedeutung. Aber die einstigen Handwerker
wollen sich auch nicht vom 'Profitgeier und Polier' in Fabriken oder auf dem Bau kaputtmachen lassen. Ob mit Flanellanzug im Büro oder mit dem Blaumann am Fließband - Maloche
ist es allemal und die tötet Gefühl und Phantasie. Umgebung
und Milieu zu erleben, Typen kennenlernen, unendlich viel
Zeit für sich und andere zu haben, winzige Details wahrzunehmen und weiterzugeben - kurzum wetterfühlig zu sein und
Sensibilität ausleben zu können, das alles ist ihnen erheblich wichtiger als der große Wurf strategischer Überlegungen à la Bonn oder eines Lohnzuwachses um 6,8%,den Funktionäre ausgemauschelt haben." (Oltmanns, 1980, S.181f)

Hier wird die Tendenz deutlich, der <u>gesamtgesellschaftlichen</u>,
letztlich <u>kapitaldominierten</u> Gesellschaftlichkeit der Individuen eine <u>reduzierte alternative</u> Gesellschaftlichkeit <u>an die
Seite</u> (und nur in manchen Fällen - z.B. in der "grünen" Bewegung - <u>entgegen</u>)zu stellen. Es wird der völlig richtige Versuch
unternommen, gesellschaftliche Anforderungen, Werte und Normen (vgl. dazu nochmals Kap. 2.4.1.) infrage zu stellen, sie
werden in ihrer Gesamtheit aber noch nicht darauf hin befragt,
ob sie dem <u>Allgemeininteresse an Freiheit</u> (vgl. Kap. 2.4.2.)
oder aber dem <u>Partialinteresse an kapitalistischer Herrschaft</u>
dienen. Dies äußert sich z.B. daran, daß als Ursache der Verhältnisse,gegen die man sich wendet, der "Dämon Technik" oder
"die Industriegesellschaft", oder als Gegner "die Angepaßten"
oder "die Erwachsenen" betrachtet werden. Auf diese Weise werden - so die Hypothese der Kritischen Psychologie - die <u>rebel-</u>

lischen Momente der Klassenauseinandersetzungen den bewußten, organisierten mechanistisch gegenübergestellt und damit individuelle Entwicklungs- und Entfaltungsschranken aufgebaut. Oder anders: man beschneidet hier seine zum Teil schon erweiterten Handlungsräume dadurch, daß man den Kampf vor dem Erreichen der historisch optimal möglichen Handlungsräume abbricht und "für beendet erklärt". Denn solch ein Optimum ist nur durch die Einheit der Fortschrittskräfte möglich, deren Zentrum die Arbeiterbewegung bildet, zu erreichen. Und es ist und bleibt die Arbeiterbewegung, die jene gesellschaftlich-subjektive Kraft entwickeln kann, damit sich die Lebensalternativen zu einer Gesellschaftsalternative verdichten und damit auch der einzelne (Jugendliche) auf einer qualitativ neuen Stufe leben kann. Diese Perspektive liegt u.E. in der "Logik" der Lebensalternativen selbst eingeschlossen - und es ist zu vermuten, daß sie sich als solche auch immer deutlicher realisieren wird.

Wenn wir nun die gesamten Überlegungen zur Spezifik der aneignungszentrierten Stufe der Ontogenese zu einer Haupthypothese zusammenfassen, dann können wir sagen: Die Entwicklungsorientiertheit der Jugend setzt sich heute in relevanten Gruppen primär als Ringen um Lebensalternativen durch. In ihnen bringen Jugendliche heute konkret-historisch ihre Ansprüche an Glück und Zukunft zum Ausdruck, in ihnen entwickeln sich ihre Subjektivität, ihre Formen der produktiven, fordernden und lernenden Auseinandersetzung mit der gesellschaftlichen Wirklichkeit. Dagegen vollzieht sich individuelle Anpassung an die bestehenden Herrschafts- und Machtverhältnisse heute als frühzeitiges, schon in der aneignungszentrierten Stufe sich durchsetzende Resignation, ist somit Beschneidung der eigenen Lebensansprüche auf niedrigem Entwicklungsniveau.[9]

---

9 Obwohl diese Darstellung der Alternativbewegung der Grundtendenz nach positiv ist, läßt es sich nicht leugnen, daß diese Bewegung in sich durchaus widersprüchlich ist (vgl. dazu auch Steigerwald,1981b). So wenig dies unbeachtet bleiben darf, so wenig kann es aber darum gehen zu räsonieren, daß die Jugend heute so ist und nicht (quasi "über Nacht") das optimale Niveau der Subjektentwicklung erreicht. Kritisch-psychologische Forschungen müssen vielmehr "den Zusammenhang zwischen der isolierten Daseinssicherung und der Existenzangst bzw. den dieser zugrundeliegenden rea-

3.4. MENSCHLICHE SUBJEKTIVITÄT UND BEHINDERUNG/ PSYCHISCHE KRANKHEIT

Bevor wir zu der kategorialen Bestimmung von Behinderung/ psychische Krankheit und den sich daraus ableitenden Anforderungen an das pädagogisch-therapeutische Verfahren übergehen, vergegenwärtigen wir uns den bisherigen Argumentationsgang: Wir haben zunächst a) die Phylogenese untersucht, besonders die Entstehung des gesellschaftlichen Menschen in der menschlichen Gesellschaft (vgl. Kap. 2.1.4.); wir haben dann b) die logischen Stufen der Ontogenese herausgearbeitet (vgl. Kap. 3.1.2.); und schließlich haben wir c) deutlich gemacht, daß die Ontogenese in der bürgerlichen Klassengesellschaft kein "problemloser" Prozeß ist, sondern in vielfältiger Weise gebrochen wird, und in seiner Widersprüchlichkeit sowohl regressive wie auch progressive Tendenzen aufweist (vgl. Kap. 2.4. und Kap. 3.3.). Jetzt gilt es solcherart "normale" Einschränkungen der Persönlichkeitsentwicklung von jenen zu unterscheiden, die als Behinderung i.e.S. bzw. psychische Erkrankung zu betrachten sind.

---

len Bedrohungen aufdecken und die Kurzfristigkeit und relative Erfolglosigkeit der individuellen Bemühungen um den unmittelbaren Nutzen in ihren Auswirkungen auf die psychische Situation und die sozialen Beziehungen verdeutlichen. Und sie muß zugleich die Bedingungen angeben und mitschaffen helfen, die zum allgemeinen Nutzen der Menschen sind und es somit ermöglichen, über den engen Horizont angstbestimmter Existenzsicherung herauszukommen. Statt gegen den Nutzen zu Felde zu ziehen und die Bedürfnisse und Interessen der Menschen in unterschiedlich gute, hohe und niedere etc. aufzuteilen und damit einer Zensur zu unterwerfen, ist der - gesellschaftliche - Nutzen zum obersten Primat menschlichen Handelns zu erheben. Und nicht die Bedürfnisse, sondern die gesellschaftlichen Bedingungen ihrer Befriedigung unter kapitalistischen Verhältnissen sind der Kritik zu unterziehen, unter denen die arbeitenden Menschen auf die Ebene individueller Existenzsicherung fixiert sind, und ihre Bedürfnisse infolge der ständigen Bedrohtheit ihrer Befriedigung nicht Quelle individuellen Lebensgenusses, sondern von Angst und Leiden sind." (H.-Osterkamp, 1981, S.116f)

3.4.1. LOGISCHE STUFEN DER ONTOGENESE UND KATEGORIALE BESTIMMUNG VON BEHINDERUNG/PSYCHISCHER KRANKHEIT

Da Einschränkungen der Persönlichkeitsentwicklung für die aktuell bzw. perspektivisch Lohnabhängigen in der bürgerlichen Klassengesellschaft - nach Auffassung der Kritischen Psychologie - eine allgemeine Folge des Klassenantagonismus darstellen, ist die individuell-kollektive Selbstüberwindung der regressiven Tendenzen eine permanente Aufgabe der eigenen Persönlichkeitsentwicklung; man muß also stets "an sich arbeiten". Bewußte, selbstreflexive Lebensführung bedeutet stets auch, um eigene regressive Tendenzen zu wissen (wie sie u.U. in besonderen psychischen Belastungssituationen offen ans Licht kommen) und versuchen, sie gemeinsam mit anderen zu überwinden suchen. Nur durch die tendenzielle Überwindung instrumenteller Momente in den Sozialbeziehungen, also der Realisierung möglichst weitgehender Subjektbeziehungen können regressive Momente zurückgedrängt werden und die progressiven Momente eine stabile Dominanz erhalten. Die so verstandene Bewältigung von Lebensproblemen ist somit kein rein "intrapsychischer" Prozeß, sondern sie ist ein notwendiges Moment subjekthafter interpersonaler Beziehungen. Sie wird in dem Maße gelingen, wie sich diese Beziehungen entfalten, die Betroffenen sich gegenseitig bei der Überwindung ihrer Schwierigkeiten helfen; auch dieser Prozeß darf als im Prinzip unabschließbar gelten. - Dies bedeutet nun aber auch, daß die eigenständige Bewältigung der Lebensprobleme auch mißlingen kann, beim einzelnen die regressiven Tendenzen die Oberhand gewinnen und immer mehr allein bestimmend werden, er also handlungsunfähig wird.[10] Dies geschieht in der Regel bei einer Kumulation sowohl der "inneren" psychischen Entwicklungseinschränkungen wie der Verschlechterung der "äußeren" objektiven Lebensumstände. Anders und prinzipieller

---

10 Im Folgenden wie im Kap. 3.4.2. greifen wir auf frühere Überlegungen (vgl. Braun, 1978b, S.271ff, 274ff; ders., 1979d, S.27ff, 31ff; ders., 1980a, S.142ff) bzw. auf Resultate aus anderen Diskussionszusammenhängen (vgl. Braun, 1981) zurück und versuchen diese weiterzuentwickeln (wobei wir dazu besonders die Studie von Dreier, 1980a, aufnehmen).

gesagt: Behinderung/psychische Krankheit entsteht (immer)
dann, wenn es der betroffenen Persönlichkeit über längere
biographische Etappen hinweg nicht gelingt, das zunächst
äußere Widerspruchsverhältnis von Individuum und Gesellschaft zu einem inneren Widerspruch, also zu einem Entwicklungswiderspruch zu machen; es kommt vielmehr relativ
kontinuierlich zu einer Veräußerlichung der Widersprüche.
Unter solchen Bedingungen kann der Zusammenhang zwischen
den gesellschaftlichen Anforderungen, wie sie aus den gesellschaftlichen Individualitätsformen resultieren, und
den eigenen Entwicklungsperspektiven nicht erkannt werden,
und daher werden solche Anforderungen auch nicht motiviert
(im Sinne der Kritischen Psychologie, vgl. Kap. 2.2.2.3.),
sondern - wenn überhaupt - nur unter innerem psychischen
Zwang realisiert. Dies bedeutet zugleich, daß es dem Betroffenen uneinsichtig bleibt, wieso er sein eigenes Entwicklungsinteresse gegen äußere Entwicklungseinschränkungen durchsetzen muß, was eine bestimmte Risikobereitschaft
erfordert. Unter solchen Lebensbedingungen muß die Orientierung an kurzfristigen Interessen und entsprechender Bedürfnisbefriedigung zunehmen, die Konzentration "auf sich
selbst" immer stärker und damit die reale Isolation immer
größer werden. Sofern primär und fast nur solche regressiven Tendenzen über längere Zeit vorhanden sind, muß es zum
Zusammenbruch der Handlungsfähigkeit kommen. Daraus folgt
reziprok, daß die Handlungsfähigkeit nur dann wieder hergestellt werden kann, wenn eine "professionelle" Unterstützung mit spezifischen pädagogischen und therapeutischen
"Mitteln" stattfindet. Bei der Behinderung/psychischen
Krankheit handelt es sich also nicht mehr nur um Probleme
der Persönlichkeitsentwicklung, die auf dem Niveau der allgemeinen Klassen- und Schichtenspezifik (wie die in Kap.
2.4.1. und in 3.3. analysierten) angesiedelt sind, sondern
um spezifische Probleme: Die steigende Tendenz zur Selbstisolation macht es dem einzelnen unmöglich, die noch vorhandenen Handlungspotenzen zu realisieren; aufgrund "innerer"
("verinnerlichter") Entwicklungsblockaden wird eine permanente "innere" ("verinnerlichte") Angst erzeugt, die fast
jeden Versuch zur Erhaltung und Erweiterung der Handlungsfähigkeit radikal zunichte macht. Die Inhaltslosigkeit der

eigenen sozialen Beziehungen, die allgemeine emotionale
Unsicherheit und die daraus sich ergebende allgemeine
Entscheidungsunfähigkeit sind Voraussetzungen und Folge
dieser Handlungsunfähigkeit. In diesem Sinne schreibt
auch Ole Dreier (1980a, S.124):

"Wenn die Regulierung der Wechselwirkung zwischen Innen
und Außen durch das Subjekt zusammenbricht, können bloße
Gedanken als Handlungen und Phantasien als wirklich zu
erscheinen beginnen. Innere subjektive Prozesse werden
unkontrollierbar, nicht abgrenzbar, festhaltbar und re-
gulierbar. Die Handlungsfähigkeit kann mehr oder weniger
zusammenbrechen. Wir befinden uns dann in einer eigentlichen psychischen Krankheit."

Und er fährt an späterer Stelle fort:

Die "unkontrolliert entstehende und verlaufende Angst deutet darauf hin, daß die Regulierungsform des Subjekts allgemein uneinheitlich und widerspruchsvoll ist sowie wesentlichen, ihm gestellten Lebens- und Entwicklungsnotwendigkeiten gegenüber unzureichend. Das Subjekt ist derart widersprüchlich und von inneren Unstimmigkeiten geprägt, daß
Abläufe entstehen können, die den strukturierenden Kräften
im Subjekt entgegengesetzt sind und uns damit die Desintegration des Subjektes zeigen...Es kann dann zu dem Versuch
kommen, eine illusorische und unzureichende Struktur und
Funktionsweise herzustellen, um überhaupt irgendeine Struktur und Richtung zu haben. Durch den Ausbau und die Stabilisierung solcher illusionären und kurzschlüssigen Konstruktio-
nen kommt es dann zur eigentlichen Symptomwelt manifester
und schwerer psychischer Krankheit." (ebd., S.127)

Aus unserer bisherigen Gesamtargumentation wie auch nicht
zuletzt aus unseren methodischen Überlegungen (vgl. Kap.
2.5.) geht eindeutig hervor, daß ein wissenschaftliches
Verständnis von Behinderung/psychischer Krankheit ohne eine
psychologische Gesamttheorie nicht möglich ist (also eine
derartige, noch hypothetische theoretische Ableitung, wie
wir sie hier vorgelegt haben, für ein angemessenes Verständnis von Behinderung/psychischer Krankheit keineswegs einen
überflüssigen "Luxus" darstellt). Vielmehr müssen - methodisch betrachtet - von der kategorialen Fassung der Ontogenese auch kategoriale Bestimmungen für Behinderung/psychi-
sche Krankheit ableitbar sein, die dann in die einzeltheoretischen und individualempirischen Forschungen und Bestimmungen überführt werden können und auch müssen. Damit ist
aber aktuell lediglich eine Forschungsaufgabe benannt, die
beim gegenwärtigen Entwicklungsstand der Kritischen Psychologie wie auch der materialistischen Behindertenpädagogik
noch nicht erfüllt werden kann. Um aber die Relevanz und

die Perspektive _derartiger_ Forschungen zu verdeutlichen, sollen hierzu (wiederum) einige _hypothetische_ (quasi "gedanken-experimentelle") Überlegungen geäußert werden.[11]

Qualitative Störungen auf der ersten logischen Stufe, der _Pränatalität_ und _Mittellosigkeit_ sind zunächst solche, wo _organischen_ Voraussetzungen für die individuelle Anthropogenese bzw. die individuelle Vergesellschaftung negativ verändert werden (z.B. Blindheit, Gehirnschädigung, Schädigung der Extremitäten). Solche können auf biologischen Zufälligkeiten beruhen (z.B. bestimmte Genveränderungen) oder aber auch auf gesellschaftlich vermittelte physiologische Einflüsse zurückgeführt werden (man denke hier z.B. an die Folgen des Arzneimittels "Contergan"). Nun ist es aber außerordentlich bedeutsam festzuhalten, daß solche Schädigungen nicht unmittelbar ganz bestimmte negative psychische Folgen haben, also nicht per se die weitere individuelle Entwicklung und besonders die individuelle Vergesellschaftung qualitativ einschränken. Denn sowohl durch die spezifischen Systembildungsmöglichkeiten des menschlichen Gehirns wie auch durch den Einsatz medizinisch-technischer Hilfsmittel können solche _Schädigungen_ wenn nicht völlig, so doch zu einem sehr hohen Grade _kompensiert_ werden und machen _alleine_ die Entstehung von Behinderung/psychischer Krankheit nicht erklärbar (hieraus resultiert auch die von Jantzen, 1974, S.27f eingeführte Unterscheidung zwischen "_Schädigung_" und "_Behinderung_"). Sofern bei bestimmten Individuen medizinische Schädigungen nachgewiesen sind, gilt es sehr genau zu analysieren, _wie_ (wenn überhaupt!) sich diese organischen Einschränkungen auf die weitere Ontogenese ausgewirkt haben. Aber bereits auf dieser Stufe der Pränatalität und Mittellosigkeit gibt es auch Arten von Störungen, die in vollem Sinne _psychische_ Störungen sind. Sie beruhen auf qualitativen Einschränkungen in der Entwicklung der Reizbarkeit und Sensibilität, der Widerspiegelung der Körperfunktionen u.ä.

---

11 Dabei gilt generell, daß die in Kap. 3.3.2./3.3.3. genannten Einschränkungen in ihrer _extremen_ Form stets zu Behinderung/Psychopathologie führen; diese Momente sollen hier nicht mehr wiederholt werden, sondern es sollen eine Reihe zusätzlicher Determinanten benannt werden.

Wenn Feuser in einem neueren Beitrag darauf hinweist (vgl. Feuser, 1981, S.141), daß der Autismus in bestimmten Fällen angeboren ist, so meint er damit solche psychischen Störungen in der ersten logischen Stufe der Ontogenese und nicht etwa genetische und physiologische Störungen.

Auf der zweiten Stufe, der der Sozialintentionalität, kommt es zu qualitativen Störungen in der Regel dann, wenn Kinder unter den Bedingungen der Verwahrlosung aufwachsen, also kein wenigstens noch sporadischer intentionaler Kontakt mit anderen Personen besteht. Das Kind wird hier in besonders extremer Weise quasi "gemanagt", also organisch am Leben gehalten (ausreichendes Essen und Trinken, keine übermäßige Kälte usw.), aber es wird nicht als perspektivisches Subjekt behandelt; man denke hier zur Veranschaulichung z.B. an den Hospitalismus oder auch z.B. an bestimmte psychische Entwicklungen von Heimkindern. Unter solchen Lebensbedingungen ist das Kleinkind den manifesten Handlungen und Absichten der Erwachsenen nur ausgeliefert, es kann die Intentionen der Erwachsenen nicht in seine eigene Umweltverfügung einbeziehen (also den entscheidenden Entwicklungswiderspruch dieser Stufe nicht realisieren). Die objektive Lage der Eltern in ihrer Klassen- und Schichtenspezifik hat für die Kinder ab dieser Stufe hier insofern eine vermittelte Folge, als die Möglichkeiten der Eltern zur Realisierung der Individualitätsform des Lohnarbeiters bedeutsam eingeschränkt sind, und aus diesen sozialen Deklassierungsprozessen psychische Verunsicherungen und Isolation der Eltern resultieren, die dann unter bestimmten Bedingungen eine radikale Einschränkung ihres Verhältnisses zu den Kindern zur Folge haben können. Der immer wieder empirisch herausgestellte Zusammenhang zwischen Armut/Deklassierung und Behinderung (vgl. hierzu wie auch für die folgenden ontogenetischen Stufen Jantzen, 1974, S.111ff; ders., 1977, S.101ff) dürfte in diesem psychologischen Prozeß eine wesentliche Erklärung finden. Zugleich - dies folgt allgemein aus unserem entwicklungslogischen Ansatz - sind qualitative Störungen auf dieser logisch sehr frühen Stufe besonders gravierend, weil das Erreichen weiterer Stufen der Ontogenese dadurch zumindest außerordentlich erschwert, wenn nicht gar unmöglich gemacht wird. - Die Analysen von Feuser (z.B. 1979, S.180ff,195ff; ders., 1980, S.81ff) lassen vermuten, daß bestimmte Arten des Autismus gerade auf qualitative Störungen in dieser Stufe zurückzuführen sind.

Die dritte logische Stufe, die der Zweck-Mittel-Verkehrung, die zugleich den ersten qualitativen Schritt in der Ontogenese markiert, ist immer dann gestört, wenn das Kind wenig Möglichkeiten hat, gemeinsam mit anderen Menschen (besonders mit Kindern) aktiv zu werden. Unter solchen Bedingungen lernt das Kind nicht gemeinsam mit anderen (wie immer auch begrenzt) verändernd auf die Umwelt Einfluß zu nehmen. Es hat also wenig Möglichkeiten, andere Menschen in der gemeinsamen Tätigkeit kennenzulernen und so auch selbst ein entsprechendes Verhältnis zu diesen Menschen zu entwickeln. Unter solchen Bedingungen wird notwendigerweise die Sprachentwicklung schon auf ihrem primär lautlich-kommunikativen Niveau eingeschränkt, wird sich ferner weder eine sozialintentionale Sozialkoordination herausbilden noch die Fähigkeit zum Umgang mit einfachen Gebrauchsgegenständen oder mit Spielzeug. Sowohl bestimmte gravierende Verhaltensstörungen (z.B. aufgrund rein "egoistischer" Absichten) wie auch geistige Behinderungen dürften (sofern die Stufe der Sozialintentionalität wenigstens einigermaßen realisiert wurde) auf Einschränkungen dieser Stufe zurückzuführen sein. Nicht zuletzt entstehen auf dieser Stufe auch emotionale Störungen, wenn die Eltern den Kindern den produktiven Umweltausgriff durch offene oder indirekte Gewalt versagen bzw. das Kind psychisch so manipulieren, daß es "freiwillig" auf der Stufe der Sozialintentionalität verbleibt. Insofern müssen auch die Unterstützungsaktivitäten der Eltern im Prinzip für das Kind zwar notwendig, aber uneinsichtig und willkürlich sein, denn es kann sie nicht auf ihre praktische Berechtigung hin befragen. So bleiben die Unterstützungsaktivitäten und damit generell die Aktivitäten im Zusammenhang mit der Verwendung von Mitteln für bestimmte Zwecke außerhalb der individuellen Verfügungsmöglichkeiten. Auf diese Weise muß sich aber auch eine generelle Konfliktscheu und Angstbereitschaft gegenüber neuen und "fremden" Anforderungen und Menschen herausbilden, was sich später z.B. als emotional begründete Lernstörung niederschlagen kann (vgl. hier insgesamt auch Jantzen, 1977, S.32ff).

Mit der vierten Stufe, der Einbeziehung der gesellschaftlichen Vermitteltheit (der "Geschichte") wird die individuelle Anthropogenese durch den zweiten qualitativen Schritt abgeschlossen. Hier werden bei positiver Entwicklung die Voraussetzungen für die Aneignungszentriertheit geschaffen, die unter unseren Bedingungen im wesentlichen biographisch mit der individuellen Schulzeit zusammenfällt. Im negativen Falle bedeutet dies, daß qualitative Übergangsschwierigkeiten von der Vorschulzeit zur Schulzeit aus qualitativen Einschränkungen spätestens auf dieser logischen Stufe zu erklären sind. Dies bedeutet z.B. auf der Ebene der Sprachentwicklung, daß die Sprache nicht in ihrem Symbolgehalt (somit als Träger verallgemeinerter Erfahrungen, von Wissen) aufgenommen, sondern auch weiterhin primär als reines Kommunikationsmittel angesehen wird (was dann die Aneignung der Schriftsprache außerordentlich erschweren muß). Dies impliziert etwa für die kognitive Entwicklung eine weitgehende Reduzierung auf das unmittelbar Wahrnehmbare; die gesellschaftliche Vermiteltheit ist dann weder kognitiv noch lebenspraktisch ein "Problem". Die emotionale Entwicklung wird hier besonders dadurch gestört, daß es an jeglicher Anstrengungs- und Risikobereitschaft fehlt, nur solche Tätigkeiten und Anforderungen realisiert werden, die eine unmittelbare Belohnung versprechen. Das "Verspieltsein" von Kindern über die ontogenetisch notwendige Etappe hinaus dürfte wesentlich darauf zurückzuführen sein, daß die vermittelte Lebenswelt für die Kinder emotional-subjektiv weitgehend bedeutungslos ist, sie somit rein auf funktionalen (nicht produktorientierten) Lustgewinn "aus sind" und daher der Übergang von der Funktionszentriertheit zur Inhaltszentriertheit nicht (oder nur unzureichend) gelingt. Insgesamt betrachtet realisiert das Kind nicht die von den Erwachsenen geforderten und vertretenen allgemein-menschlichen Entwicklungsnotwendigkeiten, wobei dies u.a. darauf zurückgeführt werden kann, daß es durch die konkreten Anforderungen der Erwachsenen permanent überfordert wird oder daß die Erwachsenen ein derartiges Selbständigwerden des Kindes durch Entzug der praktischen Unterstützung und der emotionalen Absicherung "beantworten", besser: bestrafen.
Die hier (hypothetisch) skizzierten Störungen der individuel-

len Anthropogenese sind zwar nach Auffassungen der Kritischen Psychologie gesellschaftlich verursacht durch bestimmte Aspekte der kapitalistischen Klassenverhältnisse sowie deren innere schichtenmäßige Ausdifferenzierung, aber vom Standpunkt der betroffenen Kinder erscheinen sie wahrscheinlich in vollem Umfang weder als formations- noch als klassen- und schichtenspezifisch. D.h. diese Störungen können wahrscheinlich in ähnlicher Weise in den verschiedenen Klassen und Schichten der bürgerlichen Gesellschaft wie auch in anderen, besonders natürlich vorbürgerlichen Gesellschaftsformationen auftreten (diese Hypothese wird aber noch sehr genau zu prüfen sein); zugleich bedeuten diese Störungen eine qualitative Einschränkung der Möglichkeiten zur individuellen Vergesellschaftung, die mit der fünften Stufe, der Aneignungszentriertheit, einsetzt. Jetzt sind die Einschränkungen nicht nur objektiv-gesellschaftlich, sondern auch subjektiv-individuell formations- und klassen- und schichtenspezifisch bedingt. Zugleich lassen sich aus der Kategorialanalyse selbst jetzt fast keine genaueren inhaltlichen Angaben über den Charakter möglicher Störungen mehr machen. Ein allgemeines Problem aber ist z.B. darin zu sehen, daß Kinder bzw. Jugendliche, die an den gesellschaftlich organisierten schulischen Aneignungs- und Lernprozessen nicht teilhaben können (oder wollen), von diesen in der Regel ausgeschlossen werden und damit speziellen Formen der gesellschaftlichen Erziehung, abgetrennt von der allgemeinen Schulversorgung, unterworfen werden (z.B. in die Sonderschule überwiesen werden). Dies ist für das Individuum nie ein rein nur formaler Akt (z.B.: es geht in eine andere Schule), sondern immer auch eine Abtrennung von jenen gesellschaftlichen Lebensprozessen, interpersonalen Beziehungen und der Entfaltung von Lebensperspektiven, die die anderen Kinder unter vergleichbaren sozialen Bedingungen haben. D.h. die schulischen Selektionsprozesse werden hier für die betreffenden Jugendlichen zu psychischen Isolationsprozessen. Dabei können gerade auf dieser logischen Stufe vielerlei bisher noch "verdeckte", logisch frühere Entwicklungseinschränkungen voll "aufbrechen" und "zu Tage treten". Zugleich entsteht hier bei den Jugendlichen häufig die Tendenz,auf "kindliche" Verhaltensweisen zurückzufallen. Insge-

samt handelt es sich hier um eine regressive Wendung des
realen Widerspruchs, daß die Jugendlichen einerseits zwar
einer bestimmten disziplinierten Lebensführung unterworfen werden (sie z.B. Schul-Arbeiten machen müssen), aber
zugleich von einer Verfügung zumindest über ihre alltäglichen Belange ausgeschlossen sind. Die regressive, widerspruchsveräußernde Tendenz wird notwendigerweise noch dadurch gestärkt, daß z.B. viele "Sonderschüler" gegenwärtig
bei uns nur sehr reduzierte Berufs- und Lebensperspektive
haben.

Selbst wenn ein Individuum die bisherigen logischen Stufen
der Ontogenese ohne qualitative Störungen und Einschränkungen "durchlaufen" hat und somit die sechste Stufe, die Vergegenständlichungszentriertheit, erreichen konnte, so ist
dies keineswegs eine "lebenslange Garantie" für die Sicherung der individuellen relativen Handlungsfähigkeit. Vielmehr kann es sowohl aufgrund der Kumulation negativer "äußerer" gesellschaftlicher Bedingungen wie auch aufgrund einer
schleichenden, sich langsam, aber stetig durchsetzenden Tendenz zur regressiven psychischen Konfliktabwehr (man denke
hier z.B. an die Biographie von Alkoholikern) sehr wohl dazu kommen, daß Individuen diese relative Handlungsfähigkeit
einbüßen und sich so Persönlichkeitsstörungen durchsetzen.
Dies gilt besonders in Krisensituationen, wo sich u.U. für
den einzelnen Lohnabhängigen die notwendige Lohnhöhe nicht
mit der realen Lohnhöhe deckt (z.B. aufgrund der Arbeitsmarktpolitik, von Inflation oder Einschränkungen staatlicher Sozialleistungen u.ä.) und der einzelne sozialen Deklassierungsprozessen ausgesetzt ist (vgl. hierzu allgemein
Danckwerts, 1978, Kap. 1. u. 4.1./4.2.). Die Betroffenen sind
dem psychischen Problemdruck dann nicht mehr gewachsen, sie
"brechen zusammen". Zusammenbruch der Handlungsfähigkeit
bedeutet immer auch, daß der betreffende Erwachsene die Individualitätsform des kapitalistischen Lohnarbeiters nicht
mehr realisieren kann, daß er aus dem gesellschaftlichen System der Arbeit "herausfällt" und sowohl seine soziale Existenz wie auch seine psychische Handlungsfähigkeit durch andere, fremde Menschen gesichert werden muß. Es ist evident,
daß unter derartigen Bedingungen Eltern ihren Kindern die
für deren individuelle Anthropogenese notwendigen Bedingun-

gen nicht sichern können - womit sich der "Kreis" unserer Argumentation schließt.

Wir schließen damit unsere hypothetischen, "gedanken-experimentellen" Überlegungen zur Behinderung/psychischen Krankheit ab und hoffen, zumindest verdeutlicht zu haben, in welcher Richtung die zukünftigen einzeltheoretischen und individualempirischen Forschungen gehen sollten. Sofern sich diese Richtungsbestimmung als angemessen erweisen sollte, könnte es u.U. auch sinnvoll sein, zwischen Behinderung und psychischer Krankheit wie folgt zu unterscheiden: Behinderung wäre als kategoriale Bestimmung jener qualitativen Persönlichkeitsstörungen aufzufassen, die sich innerhalb der ersten vier logischen Stufen der Ontogenese, also der individuellen Anthropogenese herausbilden; demgegenüber wäre psychische Krankheit als kategoriale Fassung von qualitativen Störungen der Persönlichkeitsentwicklung auf dem Niveau der individuellen Vergesellschaftung anzusehen. Selbstverständlich wäre diese Unterscheidung nur relativ, nur im Sinne einer Schwerpunkt- und Akzentsetzung zu verstehen. Sie hätte allerdings - wenn sie sich bewähren sollte - den Vorteil, die Kooperationsbeziehung zwischen kritisch-psychologischer Theorie, psychopathologischen Störungen und dem pädagogischen Verständnis von Behinderung im Kontext der materialistischen Behindertenpädagogik deutlicher zu machen; wir werden die beiden Begriffe im nächsten Unterabschnitt hypothetisch in diesem Sinne verwenden.

Wie schon mehrfach angekündigt, sollen an dieser Stelle nochmals die zu diesen Überlegungen kontroversen Auffassungen von Jantzen diskutiert werden. Vorab sei aber klargestellt, daß die materialistische Behindertenpädagogik in der BRD und in Westberlin den Arbeiten von Wolfgang Jantzen die entscheidenden Impulse verdankt; in neuester Zeit werden sie durch die Beiträge von Feuser in relevanter Weise ergänzt und weitergeführt). Dabei liegt die Hauptstärke der Analysen von Jantzen u.E. darin, die Gesellschaftlichkeit der Behinderung nicht nur behauptet, sondern differenziert nachgewiesen zu haben. Bedenken müssen allerdings gegen das psychologische Verständnis von Behinderung und psychischer Erkrankung erhoben werden. Wie schon oben kritisiert (vgl. Kap. 3.1.2.) sind Jantzens Auffassungen über die Ontogenese

in _letzter_ Instanz _formalistisch_; und dieser Formalismus -
dies der Haupteinwand - schlägt sich auch beim Verständnis
der gestörten Aneignungsprozesse nieder. Als _Quellen der
Isolation_ nennt er a) zentrale und dezentrale Wahrnehmungs-
störungen; b) zentrale Störungen in den Blöcken für Koordination, Informationsaufnahme, -verarbeitung und -speicherung,
Planung, Intention und Verifikation; c) zentrale und dezentrale motorische Störungen; d) inadäquate Objekte, Maschinen,
Beziehungen zu anderen Menschen; e) toxische, infektiöse und
traumatische Störungen des Organismus (vgl. Jantzen, 1979,
Abb. 3, S.44 und die Ausführungen dazu ebd., S.45ff). Bei der
Struktur des gestörten Aneignungsprozesses benennt er auf
der Seite der ideellen und materiellen (operativen) Abbildstruktur fünf Problemkreise: a) Operative Abbildstruktur in-
adäquater Abbildsysteme; b) Konflikt=subjektive Wertung der
nicht möglichen produktiven Bedürfnisbefriedigung als Mangel,
Hindernis, Bedrohung; c) negative Emotionen und assoziatives
Denken; d) Stress; e) psychoreaktive und vegetative (psycho-
somatische) Reaktionsbildungen (vgl. ebd., Abb.4, S.49 und dazu die Ausführungen in ebd., S.53ff). - Nun ist es unbestreitbar, daß mit diesen Systematisierungen reale Aspekte von Be-
hinderung/psychischer Krankheit angesprochen sind. Das Problem
liegt aber darin, daß insgesamt sehr unklar bleibt, welche
entwicklungsnotwendigen Stufen der Ontogenese durch welche
Art von Störungen eigentlich nicht vollzogen oder nur sehr
unzureichend vollzogen werden. Aber erst eine Einsicht in
diese entwicklungslogischen Stufen erlaubte eine _integrative
Gesamtsicht_ aller Störungsphänomene und damit eine _inhaltli-
che_ kategoriale, einzeltheoretische und individualempirische
Erfassung von Behinderung/psychischer Krankheit. Oder anders
formuliert: Weil Jantzen kein Konzept zur Erfassung der Entwicklungslogik der Ontogenese entfaltet (vgl. Kap. 3.1.2.),
muß er - relativ zwangsläufig - auf ein _Innen-Außen-Konzept_
zurückgreifen, mit dem dann das Verhältnis von Individuum
und Gesellschaft erfaßt werden soll (bzw. Persönlichkeitsstörungen als Störungen dieses Innen-Außen-Verhältnisses gefaßt werden). Man verkennt aber den individuellen Vergesellschaftungsprozeß in seinem Wesen, wenn man ihn als einen solchen Prozeß "von außen nach innen" betrachtet, denn es bleibt
so völlig unklar, über welche _Möglichkeiten_ zur individuellen

Vergesellschaftung das Individuum im Prinzip verfügt und wie
diese Möglichkeiten unter bestimmten Bedingungen in ihrer
Verwirklichung radikal eingeschränkt bzw. behindert werden.
Eine inhaltliche Vorstellung vom Charakter der Behinderung/
psychischer Krankheit muß vielmehr u.E. vom dargelegten Verhältnis der historischen Anthropogenese und den logischen Stufen der Ontogenese ausgehen und so das Wesen zu erfassen suchen. - Mehr am Rande sei vermerkt, daß es wahrscheinlich auch
nicht sinnvoll ist, von einer "Individualitätsform der Behinderten" zu sprechen (vgl. Jantzen, 1979, S.96ff; ähnlich falsch
spricht Schindler, 1980, S.87ff von einer "Individualitätsform
der Arbeitslosen"), denn gemäß dem ganzen Wesen des Prozesses
handelt es sich hier um ein Scheitern der Realisierung gesellschaftlich notwendiger Aktivitäten einer Individualitätsform,
nicht aber um die Realisierung von anderen gesellschaftlich
notwendigen Aktivitäten.

3.4.2. *PRINZIPIEN DES PÄDAGOGISCH-THERAPEUTISCHEN VERFAHRENS*[12]

Jedes Verständnis von Behinderung und psychischer Krankheit
impliziert selbstverständlich bestimmte Vorstellungen davon,
wie diese aufgehoben werden können, wie umgekehrt die Erfahrung praktischer Aufhebung von Behinderung und psychischer
Krankheit immer zum theoretischen Verständnis dieser Probleme
beiträgt. Die spezielle Aufgabe therapeutischen Handelns besteht nun in der Anwendung "allgemeiner Erkenntnisse zur Ab-
zur Ableitung der psychischen Störungen des jeweils individuellen Klienten aus den besonderen Lebensbedingungen, in die hinein er sich entwickelte und unter denen er seine Existenz erhalten und sein Dasein bewältigen muß; das Therapieziel ist
dabei generell gesehen immer die Befähigung des Klienten

---

12 Die gesamten folgenden Überlegungen - besonders die Herausarbeitung von Einzelprinzipien - sind der Versuch, die
bisherige Systematisierung der pädagogisch-therapeutischen
Erfahrungen der Kritischen Psychologie weiterzuführen (vgl.
zu den früheren Versuchen Braun 1979d, S.31ff; ders., 1980a,
S.142ff); einen Überblick über Stand und aktuelle Kontroversen vermittelt das "Forum Kritische Psychologie", Bd.7
mit dem Schwerpunkt "Therapie". Dabei verwenden wir im folgenden die Begriffe "Therapie" bzw. "psychologische Therapie" und "pädagogisch-therapeutisches Verfahren" synonym.

zum Erreichen des optimalen Grades der Kontrolle über seine
eigenen Lebensbedingungen, gesellschaftlichen Integration
und bewußten Lebensführung und Selbstentwicklung gemäß gesellschaftlichen und individuellen Lebensnotwendigkeiten in voller
Realisierung und Erweiterung gegebener Handlungsräume..."
(Holzkamp/H.-Osterkamp, 1977, S.160; alle Sperrungen entfernt;
K.-H.B.)

Das bedeutet: Der Therapeut muß dazu beitragen, daß der Be-
troffene die ontogenetischen Entwicklungsnotwendigkeiten in
optimaler Weise realisiert. Damit ihm dies gelingt, müssen
zwei Grundforderungen erfüllt werden: a) Hauptinhalt der
Therapie muß die (zumeist aktuelle) außertherapeutische Lebenspraxis des Klienten mit ihren objektiven und subjektiven
Voraussetzungen sein. Denn die angestrebte (erstmalige oder
erneute) soziale Integration des Individuums kann nur außerhalb der Therapie stattfinden. Zugleich sind die relevanten
Erfahrungen des Scheiterns bei der Realisierung der Anforderungen der Individualitätsform eben auch außertherapeutische
Erlebnisse, die in die Therapie "hineingetragen" werden müssen. - b) Das Verhältnis von Therapeut und Klient muß ein
pädagogisch-therapeutisches "Bündnis" als eine spezifische
Ausprägungsform interpersonaler Subjektbeziehungen sein bzw.
dies der Tendenz nach werden. Inhalt dieser sozialen Beziehung ist das gemeinsame Ziel, die psychische Störung des
Klienten zu überwinden. Durch diese Beziehung soll der Klient
für seine eigene Entwicklung dadurch neue Perspektiven entwickeln, daß qualitative Einschränkungen bei der Verwirklichung (früherer) ontogenetischer Stufen überwunden und neue
Entwicklungsstufen erreicht werden. Hierzu muß sich der
Klient der permanenten Unterstützung seiner berechtigten
Interessen und Bedürfnisse durch den Therapeuten sicher
sein. Dadurch erfährt er emotionale Abgesichertheit, kann
schrittweise seine Konfliktabwehr und Risikoangst abbauen
und Konfliktverarbeitungsfähigkeiten erwerben. Da dieses
Kooperationsverhältnis zunächst ein "ungleichgewichtiges"
ist, soll es durch die (Wieder-)Herstellung der psychischen
Handlungsfähigkeit und sozialen Integration des Klienten
so schnell wie möglich "überflüssig" gemacht werden; es
soll also ein Entwicklungsniveau erreicht werden, wo der
Klient nicht mehr spezieller therapeutisch-pädagogischer
Unterstützungsmaßnahmen bedarf, sondern individuelle Ent-
wicklungsschwierigkeiten im Rahmen seiner interpersonalen

Beziehungen zu "bearbeiten" und zu überwinden gelernt hat.

Um diese beiden Grundprinzipien zu verwirklichen, bedarf der Therapeut Informationen über den Klienten auf folgenden "Ebenen": a) über die objektive Stellung des Klienten im gesellschaftlichen System der Produktion und Reproduktion, also darüber, welcher <u>Individualitätsform</u> er (u.U. potentiell) "angehört"; b) über die besondere Form der Realisierung bzw. Nicht-Realisierung der klassen-, schichten- und standortspezifischen Anforderungen in einer bestimmten Gestaltung des individuellen <u>Alltags</u> (wobei hier besonders der <u>regulatorische</u> Aspekt des Alltags von Bedeutung ist); c) über die objektiv vorhandenen <u>personalen Fähigkeiten, Kenntnisse, Bedürfnisse und Motivationen</u>, d.h. darüber, auf welcher ontogenetischen Entwicklungsstufe sich der Klient befindet und welches daher die nächsten Entwicklungsschritte und Entwicklungsstufen sind; d) und nicht zuletzt bedarf er der Information über die <u>subjektiv-emotionale Befindlichkeit und Selbsteinschätzung</u> des Klienten, die auch stets mit einer bestimmten Weltsicht verbunden ist. - Während die "Ebene" a) relativ konstant ist, bilden die "Ebenen" b - d im Rahmen der Therapie eine prozessierende Einheit. Zugleich wirken in diesem Prozeß sowohl pädagogisch-therapeutische wie auch diagnostische Momente (wobei aber der Charakter der diagnostischen Tätigkeit für die Kritische Psychologie gegenwärtig noch relativ ungeklärt ist).[13] Die Logik des Gesamtprozesses wird durch die konkreten ontogenetischen Entwicklungsnotwendigkeiten bestimmt.

Die beiden Grundprinzipien lassen sich nun in <u>sieben Einzelprinzipien</u> ausdifferenzieren. Dabei sei aber an dieser Stelle (um jegliches Mißverständnis zu vermeiden) ausdrücklich darauf hingewiesen, daß es sich bei diesen Einzelprinzipien um Bestimmungsmomente des pädagogisch-therapeutischen Prozesses handelt (wenn man so will um seine "Determinanten"), die weder etwas mit "Techniken" zu tun haben noch in irgendeiner Weise als "Phasen" mißverstanden werden dürfen .

---

13 Einen wichtigen neueren Beitrag zur Erarbeitung einer solchen Diagnostik hat Probst (1981) geliefert, wobei er frühere Überlegungen weitergeführt hat (vgl. Probst, 1979a).

Zugleich sei darauf hingewiesen, daß etwa bei schweren Behinderungen nicht von Anfang an alle diese Prinzipien gleichermaßen verwirklicht werden können, sondern erst im Gang des Prozesses. Diese Prinzipien sind:

1. PRINZIP: ANSETZEN AN DER SUBJEKTIVEN BEFINDLICHKEIT

Der Förderung des Klienten durch die (Höher-)Entwicklung seiner Handlungs- und Lernbereitschaft steht als psychische Folge der sozialen Isoliertheit die allgemeine emotionale Befindlichkeit der eigenen Ohnmacht und der gesellschaftlichen "Allmacht" entgegen, also die weitgehend "bewußtlose" und "blinde", damit auch hilflose Reaktion auf die klassen-, schichten- und standortspezifischen Anforderungen (wie sie sich aus den gesellschaftlichen Individualitätsformen jeweils ergeben). Zumeist ist dies mit einer deutlichen "Privatisierung" der eigenen Probleme verbunden ("nur mir geht es so schlecht"; "nur ich kann das alles nicht" usw.). Diese emotionale Befindlichkeit, die vor dem Hintergrund der objektiven Notwendigkeiten und der personalen Fähigkeiten, Fertigkeiten usw. betrachtet werden muß, bedarf deshalb einer genauen Analyse, weil nur eine konkrete Klärung der psychischen Konfliktlagen Einsichten über die einzelnen positiven und negativen Wertungen erlaubt und damit zugleich Hinweise darauf gibt, welche Ansatzpunkte für das Ergreifen von vorwärtsweisenden Handlungsalternativen bestehen. Eine besondere Zugangsform hierzu sind u.U. <u>Tagträume</u>, die zwar einerseits ihrem ganzen Wesen nach illusionär sind (also nicht-realisierbare Zielsetzungen enthalten), die aber andererseits zugleich ein Moment von Einsicht in die Unzulänglichkeit der gegenwärtigen Alltagssituation und den Wunsch nach ihrer Veränderung zum Ausdruck bringen. Wieweit wirkliche Träume, wenn auch in "verschlüsselter", "verdeckter" Form solche Einsichten und Wünsche ebenfalls zum Ausdruck bringen und <u>wie</u> diese dann u.U. zu interpretieren und in den pädagogisch-therapeutischen Prozeß zu integrieren wären, das ist beim gegenwärtigen Stand der Kritischen Psychologie noch eine offene Frage.

2. PRINZIP: ERMUTIGUNG ZU PSYCHISCHEN WIDERSTANDSHANDLUNGEN

Man wird es praktisch ausschließen dürfen, daß es eine wirklich totale, vollständige psychische Anpassung eines Menschen an konkrete, belastende Alltagsbedingungen gibt; vielmehr lassen sich stets Momente des eigenen Widerstandes gegen diese psychische Anpassung und Selbstmanipulation ausmachen, und diese positiven emotionalen Wertungen und Widerstandstendenzen müssen vom Therapeuten aufgegriffen und deren praktische Umsetzung muß unterstützt werden. Dies ist deshalb so wichtig, weil nur durch das individuelle Eintreten für die eigenen Interessen und Bedürfnisse (dies ist hier noch in einem sehr elementaren, keineswegs schon politischen Sinne gemeint) die Konflikte und ihre Ursachen für den Betroffenen schrittweise deutlich werden können und er nur so subjektiv erfahren kann, wie und warum er sich so "fügsam" verhält. Erst wenn dies – wie rudimentär es anfangs auch sein mag – dem einzelnen deutlich wird und er zugleich erfährt (wiederum u.U. auf einem noch sehr rudimentären Niveau), daß ein aktives Eintreten für die eigenen Bedürfnisse einen erhöhten Lebensgenuß ermöglichen, erst dann kann es gelingen, die "inneren", psychischen Entwicklungsblockaden schrittweise und immer mehr zu überwinden, also eine produktive Entwicklungsmotivation zu schaffen. – An diesem Prinzip wird man auch in Fällen schwerster Behinderungen (z.B. beim Autismus) festhalten müssen, weil ohne eine positive Förderung der Entwicklungsmotivation eine schrittweise Herstellung der Handlungsfähigkeit unmöglich ist.

3. PRINZIP: *ÜBERFÜHRUNG DER EMOTIONALEN ENTWICKLUNGSBEREITSCHAFT IN EINE ENTFALTUNG PERSONALER FÄHIGKEITEN UND KENNTNISSE; VERKNÜPFUNG VON THERAPEUTISCHEN MIT PÄDAGOGISCHEN "MASSNAHMEN"*

Das Ohnmachtsgefühl, das mangelnde Selbstwertgefühl des Klienten "fällt nicht vom Himmel", ist nicht "einfach da", sondern es handelt sich hier meistens um die in gewisser Hinsicht durchaus realistische emotionale Widerspiegelung realer Unfähigkeiten des Klienten; d.h. er ist nicht (oder nur sehr unzureichend) in der Lage, relevante Beiträge zur eigenen gesellschaftlichen Lebenssicherung "beizusteuern". Deshalb kann sich Therapie nicht auf die "Behandlung" der Emotionen beschränken, sondern in ihr müssen jene Kenntnisse und Fähigkeiten vermittelt werden, die die Diskrepanz zwischen den gesellschaftlichen Anforderungen der Individualitätsform und den personalen Fähigkeiten usw. schrittweise überwinden helfen. Nur wenn dies gelingt, kann tatsächlich jene stabile Entwicklungsmotivation herausgebildet werden bzw. sich entwickeln, die es erlaubt, den eigenen Entwicklungsstillstand qualitativ zu überwinden.

Die Notwendigkeit einer solchen Verknüpfung von therapeutischen mit pädagogischen Maßnahmen wird besonders evident bei Störungen in der individuellen Anthropogenese, denn bei vielen Formen der Behinderung müssen selbst elementare "Kulturtechniken" u.ä. erlernt werden. Jeder Versuch, darauf zu verzichten und diese Aufgabe an die Pädagogen "abzuschieben", käme dem Versuch gleich, den Betroffenen Hilfe zu versprechen, ohne dafür das Notwendige zu leisten. Anders gesagt: Nur wenn diese Verknüpfung stattfindet, kann die emotionale Entwicklungsbereitschaft für den Betroffenen auch eine lebenspraktische Bedeutung erlangen, nur dann können aus positiven "Stimmungen" lebenspraktische Perspektiven werden.

4. PRINZIP: *UNTERSTÜTZUNG BEI DER UMSTRUKTURIERUNG DER SOZIALEN BEZIEHUNGEN*

Aus der Gesamtheit unserer theoretischen Überlegungen folgt, daß es einen zwingenden Zusammenhang zwischen individuellem Fähigkeits-, Denk- und Motivationsniveau einerseits und dem Charakter der interpersonalen Beziehungen andererseits gibt. Soll der Klient somit seine Handlungsfähigkeit und soziale Integration (zurück-)gewinnen, dann müssen seine sozialen Beziehungen auch verändert werden. Dies kann einerseits dadurch geschehen, daß die bestehenden Beziehungen so verändert werden, daß dadurch neue Handlungsräume geschaffen werden, die dann vom Klienten auch "offensiv" genutzt werden. Es kann aber auch dazu kommen, daß die bestehenden sozialen Beziehungen sich als nicht entwicklungsfähig erweisen; dann müssen diese Beziehungen abgebrochen werden, wenn der zukünftige Entwicklungsfortschritt gesichert werden soll. Die Entscheidung darüber muß selbstverständlich vom Betroffenen selbst gefällt werden und er wird sie nur dann in einer vorwärtsweisenden Weise fällen, also die damit stets verbundenen

tiefen emotionalen Verunsicherungen "in Kauf nehmen", wenn
er einerseits den erhöhten Befriedigungswert eines "neuen"
Lebens antizipieren kann und wenn er andererseits in der
Therapie, beim Therapeuten, genügend emotionalen und praktischen Rückhalt findet. Für den Fall, daß die bestehenden
Handlungsräume generell zu eingeschränkt sind (man denke
hier z.B. an Menschen, die von weitreichenden sozialen Deklassierungsprozessen betroffen sind) muß der Therapeut <u>ge-
meinsam</u> mit den Klienten und in objektiver Übereinstimmung
mit deren Interessen und mit deren subjektiver Zustimmung
<u>aktiv werden</u>, d.h. den Versuch machen, die Lebensbedingungen
des Klienten zu verändern. Dies kann in der Regel nicht allein
durch den Therapeuten und den Klienten geschehen, sondern dazu bedürfen sie anderer Menschen, die sie bei der Erarbeitung,
Artikulation und Durchsetzung dieser dann verallgemeinerten
Interessen unterstützen. Die Verknüpfung von <u>therapeutischer</u>,
<u>sozialpädagogischer</u> und <u>politischer</u> Arbeit ist also (besonders
bei Behinderungen) eine <u>immanente</u> Konsequenz aus den Anforderungen der Therapie selbst. Daraus folgt aber auch, daß es
aufgrund sehr ungünstiger objektiver Bedingungen und entsprechender konkreter politischer Kräfteverhältnisse dazu kommen
kann, daß eine Therapie scheitert, <u>ohne</u> daß dies dem therapeutischen Konzept selbst anzulasten ist.

Ohne nun ein Plädoyer für eine "unpolitische Therapie" zu
halten (diese gibt es ohnehin nicht), sollten diese Überlegungen auch nicht in dem Sinne verstanden werden, daß man
die Politisierung des Klienten zum zentralen Kriterium für
den Therapieerfolg erklärt. Vielmehr ist es so (nicht nur
bei den meisten Behinderungen, sondern auch bei der psychischen Krankheit), daß bereits Umstrukturierungen bestimmter
<u>regulatorischer</u> Momente des Alltags relevante psychische Fort-
schritte ermöglichen. Aus diesem Grunde wird auch in der Regel
die Umstrukturierung der Familienverhältnisse ein wichtiges
Moment der Therapie sein; zu den Möglichkeiten und Grenzen
einer familientherapeutischen Orientierung schreibt Ole Dreier
(1980a, S.237):

"Unter den gegenwärtigen Bedingungen richten die Menschen ihre Ansprüche an Lebensentfaltung eben oft auf das Familienleben. Die objektiven Widersprüche, Unverträglichkeiten und Beschränkungen, die aus dem gesellschaftlichen Leben der Menschen
insgesamt herrühren, treten daher oft als solche des Familien-
lebens in Erscheinung. Ihre Bearbeitung kann dann unmittelbar

hiervon ausgehen, da die Probleme hier an der Oberfläche
liegen...Bei einer konkreten, mit der einzelnen Familie
vorgenommenen Verarbeitung dieses Widerspruches (zwischen
Anspruch und Wirklichkeit;K.-H.B.) und seines Hintergrundes lassen sich...Verschiebungen aufdecken und die in ihr
wirksamen Kräfte treffender auf die objektive Struktur der
gesamten realen Lebensbedingungen richten."

Damit ist auch deutlich gesagt, daß die drei vorher genannten Prinzipien nur dann wirklich sinnvoll realisiert werden
können, wenn sie vom Standpunkt der Gesamtpersönlichkeit des
Betroffenen aus betrachtet werden, also besonders seiner interpersonalen Beziehungen. Zugleich bietet die Familie durch
ihre in der bürgerlichen Gesellschaft verstärkte Orientierung
auf das "Subjektive" einen guten Ausgangs- und Ansatzpunkt
zur Veränderung der interpersonalen Beziehungen. Die Bearbeitung der Familienbeziehungen (oder auch von Partnerschaftsbeziehungen) weist somit zwingend über sich selbst hinaus, besonders auf die Arbeitsbedingungen und ihre psychischen Folgen; hier ist die Psychotherapie also auf die Arbeitspsychologie verwiesen. Dies bedeutet aber auch, daß jede therapeutische Reduktion auf das "Subjektive" und auf die Familie die
emotionale Vagheit und Unsicherheit fördern muß, statt sie
schrittweise durch tendenzielle Realisierung der Einheit von
Objektivem und Subjektivem in der individuellen Lebenspraxis
zu überwinden.

5. PRINZIP: *AUFARBEITUNG DER LEBENSGESCHICHTE*

Ob die Aufarbeitung der eigenen Lebensgeschichte ein unabdingbares Moment jeder Therapie ist, darf aktuell zumindest als
umstritten gelten. Sofern sie sich aber als sinnvoll erweist
zur besseren Bewältigung der aktuellen und zukünftigen Anforderungen und Konflikte, muß sie der Herausarbeitung der biographischen Ursprungsstellen der qualitativen Störungen ontogenetischer Entwicklungsnotwendigkeiten und damit auch der
psychischen Konfliktabwehrtendenzen dienen. Diese Aufarbeitung der eigenen Biographie kann nur vor dem Hintergrund der
je objektiven, konkreten gesellschaftlichen Bedingungen gelingen und wird es in der Regel notwendig machen, daß der
Therapeut verallgemeinertes Wissen über Ursprung, Verlaufs-
und Erscheinungsformen von Behinderung und psychischer Krankheit in die Bearbeitung "einfließen" läßt (vgl. zu dem "wie"
dieser Vermittlung die Überlegungen in Kap. 2.5.4.1.). Mit der

Aufarbeitung der Lebensgeschichte sollte in der Regel die
Therapie nicht begonnen werden, weil sich so gerade die
schon vorhandene "Innenwendung" und Selbstisolation nochmals, jetzt therapeutisch "unterstützt", verstärkt; es
sollte dies vielmehr erst dann geschehen, wenn der Klient
bereits reale Entwicklungsfortschritte vollzogen hat, d.h.
seine aktuelle Realitätskontrolle bereits verbessern konnte und er vom "Standpunkt" dieser Weiterentwicklung auch
seine eigene Lebensgeschichte in einem "neuen Licht" sieht
und sie jetzt - wenn auch vielleicht erst in bestimmten Momenten - positiv emotional neu zu bewerten vermag; metaphorisch ausgedrückt: Nur wer auf einem Berg steht, überblickt
einen längeren, gegebenenfalls verschlungenen Weg. - Allerdings ist der konkrete Stellenwert dieses Prinzips vom Charakter und von der Tiefe der psychischen Krankheit abhängig.

6. PRINZIP: ZUVERLÄSSIGKEIT DES THERAPEUTEN UND DURCHSCHAUBARKEIT DER THERAPIE

Alle bisher genannten Prinzipien lassen sich selbstverständlich nur dann verwirklichen, wenn zwischen Therapeut und
Klient eine tendenzielle und schließlich reale subjekthafte
Beziehung aufgebaut wird. In der Therapie erfährt der Klient
(häufig zum ersten Mal) quasi unter Sonderbedingungen, wie
eine inhaltsreiche und emotional befriedigende soziale Beziehung aufgebaut werden kann. Dies bedeutet besonders die
Überwindung des inhaltslosen Subjektivismus und des Irrationalismus in den zwischenmenschlichen Beziehungen. Das kann
nur dann geschehen, wenn die Bedürfnisse des Klienten vom
Therapeuten erkannt und anerkannt werden und deren Befriedigung unterstützt wird. Dazu bedarf es der offenen und u.U.
auch öffentlichen Parteinahme für die Interessen des Klienten. Entzieht sich der Therapeut dem, weil er selbst diese
Konflikte objektiv - und u.U. auch subjektiv eingestanden -
nicht zu verarbeiten vermag, dann kommt es zur pädagogisch-therapeutisch hervorgerufenen Entwicklungseinschränkung beim
Klienten. Anders gesagt: Der Therapeut wird nur dann wirklich
zuverlässig und die Therapie durchschaubar sein, wenn er selbst
zum Aufbau subjekthafter Beziehungen fähig ist. Diese Fähigkeit muß also als personale Grundvoraussetzung einer solchen
Therapie verstanden werden. - Damit werden von Seiten des The-

rapeuten günstige Entwicklungsmöglichkeiten als Rahmenbedingungen der Therapie gesetzt. Diese sind für den Klienten insofern ein _Angebot_, daß er sie nicht immer schon voll realisieren muß und trotzdem seine Selbstisolation und Handlungunfähigkeit überwinden kann.

Sofern man die Überlegungen zum 4. Prinzip und zu diesem 6. Prinzip gemeinsam betrachtet, dürfte deutlich werden, daß ein relevanter Anteil psychischer Erkrankungen auf stark beschränkten Handlungsräumen beruht und daß eben diese Beschränkungen schrittweise zurückgedrängt werden müssen. Dies bedeutet aber auch, daß hier in der Regel - vermittelt oder direkt - _politische_ Probleme zu einem Teilaspekt des therapeutischen Handelns werden. Dessen muß sich der Therapeut weitgehend, der Klient in den für seine konkrete Biographie relevanten Dimensionen bewußt sein. Zugespitzt formuliert: Der Therapeut selbst muß ein fortschrittlicher _politischer_ Mensch sein, aber sein Klient muß durch die Therapie nicht zwingend in seiner politischen Bewußtwerdung (im _engeren_ Sinne des Wortes) gefördert werden.

7. PRINZIP: ORGANISIERUNG DER PÄDAGOGISCH-THERAPEUTISCHEN ARBEIT IN EINER DEMOKRATISCH-STRUKTURIERTEN INSTITUTION

Wenn wir auch bei der Therapie von der exemplarischen Relevanz des _optimalen_ Einzelfalles ausgehen (vgl. Kap. 2.5.3.), dann ist mit der Rede von "_dem_ Klienten" und "_dem_ Therapeuten" nicht gemeint, daß es sich hier jeweils nur um _einen_ Klienten und _einen_ Therapeuten handeln muß. Vielmehr wird man - gerade in Fällen von Behinderung - davon ausgehen dürfen, daß oft Gruppentherapien und die Einbeziehung mehrerer Therapeuten sinnvoll ist. Träger der _pädagogisch-therapeutischen Kompetenz_ ist dann auch nicht mehr der einzelne Therapeut, sondern die _pädagogisch-therapeutische Arbeitsstruktur_, zu der u.a. die Supervision in der kleinen Therapeutengruppe - sie dient primär der direkten fallbezogenen Diskussion der Arbeit - und die Supervision im größeren Rahmen gehört - sie dient hauptsächlich der konzeptionellen Arbeit und der Erörterung besonders komplizierter "Fälle"- zählt. Im Rahmen der therapeutischen Kooperation hat aber auch die Diagnostik sowie die Information und Dokumentation eine große

Bedeutung.[14]

Weitere Bedingungen lassen sich schwer verallgemeinern, weil es in erheblichem Maße vom Charakter und dem konkreten Auftrag der Institution abhängt, wie die therapeutischen Aktivitäten (im weiteren Sinne des Wortes) zu organisieren sind; z.B. gibt es zwischen einer "ambulanten" pädagogisch-therapeutischen Arbeit und einer "stationären" schon relevante Unterschiede, ganz zu schweigen von der Arbeit z.B. in sozialpädagogischen Einrichtungen. Als allgemeines Orientierungsprinzip darf aber angesehen werden, daß eine Beschränkung der Psychologen auf ihre pädagogisch-therapeutische Arbeit letztlich selbstisolierend wirken muß;

---

14 Zur Bedeutung der individuellen Absicherung fortschrittlicher Berufspraxis durch eine (hier weit verstandene) therapeutische Arbeitsstruktur hat Holzkamp auf dem Kolloquium des Westberliner Legasthenie-Zentrums (vgl. Holzkamp u.a., 1980) u.a. aufgeführt:
"Wenn man so etwas wie materialistische Psychologie und die dahinter stehenden politischen Implikationen realisiert, dann ist das ja auch eine bestimmte Art von Entwicklung der politischen Praxis und der eigenen Lebensführung in Richtung auf eine kollektive Bewältigung von Problemen. In vielen Fällen ist dies aber nicht voll realisiert. Sondern man bleibt immer noch das Individuum und ist damit jetzt wirklich mit dem Anspruch (dieses pädagogisch-therapeutischen Verfahrens;K.-H.B.) überfordert ...Das heißt: Dieser Anspruch ist nur realisierbar durch eine kollektive Form des Sich-gegenseitig-Schützens, des Sich-Absicherns, des Sich-Rückkoppelns, der Diskussionsmöglichkeit auf einer wirklichen Konsensbasis, wo die Grundlagen, die Interessen, abgeklärt sind...Wir reden ...schon seit ewigen Zeiten, daß wir eine Organisation unserer ehemaligen Mitarbeiter und Studenten machen wollen, und quakeln davon immer wieder und machen immer wieder große Ansätze, und haben es nicht geschafft. Wir müssen erreichen, daß die Kollegen, unter denen wirklicher Konsens über die materialistische Grundlage der eigenen Arbeit besteht, kontinuierlich verbunden bleiben...Und dann brauchen wir vor <u>allen</u> Dingen eine Weiterbildung, unter Einbeziehung der Leute, die nicht in diesen absoluten Zwängen stehen..., die dann in ihrer Arbeit, wo sie mehr Freiheit haben,...Eure Dinge weitertreiben können, die Euch (den "Praktikern";K.-H.B.) wieder nützen. Das alles kann ja nur laufen, wenn es in irgendeiner Form organisatorisch verankert ist." (Holzkamp, Diskussionsbeitrag, in: ders. u.a., 1980, S.152f)

vielmehr kommt es darauf an, mit <u>möglichst vielen</u> Betroffenen und pädagogisch, psychologisch und therapeutisch Tätigen, aber auch mit fortschrittlichen gesellschaftlichen Institutionen und sozialen Bewegungen (besonders mit den Gewerkschaften) <u>zusammenzuarbeiten</u>. Diese Zusammenarbeit hat besonders für die <u>Verhinderung</u> von Behinderung und psychischer Krankheit eine ganz entscheidende Bedeutung, insofern es darum geht, entsprechende allgemeine und spezielle Forderungen gemeinsam zu erarbeiten, zu artikulieren und durchzusetzen (in diesem Zusammenhang dürfte auch der Aufarbeitung der Erfahrungen der "Demokratischen Psychiatrie" in Italien eine relevante Bedeutung zukommen; vgl. hierzu etwa Jantzen, 1980, Teil 2; ferner Probst u.a., 1981, und die Beiträge der Marburger Vorlesungsreihe "Psychiatrie", in: Feuser/Jantzen, 1982; vgl. ergänzend aus sozialpädagogischer Sicht Danckwerts, 1978, Kap. 4.3./4.4. und Schneider, 1977, Kap. V. u. VI.). [15]

---

15 Gegenüber dem kritisch-psychologischen Verständnis von Psychopathologie und Behinderung sind von Ahlberg/Schmidt kritische Anmerkungen gemacht worden: "Wir stimmen mit HOLZKAMP-OSTERKAMP darin überein, daß es in der Therapie darum geht, die Personen zu befähigen, gesellschaftliche Widersprüche zu lösen und progressive Veränderungen vorzubereiten und durchzuführen. Das kann jedoch für ein Individuum, das in diesem arbeitsteiligen Prozeß eine bestimmte Position einnimmt, bedeuten, daß es auch in der Lage sein muß, eine Zeit mit den ungelösten, historisch noch nicht lösbaren Widersprüchen zu leben und deren langfristige Lösung vorzubereiten, um zur Zielerreichung einer gesellschaftlichen Entwicklung beizutragen. Damit soll keinesfalls von einem passiven Individuum die Rede sein, das die gesellschaftlichen Entwicklungen abwartet. Es geht vielmehr darum, unter den gegebenen gesellschaftlichen Bedingungen alles <u>Mögliche</u> für eine progressive Veränderung der Umwelt zu tun." (Ahlberg/Schmidt, 1980, S.157) Diese Kritik ist nun zumindest ungenau, denn es ist von der Kritischen Psychologie immer darauf hingewiesen worden, daß - sofern Ziele <u>jetzt</u> nicht erreichbar sind - <u>Zwischenziele</u> aufgestellt <u>und</u> verfolgt werden müssen, <u>die die</u> längerfristige Realisierung des eigentlichen Zieles ermöglichen. Sofern Ahlberg/Schmidt <u>dies</u> meinen, ist ihnen zuzustimmen - allein dann ist das keine Kritik an der Kritischen Psychologie; wenn sie dies aber nicht meinen, sondern der Ansicht sind, daß das Individuum bestimmte, jetzt noch nicht grundsätzlich veränderbare Bedingungen zumindest eine zeitlang "aushalten" muß, dann läuft das <u>doch</u> und gewiß gegen die Absicht der Autoren auf die Konzeption eines "passiven Individuums" (weil eben nur sehr <u>begrenzt aktiven</u> Individuums) hinaus - und <u>dem</u> würde die Kritische Psychologie dann in der Tat widersprechen.

Wir können jetzt zum Abschluß dieses Buches uns nochmals die Gesamtargumentation verdeutlichen: Wir hatten in der Einleitung den Anspruch formuliert, hier eine Strategie zur Erforschung psychischer Entwicklungen in pädagogischen Prozessen aus der Sicht der Kritischen Psychologie vorzulegen. Dazu wurden in Kapitel 1 verschiedene psychologische Ansätze marxistischer und nicht-marxistischer Art dargestellt, die in Bezug auf die Kritische Psychologie den Charakter von "bürgerlichen Quellen" bzw. von "marxistisch fundierten Vorläufern" ausübten. Dabei kam dem Kap. 1.3. insofern ein zentraler Stellenwert zu, als hier Kriterien dafür herausgearbeitet wurden, wie einerseits marxistisch fundierte Ansätze von bürgerlichen Ansätzen zu unterscheiden sind und in welchem Verhältnis andererseits prinzipielle Kritik und relative Würdigung bürgerlicher Ansätze durch die Kritische Psychologie stehen. Ferner wurden gerade in Kap. 1.4. die philosophischen und allgemein-theoretischen Voraussetzungen und Rahmenbedingungen marxistisch fundierter Ansätze in der Psychologie erörtert. - Dabei haben die in Kap. 1.3./1.4. vorgetragenen Überlegungen u.E. in Bezug auf die Pädagogik einen paradigmatischen Charakter hinsichtlich der marxistisch begründeten Kritik einer bürgerlichen Einzelwissenschaft bzw. hinsichtlich der Begründungsprobleme einer marxistisch fundierten Einzelwissenschaft.

In Kapitel 2 haben wir dann ausführlich dargestellt, welche Auffassungen die Kritische Psychologie zur Naturgeschichte des Psychischen, die Spezifika menschlicher Subjektivität und das Verhältnis von Sozialgeschichte und menschlicher Subjektivität vertritt. Besonders durch die Rekonstruktion der Herausarbeitung des kritisch-psychologischen Ansatzes wie auch durch die Analyse der relevanten Kontroversen wurde - unter Einbeziehung der Auseinandersetzung mit den anderen marxistisch fundierten Ansätzen (vgl. Kap. 1.4./1.5.) deutlich gemacht, worin die Spezifik der Kritischen Psychologie gegenüber anderen marxistisch fundierten Ansätzen besteht. Diese kann - global betrachtet - darin gesehen werden, daß hier durch eine konsequente und allseitige Realisierung der historischen Herangehensweise eine integrative Konzeption vorgelegt wurde, die jede Art von Vereinseitigung, falscher Identifizierung und Entgegensetzung im Verhältnis von <u>Natürlichkeit</u>, <u>Gesellschaftlichkeit</u> und <u>Subjektivität des konkreten Individuums</u> vermieden und zugleich die <u>Formationsbestimmtheit</u> der individuellen Lebenspraxis deutlich betont. - Durch Heraushebung dieser Spezifik sollte auch dem aktuellen Mißstand abgeholfen werden, daß in zahlreichen Veröffentlichungen der Kritischen Psychologie selbst wie auch aus ihrem Umkreis bzw. innerhalb pädagogischer Arbeiten Begriffe, Teilargumentationen und empirische Befunde aus <u>unterschiedlichen</u> marxistisch fundierten Ansätzen "bruchlos" aneinandergefügt werden, ohne daß die relative Verschiedenheit dieser Konzepte reflektiert würde. Insofern ist dieses zweite Kapitel auch als Plädoyer für <u>argumentative Stringenz</u> und <u>theoretische Strenge</u> zu werten.

In <u>Kapitel 3</u> sind wir dann insofern über die einfache Begründung einer Forschungsstrategie hinausgegangen, als wir bereits eine Reihe von Hypothesen zum Verständnis <u>ontogenetischer Entwicklungen in pädagogischen Prozessen</u> vorgelegt haben. Den Kern dieser - noch hypothetischen - Überlegungen bilden die <u>logischen Stufen der Ontogenese</u>. Sie erlauben es auf der theoretischen Grundlagenebene den psychologischen Aspekt der Bildungsproblematik zu erfassen und zugleich Vorstellungen zu überwinden, die das konkrete Individuum als eine tabula rasa betrachten bzw. die die gesellschaftliche Bedingtheit des individuellen Lebens nur als ein dem Individuum äußerliches Moment ansehen. Damit wird einerseits die Möglichkeit eröffnet, psychische Entwicklungen in pädagogischen Prozessen tatsächlich mit den Mitteln der <u>psychologischen</u> Wissenschaft zu erörtern (und diese nicht durch philosophisch-persönlichkeitstheoretische bzw. soziologische Analysen zu ersetzen). Zugleich wird damit insofern ein spezifischer Beitrag zur Erfassung der <u>Gesetzmäßigkeiten</u> pädagogischer Prozesse geleistet, als die entscheidenden ontogenetischen Entwicklungswidersprüche und Entwicklungsnotwendigkeiten aufgedeckt werden. Während dies in Kap. 3.1.2. noch auf der allgemein-menschlichen Ebene geschieht, werden in Kap. 3.3.2./3.3.3. eine ganze Reihe - von ebenfalls noch hypothetischen - Überlegungen vorgetragen, die einen Einblick geben in die <u>Formations-, Klassen- und Schichtenspezifik</u> dieser ontogenetischen Entwicklungswidersprüche und Entwicklungsnotwendigkeiten unter den Bedingungen der <u>bürgerlichen Gesellschaft</u> und ihrer Erziehungsinstitutionen. - Während in Kap. 3.2.2. schon versucht wurde in Umrissen deutlich zu machen, wie eine kritisch-psychologische Lerntheorie den Ansatz von Galperin aufnimmt und weiterentwickelt, läßt sich bezüglich des Problemkreises Behinderung/psychische Krankheit darin eine neue Perspektive sehen, daß auf der Basis des Konzeptes der logischen Stufen der Ontogenese ein begründetes <u>Klassifikationssystem</u> von Behinderungen und psychischen Krankheiten erarbeitet werden kann, das einerseits die Vermittlungsprozesse zwischen spezifischen gesellschaftlichen Bedingungen und individuellen Entwicklungseinschränkungen deutlich macht und das es andererseits erlaubt, die pädagogisch-therapeutische Unterstützungs- und Absicherungsaktivitäten über die in Kap. 3.4.2. genannten Determinanten hinaus hinsichtlich <u>bestimmter</u> Behinderungen und psychischen Krankheiten zu spezifizieren.

Da Hypothesen nicht als unverbindliche Annahmen zu betrachten sind, sondern als das Bemühen vom Bereich relativ gesicherten Wissens aus begründete Vermutungen über noch nicht hinreichend erforschte Prozesse zu formulieren betrachtet werden müssen, wurde in diesem Kapitel u.E. das vorhandene Erkenntnispotential der Kritischen Psychologie voll ausgeschöpft und zugleich für die weitere Arbeit neue Impulse gesetzt.[16] Die spürbaren Grenzen dieses Kapitels sind somit u.E. primär Grenzen des gegenwärtigen Forschungsstandes, dessen eingestandene Mängel perspektivisch nur in kooperativer Forschungsarbeit von Kritischen Psychologen und materialistischen Pädagogen zu über-

---

16 Dies kann man u.E. nicht in gleicher Weise von den Arbeiten Christian Niemeyers sagen: Denn ihm mißlingt es nicht nur, die wirkliche Spezifik der Kritischen Psychologie herauszuarbeiten (worauf wir bereits hingewiesen haben), sondern er reduziert den <u>inhaltlichen</u> Bezug von Psychologie und Pädagogik auf Fragen der Behinderung und psychischen Krankheit (vgl. Niemeyer, 1979, Teil III) und beschränkt seine Überlegungen zum Verhältnis von "Sozialpädagogische Metatheorie und Kritische Psychologie" im Kern auf die Erörterung <u>methodischer</u> Probleme (vgl. ebd., Teil IV; wesentliche Resultate dieses Teils der Dissertation sind auch eingegangen in Niemeyer, 1980b, S.290ff). Zwar sind die dort von Niemeyer geäußerten Überlegungen einer genaueren Diskussion wert, aber damit ist das schon jetzt bestehende Erkenntnispotential der Kritischen Psychologie für die materialistische Pädagogik u.E. bei weitem nicht ausgeschöpft.

winden sein wird. Es wurde daher im Rahmen dieses Kapitels bereits an einigen relevanten Punkten versucht deutlich zu machen, in welcher <u>Richtung</u> die zukünftige wissenschaftliche Arbeit hier gehen sollte. Allgemein betrachtet sollten daher in der jetzt folgenden Entwicklungsetappe folgende Problemkreise im Vordergrund stehen: a) Diskussion der logischen Stufen der Ontogenese und ihre einzeltheoretische und individualempirische Überprüfung und Weiterentwicklung; b) die konstruktive Auseinandersetzung mit anderen marxistisch fundierten Konzeptionen einer Pädagogischen Psychologie (hier wäre zu denken z.B. an Kossakowski u.a., 1977; Kossakowski/Lompscher, 1975; Petrowski u.a., 1977; aber auch an Petrowski, 1981); c) die Auseinandersetzung mit bedeutsamen bürgerlichen Ansätzen (besonders dem von Piaget) nach dem Grundsatz der prinzipiellen Kritik und relativen Würdigung. - Sofern es den Kritischen Psychologen und materialistischen Pädagogen gelingt, diese dreifache Aufgabenstellung in den nächsten Jahren zu bewältigen, düfte das für beide Wissenschaftsdisziplinen zu relevanten Erkenntnisfortschritten führen.

LITERATURVERZEICHNIS

Th.W.Adorno u.a., Kritische Psychologie, Bochum 1970.

Th.W.Adorno/W.Dirks (Hrsg.), Freud in der Gegenwart. Ein Vortragszyklus der Universitäten Frankfurt und Heidelberg zum hundertsten Geburtstag, Frankfurt/M. 1957.

T.Ahlberg/J.Schmidt, Trainingsbedingte Modifikation der psychischen Verhaltensregulation, in: M.Vorwerg/H.Schröder (Hrsg.), Persönlichkeitspsychologische Grundlagen interpersonalen Verhaltens, Bd.II, Leipzig 1980.

R.Ahrbeck, Die allseitig entwickelte Persönlichkeit, Berlin/DDR 1979.

H.Albert/H.Keuth (Hrsg.), Kritik der Kritischen Psychologie, Hamburg 1973.

W.Alff u.a., Plädoyer für eine demokratische Bildungspolitik, Köln 1975.

H.Asseln/K.-H.Braun, Die kämpferischen Persönlichkeiten als Paradigma des politischen Indiviuums, in: Braun/Holzkamp, 1977, Bd.2.

G.Auernheimer, Zur Bedeutung der Perspektive für einen demokratischen Bildungsbegriff, in: Demokratische Erziehung, 1979, H.2.

G.Auernheimer, Meist mißlingt die Integration von Alltäglichem und Nichtalltäglichem, in: Demokratische Erziehung, 1981, H.6.

G.Auernheimer/K.-H.Heinemann, Die Herausforderung der demokratisch-wissenschaftlichen Bildungstheorie, in: Demokratische Erziehung, 1978, H.6.

G.Auernheimer/K.-H.Heinemann (Hrsg.), Alternativen für die Schule, Köln 1980.

Autorenkollektiv am Psychologischen Institut der Freien Universität Berlin, Sozialistische Projektarbeit im Berliner Schülerladen Rote Freiheit, Frankfurt/M. 1971.

Autorenkollektiv Wissenschaftspsychologie, Materialistische Wissenschaft und Psychologie, Köln 1975.

R.Bach, Eine "verlorene Generation"?, Berlin/DDR 1979.

C.H.Bachmann (Hrsg.), Psychoanalyse und Verhaltenstherapie, Frankfurt/M. 1972.

K.Bader, Der Zusammenhang zwischen beruflicher Professionalisierung von Erziehern und Entwicklungsförderung von Kindern in öffentlichen Erziehungseinrichtungen, in: Jantzen, 1980.

K.Bader, Leben für Kinder?, Köln 1981a.

K.Bader, Die Entwicklung von Menschen bis zu drei Jahren, in: Theorie und Praxis der Sozialpädagogik, 1981b, H.2.

K.Bader/G.Otte/D.Stoklossa, Handbuch für Kindertagesstätten, Reinbek 1977.

K.Bader/R.Koch/G.Rocholl (Hrsg.), Kooperatives Handeln in der Kindererziehung, Köln 1979.

F.Baumgärtner, Grundeinsichten als Strukturprinzip der Allgemeinbildung, in: Demokratische Erziehung, 1980, H.4.

L.Binswanger, Mein Weg zu Freud, in: Adorno/Dirks, 1957.

A.Borst u.a., Kampf der Verdummung, Frankfurt/M. 1971.

R.Brandt (Hrsg.), Handlungstheorie und Entwicklungsförderung, 2 Bde, Emden 1980^2.

K.-H.Braun (Hrsg.), Beiträge zur Kritischen Psychologie, Bd.I: Persönlichkeitstheorie (1), Marburg 1976a.

K.-H.Braun (Hrsg.), Beiträge zur Kritischen Psychologie, Bd.II: Persönlichkeitstheorie (2), Marburg 1976b.

K.-H.Braun (Hrsg.), Beiträge zur Kritischen Psychologie, Bd.III: Kontroverse um Sève, Holzkamp und Leontjew, Marburg 1976c.

K.-H.Braun, Kritische Psychologie: Entwicklung, Stand, Perspektive. Eine Problemskizze, in: Braun, 1976a (1976d).

K.-H.Braun, Zur Verteidigung des realen Humanismus gegen seine pseudo-marxistischen Verächter, in: Braun, 1976b (1976e).

K.-H.Braun, Aufgaben einer Politischen Psychologie, in: Blätter für deutsche und internationale Politik, 1977a, H.4.

K.-H.Braun, Die gegenwärtige Lage der Kritischen Psychologie, in: Demokratische Erziehung, 1977b, H.4.

K.-H.Braun, Die philosophische und psychologische Diskussion um Lucien Sèves Persönlichkeitstheorie, in: Kritische Psychologie II (Argument-Sonderband), (West-)Berlin 1977c.

K.-H.Braun, Einführung in die Politische Psychologie, Köln 1978a.

K.-H.Braun, Materialistische Behindertenpädagogik und Kritische Psychologie, in: Demokratische Erziehung, 1978b, H.3.

K.-H.Braun, Die Kritische Psychologie und der Aufmarsch ihrer "linken" Gegner, in: Marxistische Blätter, 1978c, H.2.

K.-H.Braun, Kritik des Freudo-Marxismus, Köln 1979a.

K.-H.Braun, Das kritisch-psychologische Konzept der Politischen Psychologie, in: H.Moser (Hrsg.), Politische Psychologie, Weinheim und Basel 1979b.

K.-H.Braun, Die politische Theorie Antonio Gramscis und die aktuelle Gramsci-Rezeption in der Bundesrepublik, in: Marxistische Blätter, 1979c, H.1.

K.-H.Braun, Grundfragen der Psychologischen Therapie in der Kritischen Psychologie und in der Psychoanalyse, in: Braun/Schindler/Wetzel, 1979 (1979d).

K.-H.Braun, Die Vergesellschaftung des Menschen aus marxistischer und psychoanalytischer Sicht, in: Fortschrittliche Wissenschaft (Wien), 1979e, H.3/4.

K.-H.Braun, Kapitalistische Lohnarbeit, Krise und Persönlichkeitsentwicklung, in: Demokratische Erziehung, 1979f, H.5.

K.-H.Braun (Hrsg.), Materialistische Pädagogik. Beiträge zu ihren Grundlagen und Gegenstandsbereichen, Köln 1980.

K.-H.Braun, Individuelle Vergesellschaftung durch Erziehung in der bürgerlichen Klassengesellschaft, in: Braun, 1980 (1980a).

K.-H.Braun, Subjektive Bedingungen politischen Handelns in der Bundesrepublik, in: Blätter für deutsche und internationale Politik, 1980b, H.4.

K.-H.Braun, Der politische Auftrag der Kritischen Psychologie, in: Wetzel/Braun, 1980 (1980c).

K.-H.Braun, Zur Bedeutung der Kritischen Psychologie für das Verständnis von sozialer Arbeit und Erziehung, Emden 1981 (hektographiertes Vortragsmanuskript).

K.-H.Braun, Marxismus und Psychologie im Werk von Walter Hollitscher, in: Forum Kritische Psychologie, Bd.10, (West-) Berlin 1982a (erscheint voraussichtlich Sommer 1982).

K.-H.Braun, Ideologische Funktionen des Freudo-Marxismus. Vorwort zur russ. Ausgabe von "Kritik des Freudo-Marxismus", Moskau 1982b (erscheint voraussichtlich im Herbst 1982).

K.-H.Braun, Psychoanalyse, in: M.Buhr (Hrsg.), Lexikon der bürgerlichen Gegenwartsphilosophie, Berlin/DDR (als Manuskript zitiert: 1982c; erscheint voraussichtlich 1983).

K.-H.Braun u.a. (Hrsg.), Kapitalistische Krise, Arbeiterbewußtsein, Persönlichkeitsentwicklung, Köln 1980.

K.-H.Braun/K.Holzkamp (Hrsg.), Kritische Psychologie, Bd.1: Einführende Referate, Bd.2 : Diskussion, Köln 1977.

K.-H.Braun/H.Schindler/K.Wetzel, Zur Kritik an Theorie und Praxis der Psychoanalyse, Zürich 1979.

K.-H.Braun/K.Wetzel, Bedeutung der marxistischen Organisation für die Persönlichkeitsentfaltung, in: Marxistische Blätter, 1979, H.6.

K.-H.Braun/K.Wetzel, Formen und Determinanten der individuellen Politisierung in der gegenwärtigen Krise, in: Braun u.a., 1980.

K.-H.Braun/K.Wetzel, Jugend heute - Lage, Kultur und Politik, Mainz 1981 (hektographiertes Vortragsmanuskript).

W.Brezinka, Vertrauen zerstören, verneinen, umwerfen. Die "Emanzipatorische Pädagogik" und ihre Folgen, in: Frankfurter Allgemeine Zeitung v. 16. Dez. 1980, S.6/7.

B.Brocke/W.Röhl/H.Westmeyer (Hrsg.), Wissenschaftstheorie auf Abwegen? Probleme der Holzkampschen Wissenschaftskonzeption, Stuttgart 1973.

S.Brockmann (Hrsg.), 24 Stunden sind kein Tag, Dortmund 1979.

K.-J.Bruder (Hrsg.), Kritik der bürgerlichen Psychologie. Zur Theorie des Individuums in der kapitalistischen Gesellschaft, Frankfurt/M. 1973.

E.A.Budilowa u.a., Untersuchungen des Denkens in der sowjetischen Psychologie, Berlin/DDR 1967.

M.Buhr/R.Steigerwald, Verzicht auf Fortschritt, Geschichte, Erkenntnis und Wahrheit, Frankfurt/M. 1981.

H.Bussiek, Bericht zur Lage der Jugend, Frankfurt/M. 1978.

B.A.Čagin, Der subjektive Faktor, Köln 1974.

R.Cohen, Grundlagen der Verhaltenstheorie, in: Bachmann, 1972.

W.Correll, Lernen und Verhalten, Frankfurt/M. 1971.

R.Crusius/M.Wilke, Jugend ohne Beruf - Gewerkschaft ohne Jugend?, Frankfurt/M. 1981.

D.Damm u.a., Jugendpolitik in der Krise, Frankfurt/M. 1978.

D.Danckwerts, Grundriß einer Soziologie sozialer Arbeit und Erziehung, Weinheim und Basel 1978.

W.W.Dawydow, Beziehungen zwischen der Theorie der Verallgemeinerung und der Lernplangestaltung, in: Budilowa u.a., 1967.

W.W.Dawydow, Über das Verhältnis zwischen abstrakten und konkreten Kenntnissen im Unterricht, in: Lompscher, 1973.

W.(W.)Dawydow, Arten der Verallgemeinerung im Unterricht, Berlin/DDR 1977.

F.Deppe, Einheit und Spaltung der Arbeiterklasse, Marburg 1981a.

F.Deppe, Einheit und Spaltung als Konstitutionsprobleme der Arbeiterklasse, in: L.Lambrecht (Hrsg.), Entstehung der Arbeiterbewegung, (West-)Berlin 1981b.

I.Dölling, Naturwesen - Individuum - Persönlichkeit, Berlin/DDR 1979.

L.Doormann (Hrsg.), Kinder in der Bundesrepublik, Köln 1979.

K.Dörre, Jugendprotest und Jugendpolitik, in: Blätter für deutsche und internationale Politik, 1981, H.11.

O.Dreier, Familiäres Sein und familiäres Bewußtsein, Frankfurt/M. 1980a.

O.Dreier, Kritisch-psychologische Grundlagen der Arbeit des Legasthenie-Zentrums?, in: Forum Kritische Psychologie, Bd.7., (West-)Berlin 1980b.

U.Eberenz, Psychoanalyse und Verhaltenstherapie, in: Muck u.a., 1974.

J.Ebert, "Menschliches Wesen" kontra "menschliche Natur"? Anmerkungen zu Lucien Sêves Grundlegung einer Theorie des Individuums im historischen Materialismus, in: Rückriem, 1978 (1978a).

J.Ebert, Zum Verhältnis von Biologischem und Sozialem als Problem der persönlichkeitstheoretischen Diskussion in der DDR, in: Rückriem, 1978 (1978b).

J.Ebert/G.M.Rückriem, Zur Grundlegung eines wissenschaftlichen Bildungsbegriffs, in: Braun, 1980.

G.Eckardt (Hrsg.), Zur Geschichte der Psychologie, Berlin/DDR 1979.

G.Eckardt, Einleitung: Bemerkungen zum Anliegen psychologiegeschichtlicher Forschung, in: Eckardt, 1979 (1979a).

H.Eisler, Materialien zu einer Dialektik der Musik, Leipzig 1973.

D.Elkonin, Psychologie des Spiels, Köln 1980.

J.Ellerbrock u.a., Ansätze materialistischer Sprachtheorie, in: Das Argument 95(1976).

EMNID, Meinungsumfrage zu Frieden und Abrüstung, 3 Teile, in: Der Spiegel, 1981, H.48-50.

J.-B.Fages, Geschichte der Psychoanalyse nach Freud, Frankfurt/M. - (West-)Berlin - Wien 1981.

G.Feuser, Grundlagen zur Pädagogik autistischer Kinder, Weinheim und Basel 1979.

G.Feuser, Autistische Kinder, Oberbiel 1980.

G.Feuser, Grundlagen zum Verständnis autistischer Kinder und ihrer pädagogisch-therapeutischen Förderung, in: Feuser/Jantzen, 1981.

G.Feuser/W.Jantzen (Hrsg.), Jahrbuch für Psychopathologie und Psychotherapie I/1981, Köln 1981.

G.Feuser/W.Jantzen (Hrsg.), Jahrbuch für Psychopathologie und Psychotherapie II/1982, Köln 1982.

S.Freud, Gesammelte Werke (GW), Imago-Ausgabe, London 1948.

W.Friedrich, Zur Kritik bürgerlicher Begabungstheorie, Köln 1980.

W.Friedrich (Hrsg.), Kritik der Psychoanalyse und biologischer Konzeptionen, Frankfurt/M. 1977.

W.Friedrich u.a., Zur Kritik des Behaviorismus, Köln 1979.

P.Fürstenau, Probleme der vergleichenden Psychotherapieforschung, in: Bachmann, 1972.

P.Fürstenau, Über die politische Relevanz psychoanalytischer Praxis, in: Kutter, 1977.

H.G.Furth, Intelligenz und Erkennen, Frankfurt/M. 1981^2.

V.Gadenne, Ableitung und Prüfung psychologischer Theorien, in: Zeitschrift für Sozialpsychologie, 1978, H.1.

P.J.Galperin, Die Psychologie des Denkens und die Lehre von der etappenweisen Ausbildung geistiger Handlungen, in: E.A.Budilowa u.a., 1967.

P.J.Galperin, Die Entwicklung der Untersuchungen über die Bildung geistiger Operationen, in: Hiebsch, 1969.

P.J.Galperin, Zum Problem der Aufmerksamkeit, in: Lompscher, 1973.

P.J.Galperin, Die geistigen Handlungen als Grundlage für die Bildung von Gedanken und Vorstellungen, in: ders. u.a., 1974.

P.J.Galperin, Zu Grundfragen der Psychologie, Köln 1980.

P.J.Galperin u.a., Probleme der Lerntheorie, Berlin/DDR 1974.

A.Gedö, Philosophie der Krise, Frankfurt/M. 1978.

M.Geier, Kulturhistorische Sprachanalysen, Köln 1979.

M.Geier u.a., Bedeutung als Bindeglied zwischen Bewußtsein und Praxis, in: Braun/Holzkamp, 1977, Bd.2.

W.Girnus, Wozu Literatur?, Frankfurt/M. 1976.

I.Gleiss, Verhalten oder Tätigkeit?, in: Das Argument 91(1975).

H.Gottschalch, Probleme der Motivationstheorie der "Kritischen Psychologie", in: Forum Kritische Psychologie, Bd.4, (West-)Berlin 1979.

W.Gottschalch, Mißbrauch der Psychoanalyse in der Politik, 2 Teile, in: Das Argument 25(1963) und H.27(1963).

B.Görlich, Die Kulturismus-Revisionismus-Debatte. Anmerkungen zur Problemgeschichte der Kontroverse um Freud, in: ders. (Hrsg.), Der Stachel Freud, Frankfurt/M. 1980.

B.Grüter u.a., Zum Verhältnis von demokratischer Studienreform, Mitbestimmung und Wissenschaftsentwicklung, in: Braun/Holzkamp, 1977, Bd.1.

K.-H.Günther, Persönlichkeitstheorie und Geschichte der Pädagogik, in: Pädagogik, 1973, H.4.

F.Haack, Die Gefahren der Jugendreligionen, in: Kürbiskern, 1980, H.2.

W.v.Haaren, Wahrnehmung und Erkenntnis. Zum Verhältnis von Psychologie und Philosophie, Frankfurt/M. 1982.

J.Habermas, Erkenntnis und Interesse, Frankfurt/M. 1968.

F.Haug, Kritik der Rollentheorie, Frankfurt/M. 1972.

F.Haug, Erziehung und gesellschaftliche Produktion: Kritik des Rollenspiels, Frankfurt/M. 1977a.

F.Haug, Soziale Beziehungen und gesellschaftliche Verhältnisse in kritisch-psychologischer Analyse, in: Braun/Holzkamp, 1977, Bd. 1 (1977b).

F.Haug (Hrsg.), Gesellschaftliche Arbeit und Individualentwicklung, Köln 1980a.

F.Haug, Opfer oder Täter?, in: Das Argument 123(1980b).

F.Haug, Dialektische Theorie und empirische Methodik, in: Braun, 1980 (1980c) (auch in: Das Argument 111(1978)).

F.Haug u.a., Entwicklung der Arbeitstätigkeiten und die Methode ihrer Erfassung, (West-)Berlin 1978.

F.Haug u.a., Kritik der Handlungsstrukturtheorie, in: Forum Kritische Psychologie, Bd. 6, (West-)Berlin 1980.

F.Haug/W.v.Treeck/Th.Waldhubel, Umfrage zum Stand arbeitsorientierter Arbeitswissenschaft, in: Forum Kritische Psychologie, Bd. 3, (West-)Berlin 1978.

W.F.Haug, Theorien über die Angst, in: ders., Warenästhetik, Sexualität und Herrschaft, Frankfurt/M. 1972 (erweiterte Fassung des gleichnamigen Beitrages in: Das Argument 35(1965)).

W.F.Haug, Bürgerliche Privatform des Individuums und Umweltform der Gesellschaft, in: Braun/Holzkamp, 1977, Bd.1.

W.F.Haug, Kritische Psychologie und Theorie des Ideologischen, in: ders., Ideologie/Warenästhetik/Massenkultur, (West-)Berlin 1979.

W.F.Haug/K.Maase (Hrsg.), Materialistische Kulturtheorie und Alltagskultur, (West-)Berlin 1980.

G.Heberer, Moderne Anthropologie, Reinbek 1973.

R.Heinz/H.Dahmer, Psychoanalyse und Kantianismus, in: N.Elrod u.a., Der Wolf im Schafspelz. Erikson, die Ich-Psychologie und das Anpassungsproblem, Frankfurt/M. 1978.

W.Henning, Zur Entwicklung und verhaltensdeterminierenden Wirkung von Lernmotivation bei Schülern, in: Lompscher, 1977.

J.F.Herbart, Lehrbuch der Psychologie, in: Sämtliche Werke, 5.Bd., Schriften zur Psychologie, 1.Teil, Leipzig 1850a.

J.F.Herbart, Psychologie als Wissenschaft neu begründet auf Erfahrung, Metaphysik und Mathematik, in: Sämtliche Werke, 5.Bd., Schriften zur Psychologie 1.Teil, Leipzig 1850b, und: Sämtliche Werke, 6.Bd., Schriften zur Psychologie, 2.Teil, Leipzig 1850c.

J.F.Herbart, Aphorismen zur Psychologie, in: Sämtliche Werke, 7.Bd., Schriften zur Psychologie, 3.Teil, Leipzig 1850d.

J.Herrmann, Die Entwicklung der Menschheit, Berlin/DDR 1974.

J.Herrmann, Die Rolle der Volksmassen in vorkapitalistischer Zeit, Berlin/DDR 1975.

J.Herrmann, Spuren des Prometheus, Köln 1977.

Th.Herrmann, Die Psychologie und ihre Forschungsprogramme, Göttingen 1976.

Th.Herrmann, Beitrag zur Diskussionsvorbereitung, in: Braun/Holzkamp, 1977, Bd.2.

Th.Herrmann, Krise der Psychologie? Nein, aber jede Menge Probleme (Interview mit Th.Herrmann), in: psychologie heute, 1980, H.11.

H.Hiebsch (Hrsg.), Ergebnisse der sowjetischen Psychologie, Stuttgart 1969.

H.Hiebsch, Ein Jahrhundert wissenschaftliche Psychologie, in: Eckardt, 1979.

P.Hiedl, Entstehung und Entwicklung der Kritischen Psychologie, in: Marxistische Studien - Jahrbuch des IMSF 4/1981, Frankfurt/M. 1981.

F.Hofmann, Allgemeinbildung, Köln 1973.

W.Hollitscher, Die Entwicklung im Universum, Berlin/DDR 1951.

W.Hollitscher, Die Natur im Weltbild der Wissenschaft, Wien 1965³.

W.Hollitscher, Der Mensch im Weltbild der Wissenschaft, Wien 1969.

W.Hollitscher, Tierisches und Menschliches, Wien 1971.

W.Hollitscher, Aggression im Menschenbild, Frankfurt/M. 1973.

W.Hollitscher, Der überanstrengte Sexus, Frankfurt/M. 1975.

W.Hollitscher, Für und wider die Menschlichkeit, Frankfurt/M. 1977a.

W.Hollitscher, Mensch ohne Gesellschaft? Zur Kritik biologistischer Konzeptionen im 20. Jahrhundert aus marxistischer Sicht, in: Friedrich, 1977 (1977b).

W.Hollitscher, Bedrohung und Zuversicht, Frankfurt/M. 1980.

W.Hollstein/M.Meinhold (Hrsg.), Sozialarbeit unter kapitalistischen Produktionsbedingungen, Frankfurt/M. 1973.

K.Holzkamp, Wissenschaft als Handlung. Versuch einer neuen Grundlegung der Wissenschaftslehre, (West-)Berlin 1968.

K.Holzkamp, Kritische Psychologie. Vorbereitende Arbeiten, Frankfurt/M. 1972.

K.Holzkamp, Zum Problem der Relevanz psychologischer Forschung für die Praxis, in: Holzkamp, 1972 (1972a).

K.Holzkamp, Verborgene anthropologische Voraussetzungen der allgemeinen Psychologie, in: Holzkamp, 1972 (1972b).

K.Holzkamp, Wissenschaftstheoretische Voraussetzungen kritisch-emanzipatorischer Psychologie, in: Holzkamp, 1972 (1972c).

K.Holzkamp, Konventionalismus und Konstruktivismus, in: Holzkamp, 1972 (1972d).

K.Holzkamp, "Kritischer Rationalismus" als blinder Kritizismus, in: Holzkamp, 1972 (1972e).

K.Holzkamp, Die Beziehung zwischen gesellschaflticher Relevanz und wissenschaftlichem Erkenntnisgehalt psychologischer Forschung, in: Holzkamp, 1972 (1972f).

K.Holzkamp, Sinnliche Erkenntnis - Historischer Ursprung und gesellschaftliche Funktion der Wahrnehmung, Frankfurt/M. 1973.

K.Holzkamp, Der Zusammenhang zwischen Wissenschaftsentwicklung, Mitbestimmung und Studienplan - am Beispiel des Studienplans des Psychologischen Instituts der Freien Universität, in: Braun, 1976b (1976).

K.Holzkamp, Kann es im Rahmen der marxistischen Theorie eine Kritische Psychologie geben?, in: Braun/Holzkamp, 1977, Bd.1 (1977a).

K.Holzkamp, Die kategoriale und theoretische Erfassung der Vermittlung zwischen konkreten Individuen und ihren gesellschaftlichen Lebensbedingungen durch die Kritische Psychologie, in: Braun/Holzkamp,1977,Bd.1 (1977b).

K.Holzkamp, Die Überwindung der wissenschaftlichen Beliebigkeit psychologischer Theorien durch die Kritische Psychologie, in: Zeitschrift für Sozialpsychologie, 1977c, H.1 u. 2 (auch in: Holzkamp, 1978).

K.Holzkamp, Gesellschaftlichkeit des Individuums, Köln 1978.

K.Holzkamp, Kunst und Arbeit - ein Essay zur "therapeutischen" Funktion künstlerischer Gestaltung, in: Holzkamp, 1978 (1978a).

K.Holzkamp, Die historische Methode des wissenschaftlichen Sozialismus und ihre Verkennung durch J.Bischoff, in: Holzkamp, 1978 (1978b).

K.Holzkamp, Verhaltenstheorie als letzte Bastion?, in: Holzkamp, 1978 (1978c).

K.Holzkamp, Das Marxsche "Kapital" als Grundlage der Verwissenschaftlichung psychologischer Forschung, in: Holzkamp, 1978 (1978d).

K.Holzkamp, Empirische Forschung in der Psychologie als historische Rekonstruktion und empirische Reduktion, in: Zeitschrift für Sozialpsychologie, 1978e, H.1.

K.Holzkamp, Zur kritisch-psychologischen Theorie der Subjektivität I: Das Verhältnis von Subjektivität und Gesellschaftlichkeit in der traditionellen Sozialwissenschaft und im Wissenschaftlichen Sozialismus, in: Forum Kritische Psychologie, Bd.4, (West-)Berlin 1979a .

K.Holzkamp, Zur kritisch-psychologischen Theorie der Subjektivität II: Das Verhältnis individueller Subjekte zu gesellschaftlichen Subjekten und die frühkindliche Genese der Subjektivität, in: Forum Kritische Psychologie, Bd.5, (West-)Berlin 1979b.

K.Holzkamp, Zu Wundts Kritik an der experimentellen Erforschung des Denkens, in: Forum Kritische Psychologie, Bd.6, 1980a.

K.Holzkamp, Was heißt "normale" Entwicklung der kindlichen Persönlichkeit?, in: Das Argument 123(1980b).

K.Holzkamp, Psychologische Ergänzung des Marxismus-Leninismus?, Leverkusen 1980c (Vortragsmanuskript; erscheint in: Forum Kritische Psychologie, Bd.10, (West-)Berlin 1982)).

K.Holzkamp, Individuum und Organisation, in: Forum Kritische Psychologie, Bd.7, (West-)Berlin 1980d.

K.Holzkamp, Jugend ohne Orientierung?, in: Forum Kritische Psychologie, Bd.6, (West-)Berlin 1980e.

K.Holzkamp, Nachwort: 17 Jahre später, in: ders., Theorie und Experiment in der Psychologie, (West-)Berlin 1981.

K.Holzkamp u.a., Die Konstituierung der Subjektivität in der Ontogenese, Marburg 1979.

K.Holzkamp u.a., Materialistische Psychologie, Therapieprobleme und die Arbeit des LZ (Legasthie-Zentrums), in: Forum Kritische Psychologie, Bd.7, (West-)Berlin 1980.

K.Holzkamp/U.H.-Osterkamp, Psychologische Therapie als Weg von der blinden Reaktion zur bewußten Antwort auf klassenspezifische Lebensbedingungen in der bürgerlichen Gesellschaft - am Beispiel des "Examensfalles" von Manfred Kappeler, in: Kappeler/Holzkamp/H.-Osterkamp, 1977.

K.Holzkamp/V.Schurig, Zur Einführung in A.N.LEONTJEWS "Probleme der Entwicklung des Psychischen", in: Leontjew, 1973.

U.H.-Osterkamp, Grundlagen der psychologischen Motivationsforschung 1, Frankfurt/M. 1975.

U.H.-Osterkamp, Grundlagen der psychologischen Motivationsforschung 2: Die Besonderheit menschlicher Bedürfnisse - Problematik und Erkenntnisgehalt der Psychoanalyse, Frankfurt/M. 1976.

U.H.-Osterkamp, Die Übereinstimmung/Diskrepanz zwischen individuellen und gesellschaftlichen Zielen als Bestimmungsmoment der Vermittlung zwischen kognitiven und emotionalen Prozessen, in: Braun/Holzkamp, 1977, Bd.2.

U.H.-Osterkamp, Erkenntnis, Emotionalität, Handlungsfähigkeit, in: Forum Kritische Psychologie, Bd.3, (West-)Berlin 1978.

U.H.-Osterkamp, Motivationstheorie im Lichte psychologischer Tagesmeinungen. Antwort auf Gottschalch, in: Forum Kritische Psychologie, Bd.4, (West-)Berlin 1979a.

U.H.-Osterkamp, Antwort auf Uhrig, in: Forum Kritische Psychologie, Bd.4, (West-)Berlin 1979b.

U.H.-Osterkamp, "Narzißmus" als neuer Sozialisationstyp?, in: Demokratische Erziehung, 1979c, H.2.

U.H.-Osterkamp, Thesen zum Problem des "autoritären Potentials" als Entstehungsbedingung des Faschismus, in: Forum Kritische Psychologie, Bd.7, (West-)Berlin 1980a.

U.H.-Osterkamp, "Mentale Attraktivität" des Faschismus?, in: Forum Kritische Psychologie, Bd.7, (West-)Berlin 1980b.

U.H.-Osterkamp, Die Funktion der Psychologie für die Arbeiterbewegung, in: Forum Kritische Psychologie, Bd.8, (West-)Berlin 1981.

U.H.-Osterkamp, Ideologismus als Konsequenz des Ökonomismus, Westberlin 1982a (unveröffentlicht)

U.H.-Osterkamp, Faschistische Ideologie und Psychologie, in: Forum Kritische Psychologie, (West-)Berlin 1982b.

W.D.Hund, Probleme einer materialistischen Theorie der Kultur, in: Hund/Kramer, 1978.

W.D.Hund/D.Kramer (Hrsg.), Beiträge zur materialistischen Kulturtheorie, Köln 1978.

IMSF (Hrsg.), Kulturelle Bedürfnisse der Arbeiterklasse, München 1978.

IMSF (Hrsg.), Staatsmonopolistischer Kapitalismus der Bundesrepublik Deutschland in Daten und Fakten, Frankfurt/M. 1981.

E.Iljenkow, Die Herausbildung der Psyche und der Persönlichkeit: Ergebnisse eines Experiments, in: Demokratische Erziehung, 1977, H.4.

M.Jäger u.a., Subjektivität als Methodenproblem, Köln 1979.

S.Jaeger, Psychologische Auffassungen vom Menschen im Zusammenhang mit der historischen Durchsetzung bürgerlicher Sozialisationsformen, in: Braun/Holzkamp, 1977, Bd.2.

S.Jaeger/I.Staeuble, Die Entwicklung des Ausbildungswesens im 19. Jahrhundert in ihrer Bedeutung für die Herausbildung der Psychologie als Einzelwissenschaft, in: Psychologie und Gesellschaft, 1977, H.2.

S.Jaeger/I.Staeuble, Die gesellschaftliche Genese der Psychologie, Frankfurt/M. 1978.

W.Jantzen, Sozialisation und Behinderung, Gießen 1974.

W.Jantzen, Konstitutionsprobleme materialistischer Behindertenpädagogik, Lollar 1977.

W.Jantzen, Behindertenpädagogik, Persönlichkeitstheorie, Therapie, Köln 1978a.

W.Jantzen, Persönlichkeitstheorie und materialistische Behindertenpädagogik, in: Demokratische Erziehung, 1978b, H.4.

W.Jantzen, Grundriß einer allgemeinen Psychopathologie und Psychotherapie, Köln 1979.

W.Jantzen (Hrsg.), Arbeit und Arbeitslosigkeit als pädagogisches und therapeutisches Problem, Köln 1980.

W.Jantzen, Geistig behinderte Menschen und gesellschaftliche Integration, Bern-Stuttgart-Wien 1980a.

W.Jantzen, Menschliche Entwicklung, allgemeine Therapie und allgemeine Pädagogik, Oberbiel 1980b.

W.Jantzen (Hrsg.), Soziologie der Sonderschule, Weinheim und Basel 1981.

W.Jantzen, Arbeit, Tätigkeit, Handlung, Abbild: Zu einigen Grundfragen der Entwicklung materialistischer Psychologie, in: Forum Kritische Psychologie, Bd.9, (West-)Berlin 1982a.

W.Jantzen, Bemerkungen zur historisch-ideologischen Bestimmtheit des Verhältnisses Helfer/Klient im psychiatrischen Handlungszusammenhang, in: Feuser/Jantzen, 1982 (1982b).

H.Jeske, Das Weltbild von Biologie-Schulbüchern, in: Das Argument 96(1976).

D.Joachim u.a., Nazi-Schwärmerei und Rechtsextremismus unter Jugendlichen in der Bundesrepublik, in Blätter für deutsche und internationale Politik, 1980, H.6.

G.Kade, Die Bedrohungslüge, Köln 1980^2.

G.Kade/G.Matthiesen (Hrsg.), "Nachrüsten", "Vorrüsten" oder Abrüsten?, Köln 1979.

M.Kappeler/K.Holzkamp/U.H.-Osterkamp, Psychologische Therapie und politisches Handeln, Frankfurt/M. 1977.

F.Karl, Die Bürgerinitiativen, Frankfurt/M. 1981.

S.Kätzel, Kritische Analyse der Psychoanalyse aus philosophischer Sicht, in: Friedrich, 1977.

P.Keiler, Wollen und Wert. Versuch einer systematischen Grundlegung einer psychologischen Motivationslehre, (West-)Berlin 1970.

P.Keiler, Die entwicklungspsychologische Konzeption Leontjews als Gegenstand marxistischer und bürgerlicher Interpretation, in: Sozialistische Politik 34/35(1976).

P.Keiler u.a., Psychologie als historische Wissenschaft, Pressedienst der FU Berlin, 1972, H.8.

P.Keiler/K.Holzkamp, Psychologie in der Krise - Thesen zur gesellschaftlichen Funktion der Ertelschen "Dogmatismus"-Forschung, in: P.Keiler/M.Stadler (Hrsg.), Erkenntnis oder Dogmatismus?, Köln 1978.

P.Keiler/V.Schurig, Einige Grundlagenprobleme der Naturgeschichte des Lernens, in: Forum Kritische Psychologie, Bd.3, (West-)Berlin 1978.

G.Keseling, Sprache als Abbild und Werkzeug, Köln 1979.

G.Keseling u.a., Sprach-Lernen in der Schule, Köln 1974.

Th.Kieselbach/H.Offe (Hrsg.), Arbeitslosigkeit. Individuelle Verarbeitung - Gesellschaftlicher Hintergrund, Darmstadt 1979.

E.E.Kisch, Zaren, Popen, Bolschewiken, in: Gesammelte Werke, Bd.III, Berlin und Weimar 1977.

W.Klafki, Das pädagosische Problem des Elementaren und die Theorie der kategorialen Bildung, Weinheim 1964.

J.Klüver/F.O.Wolf (Hrsg.), Wissenschaftskritik und sozialistische Praxis. Konsequenzen aus der Studentenbewegung, Frankfurt/M. 1973.

R.Klüwer, Die Zielsetzungen der Psychoanalyse und einiger anderer psychotherapeutischer Verfahren, in: Muck u.a., 1974.

R.Koch, Berufstätigkeit der Mutter und Persönlichkeitsentwicklung des Kindes, Köln 1975.

R.Koch/G.Rolloch (Hrsg.), Kleinkinderziehung als Privatsache?, Köln 1977.

G.Köhler (Hrsg.), Wem soll die Schule nützen?, Frankfurt/M. 1974.

G.Köhler/E.Reuter (Hrsg.), Was sollen Schüler lernen?, Frankfurt/M. 1973.

A.Kollontai, Die Situation der Frau in der gesellschaftlichen Entwicklung, Frankfurt/M. 1975.

K.Kosik, Die Dialektik des Konkreten, Frankfurt/M. 1973.

A.Kossakowski, Theoretische Entwicklungslinien in der sowjetischen Psychologie, in: Wissenschaftliche Zeitschrift der Karl-Marx-Universität. Sprach- und Gesellschaftswissenschaftliche Reihe, 1968, H.4.

A.Kossakowski, Handlungspsychologische Aspekte der Persönlichkeitsentwicklung, Berlin/DDR 1980.

A.Kossakowski u.a., Psychologische Grundlagen der Persönlichkeitsentwicklung im pädagogischen Prozeß, Köln 1977.

A.Kossakowski/J.Lompscher (Hrsg.), Ideologisch-theoretische und methodologische Probleme der Pädagogischen Psychologie, Berlin/DDR 1975^4.

E.Küchenhoff, Tausendfältige Grundrechtsverletzungen, in: H.Glaser (Hrsg.), Die Nürnberger Massenverhaftungen, Reinbek 1981.

R.Kühnl (Hrsg.), Geschichte und Ideologie, Reinbek 1973.

P.Kutter (Hrsg.), Psychoanalyse im Wandel, Frankfurt/M. 1977.

J.Lacan, Die Stellung des Unbewußten, in: Schriften II, Olten und Freiburg 1975.

H.Lefebvre, Kritik des Alltagslebens, 3 Bde, München 1973/74.

E.Leiser, Widerspiegelungscharakter von Logik und Mathematik, Frankfurt/M. 1978a.

E.Leiser, Zur materialistischen Begründung von Logik und Mathematik, in: Das Argument 110(1978b).

E.Leiser, Einführung in die statistischen Methoden der Erkenntnisgewinnung, Köln 1980².

E.Leiser, Grundkurs STATISTIK, Köln 1981.

W.J.Lenin, Werke (LW), Berlin/DDR 1961ff.

A.N.Leontjew, Einige aktuelle Aufgaben der Psychologie, in: Sowjetwissenschaft - Gesellschaftswissenschaftliche Beiträge, 1968, H.7.

A.N.Leontjew, Probleme der Entwicklung des Psychischen, Frankfurt/M. 1973.

A.N.Leontjew, Tätigkeit, Bewußtsein, Persönlichkeit, Köln 1979.

A.N.Leontjew, Psychologie des Abbilds, in: Forum Kritische Psychologie, Bd.9, (West-)Berlin 1982.

A.A.Leontjew/A.N.Leontjew, Über eine psychologische Konzeption der sinnlichen Erkenntnis, in: Braun, 1976c (1976).

A.N.Leontjew/A.R.Lurija, Die psychologischen Anschauungen L.S. Wygotskis, in: L.S.Wygotski, Denken und Sprechen, Berlin/DDR, 1964.

Th.Liese, Zur historischen Entstehung und Entwicklung der Frauenunterdrückung, in: B.Brokamp/L.Klaus (Hrsg.), ...kein schwach Geschlecht, Dortmund 1981.

J.Lompscher (Hrsg.), Sowjetische Beiträge zur Lerntheorie. Die Schule P.J.Galperins, Köln 1973.

J.Lompscher (Hrsg.), Zur Psychologie der Lerntätigkeit, Konferenzbericht, Berlin/DDR 1977.

K.Lorenz, Über tierisches und menschliches Verhalten. Aus dem Werdegang der Verhaltenslehre, Gesammelte Abhandlungen, 2 Bde, München 1966.

H.Löwe, Einführung in die Lernpsychologie des Erwachsenenalters, Berlin/DDR 1977.

G.Lukacs, Die Zerstörung der Vernunft, Werke Bd.9, Neuwied und (West-)Berlin 1962.

A.R.Lurija, Sprache und Bewußtsein, Köln 1982 (nach dem Manuskript zitiert).

K.Maase, Arbeiterklasse, Reproduktion und Kultur im heutigen Kapitalismus, in: IMSF, 1978.

K.Maase, Zur Untersuchung kultureller Aspekte im Alltag der Lohnarbeiter, in: Haug/Maase, 1980.

W.Maiers, Normalität und Pathologie des Psychischen, in: Das Argument 91(1975).

W.Maiers, Wissenschaftskritik als Erkenntniskritik, Zur Grundlegung differentieller Beurteilung des Erkenntnisgehalts traditioneller Psychologie in kritisch-psychologischen Gegenstandsanalysen, in: Forum Kritische Psychologie, Bd.5, (West-)Berlin 1979.

W.Maiers/M.Markard, Kritische Psychologie als marxistische Subjektwissenschaft, in: Sozialistische Politik 41(1977).

W.Maiers/M.Markard (Hrsg.), Lieber arbeitslos als ausgebeutet?, Köln 1980.

M.Markard, Der politische Aspekt der Psychologie, ausgewiesen am Einstellungskonzept, in: H.Moser (Hrsg.), Politische Psychologie, Weinheim und Basel 1979.

M.Markard, Berufsverbote als Konflikt zwischen Existenzbedrohung und Selbstverleugnung, in: Demokratische Erziehung, 1980, H.6.

M.Markard, Berufsverbote, Opportunismus, Subjektentwicklung, in: Forum Kritische Psychologie, Bd.8, (West-)Berlin 1981.

K.Marx/F.Engels, Werke (MEW), Berlin/DDR 1956ff.

W.Maschewsky, Das Experiment in der Psychologie, Frankfurt/M. 1977.

A.Mechtersheimer (Hrsg.), Nachrüsten?, Reinbek 1981.

A.Meier, Soziologie des Bildungswesens, Köln 1974.

W.Meischner/E.Eschler, Wilhelm Wundt, Köln 1979.

A.Messmann/G.Rückriem, Zum Verständnis der menschlichen Natur in der Auffassung des Psychischen bei A.N.Leontjew, in: Rückriem, 1978.

A.Meyer/K.-H.Rabe, Unsere Stunde, die wird kommen, Bornheim/Merten 1979.

J.Menschik/W.Penkert, Narziß - Etikettierung statt Erziehung, in: Demokratische Erziehung, 1979, H.4.

Th.Metscher, Ästhetik als Abbildtheorie, in: Das Argument 77 (1972).

Th.Metscher, Ästhetische Erkenntnis und realistische Kunst, in: Das Argument 90(1975).

B.Michael/H.-H.Schepp (Hrsg.), Politik und Schule von der Französischen Revolution bis zur Gegenwart, 2 Bde, Frankfurt/M. 1973/74.

M.Mildenberger, Die religiöse Revolte, Frankfurt/M. 1979.

M.Muck u.a., Information über Psychoanalyse, Frankfurt/M. 1974.

D.Mühlberg, Zur Diskussion des Kulturbegriffs, in: Hund/Kramer, 1978.

G.Neuner, Zur Theorie der sozialistischen Allgemeinbildung, Köln 1973.

Chr.Niemeyer, Zur Theorie und Praxis der Kritischen Psychologie, Diss. Münster 1979.

Chr.Niemeyer, Vom Menschenaffen in die Praxis. Der lange Marsch der Kritischen Psychologie, in: psychologie heute, 1980a, H.10.

Chr.Niemeyer, Ansätze zu einer sozialpädagogischen Metatheorie, in: Neue Praxis, 1980b, H.3.

B.u.N.Nikitin, Begabung und frühkindliche Entwicklung, in: Demokratische Erziehung, 1976, H.5.

M.Nowicki, Zur Geschichte der Sozialarbeit. Historischer Abriß und politischer Stellenwert von Sozialarbeit in einer "Geschichte von Klassenkämpfen", in: Hollstein/Meinhold, 1973.

R.Oesterreich, Handlungsregulation und Kontrolle, München - Wien - Baltimore 1981.

H.Offe/M.Stadler (Hrsg.), Arbeitsmotivation, Darmstadt 1980.

H.Offe/M.Stadler, Widersprüche der Handlungstheorie. Erwiderung auf Haug, Nemitz, Waldhubel, in: Forum Kritische Psychologie, Bd.8, (West-)Berlin 1981.

T.I.Oisermann, Die Entstehung des Marxismus und einige Besonderheiten der Geschichte der Gesellschaftswissenschaften, in: M.Hahn/H.-J.Sandkühler (Hrsg.), Bürgerliche Gesellschaft und theoretische Revolution, Köln 1978.

R.Oltmanns, Du hast keine Chance, aber nutze sie, Reinbek 1980.

P.Parin, Das Mikroskop der vergleichenden Psychoanalyse und die Makrosozität, in: Kutter, 1977.

G.Paul/B.Schoßig (Hrsg.), Jugend und Neofaschismus, Frankfurt/M. 1979.

I.P.Pawlow, Ausgewählte Werke, Berlin 1955.

I.P.Pawlow, Die gemeinsamen Typen der höheren Nerventätigkeit der Tiere und des Menschen, in: Pawlow, 1955 (1955a).

I.P.Pawlow, Antwort eines Physiologen an die Psychologie, in: Pawlow, 1955 (1955b).

I.P.Pawlow, Über die Möglichkeiten einer Verschmelzung des Subjektiven mit dem Objektiven, in: Pawlow, 1955 (1955c).

I.P.Pawlow, Der bedingte Reflex, in: ders., Auseinandersetzung mit der Psychologie, München 1973.

A.W.Petrowski, Die Entwicklung der Psychologie in der SU seit 1917, in: Sowjetwissenschaft - Gesellschaftswissenschaftliche Beiträge, 1968, H.7.

A.W.Petrowski, Psychologie im pädagogischen Alltag, Köln 1981.

A.W.Petrowski u.a., Allgemeine Psychologie, Köln 1974.

A.W.Petrowski u.a., Entwicklungspsychologie und pädagogische Psychologie, Berlin/DDR 1977.

J.Piaget, Einführung in die genetische Erkenntnistheorie, Frankfurt/M. 1973.

J.Piaget, Die Entwicklung des Erkennens I-III, Gesammelte Werke, Bd.8-10 (Studienausgabe), Stuttgart 1975.

D.Pilz/S.Schubenz (Hrsg.), Schulversagen und Kindergruppentherapie, Köln 1979.

G.W.Plechanow, Kunst und gesellschaftliches Leben, Westberlin o.J. (1975).

G.W.Plechanow, Über die Rolle der Persönlichkeit in der Geschichte (mit: Über materialistische Geschichtsauffassung), Frankfurt/M. 1976.

G.Politzer, La philosophie et les mythes, Écrits, Bd.I, Paris 1969a.

G.Politzer, Les fondements de la psychologie, Écrits, Bd.II, Paris 1969b.

G.Politzer, Psychoanalyse et marxisme: Un faux contre-revolutionnaire, le "freudo-marxisme", in: Politzer, 1969b (1969c).

G.Politzer, La fin de la psychoanalyse, in: Politzer, 1969b (1969d).

G.Politzer, Principes élémentaires de philosophie, Paris 1970^{10}.

G.Politzer, Kritik der klassischen Psychologie, Köln 1974.

G.Politzer, Kritik der Grundlagen der Psychologie, Frankfurt/M. 1978.

G.Preuschoff, Von 0 bis 3. Alltag mit Kleinkindern, Köln 1981.

H.Probst (Hrsg.), "Kritische Behindertenpädagogik" in Theorie und Praxis", Oberbiel 1979.

H.Probst, Strukturbezogene Diagnostik, in: Probst, 1979 (1979a).

H.Probst, Zur Diagnostik und Didaktik der Oberbegriffsbildung, Oberbiel 1981a.

H.Probst, Persönliche und gesellschaftliche Bedingungen für befriedigendes Handeln und Erleben, Marburg 1981b (hektographiertes Vortragsmanuskript).

H.Probst u.a., Demokratische Wissenschaft, psychotherapeutische Praxis und psychosoziale Versorgung (Berichte der gleichnamigen BdWi-Fachtagung), in: BbWi-Forum 46(1981), hrsgg.v.

Bund demokratischer Wissenschaftler.

D.Rapaport, Die Struktur der psychoanalytischen Theorie, Stuttgart 1970.

E.K.Reinke, Psychologiestudium und Politisierung. Studentische Selbstorganisation als Kritik der Psychologie, Frankfurt/M. 1973.

R.Reipert, Menschliche Natur und Persönlichkeit - der historisch begründete Zugang der kritischen Psychologie, in: Rückriem, 1978.

Ressort Dokumentation des Psychologischen Instituts im Fachbereich 11 der FU Berlin (Hrsg.), Ringvorlesung Wintersemester 1971/72, (West-)Berlin 1972.

F.Rieß, Technik und Naturwissenschaften im Unterricht, in: Das Argument 96(1976).

D.Roer (Hrsg.), Persönlichkeitstheoretische Aspekte von Frauenarbeit und Frauenarbeitslosigkeit, Köln 1981.

B.Rohr, Handelnder Unterricht, Rheinstetten 1980.

G.Rückriem (Hrsg.), Historischer Materialismus und menschliche Natur, Köln 1978.

G.M.Rückriem, Versuch zur Grundlegung eines wissenschaftlichen Bildungsbegriffs. Vortrag vom 10.12.1979 im Rahmen der Ringvorlesung "Materialistische Pädagogik" des Fachbereichs Erziehungswissenschaften der Philipps-Universität Marburg (unveröffentlichtes Vortragsmanuskript (1979a); in relevant veränderter Form veröffentlicht als Ebert/Rückriem, 1980).

G.M.Rückriem, Zum Tode von A.N.Leontjew, in: Demokratische Erziehung, 1979b, H.2.

G.(M.)Rückriem, Ist wissenschaftliche und demokratische Allgemeinbildung heute möglich?, in: BdWi-Forum 45(1981), hrsgg. v. Bund demokratischer Wissenschaftler.

W.Rügemer, Die Notwendigkeit der Allgemeinbildung im Kampf um Wissen und weltanschauliche Orientierung, in: Braun, 1980.

W.Rügemer, Der Widerspruch entwickelt sich im Alltag selbst, in: Demokratische Erziehung, 1981, H.6.

H.J.Sandkühler, Zur Begründung einer materialistischen Hermeneutik durch die materialistische Dialektik, in: Das Argument 77(1972).

H.J.Sandkühler, Praxis und Geschichtsbewußtsein, Frankfurt/M. 1972.

H.J.Sandkühler, Streitbarer Materialismus oder Streit um den Materialismus?, in: Das Argument 92(1975).

H.J.Sandkühler, Das historische Prinzip der Leninschen Dialektischen Logik, in: Braun, 1976c (1976).

H.J.Sandkühler u.a., Materialismus. Wissenschaft und Weltanschauung im Fortschritt, Köln 1976.

H.J.Sandkühler, Philosohpie und sozialistische Bewegung. Kognitiver Status und soziale Funktion philosophischer Theorie in der Arbeiterbewegung, in: H.H.Holz/H.J.Sandkühler (Hrsg.), Betr.: Gramsci. Philosophie und revolutionäre Politik in Italien, Köln 1980.

K.Schepker/P.Weinberg (Hrsg.), Bewegung, Spiel und Lernen im Sport. Beiträge aus kritisch-psychologischer Sicht, Köln 1981.

H.Schindler, Familie und Arbeitslosigkeit, in: Kieselbach/Offe, 1979.

H.Schindler, Die Individualitätsform von Lohnarbeitern und Arbeitslosen und typische "Strategien" ihrer Realisierung, in: Maiers/Markard, 1980.

H.Schindler, Instrumentalisierung und Subjektbeziehungen als Grundformen der Eltern-Kind-Beziehung, in: Demokratische Erziehung, 1981, H.1.

M.Schläger, Themenzentrierte Interaktion - Versuch einer kritischen Analyse, Marburg 1981 (unveröffentlichte Diplomarbeit).

J.Schleifstein/E.Wimmer (Hrsg.), Plädoyers für einen wissenschaftlichen Humanismus, Frankfurt/M. 1981.

U.Schmitz, Erkenntnistheoretische Aspekte einer materialistischen Theorie sprachlicher Bedeutung. Zur Einheit von Kommunikation und Verallgemeinerung in der menschlichen Sprechtätigkeit, Dissertation Marburg 1975.

H.R.Schneider, Handlungsräume in der Sozialarbeit, Bielefeld 1977.

U.Schneider, Sozialwissenschaftliche Methodenkrise und Handlungsforschung, Frankfurt/M. 1980.

R.Scholz, Wissenschaftlicher Humanismus und humanistische Psychologie - Kritik an Rogers, in: Forum Kritische Psychologie, Bd.6, (West-)Berlin 1980.

M.Schomers, Ist die Jugend angepaßt?, in: Demokratische Erziehung, 1980a, H.5.

M.Schomers, Interaktion und Handlungsziel. Kritik der theoretischen Grundkonzeption von Klaus Ottomeyer, in: Forum Kritische Psychologie, Bd. 6, (West-)Berlin 1980b.

W.Schreier, Über historische Wurzeln von FECHNERS Psychophysik, in: Eckardt, 1979.

J.A.Schülein, Sinnprobleme in Industriegesellschaften am Beispiel der Jugendsekten. Beitrag zur Tagung "Stärkung des subjektiven Faktors" (29.9.-1.10.1980), Bielefeld 1980 (unveröffentlicht).

N.Schultze, Heroinsucht - Ein Abwehrmechanismus?, in: Forum Kritische Psychologie, Bd.6, (West-)Berlin 1980.

V.Schurig, Die Entwicklung der Psychologie in den sozialistischen Ländern, in: Keiler u.a., 1972.

V.Schurig, Mechanistischer und dialektischer Materialismus in der Biologie. Die philosophischen Konsequenzen in der Selektionstheorie, in: K.Hübner/A.Menne (Hrsg.), Natur und Geschichte, Hamburg 1973.

V.Schurig, Naturgeschichte als Erkenntnis- und Gesellschaftstheorie, in: Das Argument 88(1974).

V.Schurig, Naturgeschichte des Psychischen 1: Psychogenese und elementare Formen der Tierkommunikation, Frankfurt/M. 1975a.

V.Schurig, Naturgeschichte des Psychischen 2: Lernen und Abstraktionsleistungen bei Tieren, Frankfurt/M. 1975b.

V.Schurig, Die Entstehung des Bewußtseins, Frankfurt/M. 1976.

V.Schurig, Der Gegenstand der Psychologie als historisches Verhältnis von Natur und Gesellschaft, in: Braun/Holzkamp, 1977, Bd.1.

V.Schurig, Gegenstand und Geschichte der Soziobiologie, in: Das Argument 115(1979).

V.Schurig, Werkzeugverhalten bei Tieren aus ethologischer Sicht, in: Offe/Stadler, 1980.

V.Schurig, "Sprache und Bewußtsein" als Gegenstand der sowjetischen Psychologie, in: Lurija, 1982 (nach dem Manuskript zitiert).

H.Seidel, Von Thales bis Platon, Köln 1980.

R.Seidel, Denken. Psychologische Analyse der Entstehung und Lösung von Problemen, Frankfurt/M. 1976.

R.Seidel, Über die ökonomische Funktion der Logik, in: Forum Kritische Psychologie, Bd.4, (West-)Berlin 1979.

L.Sève, La philosophie contemporaine et sa genèse de 1789 à nos jours, Paris 1962.

L.Sève, Politzer et nous, in: Cahiers de l'Institut Maurice Thorez, 1972, Maiausgabe.

L.Sève, Die marxistische Kritik an der Schule und deren Karikatur von "links", in: Sozialistische Politik 29(1974).

L.Sève, Kampf der Begabungsideologie, in: Demokratische Erziehung, 1975, H.1.

L.Sève, Kapitalismus, Arbeit und Persönlichkeit, in: J.J.Hagen u.a. (Hrsg.), Rechtswissenschaft und Arbeiterbewegung, Köln 1976a.

L.Sève, Für eine materialistische Theorie der menschlichen Individualität, in: Sandkühler u.a., 1976 (1976b).

L.Sève, Marxismus und Theorie der Persönlichkeit. Mit dem Nachwort zur 3. franz. Auflage, Frankfurt/M. 1977a³.

L.Sève, Psychoanalyse und historischer Materialismus, in: Friedrich, 1977 (1977b).

L.Sève, Marxistische Analyse der Entfremdung, Frankfurt/M. 1978.

L.Sève, Une introduction à la philosophie marxiste, Paris 1980.

L.Sprung, WILHELM WUNDT - Bedenkenswertes und Bedenkliches aus seinem Lebenswerk, in: Eckhardt, 1979.

L.u.H.Sprung, Zur Geschichte der Psychologie - Aspekte des progressiven Erbes für die Entwicklung der Psychologie in der DDR, in: F.Klix u.a. (Hrsg.), Psychologie in der DDR, Berlin/DDR,198

M.Stadler, Tätigkeitstheorie, Kritische Psychologie und Handlungstheorie - ein Überblick, in: F.Haug, 1980.

M.Stadler u.a., Psychologie der Wahrnehmung, München 1975.

I.Staeuble, Kritische Psychologie und Gesellschaft, in: Adorno u.a., 1970.

I.Staeuble, Politischer Ursprung und politische Funktionen der pragmatischen Sozialpsychologie, München 1972.

I.Staeuble, Die bürgerliche Gesellschaft als Problem und Probleme in der bürgerlichen Gesellschaft, Diss. (West-) Berlin 1976.

R.Steigerwald, Bürgerliche Philosophie und Revisionismus im imperialistischen Deutschland, Frankfurt/M. 1980.

R.Steigerwald, Anmerkungen zum Thema Marxismus und Psychologie, in: Schleifstein/Wimmer, 1981 (1981a).

R.Steigerwald, Probleme des nicht-proletarischen Protestes, in: Marxistische Blätter, 1981b, H.4.

J.Streisand, Kulturgeschichte der DDR, Köln 1981.

K.Suckert-Wegert u.a., Prozeßanalyse von Sprechhandlungen in der Gesprächspsychotherapie (Forschungsbericht), Münster o.J. (1977).

H.Titze, Die Politisierung der Erziehung, Frankfurt/M. 1973.

Chr.Thoma-Herterich/H.Thoma, Lucien Sève: Zur Tradition materialistischer Dialektik, in: lendemains Nr. 13(1979).

F.Tomberg, Menschliche Natur in historisch-materialistischer Definition, in: Rückriem, 1978.

F.Tomberg, Der Mensch - ganz allgemein, in: Forum Kritische Psychologie, Bd.9, (West-)Berlin 1982.

G.Ulmann, Sprache und Wahrnehmung, Frankfurt/M. 1975.

G.Ulmann, Auswirkungen von Spiel und Lernen auf die Entwicklung der Motivation zur gesellschaftlichen Arbeit, in: Offe/Stadler, 1980.

B.Uhrig, Zur Besonderheit menschlicher Sexualität. Natur und Gesellschaft in der Auffassung der Bedürfnisse bei H.-Osterkamp, in: Forum Kritische Psychologie, Bd.4, (West-)Berlin 1979.

B.Voigt, Bildungspolitik und politische Erziehung in den Klassenkämpfen, Frankfurt/M. 1973.

V.N.Vološinov, Marxismus und Sprachphilosophie, Frankfurt/M. - (West-)Berlin - Wien 1975.

W.Volpert, Handlungsstrukturanalyse als Beitrag zur Qualifikationsforschung, Köln 1974.

W.Volpert, Die Lohnarbeitswissenschaft und die Psychologie der Arbeitstätigkeit, in: P.Großkurth/W.Volpert, Lohnarbeitspsychologie, Frankfurt/M. 1975.

W.Volpert, Struktur und Entstehung der menschlichen Handlung - Der Ansatz der psychologischen Handlungstheorie, in: Rückriem, 1978.

M.Vorwerg, Explikation weiterer Grundprobleme der persönlichkeitspsychologischen Forschung, in: ders. (Hrsg.), Zur psychologischen Persönlichkeitsforschung, Bd.2., Berlin/DDR 1979.

M.Vorwerg, Grundlagen einer persönlichkeitspsychologischen Theorie des sozialen Verhaltens, in: M.Vorwerg/H.Schröder (Hrsg.), Persönlichkeitspsychologische Grundlagen interpersonalen Verhaltens, Bd.I, Leipzig 1980.

H.Werner, Das Prinzip des exemplarischen Lernens bei Oskar Negt, in: Demokratische Erziehung, 1975, H.4.

H.Werner, Erkenntnis, Erfahrung und Motivation in der Arbeiterbildung, Köln 1981.

K.-F.Wessel, Pädagogik in Philosophie und Praxis, Berlin/DDR 1975.

K.Wetzel, Zur marxistischen Kritik und Reinterpretation der psychoanalytischen Theorie, in: Braun/Schindler/Wetzel, 1979.

K.Wetzel, Individuelle Politisierung in der Krise - Zum Verhältnis von Politik und Psychologie, in: Wetzel/Braun, 1980.

K.Wetzel, Gewerkschaftsbewegung und Persönlichkeitsentwicklung, Köln 1981a.

K.Wetzel, Theoretische und forschungsstrategische Probleme der gegenwärtigen Persönlichkeitsentwicklung von Jugendlichen in der BRD - Ein Beitrag zur individualwissenschaftlichen Erforschung der aneignungszentrierten Phase der Persönlichkeitsentwicklung, Marburg 1981b (unveröffentlichte Projektskizze).

K.Wetzel/K.-H.Braun, Der politische Auftrag der Kritischen Psychologie, Zürich 1980.

B.Wilhelmer, Zur konkreten Negation der herrschenden Psychologie, in: Klüver/Wolf, 1973.

B.Wilhelmer, Lernen als Handlung, Köln 1979.

D.Wittmann, Strategien des Lernens, Köln 1981.

F.Wolff, Faschismus in der populären Musik, in: Paul/Schoßig, 1979.

E.Wulff, Drogen, Sprache, Arbeit, in: Das Argument 120(1980).

W.Wundt, Völkerpsychologie. Eine Untersuchung der Entwicklungsgesetze von Sprache, Mythus und Sitte, Leipzig 1911^4.

W.Wundt, Vorlesungen über die Menschen- und Tierseele, Leipzig 1919^6.

L.S.Wygotski, Denken und Sprechen, Frankfurt/M. 1974.

L.S.Wygotski, Zur Psychologie und Pädagogik der kindlichen Defektivität, in: Die Sonderschule, 1975, H.2.

L.S.Wygotski, Zur Psychologie der Kunst, Dresden 1976.

L.S.Wygotski, Arbeitstätigkeit und die geistige Entwicklung des Kindes, in: Die Sonderschule, 1978, H.4.

L.S.Wygotski, Aus den Vorlesungsskripten Wygotskis zur Psychologie des Vorschulalters, in: Elkonin, 1980 (1980a).

L.S.Wygotski, Das Spiel und seine Bedeutung in der psychischen Entwicklung des Kindes, in: Elkonin, 1980 (1980b).

D.Wyss, Die tiefenpsychologischen Schulen von den Anfängen bis zur Gegenwart, Göttingen 1961.

Herausgegeben von Karl-Heinz Braun und Klaus Holzkamp

Studien zur Kritischen Psychologie

Klaus Holzkamp
Gesellschaftlichkeit des Individuums
Aufsätze 1974–1977
Studien zur Kritischen Psychologie, Band 3
264 Seiten, DM 15,–

Zentrales Thema dieser Aufsatzsammlung Klaus Holzkamps, des Begründers der Kritischen Psychologie, ist die Alternative der Ausgeliefertheit der Individuen an die aktuellen Daseinsumstände oder der subjekthaft-aktiven Mitgestaltung ihrer gesellschaftlichen Lebensbedingungen unter bürgerlichen Klassenverhältnissen. Dabei wird die inhaltliche Entfaltung der kritisch-psychologischen Subjektivitätskonzeption gegenüber bürgerlichen und marxistisch gemeinten Positionen zur Geltung gebracht.

Karl-Heinz Braun
Einführung in die Politische Psychologie
Studien zur Kritischen Psychologie, Band 4
179 Seiten, DM 15,–

Dieses Buch begreift als eigentlichen Gegenstand der Politischen Psychologie das Verhältnis von objektiven Bedingungen, gesellschaftlichen Subjekten und individuellem Subjekt im politischen Überbau der Gesellschaft. Es geht damit besonders der Frage nach, von welchen Bedingungen es abhängt, daß sich unter den Bedingungen von Klassengesellschaften Angehörige der arbeitenden Klassen den gesellschaftlichen Emanzipationsbewegungen anschließen und so ihre Persönlichkeit historisch optimal entwickeln. Die Anlage des Buches ermöglicht einerseits Sozialwissenschaftlern und Philosophen einen Einblick in die Kritische Psychologie, andererseits kann es von Psychologen auch als Einführung in den Marxismus gelesen werden.

Pahl-Rugenstein

Walter Friedrich u. a.
Zur Kritik des Behaviorismus
Mit einer Einleitung von Wolfgang Maiers
Studien zur Kritischen Psychologie, Band 8
350 Seiten, DM 15,–

Der Behaviorismus gehört heute zu den einflußreichsten Strömungen der bürgerlichen Wissenschaft und bildet, wenngleich in der Psychologie entstanden, das Fundament vieler anderer Einzeldisziplinen. In fachübergreifender und theoriegeschichtlich orientierter Analyse, die auch auf die verschiedensten inneren Differenzierungen eingeht, weisen die Autoren überzeugend nach, daß der Behaviorismus durch die Entsubjektivierung des menschlichen Individuums den eigentlichen Gegenstand der Psychologie, die konkrete Persönlichkeit, inhaltlich wie methodisch grundsätzlich verkennt.

Michael Jäger u. a.
Subjektivität als Methodenproblem
Beiträge zur Kritik der Wissenschaftstheorie und Methodologie
der bürgerlichen Wissenschaft
Studien zur Kritischen Psychologie, Band 9
244 Seiten, DM 15,–

Den Beiträgen dieses Sammelbandes liegt der Gedanke zugrunde, daß die Auseinandersetzung mit der bürgerlichen Psychologie auf verschiedenen Ebenen geführt werden muß: Ihre Wissenschaftstheorie ist darauf zu prüfen, inwieweit sie dem psychologischen Gegenstand gerecht wird; ihre Methodologie muß auf ihre impliziten Annahmen über den psychologischen Gegenstand hin befragt werden; ihr wissenschaftstheoretischer Anspruch (gekennzeichnet durch die Dominanz der formalen Logik) muß konfrontiert werden mit dem methodologischen Anspruch (gekennzeichnet durch die Dominanz der Mathematik); die kritische Selbstreflektion der bürgerlichen Psychologen muß auf ihre Tagweite hin analysiert werden. Indem sich die Autoren allen diesen Fragen widmen, setzen sie die inhaltlichen Kritiken an der bürgerlichen Psychologie auf methodischer Ebene fort.

Wolfgang Jantzen
Behindertenpädagogik – Persönlichkeitstheorie – Therapie
Studien zur Kritischen Psychologie, Band 10
200 Seiten, DM 15,–

Die hier gesammelten Aufsätze von Wolfgang Jantzen reichen von dem Versuch einer begrifflichen Fassung der Behindertenproblematik über Probleme einer materialistischen Therapiekonzeption und der entsprechenden Ausbildung von Pädagogen und Psychologen bis hin zur Erbe-Umwelt-Debatte in der Begabungsforschung und den psychischen Folgen der Jugendarbeitslosigkeit. Dabei zielt der Autor stets auf eine Integration von materialistischer Gesellschaftstheorie und Psychologie im Sinne einer synthetischen Humanwissenschaft, wobei die Arbeiten von Lucien Sève hier besonders intensiv aufgenommen werden.

Pahl-Rugenstein

Walter Friedrich
Zur Kritik bürgerlicher Begabungstheorien
Studien zur Kritischen Psychologie, Band 11
208 Seiten, DM 15,–

Seit der „Tendenzwende" in der Bildungspolitik ist in der „wissenschaftlichen" Literatur und der veröffentlichten Meinung wieder viel von „Begabungen" zu hören. Dieses Buch von Friedrich kann nun überzeugend nachweisen, daß Begabungstheorien ein konstantes Moment konservativer und reaktionärer Politik waren und sind. Sie fußen auf sozialdarwinistischen und lebensphilosophischen Auffassungen und sind ein typisches Produkt imperialistischer Politik. In den historisch orientierten Kapiteln werden die Traditionslinien der Begabungstheorien von der Weimarer Republik über den deutschen Faschismus bis zur Restaurationsära Adenauers und die aktuellen Tendenzen in der BRD nachgezeichnet. In den systematischen Kapiteln setzt sich Friedrich mit dem Erbe–Umweltproblem generell auseinander.

Karl-Heinz Braun
Kritik des Freudo-Marxismus
Studien zur Kritischen Psychologie, Band 12
179 Seiten, DM 15,–

Die Kontroverse zwischen Marxismus und Psychoanalyse verlief von marxistischer Seite aus bisher sehr unbefriedigend, weil die richtige philosophische und allgemein gesellschaftstheoretische Kritik nicht für die eigentlich psychologische Fragestellung konkretisiert und spezifiziert werden konnte. Braun macht deutlich, daß auf der Grundlage des kritisch-psychologischen Konzepts menschlicher Subjektivität dieser Mangel grundsätzlich überwunden werden kann, daß es möglich ist, die Psychoanalyse dialektisch aufzuheben. Dieser Nachweis wird durch eine genaue Analyse älterer (Bernfeld, Reich, Fromm, Marcuse) und auch neuerer Vermittlungsversuche (Lorenzer, Krovoza, Negt, Horn) erbracht.

Bernhard Wilhelmer
Lernen als Handlung
Psychologie des Lernens zum Nutzen gewerkschaftlicher Bildungsarbeit
Studien zur Kritischen Psychologie, Band 15
358 Seiten, DM 18,–

Diese umfangreiche Studie setzt an der Theorie der etappenweisen Ausbildung geistiger Operationen von Galperin und an ihren Umsetzungsversuchen in der Schulpraxis an. Werner zeigt ihre Fruchtbarkeit in der gewerkschaftlichen Bildungsarbeit. Dies geschieht dadurch, daß zunächst einige relevante historische Aspekte der gewerkschaftlichen Bildungsarbeit analysiert werden, im nächsten Schritt wird die Theorie Galperins ausführlich und zum Teil kritisch dargestellt. In einem wichtigen dritten Schritt stellt Werner einen praktischen Anwendungsversuch detailliert dar: die Bilanzanalyse von Aktiengesellschaften in der BRD. Dieses Buch hilft, die gewerkschaftliche Bildungsarbeit theoretisch besser zu verstehen und praktisch besser zu gestalten.

Pahl-Rugenstein

Daniil Elkonin
Psychologie des Spiels
Studien zur Kritischen Psychologie, Band 25
472 Seiten, DM 20,–

Mit diesem Werk bilanziert Elkonin seine fast vierzigjährigen Forschungen zur Bedeutung des Spiels in der Ontogenese. Er befaßt sich mit der Relevanz dieser Fragestellung für die Begründung und Entfaltung der kulturhistorischen Schule der sowjetischen Psychologie und trägt grundsätzliche Überlegungen vor zur kindlichen Entwicklungsstufe der Ontogenese und zur Bedeutung der verschiedenen Spielarten (Kooperationsformen und Merkmale des Spielzeugs) für die kindliche Persönlichkeitsentwicklung. Die grundsätzlichen Überlegungen werden durch Analysen zur Sozialgeschichte des Spiels ergänzt und durch die ausführliche Darlegung experimenteller Befunde erläutert.

Konstanze Wetzel
Gewerkschaftsbewegung und Persönlichkeitsentwicklung
Mit Vorworten von Klaus Holzkamp und Reinhard Kühnl
Studien zur Kritischen Psychologie, Band 26
237 Seiten, DM 18,–

Die Autorin versucht, das kritisch-psychologische Konzept menschlicher Subjektivität nicht auf dem allgemeinen Abstraktionsniveau „bürgerliche Gesellschaft" zu belassen, sondern für die psychische Entwicklung der Lohnabhängigen im gegenwärtigen staatsmonopolistischen Kapitalismus zu konkretisieren. Dazu werden die allgemeinen wie speziellen Auffassungen der Kritischen Psychologie in einen systematischen Bezug zu den aktuellen ökonomischen Krisenprozessen, den gesellschaftlichen Klassenbewegungen und den jeweils wirksam werdenden regressiven und progressiven Momenten der individuellen Entwicklung gestellt. Auf diese Weise gelingt es der Autorin, der Kritischen Psychologie neue Entwicklungsperspektiven zu eröffnen: hinsichtlich der weiteren interdisziplinären Arbeit und in der Verdeutlichung des Beitrages der Kritischen Psychologie für die konkrete Analyse der Geschichte der Arbeiterbewegung.

Artur Petrowski
Psychologie im pädagogischen Alltag
Ein Leitfaden für Eltern und Erzieher
Studien zur Kritischen Psychologie, Band 27

Dieses Buch nimmt seinen Ausgangspunkt von den Fragen des Alltags, die sich den Eltern und Erziehern in ihrer tagtäglichen erzieherischen Arbeit stellen. Diese werden artikuliert, in systematisierender Weise aufgenommen und durch Einbeziehung und Darstellung der wissenschaftlichen Forschungen sowohl theoretisch überzeugend wie auch praktisch wirksam gelöst. Diesem Ziel entspricht auch die Darstellungsweise: In fiktiven Gesprächen werden die Alltagssorgen der Eltern und Erzieher aufgeworfen, zum Teil durch literarische und autobiographische Zeugnisse ergänzt und verdichtet, erst dann werden die relevanten wissenschaftlichen Einsichten zwanglos integriert.

Pahl-Rugenstein